全球化进程中的院校国际化：理论与实践

马万华　著

北京理工大学出版社
BEIJING INSTITUTE OF TECHNOLOGY PRESS

图书在版编目（CIP）数据

全球化进程中的院校国际化：理论与实践 / 马万华著. --北京：北京理工大学出版社，2022.2
ISBN 978-7-5763-1088-7

Ⅰ. ①全… Ⅱ. ①马… Ⅲ. ①高等教育-国际化-研究-中国 Ⅳ. ①G649.2

中国版本图书馆 CIP 数据核字（2022）第 038989 号

出版发行 / 北京理工大学出版社有限责任公司
社　　址 / 北京市海淀区中关村南大街 5 号
邮　　编 / 100081
电　　话 /（010）68914775（总编室）
（010）82562903（教材售后服务热线）
（010）68944723（其他图书服务热线）
网　　址 / http://www.bitpress.com.cn
经　　销 / 全国各地新华书店
印　　刷 / 三河市华骏印务包装有限公司
开　　本 / 710 毫米×1000 毫米　1/16
印　　张 / 17.5
字　　数 / 332 千字
版　　次 / 2022 年 2 月第 1 版　2022 年 2 月第 1 次印刷
定　　价 / 96.00 元

责任编辑 / 时京京
文案编辑 / 时京京
责任校对 / 周瑞红
责任印制 / 李志强

图书出现印装质量问题，请拨打售后服务热线，本社负责调换

前　言

“全球化”作为一个可以追溯到18世纪的社会现象，打破了在国家框架体系下讨论社会和社会发展问题的科学思维范式，“跨国概念”成为其核心意义。简·奈特与汉斯·德·威特①将全球化定义为：“科技、经济、知识、人才、观念的跨国流动。”这种流动方式和影响程度因国家的历史、传统、文化不同而有所差异。莱斯特·麦凯布②将全球化视为由科技、移民、教育的全球流动所导致的文化同化的过程。阿特巴赫等学者③将全球化看作世界经济不断融合、信息和通信技术不断更新、国际知识网络不断出现等因素综合影响下的动态趋势。从上述定义中可以看出，国家概念的模糊性、多层面的复杂性、文化的趋同性是全球化的三大特征。

国际化与全球化在特征上是存在差异的，最大的差异在于国际化强调国家概念，借国家力量重建世界秩序④，逐渐形成由国家作为执行工具应对全球化的手段。高等教育国际化正是在此背景下产生的，并被菲利普·阿特巴赫⑤、简·奈特⑥和菲利克斯·马瑞金⑦等学者定义为高等教育机构对全球化所作出的策略性回应；反过来，高等教育国际化程度的提升也加速了全球化的进程。

“高等教育国际化”（Internationalization of Higher Education）的概念出现在20世纪90年代初。在这之前，一直使用“国际教育”（International Education）

---

① Knight J, De Wit H. Internationalization of Higher Education in Asia Pacific Countires [M]. Amsterdam: European Association for International Education,1997:6.

② Mccabe L. Globalization and Internationalization: The Impact on Education Abroad Programs [J]. Journal of Studies in International Education, 2001(5).

③ Altbach P; Reisberg L, Rumbley L. Trends in Global Higher Educaiton, Tracking an Academic Revolution [M]. Paris: UNESCO, 2009.

④ Scott P. Globalization and Higher Education: Challenges for the 21st Century [J].Journal of Studies in International Education, 2000, 4(3).

⑤ Altbach P, Reisberg L, Rumbley L.Trends in Global Higher Education, Tracking an Academic Revolution[M]. Paris: UNESCO, 2009.

⑥ Knight J. An internationalization model: Responding to New Realities and Challenges. [A]. De Wit H, I Cristina Jaramillo, Gacel-Avila J, Knight J (Eds.). Higher Education in Latin America: International Dimension[M]. Washington: The World Bank, 2005: 1 – 38.

⑦ Maringe F, Foskett N. (Eds.). Globalization and internationalization in Higher Education: Theoretical, Strategic and Management Perspectives [M]. London: Continuum International Publishing Group, 2010.

和“国际合作”（International Cooperation）来解释高等教育领域这一现象。“高等教育国际化”这一概念出现之后，许多学者试图对其进行定义。到目前为止，在学术领域较为认可的是简·奈特在1994年做出的定义：“将国际的和跨文化的维度融合到高等教育的教学、科研和社会服务中的过程[①]。”考虑到高等教育国际化的形式和手段越来越多样，简·奈特在2003年对上述定义进行修改，将其意义扩展为：“将国际、跨文化或全球化融入高等教育的目的、功能或知识传播方式中的过程[②]。”

在已有研究中，汉斯·德·威特[③]提出，对高等教育国际化的研究通常从四个角度（方法）进行：

——活动法（Activity Approach）：对各种形式的国际化活动和指标进行考查。

——目的法（Rational Approach）：对国际化的目的和可能实现的结果进行研究。

——能力发展法（Competency Approach）：从学生、教师和行政人员技能的提升、态度的转变和知识的扩展角度对高等教育国际化进行评估。

——过程法（Process Approach）：将高等教育国际化定义为，一个将国际维度和观念融合到教育机构主要职能上的过程。

对于高等教育国际化的评价，英国学者菲利克斯·马瑞金[④]在对37所英国高校的高等教育国际化进行分析后，总结出5大活动指标，包括：国际学生招募；学生、教师及其他工作人员的交换；发展国际合作教学项目，包括合作办学、境外教学活动；发展国际合作研究项目、战略性发展；在课程中融入国际视野。

美国教育协会[⑤]用六项活动指标对美国1 041所政府认证的具有学位授予资格的高等院校进行国际化的评估。这六项活动指标分别是：明确的高校国际化目标、行政支持结构、课程与合作课程、教师交流、学生流动、科研合作。这些参与研究的美国大学被分成五大类：授予博士学位的大学（Doctoral Institutions）、授予硕士学位的大学（Master’s Institutions）、授予学士学位的大学（Baccalaureate Institutions）、授予大专学历的大学（Associate Institutions）和专业院校（Special Focus Institutions）。研究结果显示，不同类型大学的国际化策略与发展程度各不相同。例如，55%的博士学位大学有着明确的高校国际化目标，这一数值在硕士

---

① Knight J. Internationalization: Elements and Checkpoints [M]. Ottawa: Canadian Bureau for International Education, 1994:7.

② Knight J. Updated Internationalization Definition [J]. International Higher Education, 2003(33).

③ De Wit H. Internationalization of Higher Education in Europe and Its Assessment, Trends and Issues [M]. Parkstraat: Netherland: NVAO, 2010.

④ Maringe F. Globalization and Internationalization in HE: A survey of UK Universities [C]. ICHEM Conference, Portugal, 2008.

⑤ ACE. Mapping internationalization on U.S. Campus: 2012 edition [R]. American Council on Education, 2012.

学位大学、学士学位大学、大专院校和专业院校分别仅为35%、28%、21%、17%；学士学位大学和硕士学位大学的课程中最有可能融入国际趋势和国际问题相关内容；除此之外，25%的博士学位大学、12%的硕士学位大学和1%的大专院校将海外工作的经历纳入教师职称晋升和终身教授的评定政策之中。

陈昌贵等学者[①]对中国17所研究型大学和9所准研究型大学进行研究，并建立了中国大学国际化的5个一级评估指标和18个二级评估指标：

1. 战略规划与组织机构（校级专职外事管理人员、设置外事人员的院系比例）；

2. 人员构成与交流（有一年及以上出国经历的教师比例、在海外获得学位的教师比例、外籍教师、授衔专家、留学生、学生出国交流）；

3. 教学与科学研究（校际国际合作协议、用外文原版教材的课程比例、用外语授课的课程比例、国际合作科研项目）；

4. 相关条件与设施（外文书刊、外文期刊）；

5. 成果交流（举办国际会议、出境参加会议人数、被三大索引收录的论文数、在国外发表的论文数）。

他们的研究结论是：81%的研究型大学和64%的准研究型大学有着明确的国际化规划和实施战略。在研究型大学中，78%的院系有专职的外事人员；在准研究型大学中，只有25%的院系配备了专职外事人员。研究型大学平均17.4%的教师有一年或一年以上的海外经历，准研究型大学为5.2%；研究型大学平均签订了135项校际合作协议，准研究型大学为38项；研究型大学有9.8%的专业课程使用外文原版教材，准研究型大学为2.9%。另外，2002—2006年，研究型大学平均举办了129次国际会议，是准研究型大学的5倍；研究型大学平均有10 278篇文章被SCI、EI和ISTP三个索引收录，是准研究型大学的10倍。

马万华和李岩松[②]也均以院校国际化活动为导向做出了较有影响力的高等教育国际化评估研究，并在对北京市高等学校调查的基础上，出版了《首都高等教育国际化发展现状研究》一书。该研究过程中，向北京市的91所大学发放了问卷，调查对象包括研究型大学、教学型大学和高职高专院校。该研究最重要的发现之一是：不能用一个国际化指标体系评估所有类型的大学，因为不同类型大学的办学目标、战略规划和发展国际化的策略是不同的。

综上所述，学者们对国际化的评估基本上采取了活动的取向，主要分析院校在对外开放过程中都做了什么。但是在研究中也发现三个突出的问题：第一，现有研究很少关注院校国际化的国家政策导向性；第二，现有研究中几乎没有将学科作为研究变量加以考虑，忽略了学科国际化自身发展的特征和不平衡性；第三，

---

① 陈昌贵等. 中国研究型大学国际化调查及评估指标构建 [J]. 北京大学教育评论，2009（4）.

② 马万华，李岩松. 首都高等教育国际化发展现状研究 [M]. 北京，北京大学出版社，2014.

现有的研究多是从学校管理者角度对高校国际化程度进行分析，忽略了学生作为受教育者对大学国际化评估的作用。基于上述三个方面的问题，本书试图从国际化的活动和过程两个视角探索国际化的理论基础，通过案例研究和政策分析，并结合我国扩大教育开放的基本国策展开分析。

本书共十七章，前三章从理论和实践的视角，以案例研究的形式，向读者呈现院校国际化的理论基础、首都高等教育国际化战略的选择，并通过具体的院校国际化案例揭示在国际化的进程中，院校内部不同的院系和学科国际化存在的差异性。第四章则通过问卷法对首都高校学生进行调查，分析他们对高校国际化的诉求。第五章也是通过问卷调查法评估教师出国进修的效益问题，研究发现，短期访学对教师教学方法的改进效果较好，而从事科学研究则需要更长时间。第六章和第七章，讨论跨境教育与中外合作办学的政策发展过程，并通过珠三角的案例阐明中外合作办学的经济基础。目前，我国的中外合作项目基本集中在长三角和珠三角，经济市场的开放性对高质量的教育有更大的需求。第八章、第九章和第十章，系统地论证了来华留学、自费出国留学和公派出国留学面临的挑战。第十一章和第十二章，分析了学成归国人员和外国专家在院校国际化中的学术贡献。第十三章和第十四章，以美国的外援项目为例，分析美国联邦政府通过立法和经费两个策略从20世纪50年代开始将美国高等教育推向世界，并通过耶鲁大学国际化的案例分析美国大学国际化的特征；通过课程改革吸引国际学生，通过海外拓展，提高院校的国际竞争力。第十五章，从大学内部知识生产的模式转变看院校国际化的必要性。进入21世纪以来，国际上出现了众多的大学联盟，第十六章以环太平洋大学联盟为例，分析和论证了国际大学联盟对院校国际化的推动作用。第十七章从“一带一路”倡议看我国院校国际化的新发展和新任务。

本书涉及院校国际化活动的多个方面，有理论分析、案例研究、政策发展过程和美国大学的国际化经验，因此更适合相关领域的研究人员、政策制定者和研究生作为参考书使用。本书还可以供从事国际比较教育领域研究的本科生或研究生作为教材使用。

本书是教育部国际司“国别与区域研究国际教育研究基地”的重要成果之一。

目　录

第一章　院校国际化的理论建构

引　言

近年来，我国“一带一路”倡议的实施使国际化逐渐成为高校提升办学质量的重要途径。尤其是在“双一流”建设的过程中，院校国际化体现在大学的教学、科研、社会服务和国际交往等各个方面。例如，北京大学为了建设国际公认的“世界一流”研究型大学，希望通过全球战略拓展国际交流空间，提升国际交流层次，促进学科建设、教学科研、人才培养和社会服务的全面创新。[①]对高校而言，国际化本身不是目的，而是一个持续的发展过程。无论是主动国际化还是被动国际化，不同层次和类别的院校在不同国际化动因的推动下，开展了多种形式的国际化实践活动，通过各自的方式回应全球化时代对高等教育提出的命题。在经济全球化和高等教育国际化的背景下，研究国际化问题已经受到世界各国学者的关注，这一研究领域应运而生，院校国际化研究在全球范围内已经被纳入高等教育的理论建设中。作为教育主体的高等院校为什么要进行国际化？如何进行国际化的战略设计？怎样选择实施策略？如何评估实施成效？学者们从不同的视角或对其中某一方面进行了论述。本章将综合国内外学者的研究并结合院校国际化的实践，系统地探讨院校国际化的理论建构问题。

在经济全球化的过程中，国际高等教育发生了巨大变化。全球化不仅促进了国际商业往来和国际贸易，也促进了人员的交往和国家间的技术合作。高等院校作为知识生产和人才培养的基地，毫无疑问已被深深地卷入了经济全球化的进程。20 世纪 80 年代，随着我国经济的改革开放，大批学者和学生走出国门，学习西方的思想理念和先进的科学知识；20 世纪 90 年代，欧洲高等教育一体化加速了欧盟内部学者和学生的自由流动；进入 21 世纪，东盟高等教育区的建立和世界大学排名的出现，加快了世界高等教育的区域化整合和国际化的步伐。发展到今天，发达国家高校大量招收国际学生，获取了大量的办学经费，解决了金融危机造成的经费短缺问题，同时也为本国人才发展战略的实施奠定了基础。

其实早在 20 世纪 30 年代，美国研究型大学就结合国家人才战略，有目标地招收在欧洲饱受“二战”苦难的学者和科学家到美国从事科学研究，以爱因斯坦

---

① 杨开忠．向上的精神——北京大学规划文选（1914—2013）[M]．北京：北京大学出版社，2014：199，142．

为代表的大批欧洲科学家涌入美国，为欧洲知识中心转移到美国做出了巨大贡献。目前，美国研究型大学充分利用其国际声誉，在世界范围内建立国际合作研究中心，以此引领国际学术研究的发展方向。在欧洲，高等教育一体化进程中，各高校纷纷建立国际合作项目，通过境外办学和招收国际学生来提高自身的国际声誉。因此，目前的院校国际化有着复杂的社会背景和政治经济因素。

第一节　院校国际化的政治、经济与学术动因

在全球视野中，可以看到国际组织（UNESCO、World Bank 等）和区域组织（EU、OECD 等）对院校国际化的推动作用，也可以看到各国政府为了实现国家发展目标，通过政策手段推进院校国际化，还可以看到高等教育专业机构和高等院校本身对国际化的诉求。因此，国际教育研究领域的著名学者简·奈特[①]注意到，国家或部门层面通过政策和资金等对高等教育的国际化产生影响，但国际化活动的真正行动往往发生在院校层面。对此，她将院校国际化界定为“高校迫于外界压力的被动回应”，或者“高校为了提升办学实力而主动选择的战略性行动”。不可否认的是，在世界范围内，院校国际化已经成为国际高等教育发展的趋势，已经引起了学术界和实践者的广泛关注。近 20 年来，关于院校国际化的学术研究成果丰硕，涉及的主题也十分广泛。国内外一些学者尝试从过程、要素或概念等不同维度对院校国际化进行分析和总结。[②③④]通过文献梳理和前期对院校国际化实践的考察，笔者发现，动因、战略、策略和质量评估这些方面既是院校国际化操作过程中的不同环节，也是学术界关注的不同方面。

那么，院校为什么要国际化？何种力量推动了院校国际化的发展？首先，简·奈特认为，动因是指一个国家、高等教育部门或院校对国际化进行投资的驱动力，反映在政策制定、项目开发和项目实施等各个层面，支配着人们期待国际化带来效益或成效。[⑤]在政策层面上，政府会以政策手段，通过高等教育实现国家的发展战略。在我国，招收更多的留学生，培养他们对中国文化和社会的了解，使他们能够做到“知华、友华”，是院校国际化的政治使命。因此，院校国际化被赋予了政治含义。目前，西方发达国家的大学面临巨大的财政压力，通过大量招

---

① ［加］简·奈特．激流中的高等教育——国际化变革与发展［M］．刘东风，陈巧云，译．北京：北京大学出版社，2011：23．

② Knight J．Internationalization：Elements and Checkpoints［M］．Canadian Bureau for International Education（CBIE）．1994：11－14．

③ 曾满超，于展．中日高等教育国际化问题研究［J］．教育发展研究．2008（21）．

④ 李梅．高等教育国际市场——中国学生的全球流动［M］．上海：上海教育出版社，2008：25．

⑤ ［加］简·奈特．激流中的高等教育——国际化变革与发展［M］．刘东风，陈巧云，译．北京：北京大学出版社，2011：30．

收自费留学生有效缓解了办学经费短缺的问题。很明显，院校国际化也具有经济动因。汉斯·德·温特（2002）进一步将院校国际化动因划分为政治、经济、社会/文化和学术四种类型。[①]其中，政治动因涉及国家的国际地位，包括国家安全、和平与稳定发展和意识形态影响；经济动因涉及直接经济收益（如招收留学生的收入）和间接的经济收益（如留学生作为贸易往来的纽带）；社会/文化动因涉及国家的文化和语言的国际传播；学术动因涉及高等教育的目标和功能。从这四个动因中，可以看到院校国际化肩负着国家和院校发展的双重使命。

院校国际化还可以从国家层面和院校层面进行分析。[②]在国家层面上，院校国际化会促进国家的人力资源发展。例如在日本，由于人口老龄化和出生率下降，政府就出台了“30 万强”计划，鼓励高等院校扩大招收留学生的规模，并鼓励留学生在日本就业。这表明，院校国际化是日本人力资源开发的重要一环。除此之外，院校国际化还可以促进国家间的战略联盟、国际商业贸易，增强国家实力，传播社会与文化发展信息，增进相互理解，等等。例如，目前在我国，通过政府间合作而建立了中国科学院大学中丹学院。该学院的建立始于 2008 年 5 月丹麦科技创新部和丹麦高校联盟代表团访问中国。2008 年 9 月中国科学院研究生院（现为中国科学院大学）被选为共建丹麦大学海外中心的首选推荐合作伙伴。2008 年 10 月，中丹双方签署《中国科学院研究生院与丹麦科技创新部、丹麦高校联盟合作备忘录》。2009 年 9 月，丹麦工业基金会捐赠 8 000 万丹麦克朗，用于建设北京怀柔雁栖湖校区的中丹大楼。2010 年 4 月，中丹双方在人民大会堂签署《中国科学院研究生院中国—丹麦科研教育中心合作伙伴协议》（简称《伙伴协议》）和《中国科学院研究生院雁栖湖校区中国—丹麦科研教育中心建设、维护和运行协议》（简称《大楼协议》）。2011 年 9 月，中丹学院成立，第一批 4 个专业的学生于 2012 年 9 月入学。[③]

在院校层面上，国际化可以提高大学的国际形象与声誉，提高办学质量，促进学生和教职员工的发展，增强知识生产能力。例如，近十年来，北京大学主动承担起促进中外人文交流的使命，发挥教学科研、国际交流等方面优势，积极参与孔子学院的建设；在全球范围内，共承建了 10 所孔子学院（日本立命馆孔子学院、早稻田大学孔子学院、泰国朱拉隆功大学孔子学院、以色列希伯来大学孔子学院、德国柏林自由大学孔子学院、西班牙格拉纳达大学孔子学院、俄罗斯莫斯科大学孔子学院、伦敦大学学院（UCL）教育学院孔子学院、埃及开罗大学孔子学院、美国斯坦福大学孔子学院）以及 46 所孔子课堂。这不仅为孔子学院的发展

---

① De Wit H. Internationalization of Higher Education in the United States of America and Europe a Historical: Comparative and Conceptual Analysis. Connecticut: Greenwood Press. 2000.

② ［加］简·奈特. 激流中的高等教育——国际化变革与发展［M］. 刘东风，陈巧云，译. 北京：北京大学出版社，2011：31.

③ 中国科学院中丹学院. 学院简介［EB/OL］.［2014－07－08］. http://sdc.ucas.ac.cn/index.php/zh－CN/2015－12－07－02－35－57/2014－07－08－08－32－45.

做出了贡献，也为北京大学走向世界奠定了基础。[①]

院校国际化的动因随着时代的变化、国家的政策导向和院校自身的发展而发生变化。无论基于理论研究还是国际化的实践，不难发现，与传统大学功能相比较，现代大学的育人功能虽然没有变，但是育人的标准不同了。在全球化的大背景中，扩大学生的国际化视野和提高学生运用外语能力是现代大学必须提供的。从这一角度来说，院校国际化的动因反映在学术层面上，就是通过国际合作创新知识，推动科学发展，推动教学质量的提高，为社会培养急需的人才。莎杜娃（2014）指出了俄罗斯院校国际化的动机。她认为，1990年前后，俄罗斯的院校国际化均是以提升国际学术标准为主，但是目前院校国际化更加追求国际声誉和国际地位，其次才是提升国际学术标准和科研及知识生产。[②]而奥尔森（2012）以国际学生流动为例进行分析：德国大学以往开展的国际学生流动是以学术交流为目的，但是目前德国院校国际化的动因已经从建立国际合作伙伴、提升学术质量转变为参与国际竞争和促进经济增长。[③]德国大学过去十年间发生这样的转变与全球化的环境、国家的政策趋向和院校的战略取向密不可分。

不同类型的院校，其国际化的动因也有所不同。笔者（2013）曾以跨境高等教育为例，比较全球研究型大学和教学型大学国际化动因的差异。教学型大学向全球拓展的原因之一是顺应全球化需要而培养技术型人才，而全球研究型大学的全球拓展主要关注科学研究、知识生产和学生领导力的培养。[④]在教育市场化的大潮中，一些发达国家的许多高校，特别是一些非顶尖高校招收国际学生的主要目的是创收，将国际教育作为一种商品。但是，顶尖高校（如牛津大学、剑桥大学等）招收国际学生是为了吸引优秀的国际生源，提高院校的国际声誉和国际影响力。日本高校大力招收国际学生则不仅仅考虑创收，在院校层面，很大程度上是为了打破本国生源匮乏的困局；在国家层面上，是为了解决人口老龄化带来的人力资源短缺问题。在荷兰，过去几十年中主要是政治、文化和学术的动机推动着院校国际化，而在目前，院校国际化主要是经济动机在起作用：院校更希望从国际化活动中获得经济收入，因此提供了许多英文项目，大量招收国际学生。对于高等院校而言，不同的国际化动因决定着不同的行为取向。因此，国际化动因对于院校国际化行为和实践具有较强的指示作用。

---

① 汉语国际推广工作办公室．数据看孔院［EB/OL］．［2016－01－13］．http://pkunews.pku.edu.cn/2014zt/2016－01/13/content_292636．htm．

② Shaydorova G. Rationales for the Internationalization of Higher Education：The Case of Russia［D］. University of Tampere．2014．

③ Olson J．From Student Mobility to Market Sucess：The Changing Logic of Internationalization in German University［D］．University of Georgia．2012．

④ 马万华．全球化时代的研究型大学——美英日德四国的政策与实践［M］．北京：教育科学出版社，2013：15－16．

第二节　院校国际化战略规划

制定科学高效的国际化战略对于大学应对全球化的挑战，推进现代大学制度改革，提高自身实力和国际竞争力具有重要意义。蒋凯等（2007）认为在国际化背景下，院校对国际化的战略规划与战略管理不仅关系到大学的生存，更关系到大学的发展。[①]院校可以通过制定国际化战略规划，明确国际化发展方向，增强适应复杂国际环境的能力。目前在我国，一些院校由于缺乏战略规划，其国际化行为过多受控于国际市场，使得国际化过于被动，没有自主控制能力，出现碎片化现象。所谓碎片化，指的是在院校国际化过程中，由于缺乏战略规划而盲目地开展国际化活动。

学术界普遍认为，院校国际化的战略选择不仅受到院校内部因素的影响，还与外部制度环境密不可分。但在具体界定其内涵时，不同学者之间存在差异。例如，约翰·戴维斯（1995）构建了院校国际化战略影响因素[②]，他认为院校国际化战略的内部影响因素包括院校的使命、办学定位、历史传统、组织领导机构和院校国际化的投入等。周密和丁仕潮（2011）认为，高校内部因素主要指教学、科研和社会服务三项基本职能。[③]韩双淼和钟周（2014）则认为，战略的制定需要考虑教学、科研和服务等内部因素。[④]约翰·戴维斯认为，外部环境包括国家对院校国际化的政策，院校对国际市场发展趋势的把握，院校参与国际竞争的能力等方面。周密认为，高校所处的外部环境除了国际环境和国家政策环境外，还包括地理层面的区域环境。但是也有学者对此提出了异议，张优良（2017）认为，在对外部环境进行分析的过程中，还应该注意到高校所处的场域环境。[⑤]相对于宏观的国际环境，中观层面的组织场域可能对院校国际化战略的制定更有实际的影响意义，国际化战略的运用在组织场域中可能存在扩散机制。高校在发展的过程中，倾向于参照组织场域中同一类型的高校，通过不断的互动与交流实现组织学习。比如，北京大学在新时期的国际合作与交流中立足于自身的特色和传统，将自身的发展与国家战略紧密结合。北京大学坚持面向世界、面向未来，巩固和发展全方位、多层次、宽领域对外开放的格局，为学科建设、教学科研和人才培养服务，

① 蒋凯，马万华，陈学飞．应对国际化的挑战：大学战略规划与战略管理［J］．北京大学教育评论，2007（1）．

② Davis J. University Strategies for Internationalization in Different Institutional and Cultural Settings：A Conceptual Framework. In Peter Blok（eds）. Policy and Policy implementation in Internationalization of Higher Education［M］. EAIE：Amsterdam. 1995：3－15.

③ 周密，丁仕潮．高校国际化战略：框架和路径研究［J］．中国高教研究，2011（9）．

④ 韩双淼，钟周．一流大学的国际化战略：一项战略地图分析［J］．复旦教育论坛，2014（2）．

⑤ 张优良．院校国际化视角下的大学组织变革研究［D］．北京大学，2017．

为国家的总体外交战略服务。

近年来，高校对国际化的重视程度不断提升，纷纷将其纳入学校发展的整体规划中，一些院校还制定了国际化发展专项规划。例如，房东波和程显英（2013）借鉴柴尔德里斯对院校国际化战略类型的分类方式，深入分析了我国 10 所高校的国际化发展情况。[①]其中 3 所高校明确提出实施国际化战略，7 所高校把国际合作与交流作为实现学校总体发展目标的必由之路，这与柴尔德里斯对美国高校的调查结果基本吻合。北京大学在 2001 年制定的《北京大学创建世界一流大学规划》中，即强调“加强对外合作与交流，建设开放性大学”。鉴于新形势下大学国际竞争的严峻态势，北京大学在 2006 年召开国际交流与合作战略研讨会，制定了国际合作与交流的发展专项计划《北京大学全球战略：全球化背景下的研究与教育（2006—2010）》。对于我国高校而言，2010 年之后普遍将国际化作为学校层面规划的一部分，且推进到制定国际化专项规划阶段，使得国际化对学校发展的重要性日益彰显。

第三节　院校国际化策略选择

院校国际化发展策略是指，将国际化维度整合进院校的使命、愿景、职能的项目、活动及方法的集合，是推动国际化战略的途径和方式。院校国际化策略是执行战略规划的重要组成部分，服从于战略规划的整体布局。策略一词本身就暗含着计划性、策略性和整合性的意蕴。院校国际化策略的内容繁杂，既包括国际合作和发展项目，国际院校间的协议和网络、课程和研究的国际性/跨文化，也体现在推进院校国际化的各项活动中。其中包括：教师的学术交流、国际学生的招生活动、学生交流项目和海外学习、联合学位/双学位项目、结对子伙伴关系和境外分校等。对于院校国际化管理而言，国际化策略主要包括院校层面的项目策略（Program Strategies）和组织策略（Organization Strategies）。[②]

其中，项目策略体现在学术项目、研究与学者合作、国内与跨境等外部关系、课外活动等方面，组织策略主要体现在管理、运行、服务和人力资源的配备等方面。以运行为例，国际合作与交流办公室和职务的设置是院校开展国际化活动的关键影响因素，这表明了高校对参与国际事务的组织承诺。基于奈特 2004 年的分析，院校国际化项目策略与组织策略的详情，见表 1.1。

---

① 房东波，程显英．我国大学国际化战略制定与执行研究——以 10 所国内大学为例［J］．中国高教研究，2013（1）．

② Knight J．Internationalization Remodeled：Definition，Approaches，and Rationales［J］．Journal of Studies in International Education．2004（8）．

表 1.1 院校国际化项目策略与组织策略

项目策略	
学术项目	学生交流计划；外语学习；国际化课程；区域或专题研究；海外工作与学习；国际学生（教学/学习进程、联合/双学位课程）；跨文化培训；教职员工流动项目；访问讲座与访问学者；学术项目与其他测量之间的链接
研究与学者合作	区域与主题中心；联合研究项目国际会议与研讨会；合作发表文章与论文；国际研究协议；研究交流项目；学术与其他领域的国际研究合作伙伴
外部关系：境内与跨境	境内：院校与非政府组织、团体或公共/私营部门团体结成的以社区为基础的伙伴关系；社区服务和跨文化项目；为国际合作伙伴与客户定制的教育与培训计划
	跨境：国际发展援助项目；跨境教育项目（商业性与非商业性的）
	分校：国际联系、伙伴关系与网络联系；以合同为基础的培训、科研项目与服务；海外校友项目
课外活动	学生俱乐部和社团：国际与跨文化的校园活动、以社区为基础的文化和民族团体的联系；同伴支持小组与项目
组织策略	
管理	高层领导的明确承诺；全体教职员工的积极参与；国际化动因与目标机构；使命与委托声明中的国际性、工作规划、日常管理与评估政策；文件中的国际维度
运行	整合进院校、院系部门一级的规划、预算和质量审查制度；适当的组织机构；沟通、联络与协调系统（正式和非正式的）；集中和分散，推进国际化的平衡；充足的财政支持与资源分配制度
服务	整个院校服务，即学生住宿、注册、筹款、校友、信息技术；学术支持，即图书馆、教学和学习、课程开发、教师和工作人员培训、科研服务；为学生入学及毕业提供的服务支持，即项目介绍、咨询、跨文化培训、签证建议
人力资源	国际专家的招聘与选拔程序；教师和工作人员的奖励与晋升政策；教师和工作人员的专业发展活动；对国际委派与公休的支持

无论院校国际化采取何种策略，所对应的均是不同类型的国际化活动和实践。陈德云（2014）分析了美国部分高校的国际化策略及其活动。[①]其中，有以学生流动作为国际化出发点的高校，有将重点放在通识教育课程国际化的高校，有重视研究生教育及科学研究的高校，有以在其他国家建分校作为国际化重要策略的高校，还有积极建设全球伙伴关系的高校。在一项针对北京市属高校推动国际化战略的调查中发现，相对于市属本科院校，市属高职高专院校更倾向于推动课程改革与创新。[②]尽管各种类型的国际化实践活动普遍存在于各类高校中，但是不同高

① 陈德云．全面国际化：美国高等教育国际化发展的新动向［J］．全球教育展望，2014（12）．

② 马万华，李岩松，等．首都高等教育国际化发展现状研究［M］．北京：北京大学出版社，2014：133－134．

校之间各有侧重点，如课程国际化是将国际维度整合到课程之中。温德（1997）将荷兰院校国际化的经验归纳为将国际主题纳入课程、用国际比较的方式拓展传统学科课程、在跨学科项目中涵盖更多国家等三种形式。①关于招收留学生，亚当斯等（2012）发现美国高校和澳大利亚高校设立国际化办公室的差异。②美国高校是为了支持传统学生和学术交流项目，而澳大利亚高校的首要目的是推动国际学生的招生，有强烈的市场趋向。关于建立国际合作与交流网络，马万华（2006）和李岩松（2009）等通过对世界大学联盟和首都高教国际化的研究提出，大学国际联盟日益成为各大学之间加强交流、互相借鉴、增进合作的新平台。③④在新的形势下，传统意义上的双边交流难以满足高校发展的需要，为了全面深化教学、科研和社会服务等方面的多边交流与合作，越来越多的院校开始寻求与国际大学合作，因而出现了许多带有全球性质的国际大学联盟，例如，环太平洋大学联盟（APRU，1997 年成立）、世界大学联盟（WUN，2000 年成立）、研究型大学国际联盟（IARU，2006 年成立）等。由此可见，在开展国际化活动过程中，院校可以根据自身的实际情况，通过可以利用的资源和途径实现不同的国际化目标。

第四节　院校国际化发展路径

在任何一个院校国际化过程中，人们都很难找到一个公认的概念和统一的路径。因为院校国际化活动的开展，往往会根据自身办学定位和发展目标的不同而采取不同的方式。例如，美国的加州大学目前在全世界建立了 72 个中心，其中一个中心位于北京。该中心的主要职能就是帮助加州大学的学生和学者到北京从事交流、合作研究和实习等活动，并帮助加州大学在中国招收留学生，同时为加州大学的校友提供相关的服务。这是高校主动走出国门，积极推进国际化战略的案例。针对院校国际化的发展路径，英国学者鲁兹克（1995）对英国部分商学院开展了实证研究，提出了院校国际化发展路径的被动模型和主动模型，⑤见表 1.2。鲁兹克认为，院校国际化发展路径的被动模型和主动模型都可以分为五个阶段，

① Van der Wende D. Internationalising the Curriculum in Dutch Higher Education：An International Comparative Perspective [J]. Journal of Studies in International Education，1997，1（2）.

② Adams T. International Student Recruitment in Australia and The United States：Approach and Attitudes [A]. Darla K. et al. The SAGE Handbook of International Higher Education [M]. SAGE Publication. 2012：399 – 415.

③ 马万华．大学教育国际化与人才培养新趋势——环太平洋大学联盟国际化问题研究［J］．大学教育科学，2006（2）.

④ 李岩松．高等教育国际合作的新趋势——大学国际联盟的产生及其影响［J］．北京大学学报（哲学社会科学版），2009（3）.

⑤ Rudzki R. The Application of a Strategic Management Model to the Internationalization of Higher Education Institutions [J]. Higher Education，1995，29：421 – 441.

被动模型包括联络、正规化、核心控制、冲突、成熟或消退；主动模型包括分析、选择、实施、评估、调整目标/规划/政策。当然，院校国际化活动被动模型和主动模型之间并不是完全对立的，而是可以转换的。例如在被动模型中，当一个国际化行动失败了，可能转向整合的、主动的国际化发展路径。另外，在同一模式内，院校国际化的各个阶段可能会循环往复，每一阶段的活动并不是孤立静止的。例如在主动模型中，调整目标/规划/政策后，可能会返回到分析阶段，推动院校国际化持续发展。当然，这个模式是通过研究商学院的案例建立起来的，有一定的学科局限性。

表 1.2　院校国际化发展路径模型

阶段	被动模型	主动模型
第一阶段	联络（Contact）：学术人员与其他国家的同行保持联系，开发课程，流动性较为有限，在目的性和持续性方面也缺乏规划	分析（Analysis）：意识到什么是国际化以及国际化需要做什么；对大学的短期、中期和长期目标进行战略性分析，回答“我们应该国际化吗？”以及“我们有何困扰？”；开展教职工培训和讨论，分析大学的选择以及可以利用的国际化活动；开展国际化活动审查及教职工考核；进行优势、劣势、机遇、挑战的分析和成本收益分析（Cost-benefit Analysis）
第二阶段	正规化（Formalization）：一些联系通过大学之间签订的协议得以正式化，但是可资利用的资源不确定	选择（Choice）：基于教职工和组织双方的诉求，与教职工协调设计战略规划和政策；确定考核措施；分配资源；与内部和外部组织建立联系
第三阶段	核心控制（Central Control）：管理人员力图有效控制国际化活动，管理人员较为活跃，反馈不断增加	实施（Implementation）：检测国际化的表现
第四阶段	冲突（Conflict）：管理人员和教职工发生冲突，教职工的诉求落空；国际化活动陷入低潮，憧憬破灭	评估（Review）：对政策和规划进行绩效考核
第五阶段	成熟或消退（Maturity or Decline）：可能转向整合的、主动的国际化发展路径	调整目标/规划/政策（Redefinition of Objectives/Plan/Policy）：开展持续的改进，提升质量。返回至第一阶段，进入增长和发展的循环过程

荷兰学者范戴克和梅杰（1997）在对荷兰高等教育国际化调查的基础上，设计了分析院校国际化活动的理论模型。[①]该模型由三个维度组成：政策维度，指国

① Dijk V. The Internationalization Cube. A Tentative Model for the Study of Organizational Designs and the Results of Internationalization in Higher Education［J］. Higher Education Management，1996，9（4）.

际化目标对高校而言的重要程度，具体用边缘的和中心的（Marginal/Priority）进行标示；支持维度，指院校对国际化活动的支持程度，具体用单向的和交互的（Unilateral/Interactive）进行标示；实施维度，指国际化活动的实施方法，具体用特定的和系统的（Ad hoc/Structural）来进行标示，见表 1.3。院校国际化立方体中共包括 8 个区域，区域意味着其院校国际化发展的阶段。院校处于国际化立方体区域 1，说明其国际化发展处于起步阶段，国际化目标对于院校而言居于边缘位置，院校对国际化的支持较弱，国际化活动也局限在个别领域；处于国际化立方体区域 8，则说明院校对国际化非常重视，对国际化活动的支持是全方位的，国际化活动的开展是系统的、有序推进的。范戴克和梅杰在提出院校国际化立方体模型的基础上，进一步提出了院校国际化发展的三种路径。第一种路径为 1–2–6–8，这类大学国际化活动开展得较为有序，被称为慢跑型大学（Slow Starters）；第二条路径为 1–5–6–8，这类大学表现出强烈的国际化意愿，较早确立了国际化目标的中心位置，被称为领跑型大学（Organized Leaders）；第三条路径为 1–5–7–8，这类大学在开展国际化活动中表现出很强的创新性，被称为创业型大学（Entrepreneurial Institutions）。

表 1.3　院校国际化立方体模型

国际化立方体区域	政策维度	支持维度	实施维度
1	边缘的	单向的	特定的
2	边缘的	单向的	系统的
3	边缘的	交互的	特定的
4	边缘的	交互的	系统的
5	中心的	单向的	特定的
6	中心的	单向的	系统的
7	中心的	交互的	特定的
8	中心的	交互的	系统的

上述两个理论框架为院校国际化发展提供了可以参考的路径选择。但是这两个路径仍不完善，其中有学者就批评指出，这两个理论框架都忽略了学生群体在院校国际化过程中应有的位置和作用，院校国际化发展路径的控制主体主要在院校层面的管理人员，似乎与教师和学生无关。这一质疑的提出无疑对院校国际化的目标和对象提出了挑战。

第五节　院校国际化质量评估

通过上面的分析可以看到，院校国际化在动因、战略和策略方面表现出多样性和复杂性的特点，其路径的选择也是不同的。全面衡量国际化的质量并对院校国际化成效进行科学评价，无论对院校的管理者、政策制定者还是国际化的参与者来说都十分重要。因此，近年来出现了许多关于院校国际化评估的讨论。相关研究集中在评估类型、评估内容、评估指标体系建设等方面。按照不同的目的，“评估”在英语中可以分为 Review/Audit，Evaluation/Assessment 和 Accreditation 三个种类。Review/Audit 的结果一般为描述性的，其主要目的在于立足院校自定的目标，在调查的基础上给出建议，帮助院校进行改进。[①]这种界定与简·奈特（1994）对评估的认识接近。[②]简·奈特认为，评估指监控和评价个体行为的价值和成效，是否以有效的方式进行，开展的活动和服务质量是否符合事先设定的标准和预期。而 Evaluation/ Assessment 根据经合组织（OECD）给出的定义，通常是评价的第三方对国际化的主体进行“好”与“差”的评判，其结果一般为量化的分值（包括通过和不通过），加权量化的评价方式和结果也直接导致相应的排名出现。[③]

近年来，为了有效配合评估工作，相关机构开展了院校国际化评估过程和指标体系的探索。1999 年，经合组织总结了一系列评价院校国际化战略的工具和原则，建立了国际化质量评价标准程序（IQRP）[④]。其中，院校国际化评估指标体系包括学校概况、国际化政策与战略、组织与支持体系、学术项目和学生、科研和教师国际合作、人力资源管理、国际合作网络建设和社会服务等方面内容。2003 年，美国教育理事会（ACE）设计了美国大学国际化质量评估体系——ACE 评估过程（ACE Review Process），并进行了三次调查，总结了美国高校国际化的发展情况。[⑤]美国教育理事会将国际化划分为六个维度，包括明确的任务表述、学术专业提供、组织架构、外部资金资助、大学对教师的投入、国际学生和学生项目。2002 年，日本政府推动相关组织和高校制定国际化指标体系，[⑥]主要包括大学评价与学位授予机构于 2002 年实施的“国际合作与交流评价指标”、日本文部省协

---

① Quality and Internationalization in Higher Education，IMHE，OECD PUBLICATIONS［M］. 1999：30－31.

② Knight J. Internationalization：Elements and Checkpoints. CBIE Research No. 7［M］. Canadian Bureau for International Education（CBIE）. 1994：13.

③ Quality and Internationalization in Higher Education，IMHE，OECD PUBLICATIONS［M］. 1999：30－33.

④ Nummela N. Quality and Internationalization in Higher Education［M］. OECD：1999.

⑤ Madeleine F. Internationalizing the Campus—A User's Guide［R］. ACE Center for Institutional and International Initiatives. 2008：3.

⑥ 吴玟. 大学国际化水平评价体系的比较研究［J］. 高教探索，2011（5）.

同日本学术振兴与科学技术国际交流中心在2005年共同推动的“大学国际战略本部强化事业评价指标”。日本大阪大学于2004—2005年构建了“大学国际化评价指标”，[①]主要包括大学的宗旨、目标和规划，结构与人员，预算和执行，科研国际化，支持体系、信息服务和基础设施，多层面的国际联络，课程国际化，大学之间的联合项目等方面。2006年，德国高等教育发展中心（CHE）召集四所德国高校国际交流与合作部门的负责人，共同开发德国大学国际性与国际化测评指标项目，最终目的是建立一系列可以作为德国全国高等教育机构排名的全面指标体系。[②]CHE大学国际性与国际化排名指标体系分为整体情况、学术研究和教学三大板块，共确定了186项数据和指标，其中69项是整体性指标，45项是关于学术研究方面的指标，72项是关于教学方面的指标。由于该指标体系分类方法过于复杂，且在不同维度上许多指标相互交叉，有的指标被重复统计，因此很难推广。

自1998年以来，我国政府开始推动部分高校争创世界一流大学。以北京大学和清华大学为代表的我国研究型大学先后制定了国际化战略，以缩小与世界一流大学的差距。我国学者在大学国际化指标建设和评估方面也进行了相关探索。2007—2008年，中山大学教育学院、美国哥伦比亚大学教育学院和北京大学教育学院研究人员组成课题组，构建了中国大学国际化指标体系，其中包括战略规划与组织机构、人员构成与交流、教学与科学研究相关条件和设施、成果交流等一级指标。[③]2009—2011年，北京师范大学洪成文教授等承担了高等学校国际交流与合作管理标准和质量体系建设课题。课题组形成了一套院校国际化质量标准框架。[④]该质量标准框架的7个一级指标包括：办学理念和发展战略、教师国际化、学生国际化、课程国际化、科研国际化、条件保障和特色项目。2011—2012年，笔者承担了首都高校国际化评价指标体系的建构研究课题，课题组结合国内外学者的观点，为首都高校国际化发展与评估构建了指标体系[⑤]，见表1.4。其中，一级指标为战略、组织与资金、人员构成与交流、课程与教学、科学研究、保障与服务、国际沟通与交流网络等。需要指出的是，该指标体系对各层次、类别高校国际化的评估具有一定的适用性，但是在具体运用时建议各高校结合自身的办学定位和实际情况，对不同指标进行一定的取舍或者设置不同的权重。该指标体系的具体内容，见表1.4。

---

① 曾满超，于展．中日高等教育国际化问题研究——基于文献的分析［J］．李树培，译．教育发展研究，2008，（21）：12.

② 王硕旺，洪成文．德国CHE大学国际性与国际化排名指标体系述评［J］．中国高教研究，2010，（4）.

③ 陈昌贵，曾满超，文东茅，等．中国研究型大学国际化调查及评估指标构建［J］．北京大学教育评论，2009，（4）.

④ 高等学校国际交流与合作管理标准和质量体系建设课题组．中国特色高校国际交流与合作质量标准框架及实施——一线管理者的视角［R］．2010.

⑤ 首都高校国际化建设指标体系研究课题组．首都高校国际化建设指标体系研究课题报告［R］．2012.

表 1.4　首都高校国际化指标体系①

一级指标	二级指标	三级指标
1. 战略、组织与资金	1.1 战略与目标	1.1.1 办学理念
		1.1.2 战略规划
		1.1.3 目标途径
	1.2 组织与人员	1.2.1 校级组织与人员
		1.2.2 学院组织与人员
	1.3 资金	1.3.1 总额
		1.3.2 来源
		1.3.3 分配
2. 人员构成与交流	2.1 学生交流	2.1.1 国际学生
		2.1.2 本国学生
	2.2 教师交流	2.2.1 海外学者
		2.2.2 本国教师
	2.3 行政人员	2.3.1 外籍行政人员
		2.3.2 本国行政人员
	2.4 接待来访与出访	2.4.1 国（境）外个人与代表团
		2.4.2 校级代表团出访
3. 课程与教学	3.1 课程设置	3.1.1 联合培养与学分互认
		3.1.2 国际理解课程
		3.1.3 英文授课
		3.1.4 外语教学及效果
	3.2 境外办学	3.2.1 孔子学院/孔子课堂
		3.2.2 其他国（境）外办学
4. 科学研究	4.1 科研交流	4.1.1 学校对国际科研交流的支持
		4.1.2 学校教师海外学术兼职
		4.1.3 国际会议
	4.2 科研合作	4.2.1 学校国际科研合作
		4.2.2 学校对国际科研合作的支持与服务
	4.3 科研成果	4.3.1 国际论文发表

① 马万华，李岩松．首都高等教育国际化发展现状研究［M］．北京：北京大学出版社，2015.

续表

一级指标	二级指标	三级指标
4. 科学研究	4.3 科研成果	4.3.2 学校对国际科研成果发表的支持
		4.3.3 国际专利
5. 保障与服务	5.1 设施保障	5.1.1 图书馆资源
		5.1.2 网络建设
		5.1.3 硬件设施
	5.2 服务支持	5.2.1 在华适应
		5.2.2 出国留学
6. 国际沟通与交流网络	6.1 国际沟通	6.1.1 校际交流
		6.1.2 校企合作
	6.2 交流网络	6.2.1 校友会
		6.2.2 海外捐赠

该指标体系的特点：第一，将定量指标和定性指标相结合，不再简单地以量化的数据反映院校国际化面貌，注重对定性指标的使用。第二，注意到不同类别和不同层次的高校在目标和定位等方面的差异性，为不同类型的高校设计有差别的国际化评估指标，或者为统一的指标设置不同权重，或者邀请不同层次和类别的高校参与设计国际化指标体系，最大限度地保证评估指标体系的科学性和适用性。第三，就一级评估指标而言，综合了以往的理论研究成果，用该指标体系在首都 91 所院校中进行检验，发现不同院校国际化具有差异性。

第六节　院校国际化与“双一流”建设

高等教育全球化时代的到来加速了人员和资源的国际流动。其中，学生出国留学、教师出境讲学、高校跨界办学、教育资源的跨境流动与共享成为新常态。一方面，“双一流”建设大学普遍加快实施全球战略。首先是教育资源大国抢先布局，目前在我国设立办学机构或科研机构的海外名校已有多所，包括美国的哈佛大学、耶鲁大学和斯坦福大学等顶尖大学。另一方面，我国高校加快“走出去”的步伐。例如，2015 年清华大学率先在美国西雅图和华盛顿大学、微软公司共建“全球创新学院”。这是我国高校第一次在美国设立实体校区和综合性教育科研平台。全球创新学院将由微软公司出资 4 000 万美元作为启动资金，以西雅图地区的全新设施为基础，建立新的独立校区。依托该学院，两校将在全球范围内联合招生、联合培养、联合授予学位，在跨专业融合及创新领域开展全方位教学和研究。学院将邀请全球大学和企业的优秀学者、研发人员参与教学和科研，同时开设中英文课程，搭建具有多元文化优势的开放性教育和科研平台，培养全球经济发展和科研创新急需的综合人才，为中西文化融合互补、高端合作探索新模式。[①]

2017 年 2 月，北京大学汇丰商学院与英国开放大学签署了购置英国开放大学牛津郡校区（Open University Oxford Campus）的协议，着手创办北京大学汇丰商学院英国校区。它也成为我国大学第一所在欧洲独立建设、自主管理的实体办学机构。北京大学汇丰商学院英国校区的招聘和招生工作在 2017 年 6 月全面展开。在 2018 年北京大学 120 周年校庆时，该校区正式开学。根据规划，北京大学汇丰商学院英国校区将主要招收英国和欧洲其他国家的学生，修读北京大学的金融学、管理学、经济学硕士学位，学制两年。学生第一年在英国校区学习，第二年到深圳主校区学习。与此同时，校区还将招收英国和欧洲其他国家的企业家，开设短期高层培训课程。清华大学和北京大学创造的这两个“第一”，为我国高等教育“走出去”树立了榜样。

2015 年 11 月，国务院正式印发《统筹推进世界一流大学和一流学科建设总体方案》，展开了中国高等教育冲刺国际前列、打造顶尖学府的新蓝图。该方案把推进国际交流合作作为世界一流大学建设的十项重点任务之一，并明确提出：“加强与世界一流大学和学术机构的实质性合作，将国外优质教育资源有效融合到教学科研全过程中，开展高水平人才联合培养和科学联合攻关。加强国际协同创新，积极参与或牵头组织国际和区域性重大科学计划和科学工程。营造良好的国际化教学科研环境，增强对外籍优秀教师和高水平留学生的吸引力。积极参与国际教育规则制定、国际教育教学评估和认证，切实提高我国高等教育的国际竞争力和话语权，树立中国大学的良好品牌和形象。”[②]

对此，浙江大学校长吴朝晖[③]认为，国际化是学校加快质量优先的内涵发展的必然要求，也就是说，我们必须从全球视角出发，重新审视办学的目标定位和发展战略。因此，他把浙江大学高水平国际化作为该大学实现一流的支撑，并提出，应当在人才培养方面，进一步拓展学生的国际视野，提升应对全球化挑战的能力；在学术创新方面，进一步加强国际科研合作，提升国际学术竞争力和声誉影响；在师资队伍方面，进一步加强海外师资建设，提升教师的国际化能力；在文化传承创新方面，进一步构建完善的多元文化交流环境，提升中华文化的海外影响力，把国际化优势嵌入办学全过程，加快建设世界一流的国际化大学。

---

① 顾淑霞，宋培晶．清华大学携手华盛顿大学和微软公司在美国合作创建全球创新学院［EB/OL］．［2015－06－19］．http://news.tsinghua.edu.cn/publish/thunews/10303/2015/20150619100841799618162/20150619100841799618162_html．

② 国务院．统筹推进世界一流大学和一流学科建设总体方案［EB/OL］．［2015－11－05］．http://www.gov.cn/zhengce/content/2015－11/05/content_10269．htm．

③ 吴朝晖．推进国际化战略，建设世界一流大学［N］．浙江大学学报，2016－04－08（02）．

通过上文的分析不难发现，既有的院校国际化研究主要集中在动因、战略、策略和评估等方面，学者们多是围绕院校国际化过程的某一方面或某些方面展开论述。动因作为国家、高等教育部门或院校对国际化进行投资的驱动力，是理解院校国际化的核心因素。不可否认，院校国际化具有学术、政治、经济和社会/文化动因，带有很强的工具理性特征。院校在全球化背景下的挑战与机遇面前，实施国际化战略，调整自身的发展，通过长期的国际化行动将不同发展阶段的国际化动因转化为现实。在这一发展过程中，面临院校如何制定发展战略以及如何选择策略等问题。其中，战略作为院校国际化活动开展的顶层设计，是考察院校国际化的纲领文件。院校国际化的目的是促进院校的全面发展，其国际化的战略结合外部因素和自身的学科优势，秉承“有所为，有所不为”的原则，选择和确定其国际化的发展策略。而策略作为院校国际化具体实施的途径，是分析院校国际化发展模式的依据。对于院校而言，只有制定科学有效的国际化发展策略，才能避免院校国际化活动的盲目性。评估作为院校国际化结果的衡量标准，是判断院校国际化活动开展效果的重要依据。只有对院校国际化进行科学合理的评估，才能推动院校国际化的顺利实施。为此，学者们尝试制定了国际化评估指标体系。

关于院校国际化的动因、战略、策略和评估等方面的研究，多是从微观层面对院校国际化实践活动的描述，仅有部分学者在对院校国际化进行整体概括的基础上，从宏观层面总结了院校国际化的发展路径。尽管院校国际化研究题材十分广泛，但是目前还没有形成比较成熟的体系，相关研究仍然存在一系列问题。一方面，建立在院校国际化的经验总结基础上的理论研究亟待加强。可以运用管理学中的组织和制度理论分析院校在全球化背景下的组织行为，深入探讨院校国际化与国际高等教育的关系、高等教育政策和院校系统变革等相关问题。另一方面，关于院校国际化的研究多针对办学层次较高的研究型大学，对较低层次的院校国际化实践关注较少。不同层次的高校由于其基础条件有所差异，发展过程中面临的挑战不同，为了解决发展中出现的困境，产生了很多独特的本土化实践。比如本书第三章的案例研究，就是针对我国部分地方财经类高校“海归学院”的建设进行的。这些现象应该引起学界的注意。因为地方院校国际化面临的内外部环境与旨在建设世界一流大学的院校国际化非常不同。

第二章　院校国际化：首都高校的发展战略

引　言

国际化战略已成为各国高等教育谋求新突破与新发展的重要战略。在世界范围内，各种对高等教育发展水平的评价中，院校国际化水平已经成为衡量高等院校（大学）办学水平的一项重要指标。因此，推进国际化也是高等教育自身发展的内在需要。虽然各国高等教育机构在传统、文化、特色等方面各不相同，但相互借鉴、相互包容、合作共享越来越成为各国高等教育的共同选择。大学作为培养各行各业高层次人才的场所，需要运用最前沿的、先进的理念和知识培养人才。大学只有国际化才能真正相互学习、相互借鉴、共同发展。目前，对我国高等院校来说，国际交流与合作已经成为其重要的任务和功能之一。在新时期、新阶段，我国高等教育在国际化方面将进一步重视“引进来”和“走出去”的办学方针。近年来，在北京，随着高等教育外部环境的变化，本科高校纷纷制定国际化发展战略和规划，并根据自身的实际情况开展了卓有成效的实践。

受北京市教委的委托，从 2012 年到 2016 年，北京大学国际高等教育研究中心对北京市 91 所高校的国际化发展现状进行了分阶段跟踪研究。为了克服简单评价带来的局限性，课题研究通过定量研究、深入的案例研究和专题研究相结合的形式，总结了首都高校国际化战略实施过程中取得的成绩，以期利用部分高校的成功经验引领首都高校国际化的发展。经过系统的研究，发现在首都高校，国际化战略是实施院校国际化的顶层设计，组织机构是落实国际化战略、指导或服务院校国际化的载体，制度建设是落实院校国际化战略、推动国际化实践的有力保障。院校国际化发展需要高校的国际化战略、组织与制度的良性匹配。该研究还通过专题研究，总结了首都高校国际化的热点问题。

研究还发现首都高校国际化在实践方面面临的挑战，如国际合作交流偏重西方发达国家和地区，不符合我国“一带一路”倡议的需求；在高校内部对国际化管理协调困难，不利于院校国际化整体战略推进。因此，应该进一步扩大院校国际合作与交流的国家范围，在院校层面上建立统一的国际化协调机构，建立院系参与国际化战略的激励机制等。现有的院校国际化研究过多关注实践活动，很少关注院校国际化战略、组织和制度建设，而这些院校国际化的顶层设计对于高校开展国际化实践具有十分重要的意义。本章主要从组织和制度的视角分析院校国际化战略的发展历程。讨论的具体问题包括：在不同的发展阶段，院校国际化战略、组织结构和制度设计的变化情况，三者之间的作用机制以及三者如何作用于国际化实践，在顶层设计指导下的国际化实践存在哪些问题，并结合首都高校国际化的热点问题展开分析。

第一节　首都院校国际化研究方法的选择

从全球层面而言，经济全球化的势头不可阻挡，世界各国逐渐融入统一的国际市场，高等教育的竞争也突破传统国家的疆界。与之相伴的是各种世界大学排名的相继出现，大学开始在全球范围内争夺资金、生源和师资等各种资源，高校的全球竞争趋势日益明显。最近 10 年，我国的高等教育发展水平不断提高，办学质量持续提升，首都北京在我国经济发展融入全球的过程中，高等教育无论在办学质量上还是对外开放上都呈现出独特性。

在我国，随着高等教育成本分担机制的形成，社会普遍倡导建立高等教育的问责机制，学生和家长对于优质教育资源的需求旺盛，社会对高校通过国际化提高办学质量的希望也不断提高。因此，我国高等教育的发展面对来自国内和国外的双重压力和挑战。高校作为高等教育的主体，应该如何应对？为了在新形势下实现跨越式发展，我国高校普遍制定了国际化发展战略，将国际化作为提升办学质量、增强办学实力和建设“双一流”院校的重要途径。

对首都院校国际化研究方法和路径的选择上，主要关注院校国际化战略、组织建设和制度建设。在研究过程中运用混合型研究设计，根据各个阶段的研究内容分别采用文献研究、定量研究、案例研究、质性分析和专题研究等方法。比如，搜集高校国际化的相关文献，对国内外高校国际化战略、组织建设和制度建设进行理论总结和概括，对首都高校国际化的现状进行大致的分析和判断。在定量研究中，在前期制定的国际化指标体系的基础上，设计了首都高校国际化外事部门问卷和院校国际化数据采集表，开展大规模问卷调查，分析院校国际化战略实施效果、组织机构和管理模式的影响因素/影响程度。在案例研究中，通过实地调研和访谈等形式归纳总结院校国际化战略、组织建设和制度建设等，并选取有代表性的案例进行深入分析。同时，结合院校国际化的重点活动，开展国际化专题研究。在数据整理和分析过程中，运用统计软件定量分析调查数据，在院校国际化理论研究的指导下，结合案例研究、专题研究等全面分析和总结首都院校国际化战略、组织建设和制度建设，为院校国际化提供政策建议。针对首都不同高校国际化的共性特征，在案例研究和专题研究基础上，从宏观层面进行归纳和概括。

2015年，首都北京有91所高等教育机构。其中，部属高校为30所，且大部分是“985”“211”高校，在全国31个省市自治区中独占鳌头。在首都高等教育系统中，不同类型的院校，其国际化战略定位和策略选择有非常大的差异。经过前期调研发现，首都高校，无论是部属高校还是市属市管高校，基本上都制定了国际化发展战略，并根据自身的实际情况开展了卓有成效的实践。但是在推动国际化战略的过程中，仍然面临各种挑战，比如，国际化组织结构协调不力，配套资金不足，外语教学语种单一等。

第二节　院校国际化的规划与实施：北京大学案例

目前，我国的高等教育国际化，无论从政治因素、经济因素还是从文化因素考量，都具备了充足的发展动力和时代要求。尤其是我国加入WTO以后，由计划经济向市场经济转型，面对各种生产要素的跨境流动。这一切为院校国际化提供了发展动力。特别是近年来，我国综合国力的提升和科学技术的发展，极大地改变了世界对中国的认识。在高等教育方面，相关数据显示，我国近年来已经是世界上最大的留学生输出国和亚洲最大的留学生输入国。2016年，来华留学生已经突破44万人次，生源国已经达到205个。这些来华留学生包括学历生和非学历生，其中学历生大部分在首都高校学习。这表明在院校国际化进程中，首都高校有着巨大的优势。在首都高等教育系统中，虽然不同类型的大学的国际化战略定位不同，但是受首都城市的影响，其国际化的战略地位突出。

以北京大学为例，说明首都院校国际化的战略定位所具有的过程性特征。其目标定位根据我国的国家发展战略进行调整。比如，从1998年提出“建设世界一流大学”目标到“十一五”“十二五”规划，再到2011年提出旨在提高高校协同创新能力的“2011 计划”，在这些国家政策的引导下，北京大学作为我国优秀的综合性研究型大学，在办学目标和理念、学生培养、科学研究以及社会服务等方面，越来越关注国际交流与合作。在近20年“世界一流大学”建设的过程中，其国际化的战略规划表现出以下特点：

第一，具有明确的国际化发展目标。国际交流与合作为北京大学的重要组织行为之一，其发展与实施需要有组织目标作为指导。与20世纪80、90年代不同，进入21世纪之后，北京大学国际化目标越来越多地出现在大学的总体规划之中，这充分体现了国际化从之前对于大学核心工作锦上添花的边缘地位逐渐向大学的中心工作转移，不仅成为大学发展自身水平和实力的途径和工具，也在一定程度上成为大学衡量自身发展水平的标准。因此，国际通行的学术评价标准在学校的各项发展和建设中的影响力逐渐增强。

近年来，北京大学配合国家宏观发展战略，出台了一系列具有指导意义的全校性规划。比如，1999年，《北京大学创建世界一流大学规划（1999—2015）》出台，这是在国家《面向二十一世纪教育振兴行动计划》指引下，北京大学开始实施“985 工程”的重要规划。在“985 工程”实施过程中，中央政府的政策和财政支持给北京大学的发展带来了机遇。在该规划中，北京大学提出，在创建世界一流大学的过程中，应当坚持四条重要原则，分别是：一、坚持面向 21 世纪的教育改革和发展方向；二、坚持充分发挥现代大学的功能；三、坚持走以内涵发展为主的道路；四、坚持正确处理改革、发展和稳定的关系。此外，根据北京大学的实际情况，采取分两步走的战略：从 1999 年至 2005 年的 7 年，是北京大学创建世界一流大学的基础性准备阶段；从 2006 年至 2015 年的 10 年，是北京大学创建世界一流大学的关键性起飞阶段。在实施措施方面，北京大学提出：优化学科结构，培养更高素质的人才，改革科研体制，加强技术产业化，改进校内管理体制，改革人事制度，加强网络和信息化建设，加强校园文化建设，提供优质社会服务，加强对外交流与合作以及加强党的建设。

在加强国际合作与交流方面，该规划提出：“加强对外交流与合作，建设开放型大学。现在的世界是开放的世界，开放性是世界一流大学的基本特征之一。要坚持面向世界，巩固和发展全方位、多层次、宽领域对外开放的格局，为教学科研服务，为国家的总体外交战略服务。要认真研究世界多极化、经济全球化等重大国际问题对国民经济和社会发展带来的机遇和挑战，提出可行的应对良策。”①

经历了十几年的世界一流大学建设，2012 年，北京大学又提出了《北京大学“十二五”改革和发展规划纲要》（简称《纲要》），并在 2014 年 9 月发布了《北京大学章程》。在此基础上，北京大学国际事务管理部门于 2014 年牵头起草了《北京大学国际化发展战略规划纲要（2014—2018）》。可以说，这三个文件形成了学校宏观管理层面上的政策方向和微观管理层面上的实施方案相结合的战略规划。

在《北京大学“十二五”改革和发展规划纲要》中，进一步提出了建设世界一流大学的三步走战略，使建设世界一流大学的目标更为清晰与制度化。比如，《纲要》中提出，到 2018 年建校 120 周年左右，率先跻身世界一流大学行列。目前，应该说这一目标已经基本实现。在世界几个大学排名机构的排名中，北京大学都名列前茅。该《纲要》还确定：“到 2033 年建校 135 周年左右，率先跨入世界一流大学中坚行列；到 2048 年建校 150 周年，中华人民共和国成立 100 周年左右，率先进入世界一流大学前列。”在具体发展内容方面提出：提高教学质量，提升自主创新研发能力，提高社会服务能力，提高文化传承创新能力，提高人才高端化水平，提高国际化办学水平。

第二，在国际化策略上，北京大学决定在下列几个方面下功夫：提高国际教师比例，提高国际学生比例，提高具有海外学习经历的国内学生比例，提高国际合作论文比例，成为深层次、宽领域、全方位的全球化大学。同时，对强化国际

① 资料来源：北京大学信息公开网页（http://odp.pku.edu.cn/Item/199．aspx）。

交流合作能力进行了专门阐述。一是健全国际交流合作管理结构。在完善对于国际交流的组织结构建设之外，强调二级、三级学术单位对于国际交流的管理能力，提高教师和学术单位参与国际交流的积极性，并以此作为评价指标之一。二是促进“请进来”和“走出去”协调发展，提高国际交流与合作的层次和水平。一方面吸引世界一流大学合作建立高水平的国际高端教育项目、联合实验室、跨学科研究中心、国别研究中心以及合作办学机构；另一方面走出去，设立海外中心和教育机构。三是营造卓越的国际化环境，如提供双语标识系统，加强英文课程建设，发展英文授课学位项目，扩大高端外文图书期刊、数据库订购，构建统一高效的大学国际事务平台，进一步丰富校园的国际化环境等。同时提出，在用好国家有关国际交流基金的同时，多渠道筹措资金，建立适合不同需求的“北京大学自主国际交流基金”，加快形成坚实的国际化经济基础。

除专门对加强国际交流相关内容进行陈述之外，该《纲要》还将国际化维度作为多项工作发展的内容。例如，在培养人才的内容中，加入了“协同培养、跨界教育”的概念，并详细提出了培养国际化人才的行动策略：“推进学生交换、国际学分互认，加强全英文学位项目、国际学位互授联授项目、海外暑期学校项目、海外暑期科研项目和海外支援服务制度建设，鼓励和支持学生参与国际国内学术交流，大幅提升学生在读期间出国（境）学习交流比例，力争本科生、研究生有海外培养经历的比例有较大幅度的提高。”在提升科研全球竞争力方面提出：“力争20个学科进入ESI全球前百分之一……集中力量确保更多学科进入全球前千分之一、万分之一行列。”在造就一流的人才队伍方面提出：“提升教师队伍国际化水平。借助‘外专千人计划’‘长江学者奖励计划’和‘高校学科创新引智计划’等海外优秀教师引进平台，以及‘海外名师项目’等短期回国工作交流项目与政策，引进一批国际公认的高水平专家学者和团队，努力建设具有世界影响力的国际化师资队伍。继续加强对海外优秀华人科学家的吸引和培养力度，着力推进优秀非华人科学家的引进工作。完善教师学术休假制度和教师国际交流合作能力支持体系，促进教师开展国际交流与合作。”

《北京大学“十二五”改革和发展规划纲要》还提出了保障措施，如健全规划组织体系，完善多层次有机衔接的计划体系，完善开源节流的投融资体系，建立健全监测评估调控体系和引进第三方评估机制等。如果说，《北京大学“十二五”改革和发展规划纲要》仅是一个阶段性发展战略规划，那么《北京大学章程》（2014年）则具有历史性和长期性，经过时间检验，将为北京大学从组织到管理提供行为准则和发展目标。《北京大学章程》从四个方面规划了北京大学的国际化发展战略。

首先是理念上，提出：“北京大学坚持社会主义办学方向，面向现代化、面向世界、面向未来，继承爱国、进步、民主、科学的光荣传统，弘扬勤奋、严谨、求实、创新的优良学风，秉承思想自由、兼容并包的学术精神，崇尚真理，追求卓越，走中国特色、北大风格的世界一流大学发展道路。”

其次，决定了主要发展方向，即自然科学、人文学科、社会科学、医药科学、工程与技术科学，开展人才培养、科学研究、文化传承创新、社会服务，以及深入和广泛的国际交流与合作。

再次，在组织结构中，由校长挂帅，组织教学活动、科学研究、思想品德教育、社会服务和国际交流与合作。对教学科研单位的院长（系主任、所长）提出了新的要求：组织本单位教学活动、科学研究、社会服务、思想品德教育和国际交流与合作。

《北京大学章程》中的上述表述体现了北京大学将国际交流与合作同人才培养、科学研究和社会服务共同作为其办学功能。在具有中国特色的党委领导下的校长负责制管理模式下，国际交流与合作归属于校长及教学单位院长的业务管理体系，为北京大学的国际化提供了组织行为体系。

最后，在国际化的行动上，为落实《北京大学章程》中提出的国际化发展目标，进一步提升北京大学的国际化水平，北京大学国际合作部牵头起草了《北京大学国际化发展战略规划纲要（2014—2018）》，重点针对《北京大学“十二五”改革和发展规划纲要》中提出的学校建设世界一流大学三步走方针制定具体的实施方案。该纲要阐明北京大学国际化发展战略的指导思想、目标和基本任务、重点工作和保障体系。为了在 2018 年率先跻身世界一流大学行列，主要采取以下五个方面的行动。

第一是提升北京大学的科研影响力。实施科技珠峰计划，推动北京大学学者参与一系列具有显示度的国际大科学计划，比如参与制定国际标准，协同解决全球性重大问题。适时发起由北京大学主导的国际和区域性大科学研究计划，争取更大的话语权和主导权；充实“顶尖伙伴合作计划”，强化与世界名校、著名科研机构、国际评估机构、数据公司巨头形成的战略伙伴关系；拓展与国际组织、科研基金会的合作；提升北京大学科研成果的国际能见度，如举行高层次国际学术会议，鼓励申请国际专利，提高在高水平国际期刊上发表成果的数量。

第二是提升人才队伍的国际化水平。进一步实施“大学堂顶尖学者讲学计划”，汇聚全球学术大师，积极吸引不同层次的海外专家学者来北京大学讲学、开展科研合作。到 2018 年，使全校具有海外博士学位的教师比例不低于 60%，全职或至少讲授一门课程的外籍教师人数与全校专职教师总数间的比例达到 15%；构建“筑巢北京大学”工程，使活跃的国际交流成为师资队伍发展壮大的内在动力，为北京大学现任教师提供更多与世界一流高校和科研机构建立国际合作网络的机会，并通过制度设计为教师提供更多提升自身水平的条件；在师资引进、晋升和评估方面与国际接轨，建立以终身教职制度（Tenure－Track）为核心的人才聘用与评估体系；在管理服务队伍中引入国际因素，丰富管理干部队伍的海外经历。

第三是进行人才培养的国际化改革。启动“燕京学堂”项目；完善学生海外学习计划，进一步扩大学生在校期间参与海外学习、研究的比例；引进优质教育资源，推动与世界顶尖大学强强联合，设立高起点中外合作办学机构；加强授课方式国际化；积极推进“留学北大”计划，提升国际学生质量和规模，优化结构，到 2018 年将国际学生占比提高至15%以上；推进英语授课课程和专业的建设，到 2018 年，形成 300 门左右的外语课程库，每学期稳定开设课程 100 门左右，建成 15～20 个与国际接轨的全英文硕士学位课程体系，探索建立双语授课的学士学位项目。

第四是为应对全球共同挑战，提供高质量的解决方案和智力支撑。加强在全球范围内的大学网络建设，提升北京大学在国际大学组织中的参与度，并进一步提升由北京大学发起成立的绿色大学联盟（GAUSF）的影响力；推进国别和区域问题研究及人才培养。

第五是推进中华文化软实力和国际影响力建设。推动北京论坛[①]的定位转型；积极参与构建中外教育对话机制；开展中西文化的比较研究和对话交流；推动人文社会科学重大学术成果面向海外的输出；推动北京大学驻外机构的建设，扩大其海外影响力。

2014 年，北京大学通过大学发展规划和大学章程的制定提出了具体国际化发展目标，并在制度上为目标的实现提供保障。在学校层面，成立了学校国际化发展委员会，统筹领导全校国际化发展工作；加强全校协同建设，各院系和职能部门明确各自国际化发展规划；加强专家咨询和师生参与机制建设，保障国际化战略有效推进；加强对国际化工作的领导，各学院要配备国际事务秘书，对干部队伍进行国际化培训；加强经费保证，并确立在未来 5 年内通过多种渠道筹集资金不少于 5 亿元，用于支持教学、科研、人才引进、留学生奖学金等各种国际化战略行动的实施；[②]有了经费的保障，才能进行众多的国际化改革。

落实上述众多目标的最典型案例就是北京大学在 2014 年建立的燕京学堂。北京大学燕京学堂以“跨文化交流：聚焦中国，关怀世界”为基本定位，依托北京大学人文、社科领域浓厚的历史积淀和师资力量，推动中国问题交叉学科研究；开设中国学硕士研究生项目，以顶尖的师资和国际化的教学方式，为世界范围内各类组织培养沟通中国与世界的人才。中国学学术领域从整体上研究中华文明的形成与发展，尤其突出中华文明的核心特征与价值，及其在当代世界文化与格局重塑中应发挥的作用。项目立足于当代中国的社

---

① 北京论坛创办于 2004 年，由北京大学主办，得到北京市教委的支持，并得到韩国高等教育财团的资助。论坛以“文明的和谐与共同繁荣”为总主题，每年设不同的二级主题，致力于推动全球人文社会科学问题的研究，促进世界的学术发展和社会进步。论坛每年举办一次，迄今已有来自世界 70 多个国家和地区的 4 000 多位各界知名人士参加，是在中国乃至亚洲具有较大影响力的人文社科论坛。

② 资料来源：北京大学国际合作部内部资料《北京大学国际化发展战略规划纲要（2014—2018）》。

会实践，着眼于古今中西文明的格局，以多学科的理论和方法系统发掘中华文明的思想内涵和文化资源，充分体现中国文化和价值的主体性。项目充分展现国际视野，致力于融会东西方视角，以开放和包容的态度，在多元文明中开展对当代中国社会和文化等相关问题的探索和研究。燕京学堂倡导全球协同发展，促进文化包容，力求通过课内和课外两个方面推动学生更深入地了解中国，将学生培养成为“了解中国、贡献世界”的未来全球政治、经济和社会组织的领导者。

燕京学堂中国学硕士研究生项目为学生提供人文、社科领域一系列和中国问题相关的跨学科课程；在学术导师、论文导师指导下，学生拥有充分的自主权，可以选择学习方向，制订学习计划，开展独立研究。燕京学堂为中国学硕士研究生提供全额燕京奖学金（Yenching Scholarship）。采用住宿学院模式，全体同学集中住宿，参与丰富的课外培养活动。比如，2019 年 1 月 9 日至 14 日，北京大学燕京学堂在浙江进行课程实地调研。本次调研由燕京学堂特聘教授、外交部前副部长何亚非，燕京学堂院长助理、北京大学国际关系学院副教授陈长伟带队，通过走访杭州、义乌和温州等地，用移动课堂的形式，从深厚的人文历史积淀、经济强国的发展之路、科技创新和百姓生活的改变等维度，让同学们感知浙江的发展变化，进一步了解中国。

还有南南学院，英文名为 Institute of South－South Cooperation and Development，英文简称 ISSCAD。该学院是习近平主席 2015 年 9 月 26 日在纽约联合国总部出席并主持南南合作圆桌会议时宣布设立的。南南学院由中华人民共和国商务部主管。商务部综合考量各高校的定位与优势，最终委托北京大学主办，由北京大学国家发展研究院承办。南南学院由北京大学国家发展研究院联合创始人、名誉院长林毅夫教授担任院长，北京大学国家发展研究院院长姚洋教授担任执行院长，北京大学国家发展研究院傅军教授担任学术委员会主任。2016 年 9 月，南南学院迎来了第一批国际学生。南南学院首年招收国家发展方向的 30 位硕士研究生和 10 位博士研究生，学员分别来自发展中国家政府和社会团体的中高级官员和社会领袖。商务部为南南学院国家发展硕士和博士项目提供资助，并为录取的学员提供必要的教育和生活经费。

第三节　首都高校国际化中多样化的路径选择

2012 年至 2014 年，笔者在从事首都 91 所高校国际化现状的研究中，提出了首都高校国际化建设指标体系，包括大学国际化 6 个一级指标、16 个二级指标和 39 个三级指标，涵盖了院校国际化战略规划、组织机构、规章制度和实践活动等各方面内容（详见第一章表 1.4），并通过专著《首都高等教育国际化发展现状研究》全面展现首都高校国际化发展现状。为了全面了解首都高校国际化战略的实施情况，笔者于2015年至2016年对北京市本科院校进行了国际化跟踪数据采集，并针对高校外事部门单独开展了问卷调查。尽管问卷反馈率相对不高，但是通过分析回收的数据，可以从整体上总结首都高校国际化的发展与变化。

通过跟踪研究发现，不同层次和类别的高校在不同国际化战略和理念的指导下，设置了不同的组织机构，制定了各种类型的规章制度，进而开展了形式多样的国际化实践活动，通过各自的方式主动或者被动地回应了全球化时代提出的命题。为了呈现首都各种类型高校国际化战略实施的情况，本研究选取的案例研究兼顾研究型大学和教学型大学、综合类大学和行业类大学、部属院校和市属院校。针对每一所案例高校，通过分析其国际化战略规划、组织和制度情况，深入地了解其国际化的顶层设计和国际化战略指导下开展的国际化活动。

在首都高校，院校国际化涉及的主题较为广泛，包括教师和学生流动、国际交流网络、课程与教学、科研合作等。研究发现，近年来首都高校普遍将国际化作为提升办学水平、提高整体质量的途径，纷纷制定了国际化发展战略。由于首都高等教育类型多样，每个高校的办学水平存在差异，在发展过程中面对的问题也不同。因此，在推动院校国际化发展战略的过程中表现出不同的特点和选择。

比如，北京大学为实施国际化战略，对国际化管理模式进行改革，从国家—大学—学术组织垂直的管理模式转变为大学与学术组织共同管理的扁平管理模式，使国际化要素弥散在大学的各项功能与活动中。基层学术组织也承担国际交流管理职能，将国际交流与专业研究相结合。从教学和科研单位到大学的组织管理体系，将国际交流行为与大学学术组织内其他活动融为一体。

再比如，中国农业大学努力推动对可持续发展的国际合作平台的探索和实践。以该校中德合作项目为例，从1979年与德国霍恩海姆大学签署合作办学协议之后，该校举全校之力进行项目培育，进行了五期长达37年的可持续合作。第一、第二期以外方援助和能力提升为特色；第三期进入平等合作、联合攻关阶段，以解决我国重大农业问题；第四、第五期集科学研究和人才培养为一体，将优质教育资源的引进聚焦于大学核心竞争力建设。一方面，引进学科弥补了我国涉农学科建设的空白；另一方面，人才培养成为两校合作可持续、上水平的决定性因素。

还有，首都经济贸易大学于2012年借鉴上海财经大学和西南财经大学等高校的经验，大力吸引海归人才，建立了国际经管学院，俗称"海归学院"（因所有教师都是归国留学人员而得名），旨在进行国际化教学实验，争创高水平科研成果，为实现学校"现代化、国际化、多科性、有特色的国内一流、国际知名财经大学"的目标而努力奋斗。实践证明，作为国际化教学和科研单位，国际经管学院的成立推动了首都经济贸易大学高水平科研成果的产出，较大地提升了学校的声誉。

还有，北京工商大学配合国家整体外事外交，响应国家"一带一路"倡议，重点推动与沿线国家巴基斯坦高校的合作，招收留学生并建立巴基斯坦科技与经济研究中心。通过留学生教育带动学校国际化战略的全面实施，构建和完善来华留学生人才培养体系，加强国际化全英文授课项目的建设，加强师资队伍国际化建设，大力提升人才培养国际化水平。

而北京理工大学在推动国际化过程中，始终坚持学科国际化和人才培养国际化两个方向，逐步建立适应国际化发展的管理运行机制。北京航空航天大学实施国际品牌计划，构建北航国际交流合作网络平台。北航中法工程师学院以通用工程师、国际化实用性人才为培养目标和理念，开创了我国工程师教育培养国际化的新模式。华北电力大学在实施国际化过程中，坚持优质教育资源的标准，选择国外知名高校作为合作伙伴，先后与英国、美国多所大学搭建高层次、多元化的联合培养平台，同 80 余所大学签订了合作办学协议。

第四节　首都高校国际化战略的多样性

整体而言，首都院校国际化战略呈现出从无到有、从简单概括到详尽全面的变化过程。这表明，国际化逐渐成为高校办学的理性化行为，首都高校对国际化的重视程度不断提升。研究发现，多数高校在“十二五”期间制订了国际化发展战略专项规划，如本章中北京大学的做法，还有北京理工大学、首都经济贸易大学和北京工商大学的措施等。

近年来，为进一步做好教育对外开放工作，形成全方位、多层次、宽领域、高水平、有影响的首都教育对外交流与合作新格局，北京市教委在“十三五”规划中强调，要充分发挥教育在吸引国际高端人才、弘扬中华优秀传统文化等方面的作用，服务首都国际交往中心建设。大力支持高等学校与国外院校在教育、教学、科研等方面的深层次交流与合作，加强学生、教师、管理队伍的国际化视野培养。在提升国际化人才培养水平上，北京市教委要求重点抓好拔尖创新人才、非通用语种人才、国际组织人才、国别和区域研究人才、来华青年杰出人才这五类人才的培养。积极与海外知名高等学校、职业院校建立联系，为外培计划和高端技术技能人才贯通培养计划搭建平台。同时，要求研究探索在境外设立教育合作联络、教师培训、学生交流基地，提高汇聚和整合优质境外资源、推进务实交流合作的能力。还要大力推进留学北京行动计划，更加注重国际学生质量，提高学历生和研究生层次学生的比例。完善国际学生服务体系和教育培养质量保证体系，设立“一带一路”沿线国家留学生奖学金。提高北京学生赴境外学习、交流、研修的规模和质量，面向全球引进高层次人才，参与高校教学管理。稳妥开展汉语国际教育，进一步统筹首都院校孔子学院（课堂）建设布局，扩大教师和志愿者境外任教规模。[①]

上述众多方面的要求为首都高校国际化奠定了政策基础，即国际化规划的制定应立足于院校的办学定位、学科特征和院校的内外办学环境。目前，首都高校的外部环境发生了深刻的变化，需要寻找一种新的发展战略来为学校的发展提供指引。从全球层面而言，经济全球化的势头不可阻挡，高等教育国际化成为发展趋势，高等教育的竞争也突破国家的疆界，增强学校的国际交流合作能力、培养适应经济全球化的人才成为学校发展面临的挑战。国内方面，我国对外开放的范围不断扩大，程度不断加深，在政治、经济、文化等各领域加强国际交流成为趋势。近年来，"一带一路"倡议和"双一流"建设战略对高等教育发展有着重要影响。鼓励和支持高校与世界一流大学和学科开展高水平人才联合培养和科研攻关，促进国际协同创新，支持职业教育院校借鉴和引进国际权威的职业资格证书体系、办学模式和考核标准，推动国际化应用技能型人才培养。

因此，首都高校国际化要符合国家的长远发展战略，通过参与国家战略的实施，利用政策配套资源，推动高校科学研究和国际化人才培养。比如上文提到的北京工商大学，近年来在留学生发展方面取得突破性进展。这主要得益于紧跟国家战略与需求，服务国家"一带一路"倡议的经济战略和北京市留学计划——北京行动计划，大力发展与巴基斯坦等丝绸之路沿线国家的合作，培养沿线国家经济贸易、物流管理及工程方面的留学生。这些措施极大拓宽了院校发展的国际化空间。同样，中国农业大学的中德项目紧随国家重大发展需求，以服务我国经济社会发展大局为宗旨，统筹国情和校情，对国际化战略不断进行调整。中国农业大学与霍恩海姆大学自 1979 年以来开展的五期大型合作研究项目，均紧密围绕我国农业发展的重点地区和重大发展问题展开，推动了优质教育资源的引进和学校核心竞争力的提升。

国际化发展战略规定了组织未来发展的方向。从某种程度而言，国际化发展目标和定位的不同，决定了组织类型的不同。比如，北京大学等研究型大学更多着力于通过国际化战略提升科研水平和高层次人才的培养，而普通本科院校则更注重增强学生的国际体验，提升本土国际化水平。同时，通过国际化战略可以协调各方面的力量。制定国际化战略的过程也是推动学校整体达成共识的过程。在院校国际化发展规划制定的过程中，一般都会召开会议，通过各个部门的论证，与全校各个层面的管理人员进行协商，征求各方的意见。比如，首都经济贸易大学的国际化"十三五"规划制定过程中，即召集各职能部门和院系，召开了一系列的座谈会。学校作为松散的耦合组织，存在种类繁多的学科和各种类型的行为主体，不同学科和主体的发展目标存在差异，其行为目标和方向也有很大的不同。因此，院校内部难以达成一致的意见。在院校普遍强调建设"一流"的时代背景

① 北京市教育委员会，北京市发展和改革委员会. 北京市"十三五"时期教育改革和发展规划［EB/OL］.［2017-01-22］. http://www.csdp.edu.cn/article/2074. html.

下，需要整合以往“散漫”的大学各行为主体，统一认识，在国际化的目标指引下采取集体性行动。

目前，许多首都高校将国际化作为推动学校改革和发展的重要手段。在首都北京，建设国内或学科/行业一流也成为一些院校的发展诉求。将国际化路径作为提高办学水平的手段，已成为该类院校的共同选择。比如，北京航空航天大学高度重视学校的国际化发展，已经将国际化同综合性、研究型共同列为学校的战略目标，共同服务于学校建设世界一流高校的发展目标。该校将 2014 年定为国际化年，提出了北航“大外事”工作的目标，制定了《国际化发展行动计划——UPS2020》[①]，旨在到 2020 年实现国际化办学水平全面提升，为建设根植于中国的世界一流大学奠定坚实基础。2008 年，华北电力大学提出建设“具有鲜明特色的多科性、研究型、国际化高水平大学”的办学目标，实施国际化战略成为提升学校办学水平的重要依托。

同时，一些市属院校也将国际化战略作为推动学校改革和发展的重要手段。北京工商大学在制定“十三五”规划时，将国际化作为推进学校教育事业改革的战略性举措，在战略层面和具体操作层面全面推进学校的国际化建设。该校将国际化服务于学校人才培养的大局，把发展留学生教育放在首要位置，通过留学生教育推进学校国际化课程建设、国际化师资培养和国际合作平台建设。

第五节　院校国际化的组织机构建设

科学管理是院校国际化战略有效实施的保障，国际化战略的落实需要组织上的承诺和组织机构的支撑，需要将国际化融入学校的政策、规划和组织程序之中，即需要将院校国际化落实到组织上。

一、院校内部国际化组织机构的变迁

院校国际化组织机构的演变与国际化战略变化同步，顺应了院校对国际化发展的需求。首都院校国际化组织机构在近 30 年里不断发展、扩张、细化，经历了起步、发展和多样化的发展阶段。

起步阶段。研究发现，北京市高校内部国际化组织建设普遍起步于 20 世纪 80 年代，部属院校负责国际交流与合作的部门的起步较早。这一时期的国际化组织以业务需求为导向，满足基本外事交流，多为与国外学者及友人的迎来送往提供服务。比如，1980 年，北京工业学院（现北京理工大学）在校长办公室下设外事办公室。1987 年，北京经济学院外事处正式成立，代表学校统一管理和负责对

---

① UPS 是北航校级国际化发展战略。U 指 University to University，P 指 Professor to Professor，S 指 Student to Student。

外交流与合作工作，同时建立起学校完整的留学生教育体系。北京财贸学院于1985年开始外事工作，由院长办公室具体负责。1990年，为了满足自身发展需求，华北电力学院（现华北电力大学）设置了外事办公室。1995年，北京经济学院和原北京财贸学院合并，组建为首都经济贸易大学。北京经济学院（现首都经济贸易大学）外事处与北京财贸学院外事工作部门整合为首都经济贸易大学外事处。在起步阶段，在院校内部，国际合作与交流仅是学校综合性部门的附属职能，设置这些科室的主要职能是完成日常人员出国和培训方面的任务。这一时期的高校国际化组织对学校发展而言，其地位和作用并不是非常重要。

发展阶段。随着首都院校国际交流活动日益增多，越来越多的院校开始注重国际化发展，这就需要设置专门行政部门，以支撑院校国际化活动。在发展阶段，首都高校国际化组织结构普遍经历了从初期的校长办公室附属外事办公室到校领导管理下的国际合作与交流处的过程。1995年，北京理工大学外事办公室独立出校长办公室，正式更名为国际交流合作处。2000年，首都经济贸易大学外事处被分为对外文化交流学院和对外文化交流部两个组织机构。这一时期，该校国际交流规模迅速扩大。国际合作处功能的主要变化体现在以下几个方面：扩大对外交往的规模和层次；巩固和开拓新的校际合作关系；加强与海外校友的联系；提高引智工作的质量和效益；进一步拓宽渠道，为中青年骨干教师及管理干部创造更多出国学习进修的机会。

多样化阶段。目前，首都高校国际化活动已成为学校的中心事务之一，所有重大的决策基本都涉及国际化问题，院校外事部门的工作也比以往更多地与其他职能部门的工作联系在一起。院校国际化业务不断拓展和延伸，出现了国际化组织的功能分化和部门扩展现象。在首都高校中，有些学校成立了国际教育学院、国际合作处和留学生办公室等不同的职能机构，其中，国际教育学院或国际学院主要开展对外合作办学，积极引进国际优质高等教育资源，开展多模式多层次的国际化人才培养工作。在有些院校，国际教育学院主要负责留学生招生、教学和管理工作，类似于留学生办公室。留学生中心负责海外留学生的招生与管理。

国际化组织变革的契机往往与学校对国际化的重视相关。由于不同学校国际化发展战略和部署不同，国际化组织机构的形态也更为多样化。目前，首都高校国际化的主要组织管理模式有：单一部门专管模式，即设立单一的外事行政组织部门，专管国际交流与合作；多个部门分管模式，即同时设立多个外事行政部门，协调院校国际化事务。

首都高校在国际化发展的过程中，设置了类型多样的内部组织机构。这些国际化组织机构的演变、组织形态反映了学校的工作重点和发展需求的不同。院校国际化组织机构的多元性表明了不同的国际化组织机构对院校国际化的推动能力。比如，国际化组织机构设置在学校行政办公室内部的，其国际化的组织能力是最弱的，因为国际化在院校层面上可能还没有得到足够的重视；设置单一的国际教育学院可能表明，其国际交流与合作只是其附属职能；而国际合作交流处和国际教育学院合署办公的模式则能有效解决国际交流与合作的协调问题。

二、院校学术机构的设置服务于国际化办学

院校内部国际交流与合作组织机构的设置反映了院校的职能和定位，也应该与院校国际化发展战略保持一致。为了有效配合国际化战略的实施，首都部分院校设立了创新型国际化教学科研组织。比如，首都经济贸易大学于 2011 年提出了学校未来十年的总体战略目标：立足北京，服务首都，面向全国，走向世界，努力把学校建设成为现代化、国际化、多科性、有特色的国内一流、国际知名的财经大学。该校为解决长期以来因高层次科研成果和海外高层次人才缺乏而影响院校整体竞争力的问题，成立了国际经济管理学院。中国农业大学与德国霍恩海姆大学开展的综合农业发展中心项目（the Center for Integrated Agriculture Development，CIAD）曾经将工作重心转移到以支持国际项目在中国的实施为主要领域的发展咨询工作，并先后与联合国开发署和欧盟等国际机构建立了其在华援助项目的咨询关系，成为海外机构在华开展发展项目最具实力的国际化合作伙伴。但是，该中心最初对我国的农村发展实践关注不足，也没能开展更加系统的科学研究工作，并且部分中心研究人员的工作具有商业化的成分。于是，20 世纪 90 年代中后期，中国农业大学对 CIAD 中心的工作进行了系统的总结和检查，发现其发展过程中有偏离高等院校办学宗旨的一些现象。在此情况下，中国农业大学果断决定将 CIAD 中心进行改制，建成一所集教学、科研和社会推广服务为一体的综合性农村发展学院，从而使中国农业大学与德国霍恩海姆大学的合作重新紧扣大学的使命而展开，并且从组织结构和管理制度上确保其沿着大学既定的方向发展。

第六节　通过制度建设落实院校国际化战略

国际化制度设计是院校国际化战略实施的保障。国际化战略的实施需要人、财、物等各种条件的协调配合。为了有效促进各项工作的开展，制定科学合理的规章制度显得尤为重要。高校是专业科层组织，教师作为专业技术人才是组织的核心。因此，高校人事制度改革至关重要。高校科研国际化的重要基础是拥有一大批高水平的国际化人才。近年来，非研究型高校也希望加强科研国际化水平，既有的人事制度所提供的薪酬水平对高水平人才没有吸引力。为了在短时间内实现突破，部分首都高校开展了双轨制人事制度改革。所谓“双轨”，就是为海归人才提供较高的薪酬，并设计了较高的考核要求，从而激励其在国际期刊发表论文并开设国际课程。通过研究发现，不同的制度设计对高校的内部环境影响较大。比如在传统人事制度下，一旦获得教师身份，就拥有了铁饭碗。高校对教师入职之后的考核往往流于形式，或者制度体系不够完善，造成教师对参与国际化活动的积极性不高。而新的人事制度倡导“非升即走”或者“非达标即走”，加强了对教师

的聘期考核。较高的激励水平提高了教师对国际化活动的投入水平。

院校国际化的发展是一项系统工程，涉及院校国际化战略、组织机构与管理模式、院校国际化制度建设和国际化活动/实践等各个方面。其中，院校国际化战略是实施院校国际化的顶层设计；组织机构与管理模式是落实国际化或服务院校国际化的载体；院校国际化制度建设是推动院校国际化的保障；科学有序的国际化活动/实践是在国际化战略的指导下，通过组织协调和制度保障而顺利推进的。院校国际化战略、组织和制度最终要落实于国际化活动/实践。国际化活动/实践的实际效果会影响院校国际化战略、组织机构与管理模式和院校国际化制度建设的调整。国际化战略、组织机构与管理模式、院校国际化制度建设之间是互相影响、互相制约的。院校国际化发展系统，见图 2.1。

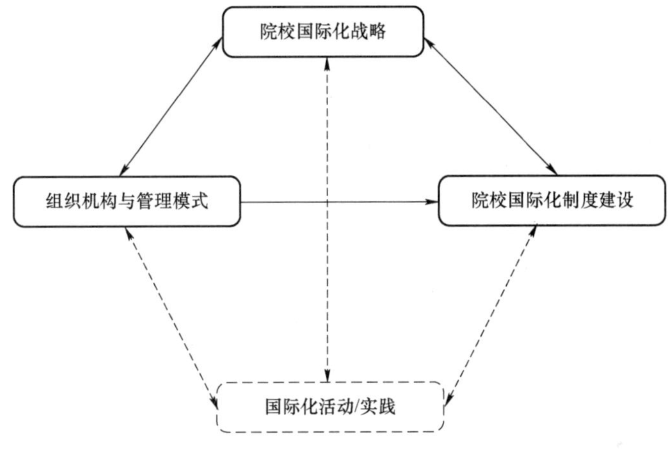

图 2.1　院校国际化发展系统示意图

注：国际化活动/实践在本研究中不作重点关注，图中用虚线处理。

院校国际化发展需要院校国际化组织模式与战略的良性匹配。有一个与院校总体战略目标相匹配的组织模式，院校国际化的决策机制才能有效率，信息的交流才会顺畅，国际化活动的开展才有支撑体系，也才能更好地获得人、财、物等各种条件的配合。在选择的案例研究院校中，各院校采取了不同的管理机制。这说明首都院校在推动国际化发展、制定国际化战略的同时，也在不断地选取适合自身发展的国际化组织模式，设定科学合理的国际化规章制度，为有效开展国际化活动创造良好的条件。

第七节　首都院校国际化实践中面临的挑战

首都院校已经将院校国际化纳入自身发展规划。比如，北京工商大学根据学校的实际需要和学科特色，将留学生发展重点放在“一带一路”沿线国家。在招收留学生上，重点放在学历教育层次，满足北京市留学生发展政策要求。该校留学生发展目标的制定获得了国家和市政府的大力支持。通过有利的政策，该校招收了大量来自巴基斯坦等国家的学生，并获批成立了巴基斯坦科技与经济研究中心，形成了院校国际化的多元合作发展机制，有力地推动了国际化战略的实施。但是，该校在院校国际化方面也与其他大学一样，面临着许多挑战。其中最为突出的是高校内部的国际化管理协调困难。当国际化成为院校发展的重大战略时，国际化就已经涉及院校发展的各个方面，国际合作交流工作也比以往更多地与其他部门的工作联系在一起，其工作范围涉及院校内部诸多行政部门，如教务处、科研处、人事处和财务处等。但是，在院校行政管理科层制度结构中，国际合作与交流处作为与其他处（室）和院系的平行单位，在组织协调工作时往往会遇到一系列障碍和困难。

院校的国际化管理协调困难，不利于院校国际化战略整体推进。因此，应建立院校层面的国际化协调机制。比如，北京大学除了有协调大学整体国际交流与合作的国际合作部之外，其他各个职能部门也逐渐发展出国际合作职能。北京大学教务部设立了交流合作暨暑期学校办公室，对参加国内外交流项目的学生进行选拔、派出或接收、管理。北京大学科研部设立海外项目办公室，专门针对国际科研合作项目进行管理。

近年来，为了配合院校国际化发展战略规划，部分院校对校内国际合作与交流组织机构进行了改革。首都经济贸易大学国际合作与交流处与国际学院合署办公的模式实行了多年，但为了改变机构职能不清的状况，2015 年开始推动机构改革，成立了学校层面的国际化工作领导小组，改变了国际合作交流处或国际学院与其他行政单位或院系协调不力的局面。北京理工大学在“十三五”规划中提出，在国际交流与合作工作中逐步实现归口管理部门和业务部门之间的有机协作和院校两级一体化管理，建设适应学校国际化发展的管理体制和运行机制。因此，可以进一步完善国际化组织机构，加强学校层面的国际化工作协调和支持。

受学科知识的影响，院校内部国际化的参与度不平衡，影响了院校国际化战略的落实。目前我国高等教育“双一流”建设的核心和重点在学科发展，而学科发展的主体在学院/学系和各研究中心等二级机构。当前，首都高校国际化战略的实施如火如荼，但主要在校级层面开展。如何调动学校内部院系开展国际化的积极性，关系到院校国际化的深入程度和实际效力。虽然部分高校将国际化发展任务和指标落实到各个院系，但是往往因为没有配套经费和人员等保障，且没有较为切实可行的评估体系，造成院校内部院系参与国际化程度的差异，从而影响了学校国际化战略规划的落实。在这一方面，北京航空航天大学为配合学校的国际化发展战略，在学院层次制定了《国际化发展行动计划——

SPS2020》[①]。该计划旨在提升学院国际化办学水平，支持学院以开拓全球合作关系和建立高水平合作项目为目的的出访活动，推动学院级全球合作网络和平台建设，促进学院与世界一流大学（院系）及科研机构深入开展交流合作。该计划的制定也是对学校国际化发展战略（UPS）的有力深化。北京理工大学在“十三五”规划中，围绕“强地、扬信、拓天”的学科发展思路，推动和支持各学院和学科根据自身资源开展针对性的国际交流与合作，使每个学院和主要学科方向都有世界一流的高水平参照对象，进而确定稳定的国际合作伙伴；鼓励和支持有条件的学科参与国际化认证，打造品牌学科，实现与世界一流大学的学科对接。从北京理工大学的案例中可以看出，院校国际化发展需要下沉到学院等二级机构层面，不能仅仅停留在校级层面。

首都高校国际合作偏重于欧美发达国家。通过前期调查研究发现，首都高校开展国际化合作的国家和地区范围不断扩大，但是院校合作仍然主要集中在欧美发达国家。在语言教育方面，主要集中在英语和日语等语种，其他语种的开设十分不足，难以满足我国对外合作与交流的需要。在我国“一带一路”倡议背景下，与中东欧、非洲等国家的合作显得十分必要，因此，应建立院校国际化多元合作机制。在这一点上，北京联合大学与俄罗斯和白俄罗斯等国的院校合作值得参考。

院校国际化的经费不足，并且经费来源渠道较为单一。前期调查发现，部分高校的国际化经费不足，难以支撑高校开展国际化实践。在预算上，外事活动经费占学校总经费的比例仍然偏低，平均不足学校运行经费的 2%，国际化经费短缺是普遍现象。因此，在科学设计国际化战略目标的同时，高校应积极开拓外事经费来源渠道，加大国际化的经费投入和保障力度，并制定切实可行的国际化评估体系。

总之，对首都高校国际化，还需要进行分类和专题研究。首都高等教育是一个复杂的系统，既包括顶尖的研究型大学，也包括高职高专院校。对于不同类型的学校，国际化发展战略与功能定位是不同的，因此分类研究尤其重要。同时，高校国际化包括不同的内容，其中教学国际化和国际合作研究的指向性也不一样。专题研究是针对院校国际化过程中的问题开展的，其政策针对性强。

① SPS 是北京航空航天大学院级国际化发展战略，S 指 School to School，P 指 Professor to Professor，S 指 Student to Student。

第三章　院校国际化的案例研究：以 E 大学为例

引　言

目前，国际化已经成为高等教育发展的一个趋势。世界各国的高校纷纷制定国际化发展战略，将国际化纳入教学和研究等整个办学过程中。国际化成为一些国家和地区提高办学质量和研究水平，创建世界一流大学的重要手段。① 2005 年，日本的京都大学制定了《国际战略纲要》。2010 年 9 月，天津大学出台的《天津大学国际化发展战略实施纲要》，成为我国高校首个国际化战略实施纲要。②继天津大学之后，E 大学也结合自身发展需要，制定了国际化战略《2020 倍增计划》。

2014 年，我们对 E 大学的国际化进行了一个专题研究，目的是了解院校国际化的内部机制和资源分配情况。考虑到时间关系，案例研究采用横断面的方式展开。所谓横断面就是以一个特定的年份为点，看该校内部各院系国际化活动的基本情况。需要说明的是，院校国际化是一个连续的活动，仅看一年的情况可能有局限，因为有的院系在这一年的国际化活动较多，有的院系这一年可能不活跃。该研究对院校内部院系国际化仅是一个平面式描述，没有“好”与“差”的评价。

高等教育国际化的相关指标逐渐成为院校评估的重要组成部分，包括《泰晤士报高等教育副刊》（Times Higher Education，THE）和世界大学排名在内的很多国际大学排名的指标体系中都含有国际化的要素。国际化已成为衡量一个国家的高等教育和一所大学发展水平的重要指标。即使是地方本科院校，国际化也已经成为其办学过程中不可回避的问题。首都北京建设“现代化、国际大都市”和“世界城市”的理念为首都高等教育的发展和国际化带来了契机。首都高等教育自身的发展和外在社会的要求与期待为首都高校国际化发展提供了深厚的土壤和强大的动力。首都北京的教育主管部门、高等院校

---

① 首都高校国际化建设指标体系研究课题组．2012 年首都高校国际化建设指标体系研究报告［R］．2012：4.

② 人民网．《天津大学国际化战略实施纲要》为天大引智引才工作指明方向［EB/OL］．2012－03－21. http://www.tju.edu.cn/newscenter/soundm/201203/t20120321_153207．htm.

管理者、决策者和教育研究者都希望通过了解首都高等教育的国际化现状，制定发展目标与战略。2014 年，针对 E 大学国际化的经验，研究人员采用了案例研究和问卷调查的方法。研究发现，首都高校国际化发展与大学的自身建设紧密相关，E 大学的建设采取了国际化的发展战略，即在大学内部加强教师交流、外籍教师队伍建设，提高留学生中的学历生水平，提高学术研究的国际发表能力等。研究还发现，即使在一所大学内部，学科之间、院系之间，国际化的发展也存在很大的差异。在通常情况下，院系根据自身的学科特征开展国际化活动。

第一节　案例大学发展背景

E 大学创建于 1956 年，是由北京经济贸易类学院合并组建的北京市属重点大学。近 60 年来，学校已发展成为拥有经济学、管理学、法学、文学、理学和工学等六大学科，以经济学、管理学为重要特色和突出优势，各学科相互支撑、协调发展的现代化、多学科财经类大学。E 大学校本部位于丰台区，以全日制本科和研究生教育为主；位于朝阳区的学区以留学生和成人教育为主。

该校拥有应用经济学、管理科学与工程、工商管理、统计学等 4 个博士学位授权一级学科，应用经济学、统计学、工商管理、管理科学与工程等 4 个博士后科研流动站，10 个硕士学位授权一级学科，17 个专业硕士学位授权点。本科教育设 43 个专业。学校共设城市经济与公共管理学院、工商管理学院、经济学院、会计学院、劳动经济学院、文化与传播学院、信息学院、安全与环境工程学院、财政税务学院、法学院、金融学院、统计学院、外国语学院、华侨学院、马克思主义学院、国际经济管理学院、体育部、国际学院、继续教育学院等 19 个教学单位。

根据该校的网站信息，劳动经济学获批国家级重点学科，并入选教育部特色重点学科项目；应用经济学、统计学获批一级学科、北京市重点学科，在教育部第三轮学科评估中分列 88 所参评高校的第 12 位与第 15 位，均列财经类高校第 5 位；企业管理、会计学获批二级学科、北京市重点学科；管理科学与工程获批一级学科、北京市重点建设学科；政治经济学等 7 个学科获批二级学科、北京市重点建设学科；经济学、劳动与社会保障、统计学、人力资源管理等专业获批国家级特色专业；经济学、统计学、劳动与社会保障获批国家级专业综合改革试点；政治经济学、劳动经济学、社会保障学获批国家级精品课程；政治经济学、社会保障学获批国家级精品资源共享课；财务会计、国际经济学、国际商务获批国家级双语教学示范课程；人力资源管理课程教学团队、经济学核心课程教学团队被评为国家级教学团队。经济与管理实验教学中心被评为国家高等学校实验教学示范中心，经济学国际化人才培养实验区被评为国家级人才培养模式创新实验区；会计学院德勤华永会计师事务所获批国家级大学生校外实践教育基地；《走进管理的世界》被评为国家级精品视频公开课；学校获评国家生态文明教育基地。

2016年，该校在籍学生17 948人，其中本科生9 908人，专科生221人，硕士研究生2 797人，博士研究生351人，留学生1 016人，成人教育学生3 655人。近年来，学校本科招生录取分数始终在市属市管高校中名列前茅；毕业生考研和出国比例不断提高，就业率保持在95%以上，受到社会广泛认可。

同年，该校共有教职工1 471人，其中各类专职教师813人。教师中具有博士学位的比例达到67%。教授等正高职专业技术人员达172人，副教授等副高职专业技术人员达301人。博士生导师68人，硕士生导师418人。学校在职教师中，入选全国优秀教师1人、国家级教学名师1人、中国“千人计划”学者1人、国家百千万人才工程1人、国家高层次人才特殊支持计划（万人计划）1人、教育部新世纪人才支持计划3人、国务院政府特殊津贴6人、北京市教学名师18人、北京市海聚项目7人、该校从2006年起开展教师职业生涯规划工作，并在国内高校中率先成立了教师促进中心（Office of Teacher Advancement，OTA)，这是北京市最早开展教师职业生涯规划与教师职业促进的教师职业发展组织。该校“非行政化运行模式的教师促进中心建设与发展”项目获国家级教学成果二等奖。

该校拥有北京市哲学社会科学CBD发展研究基地、北京市经济社会发展政策研究基地等市级研究机构，以及人口经济研究所、首都经济研究所等30个校级研究机构。其中，E大学特大城市研究院为北京市协同创新中心。该校主办的《经济与管理研究》是CSSCI来源期刊、全国中文核心期刊、中国人文社会科学核心期刊、RCCSE核心期刊。《人口与经济》是我国最早创刊的人口学类期刊之一，是CSSCI来源期刊、全国中文核心期刊、中国人文社会科学核心期刊、国家社会科学基金资助的200个重要期刊之一。

根据该校2014年统计，随着学科建设的发展，该校教研人员的科研能力不断提高，科研项目和经费呈不断上升趋势。1978年至2014年，该校共承担各级各类科研项目3 249项。其中，国家社会科学基金项目120项，国家自然科学基金项目55项，各类省部级项目603项，各类委办局级项目776项，企事业单位委托项目1 695项。

该校将继续坚持“立足北京，服务首都，面向全国，走向世界”的办学理念，秉承“崇德尚能，经世济民”的校训，以培养适应当代经济和社会发展需要、德智体美劳全面发展、理论基础扎实、知识面较宽、富有创新精神和实践能力的高素质应用型人才为目标，朝着建设“现代化、国际化、多科性、有特色的国内一流、国际知名财经大学”的目标开拓奋进。

在国际合作方面，该校与28个国家和地区的117所大学、研究机构、社会团体等有学术交流与合作往来。自1986年起，该校开始招收留学生，现已发展成多层次、多科性的国际人才培养体系。学生类别包含博士研究生、硕士研究生、本科生、高级进修生、普通进修生、语言生和各类短期生等。该校非常重视国际化办学，近年来通过多渠道支持师生出国交流访学，希望在国家留学基金委的指导与支持下，在扩大师生出国留学研修和来华留学生招生等方面取得更大进展。学校于2007年开办全英文授课的硕士班，2011年开办全英文授课的博士班。目前，有来自70多个国家的留学生在校就读，2016年留学生规模达1 016人。

根据该校的基本信息，案例研究采用了混合式的研究设计，综合运用质性研究和定量研究等方法。在研究过程中采用了作者在2012年设计的指标体系，包括设计问卷和访谈提纲（详见第一章表1.4）。

本研究共设计问卷两套，分别为《E大学国际化建设调查——校级层面数据采集表》和《E大学国际化建设调查——院系层面数据采集表》。E大学共有院系15个，其中《院系层面数据采集表》返回问卷13份，分别为文化与传播学院、信息学院、外语系、劳动经济学院、经济学院、金融学院、会计学院、华侨学院、国际经管学院、工商管理学院、法学院、安全与环境工程学院、统计学院，问卷回收率为87%。《校级层面数据采集表》由E大学国际合作与交流处联合人事处、财务处、教务处、科研处、图书馆等部门填写。

第二节 E大学内部院系国际化发展情况

一、国际化组织与预算

E大学设有国际交流机构（含留学生教育）的院系包括劳动经济学院、会计学院和华侨学院，占20%，机构名称分别为对外交流办公室、迪肯项目办公室、国际合作项目办公室。另外，这些院系分别聘用了1名、1名和2名行政人员。该校的信息学院没有专门设立国际交流机构，但有3名行政人员负责国际事务。还有华侨学院的国际合作项目办公室，聘用了1名合同人员和1名外籍行政人员。E大学院系领导拥有1年以上海外教育或学术交流经历的人数占院系领导总人数的比例平均为40%。其中，工商管理学院和国际经管学院的院系领导都具有1年以上海外经历，信息学院和金融学院分别为80%和60%，比例较高。

经费预算是外事活动的重要保障。2013年度，该校具有外事活动经费预算的院系有6个，占67%，包括工商管理学院（28万元，20%）、劳动经济学院（8万元，13%）、信息学院（10万元，10%）、金融学院（3万元，6%）、会计学院（10万元，5%）、安全与环境工程学院（7万元，不详），见图3.1。

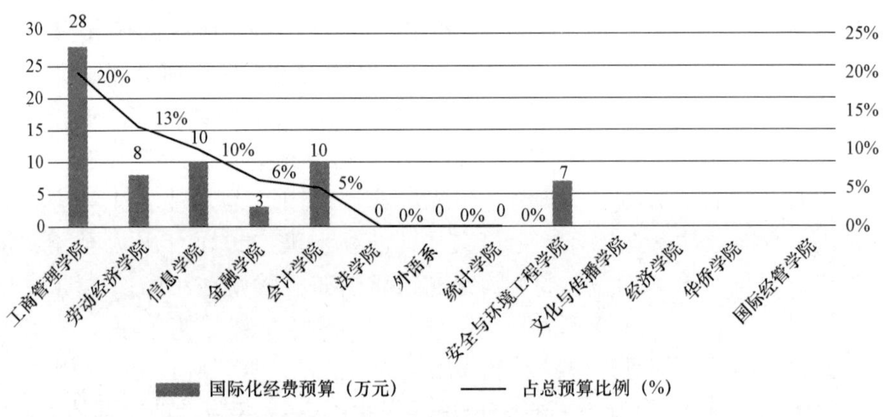

图 3.1　2013 年度院系外事活动经费

首都院校外事活动的经费来源包括政府专项拨款、校外企业及个人捐赠的资金、校友捐款、学校拨款及其他。2013 年度，E 大学院系外事活动经费主要来自其他经费及学校拨款。其中，金融学院全部来自教学经费；会计学院全部来自学院自筹经费；法学院和安全与环境工程学院也全部来自创收；工商管理学院经费来源为学院自筹（60%），这些自筹经费包括老师自筹（18%）、政府专项拨款（20%）和学校拨款（20%）；信息学院经费来源为学校拨款（50%）和创收（50%）；劳动经济学院的经费来源全部为学校拨款。详情见图 3.2。

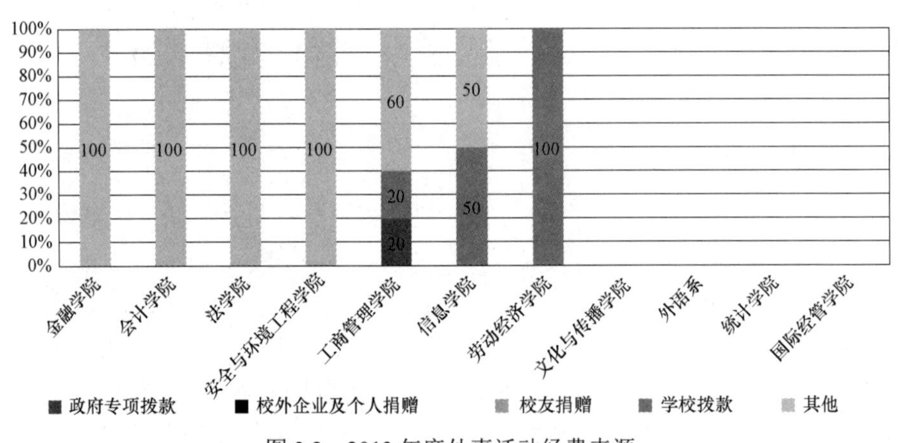

图 3.2　2013 年度外事活动经费来源

在图 3.1、图 3.2 中，有的院系显示为零，只是表明数据缺乏，并不证明没有。

在一般情况下，外事活动经费的使用途径包括教师境外访学、参加国际会议，学生境外访学、参加国际会议，来华留学生招生宣传、奖学金项目，其他。2013 年度，E 大学院系外事活动经费主要用于资助教师和学生境外访学和参加国际会议。资助教师国际交流的经费所占比例平均为 55.6%，资助学生国际交流的经费所占比例平均为 21.1%。另外，劳动经济学院将 10%的经费用于来华留学生招生宣传和奖学金项目，金融学院将 10%的外事活动资金用来资助教师国际交流，见图 3.3。

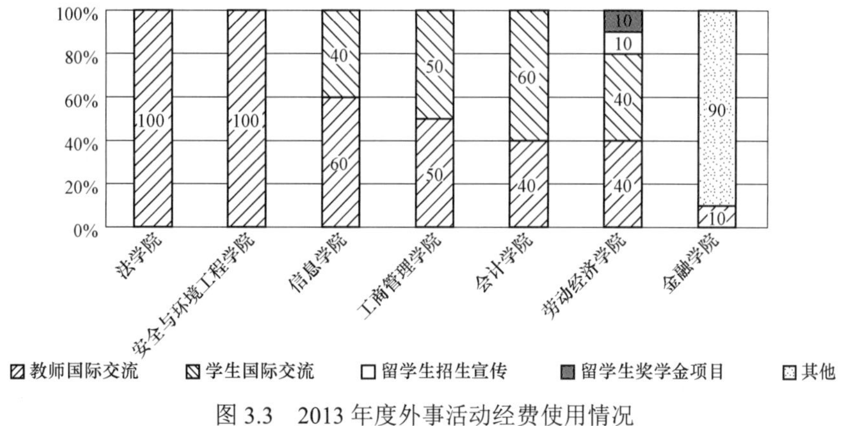

图 3.3　2013 年度外事活动经费使用情况

二、参与国际化的人员构成与交流

本节主要从人员构成与交流等方面考察院系国际化。国际化参与人员包括在校的外国留学生、外籍教师、学生、教职工、代表团等。

（一）外国留学生

2013 年，E 大学共有 5 个院系招收留学生，占 38.5%，分别为经济学院（216 人）、华侨学院（27 人）、劳动经济学院（5 人）、金融学院（1 人）和会计学院（1 人）。经济学院招收 195 名攻读学位生，其中本科生 137 人、硕士生 40 人、博士生 18 人。华侨学院招收的 27 名留学生全部攻读硕士学位，劳动经济学院招收的留学生均不攻读学位，金融学院和会计学院各招收 1 名留学生，分别为本科生和硕士生，见图 3.4。

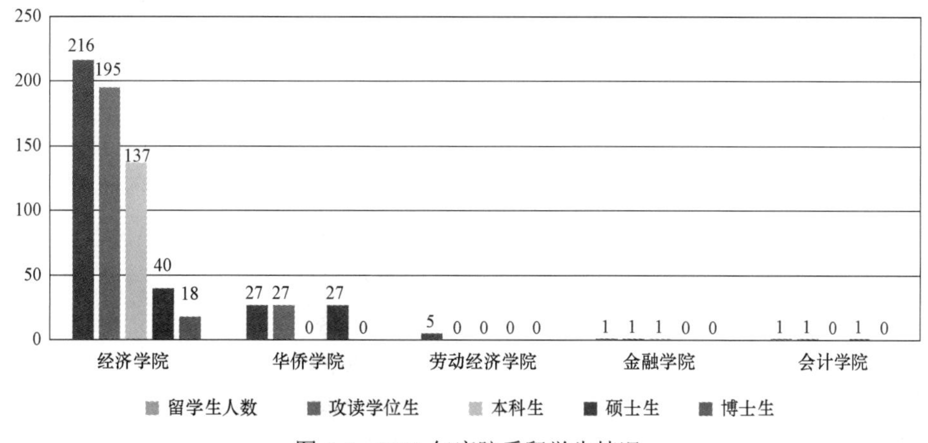

图 3.4　2013 年度院系留学生情况

经济学院的216名留学生来自59个国家和地区。按照国别划分，留学生人数排前三位的国家分别为哈萨克斯坦、蒙古和法国。劳动经济学院的5名留学生主要来自加拿大和瑞典，金融学院的1名留学生来自朝鲜，会计学院的1名留学生来自泰国。

（二）外籍教师

2013年，E大学的6个院系有外籍教师，分别为华侨学院（7人）、外语系（4人）、经济学院（3人）、信息学院（2人）、法学院（1人）、国际经管学院（1人）；来源国家和地区相对较少，分别为4、2、2、1、1、0；在聘用上，外籍教师均为合同制，见图3.5。

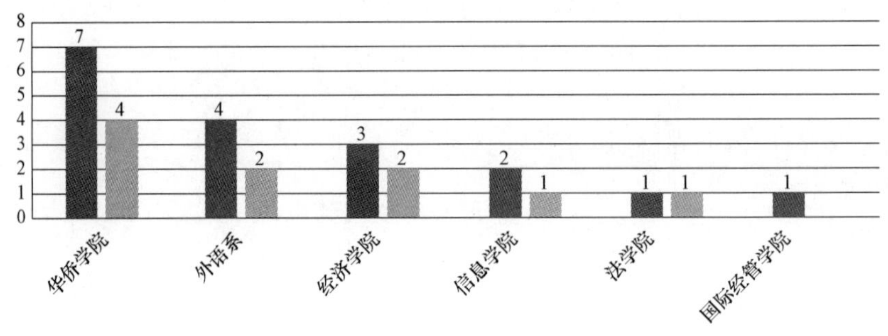

图3.5　2013年度院系外籍教师情况

另外，外籍学者短期访学、从事短期（3～12个月）教学和研究也是国际学术交流的重要组成部分。2013年，E大学有5个院系接收外籍学者短期访学，分别为工商管理学院（5人）、信息学院（3人）、统计学院（3人）、会计学院（1人）、法学院（1人）；除统计学院来源地不详外，外籍学者分别来自4个、3个、1个、1个国家和地区。

（三）学生出国交流

2013年，E大学学生出国交流总人次为163，院系平均为12.5人次。除国际经管学院以外的12个院系均有学生出国交流，占院系的92.3%。

以学生出国交流的学历层次来看，除信息学院以外，本科生为出国交流的主体。本科生出国交流的人数占出国交流学生总数的82%。另外，有5个院系的硕士生在2013年出国交流，占院系总数的38.5%，分别为经济学院（10人次）、劳动经济学院（4人次）、工商管理学院（4人次）、信息学院（3人次）、统计学院（2人次）、安全与环境工程学院（1人次）。还有4个院系的博士生在2013年出国交流，占院系总数的 30.8%，分别为劳动经济学院（2 人次）、经济学院（1 人次）、安全与环境工程学院（1 人次）、会计学院（1 人次），见图 3.6。

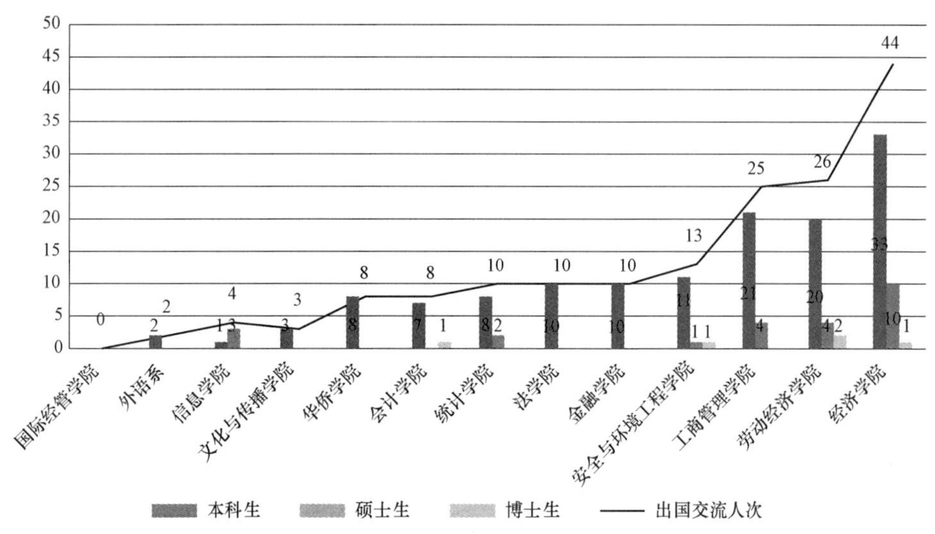

图 3.6　2013 年学生出国交流情况

学生出国交流的项目主要包括校级交流项目、海外短期实习与研究、海外暑期或寒假学校等。其中，有 10 个院系的学生参加了海外暑期或寒假学校，占院系总数的 77%；有 10 个院系的学生参加了校际交流合作项目，占院系总数的 77%；仅有两个院系的学生参加了海外短期实习与研究，分别为劳动经济学院（23 人次）和经济学院（2 人次）。见图 3.7。

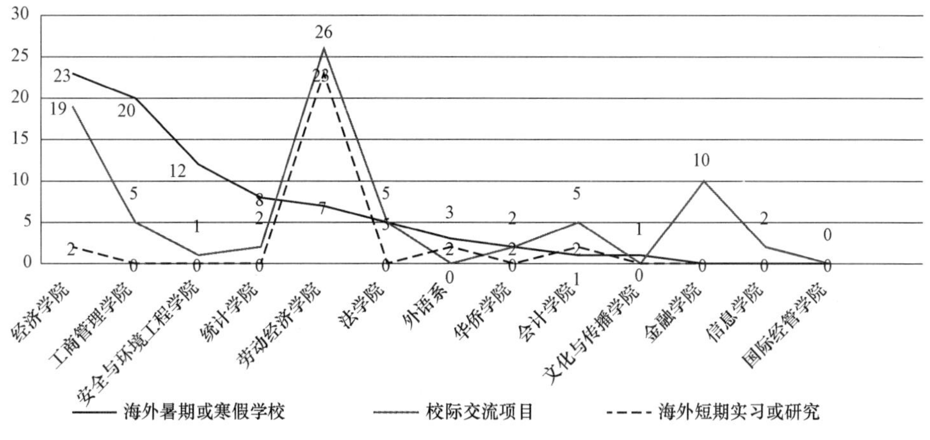

图 3.7　2013 年学生出国交流项目

另外，E 大学学生访学国家主要有美国、加拿大、爱尔兰、日本、德国、英国、法国、澳大利亚等。其中，访学人数最多的国家为美国，80%的学生把美国作为首选国，劳动经济学院学生访学最多的国家为爱尔兰，会计学院学生访学最多的国家为加拿大，见表 3.1。这可能与院系和爱尔兰、加拿大的学校合作较早有关。其中，劳动经济学院在 2010 年 5 月—2014 年 3 月期间，共与 4 所国外高校签订了合作协议，包括爱尔兰阿斯隆理工学院（2010 年 5 月）、日本爱媛大学（2010 年 9 月）、加拿大蒙特利尔大学（2012 年 6 月）、美国德州大学阿灵顿分校（2014 年 3 月），合同有效期均为 5 年。

表 3.1　学生访学人数最多的国家

院系	第一位	第二位	第三位
外语系	美国	爱尔兰	
劳动经济学院	爱尔兰	加拿大	日本
经济学院	美国	法国	德国
金融学院	美国	加拿大	爱尔兰
会计学院	加拿大	美国	
华侨学院	美国	英国	澳大利亚
工商管理学院	美国	日本	
法学院	美国		
安全与环境工程学院	美国	德国	
统计学院	美国	加拿大	

（四）教师出国交流

2013 年，E 大学教师出国交流总人次为 54，各学院平均为 4.2 人次。除华侨学院以外的 12 个院系均有教师出国交流，占院系总数的 92.3%。以教职工的身份划分，有教授、副教授、讲师、行政教辅人员，涉及院系数量及比例分别为（6 个，46%）、（9 个，69%）、（5 个，38%）、（2 个，15%）。统计学院和经济学院分别有 2 名和 1 名行政教辅人员出国交流。以教师出国交流的职称层次来看，安全与环境工程学院和会计学院的教授出国比例较高，为出国交流的主体。其他学院基本上以副教授出国为主，讲师出国比例偏低。按照出国交流的时间计算，参加 3 个月以上学术交流项目的教职工为 23 人，占 42.6%，见图 3.8。

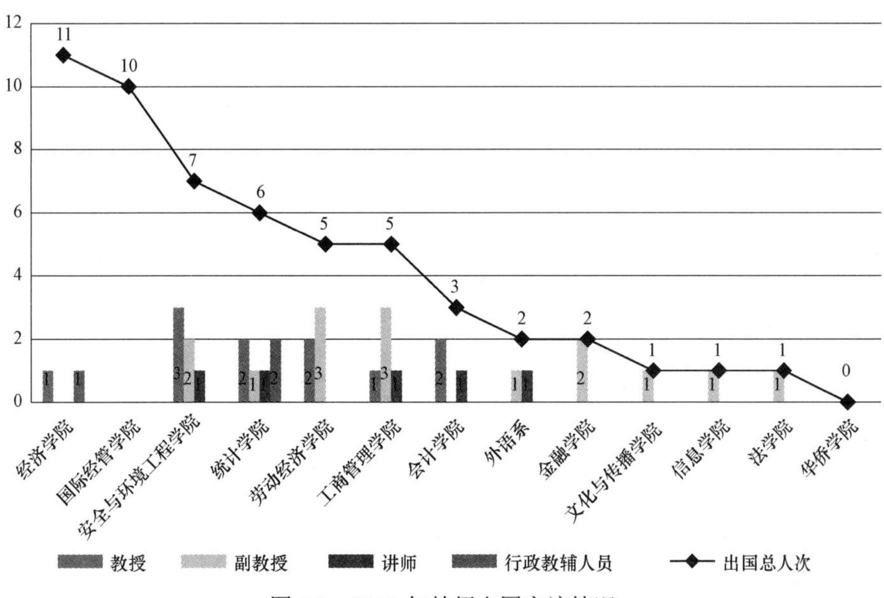

图 3.8　2013 年教师出国交流情况

另外，E 大学教师出访国家主要有美国、加拿大、英国、日本、爱尔兰、法国、瑞典和芬兰等。其中，出访人数最多的国家为美国，共有 10 个院系的教职工把美国作为出访首选国，见表 3.2。劳动经济学院教职工出访最多的国家为加拿大。这可能与 E 大学和加拿大的学校合作较多有关。其中，跟加拿大蒙特利尔大学的合作涉及教职工学术交流，具体内容为互派教学科研人员及开展联合研究项目。

表 3.2　教职工出访人数最多的国家

院系	第一位	第二位	第三位
经济学院	美国	法国	芬兰
国际经管学院	美国	加拿大	英国
安全与环境工程学院	美国		
统计学院	美国	加拿大	
劳动经济学院	加拿大	日本	瑞典

续表

院系	第一位	第二位	第三位
工商管理学院	美国	爱尔兰	日本
会计学院	美国		
外语系	美国		
金融学院	美国		
文化与传播学院	美国	英国	
法学院	美国		

（五）代表团出访与来访

2013 年，E 大学共有 8 个院系的领导和代表团出访，占院系总数的 67%，出访总人次为 17，院系平均为 1.4 人次。共有 9 个院系接待境外代表团，来访人次为 88，院系平均为 8 人次。整体而言，境外代表团来访人次高于院系领导和代表团出访人次。见图 3.9。

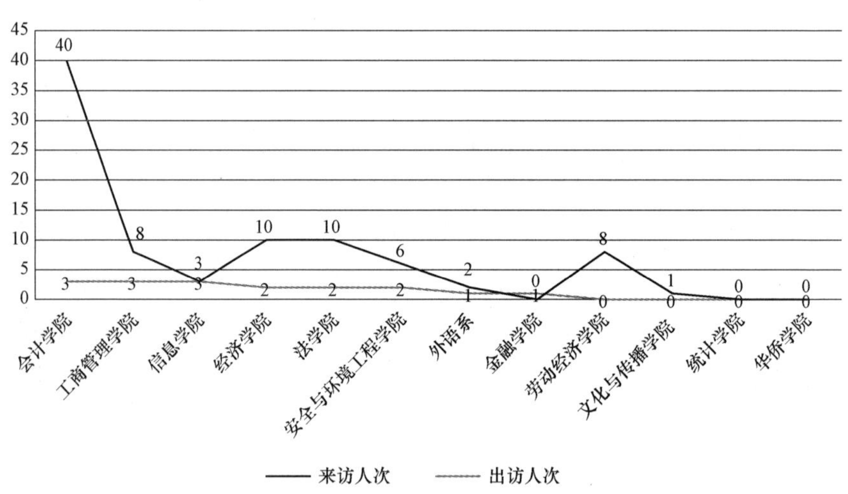

图 3.9　2013 年院系领导出访和接待来访情况

境外代表团主要包括国家政要代表团、企业代表团和高校代表团。数据显示，2013 年，E 大学院系接待的全部为境外高校代表团。来访人数前三位的国家和地区较为分散，包括美国、加拿大、爱尔兰、澳大利亚、法国、日本、德国、英国等，见表 3.3。

表 3.3　代表团来源国家和地区

院系	第一位	第二位	第三位
会计学院		加拿大	澳大利亚
安全与环境工程学院		德国	
劳动经济学院	加拿大	日本	
工商管理学院	爱尔兰	日本	美国
经济学院	法国	英国	爱尔兰
外语系	澳大利亚		
文化与传播学院	美国		
法学院	美国		

第三节　国际沟通与交流网络

本节主要从国际沟通与交流网络的角度考察院系国际化。国际沟通与交流网络主要包括签订国际合作协议，参加或承办国际学术会议，参与国际大学组织，海外捐赠等。

一、国际合作协议

院系与境外机构签订的协议主要包括合作办学协议和联合培养协议。根据开展合作的地区划分，可以将合作办学协议分为在国内合作办学和在国外合作办学两类。E 大学院系共签署合作办学协议 37 项，其中在国内合作办学协议 15 项，在国外合作办学协议 22 项；共签署联合培养协议 22 项，已联合培养学生 228 人；分别有 6 个院系与境外机构签订了合作办学协议和联合培养协议，占 55%，见表 3.4。

整体而言，E 大学院系与境外机构签署的在国外合作办学的协议数量多于在国内合作办学协议。该校华侨学院在合作办学协议和联合培养协议方面均占优势，共签署合作办学协议 23 项、联合培养协议 13 项，已联合培养学生 177

人。这应该与该学院的战略定位有密切联系。该学院以“学术的独立，学术的实用，培养优秀中国人、世界好公民”为办学宗旨，坚持全英文教学，坚持以“高质量的国际教育本土化”为学院办学方针，大力推进和不断引入国外高校优质教育资源，与美国、英国、加拿大、澳大利亚等国家近 40 所知名大学开展广泛深入的合作，在教师交流、学分互认、学生交换交流、境外实习等方面取得突出成绩。

表 3.4　院系与境外机构签署合作协议情况

院系	国内合作办学协议		国外合作办学协议		联合培养协议		
	协议数	已开展	协议数	已开展	协议数	已开展	已培养学生
华侨学院	10	10	13	13	13	13	177
会计学院	2	2	5	5	0		
安全与环境工程学院	0		3	3	1	1	1
外语系	0		1		0		
金融学院	0		1		3	3	19
劳动经济学院	0		0		1	1	3
工商管理学院	3	3	0		3	3	16
法学院		0	1	1	1	1	12

二、国际学术会议

国际学术会议是学者交流的重要平台。2013 年，E 大学有 5 个院系的教师参加国际学术会议，分别为会计学院（4 人次）、劳动经济学院（3 人次）、工商管理学院（3 人次）、信息学院（2 人次）、法学院（1 人次）；仅有会计学院 2 人次学生参加国际学术会议。另外，仅有 4 个院系举办国际学术会议，均为 1 次，分别为劳动经济学院、统计学院、经济学院、国际经管学院，见图 3.10。

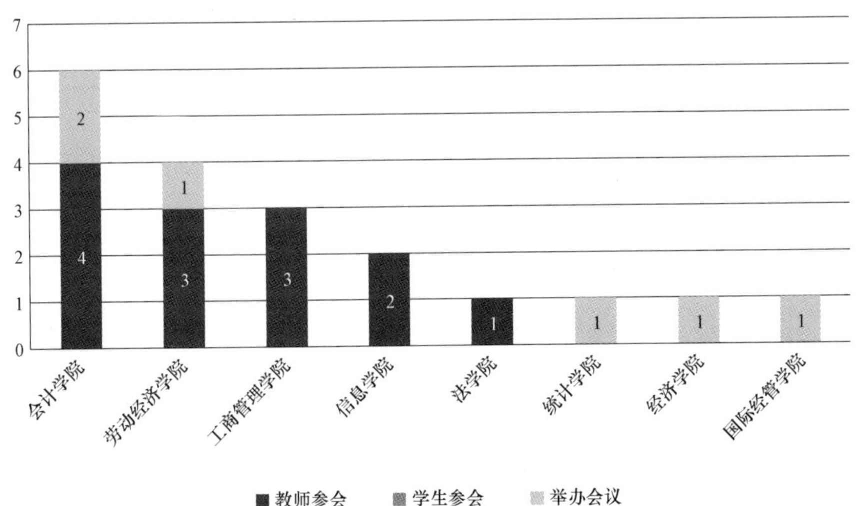

图 3.10　2013 年度国际学术会议情况

三、国际合作组织

国际合作组织主要包括国际大学组织、国外高校或研究机构、海外企业及其在华分支机构等。据统计，E 大学的院系均与国外高校或研究机构有合作，合作机构数量平均为 4 个。其中经济学院的国外合作机构达到 16 个，华侨学院的国外合作机构达到 13 个，见图 3.11。

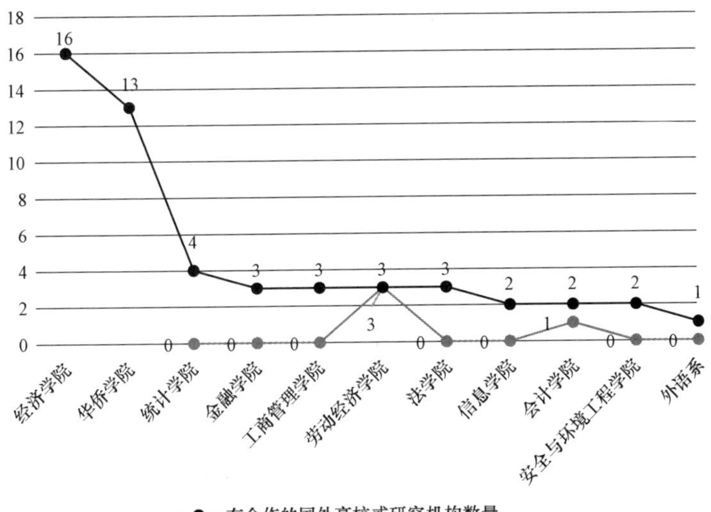

图 3.11　院系与国外高校、海外企业合作交流情况

第四节　教学与科研的国际化

在院校国际化中，教学和科研主要包括课程设置、教师国际兼职、国际科技合作、国际期刊发表及专利、外文图书期刊及数据库建设等。

一、国际理解课程

国际化课程建设是实现国际人才培养的重要途径。课程主要包括必修课、选修课和专业课等类别。国际理解课程主要包括国际政治、经济、文化内容以及区域研究类课程。将国际理解课程融入必修课、选修课和专业课，是推动人才培养国际化的重要举措。

2013 年，在为本科生开设的必修课中融入国际理解课程的院系有 7 个，包括经济学院（88%，51 门）、统计学院（38%，14 门）、劳动经济学院（20%，5 门）、法学院（13%，3 门）、金融学院（11%，4 门）、文化与传播学院（8%，6 门）、工商管理学院（7%，6 门）。在为本科生开设的选修课中融入国际理解课程的院系有 6 个，包括经济学院（84%，52 门）、金融学院（74%，17 门）、法学院（38%，8 门）、外语系（16%，3 门）、统计学院（13%，2 门）、安全与环境工程学院（2%，1 门），见图 3.12。

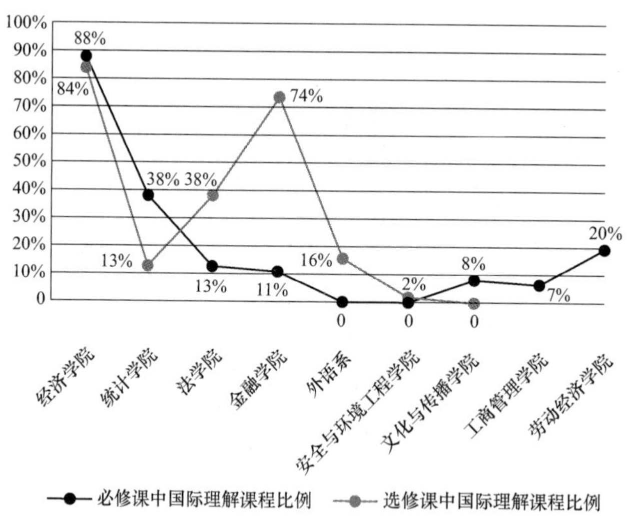

图 3.12　必修课和选修课中的国际理解课程比例

有 10 个院系在为本科生开设的专业课中将英语作为教学语言，其中，以英语作为教学语言的专业课占总数的比例平均为 48.8%。有 8 个院系在专业课中使用外文原版教材，使用外文教材的专业课占总数的比例平均为 27.5%。华侨学院的专业课国际化建设较为突出，专业课中使用外语教学和使用外文原版教材的比例均为 92%，见图 3.13。

2013 年，有两个院系专门为留学生开设了国际理解课程，包括经济学院和劳动经济学院，分别为留学生专门开设 20 门和 2 门课程。在这些课程中，非语言类课程分别为 19 门和 2 门。可见，非语言类国际理解课程在留学生课程中的比例较高。

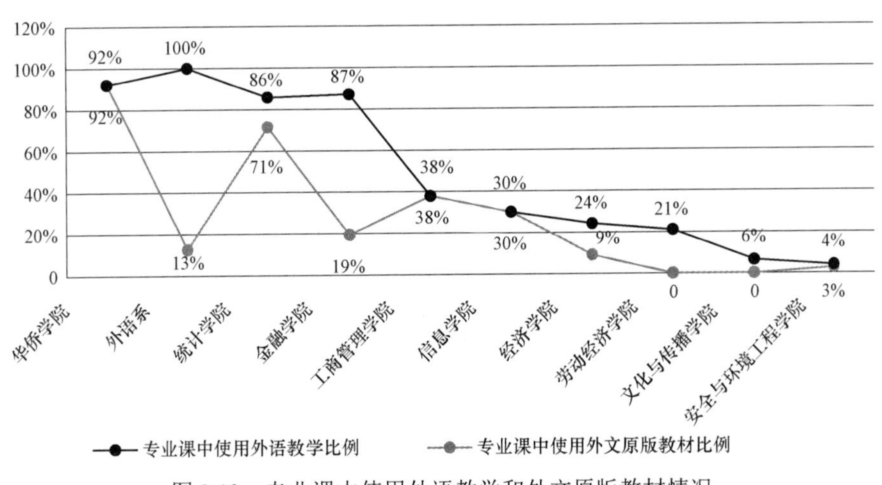

图 3.13　专业课中使用外语教学和外文原版教材情况

二、教师国际兼职及发表

教师国际兼职是国际学术交流的重要形式，主要包括在国外大学或学术机构兼职、在国际专业学会担任委员、在国际期刊担任评审和编辑等形式。在该校，国际兼职教师主要集中在工商管理学院、会计学院、国际经管学院和信息学院。工商管理学院教师国际兼职表现相对突出，有 2 名教师在国外大学或学术机构兼职，2 名教师担任国际专业学会委员，4 名教师担任国际期刊评审或编辑，见表 3.5。

表 3.5　教师在国际机构及期刊兼职

院系	国外大学学术兼职	国际专业学会委员	国际期刊评审或编辑
工商管理学院	2	2	4
会计学院	1	2	0
国际经管学院	1	1	1
信息学院	0	0	2

工商管理学院的教师在 2013 年参与了 6 项国际合作科研项目。

2013 年，师生国际期刊发表主要集中在信息学院、国际经管学院、统计学院、工商管理学院、安全与环境工程学院、会计学院和劳动经济学院。信息学院和国际经管学院国际期刊发表数量最多，分别为 25 篇和 21 篇。工商管理学院、会计学院有师生与国外学者联合署名发表文章，见表 3.6。

表 3.6 2013 年教师和学生国际期刊发表

学院	国际期刊发表	国际联合发表	三大检索收录
信息学院	25	0	22
国际经管学院	21		
统计学院	3	0	6
工商管理学院	2	5	2
安全与环境工程学院	2	0	8
会计学院	1	1	1
劳动经济学院	1	0	2

三、毕业生英语水平

E 大学 2013 届本科毕业生中，达到大学英语四级和六级的比例分别为 91.1% 和 58.3%。外语系、金融学院、华侨学院、会计学院、工商管理学院、劳动经济学院、经济学院的学生英语四级通过率达到 95%以上，英语六级通过率在 60%以上；统计学院毕业生的英语四级通过率为 64%，见图 3.14。

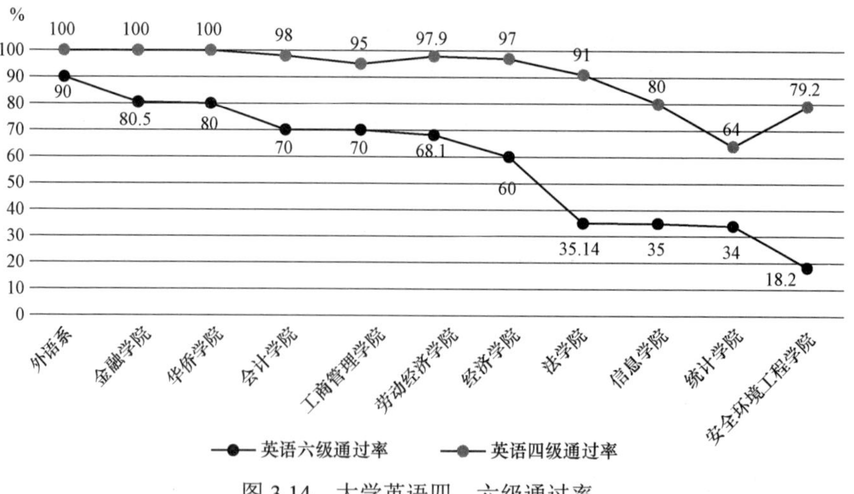

图 3.14 大学英语四、六级通过率

第五节　未来的国际化发展路径

与北京市属本科院校相比，E 大学国际化发展水平较高。在外事经费预算、研究生层次的留学生数量、本科毕业生的外语水平、国际化课程建设等方面均有一定的优势。

一、鼓励院系自主发展与积极扶持

在推动学校国际化发展过程中，E 大学一方面发挥院系的积极性，在资金来源、活动开展等方面鼓励院系自主运行。调查发现，E 大学法学院、安全与环境工程学院、工商管理学院等院系的外事活动经费来源主要为创收或学院自筹。院系通过创收等途径弥补了政府和学校拨款的不足，保障了院系外事活动的正常开展。另一方面，学校层面在整体战略上应该给予院系一定的指导，加大对院系外事活动资金的支持力度。国际化发展是一项系统工程，涉及战略设定、组织机构、制度建设、策略实施、后勤保障、考核评价等方面。E 大学在实施国际化战略过程中，将院系纳入国际化发展整体布局之中，在资金保障和人员配置等方面加大对院系的扶持力度。

二、引导师生多元交流与拓宽合作

E 大学教师和学生出访主要集中在北美和欧洲等发达国家。究其原因，教师和学生出访主要依靠 E 大学与国外或境外大学等机构签订的合作交流项目。根据院系反馈的数据，自 1999 年以来，各个学院与国外或境外大学共签订 60 项合作协议。其中 20 项是与美国高校签订的协议，占 33%；与加拿大、法国、英国高校签订的协议数分别为 6 项、6 项、5 项，分别占 10%、10%、8.3%。从总体上看，与来自北美和欧洲高校签订的合作协议数量超过 60%，这说明 E 大学在推动国际化发展过程中比较注重与欧美国家高校的合作。尽管以美国为首的欧美国家是当今世界学术的中心，但是与发展中国家高校的合作也不容忽视。“二战”之后，美国高校推动国际化的两大核心是鼓励学生进行外语学习和区域研究，研究中心遍布世界各地，包括发展中国家。随着中国整体实力的增长和中国高校建设世界一流大学进程的不断推进，E 大学在加强与世界各国高校的交流与合作中，引导教师和学生进行广泛的国际交流与合作。

三、搭建学术交流平台与鼓励科研

学术交流和科研合作是院校国际化发展的重要组成部分。研究发现，E 大学在学校层面上，积极搭建国际学术交流平台，鼓励院系举办国际会议、师生参与国际学术会议，鼓励院系师生与国外学者联合发表论文、参与国际合作科研项目，鼓励教师在国外大学或学术机构兼职等。这些措施势必会提高国际学术界对 E 大学的认可度，因为国际学术界的“声音”背后是话语权的问题。高校师生更多地参与国际会议或机构的相关活动，会取得国际学术界的了解或认可。而国际学术界交流的基础是学者的学术实力和科研水平。因此，在国际化过程中开展学术交流和科研合作，一方面高校应鼓励教师进行高质量的科学研究，提升整体学术水平，注重内涵发展；另一方面，应努力搭建学术交流平台，通过举办国际学术会议等形式组织国际学者开展学术交流。

四、挖掘既有资源与属地转化

在院校国际化发展过程中，推动人员国际流动需要大量的资金保障，因此，深入挖掘既有国际化资源是实现院校国际化建设的重要途径。一方面，课程建设是推动院校国际化的重要载体。在本科生必修课、选修课中可以更多地融入国际理解课程，提高本科生专业课中使用外语原版教材和教学语言为外语的比例，通过课程学习，扩大学生的国际化视野和外语水平。另一方面，留学生是高校推动国际化建设的重要资源，可以推动外国留学生与中国学生之间的国际交流。通过社团活动、课程学习、互助语伴、文化节等多种形式，努力淡化对外国留学生普遍实行的二元管理模式，打破留学生住宿、学习、生活等与中国学生完全隔离的状态，促进外国留学生与中国学生的有效交往和接触，实现外国留学生与中国学生的较好融合。

通过 E 大学的案例分析可以看到，院校国际化战略的实施是在基层院系，院系根据自身的学科特点开展各项国际化活动。在现今全球化的浪潮中，无论是研究型高校，还是学科专业有明显特征的专科院校，其国际化的战略选择都是全方位的。对于 E 大学来说，国际化发展有许多成功的经验可以借鉴。比如，该校海外学院的建立，既促进了国际发表，也加强了教师团队的国际化水平。

在 E 大学的案例研究中，笔者想要强调的是，在院系层面，国际化活动是根据自身学科发展需要和可利用的资源而展开的。国际化活动并不是越多越好，国际化过程也不是越复杂越好，而应该是院系在国家政策的基础上，根据大学的总体发展战略，明确认识，积极参与，发挥自身学科优势，形成合力，提高大学的国际声誉与国际竞争力。

第四章　院校国际化：学生的视角

引　言

在对院校国际化的研究中，最受人关注的还是办学质量的提升和人才培养能力的提高。在本书的前言中，读者可以看到研究院校国际化的四个视角，即活动视角、能力视角、理性视角和过程视角。它们之间不是孤立的，而是相辅相成的。目前普遍采用活动视角和过程视角研究院校国际化。必须指出的是，活动视角能够直接明晰地描述院校国际化的现状。能力视角是用来测量学生的国际化能力的，因为许多研究者认为，使用能力视角的主要目的是培养学生国际理解与交流能力，为他们成为未来的国际化人才做准备。在认识论中，国际理解与交流能力指的是学生应该具有的一系列认知、态度和行为特征的表现，包括对不同语言的使用能力、对国际知识的理解、对不同文化的尊重等。

什么是国际化的质量？从活动和过程这两个视角出发，可遵循的路径是：活动—国际化能力提高—质量。这里的活动包括：学生和教师的流动性、课程和项目的国际化水平、科学研究的国际合作和由院校国际化提供的服务。国际化能力包括知识、态度和技能，在这里，知识指的是广泛和深入地了解世界和关注人类面临的诸多问题，如健康问题、全球性气候变化问题、经济和国际关系问题，并有能力进行创造性和有针对性的分析；对不同的文化持积极的态度，并愿意与不同文化交流。这就要求有同情心，并具备使用他国语言进行文化交流的能力。这些能力汇总起来，就构成国际化的质量。我国高等教育系统不同于欧美国家，尤其是近年来，我国高等教育规模不断扩大，教育系统也变得多样。在北京，不仅有部属“985”项目大学和“211”项目大学，也有为满足地方人才需求、服务于企业的高职高专院校。随着高校规模的扩大和高等教育机构的多样化，教育质量成了广泛关注的话题。因此，人们试图从不同的角度评估一所大学的办学水平。通过国际化提高办学质量是目前院校国际化的重要组成部分。

本章从学生的视角出发，通过对39所首都高校所做的1 264份学生调查问卷，分析学生对院校国际化的看法和需求，了解不同高校的国际化特征，揭示学生眼中的院校国际化质量。通过问卷调查发现，在学生的心目中，“985”项目的大学通过国际化的精英教育和创新研究提高办学质量。学生们普遍认为，在这些大学中有较高的教师和学生国际流动性、更多的国际化课程和项目，有广泛的国际合作研究和高水平的合作伙伴。同时，问卷调查数据还显示，在“211”项目大学中，国际化更多地体现在课程改革和教师流动上。在人员流动、教学改革、课程国际化和国际合作研究方面，“985”和“211”高校要强于普通本科院校，而专业院校的国际化主要体现在学生的实践和实习项目中。问卷调查还显示，院校国际化与学科有紧密的关系，比如法律和艺术这些与本土社会和文化密切相关的学科，学生们认为更具本土特色；而经济、管理和教育学科则应该国际化。

第一节 首都院校学生问卷调查

本文的研究目标是对首都院校学生国际化发展现状进行分析，并且找出不同院校类别（“985”高校、“211”高校、普通全日制本科院校、普通全日制专科院校、普通全日制职业技术类院校、民办院校及独立学院）和不同学科类别（哲学、农学、医学、法学、教育学、文学、历史学、理学、工学、管理学、经济学、军事学、艺术学）之间不同的国际化发展状况，以及不同学历层次学生（博士研究生、硕士研究生、本科生、高职生、专科生）对院校国际化发展的不同要求。

选取首都高校学生作为研究对象的原因如前文所述。首先，该研究是受北京市教委的委托进行的；其次，北京是我国首都，2012 年常住人口达到 2 069.3 万，城市本身国际化的程度较高。2012 年，北京市共有 89 所高等院校，高校类型和学科门类都比较齐全。因此，选取首都高校作为高等教育国际化的研究对象具有较强的代表性。

本研究采用问卷调查的形式。在文献研究的基础上设计了问卷初稿，并进行了适当的调整和修改。问卷主要包括两个部分，具体调查学生对院校国际化发展的看法：

第一部分：个人背景信息，包括大学名称、大学所属类型、学科、学生学历层次、海外学习或交流经历。

第二部分：问卷主体，分为四个子问卷，分别是：

1. 人员构成与流动（Cronbach’s α=0.902）。具体调查内容包括：国际学生、本国学生出国、海外学者讲学/讲座、本国教师出国。

2. 课程与项目（Cronbach’s α=0.866）。具体调查内容包括：联合培养与学分互认、课程的国际理解、英文授课、外语教学与效果。

3. 科研交流（Cronbach’s α=0.863）。具体调查内容包括：学校对国际科研的支持、国际会议、国际科研合作、国际论文发表、国际专利。

4. 国际化保障与服务（Cronbach’s α=0.894）。具体调查内容包括：外文图书资源、网络建设、与留学生相关的硬件设施（住宿、食堂等）。

问卷主体部分的四个子问卷采用 5 点李克特量表的方式（5 表示非常重视，4

表示比较重视，3 表示一般重视，2 表示不太重视，1 表示不重视）对学生的评价进行程度上的量化。子问卷分别进行了可靠性测试，Cronbach's α 值均在 0.60 以上，说明该问卷具有可靠性。问卷发放前后历时 4 个月。在问卷发放之前，课题组与各校的外事部门进行联系，征得各高校同意后，在各高校外事部门的配合下，通过电子邮件的方式向所有北京高校的在校学生发放调查问卷。

一共回收首都 39 所高校[①]1 280 份问卷，经过数据清洗，有效问卷共有 1 264 份。根据学校类别进行分类，来自“985”高校的学生有 56 人（4%），“211”高校学生 356 人（28%），除“985”“211”之外的普通全日制本科院校 336 人（27%），普通全日制专科类院校 133 人（10%），普通全日制职业技术类院校 128 人（10%），普通全日制民办院校 210 人（17%），独立学院 45 人（4%）。图 4.1 是回收问卷的高校的类别图。

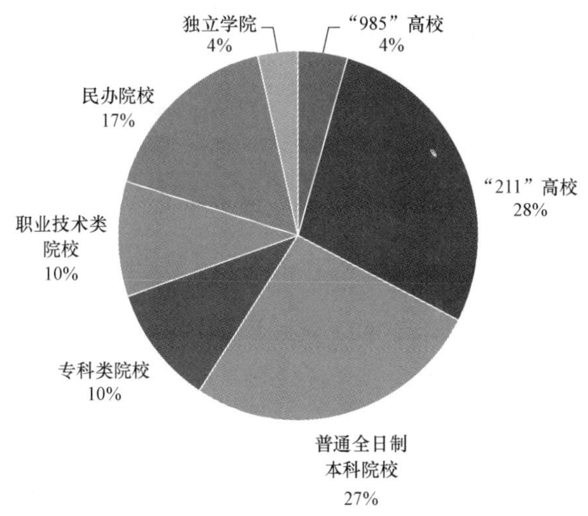

图 4.1　高校类别

学生的学科分布也很有代表性，主要学科齐全。比如，从学科领域来看，分布如下：哲学 10 人（0.8%），法学 101 人（8%），教育学 57 人（4.5%），文学 211 人（17%），理学 143 人（11%），工学 292 人（23.1%），农学 15（1%），医学 5 人（0.4%），管理学 176 人（14%），经济学 227 人（18.1%），艺术类 27 人（2.1%）。由于哲学、医学、农学参与的学生数量最少，所以将这三个专业放在一起，作为一个变量进行分析，见图 4.2。

从学历层次上看，也具有较高的包容性。比如，在回收的问卷中有高职生 189 人（15%），专科生 258 人（20%），本科生 661 人（52%），硕士研究生 146 人（12%），博士研究生 10 人（1%），见图 4.3。

---

① 高校单位名称，见附录。

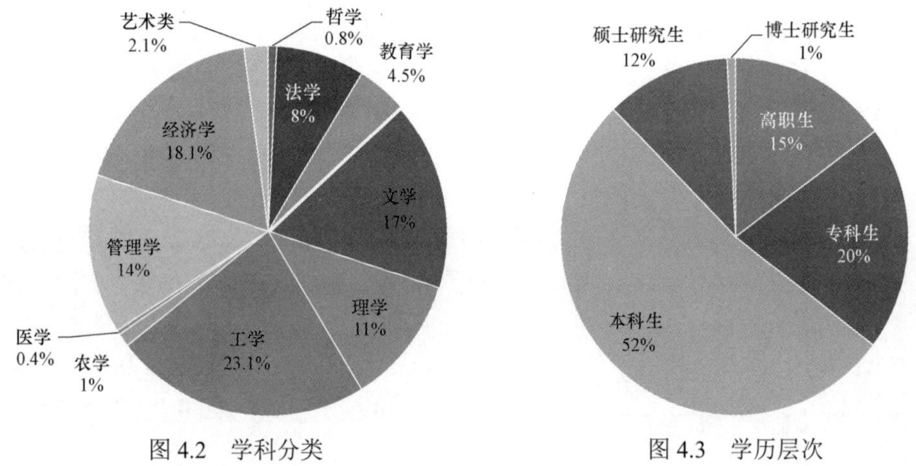

图 4.2　学科分类　　　　图 4.3　学历层次

第二节　首都高校学生国际化水平

一、学生出国经历

在 1 264 名学生参与者中，只有 162 人在本科期间有出国经历，占到总人数的 13%。通过非参数方法 Kruskal Wallis 进行检测，结果显示：学生出国经历与高校类别（X^2=98.093，df=5，p=0.000）和学历层次（X^2=45.018，df=4，p=0.000）显著相关，但是与学科专业（X^2=3.110，df=6，p=0.795）没有显著关系。从中可以看出，“985 工程”类高校有出国经历的学生最多，并与其他类型高校有着显著的差别。而其他类型高校之间，有出国经历学生人数的差别不大。另外，博士研究生中有出国经历的学生最多，并与其他类型高校有着显著差别，而其他类型高校之间的差别不大。这可以说明两个方面的问题：第一学历层次高的学生多集中在“985 工程”类高校，在政策上，“985 工程”类高校的学生可以获得更多的出国经费支持；而普通一本院校受培养能力限制，在出国留学经费方面，很少能获得国家或校际交流经费支持。从下面出国的活动形式上，也有类似的发现。

- 短期（2 周之内）国外访问和交流：与学生学历水平呈显著关系（X^2=20.570，df=4，p=0.000）。博士研究生参加此活动的秩均值（Mean Rank=863.30）明显高于其他学历水平的学生（Mean Rank=610.50～641.10）。
- 国外大学的校际交流学习：与高校类别（X^2=164.018，df=5，p=0.000）、学生学历水平（X^2=52.820，df=4，p=0.000）呈显著关系。“985 工程”类高校学生（Mean Rank=824.93）参与此活动的秩均值明显高于其他高校学生（Mean Rank=615.46～630.03）。博士研究生参加此活动的秩均值（Mean Rank=863.30）明显高于其他学历水平的学生（Mean Rank=610.50～641.10）。

- 参加国际暑期学校：与高校类别（X^2=82.282，df=5，p=0.000）、学生学历水平（X^2=11.989，df=4，p=0.017）呈显著关系。“985 工程”类高校学生（Mean Rank=724.07）参加此活动的秩均值明显高于其他高校学生（Mean Rank=622.50～633.79）；博士研究生（Mean Rank=685.70）参加此活动的秩均值明显高于其他学历水平的学生（Mean Rank=624.95～637.83）。
- 参加国际学术会议：与高校类别（X^2=32.445，df=5，p=0.000）、学生学历水平（X^2=80.657，df=4，p=0.000）呈显著关系。“985 工程”类高校学生（Mean Rank=681.43）参加此活动的秩均值明显高于其他高校学生（Mean Rank=629.75～633.88）；博士研究生（Mean Rank=814.60）参加此活动的秩均值明显高于其他学历水平的学生（Mean Rank=625.00～646.64）。
- 在国外实习：与高校类别（X^2=18.554，df=5，p=0.002）、学生学历水平（X^2=25.220，df=4，p=0.000）呈显著关系。普通全日制职业技术类院校（Mean Rank=655.00）和普通全日制民办院校（Mean Rank=647.72）参加此活动的秩均值明显高于其他高校学生（Mean Rank=620.83～634.51）；高职生（Mean Rank=662.31）参加此活动的秩均值明显高于其他学历水平的学生（Mean Rank=623.15～637.55）。

二、人员流动和构成

从学校的类型看学生流动与构成，用非参数方法 Kruskal Wallis 进行检测，结果显示：“人员流动和构成”在不同类别高校之间（X^2=86.754，df=6，p=0.000）和不同学历层次之间（X^2=73.941，df=4，p=0.000）具有显著的差异。具体差异情况见表 4.1。独立学院、“985 工程”类高校在人员流动和构成上要高于其他类型高校，其次是“211 工程”类大学、除“985”“211”之外的普通全日制本科院校，民办院校和普通全日制专科类院校的人员流动程度最低。不同的学科之间，人员流动和构成没有显著差别（X^2=12.254，df=7，p=0.093）。

表 4.1　高校类型与人员流动和构成

项目	Q2. 你所在高校的类别	N	秩均值
人员流动和构成	“985 工程”类高校	56	736.63
	“211 工程”类高校	356	712.63
	除“985 工程”“211 工程”之外的普通全日制本科院校	336	679.77
	普通全日制专科类院校	133	469.00
	普通全日制职业技术类院校	128	569.36

续表

项目	Q2. 你所在高校的类别	N	秩均值
人员流动和构成	普通全日制民办院校	210	509.80
	独立学院	45	751.47
	总数	1 264	

表 4.2 显示，博士研究生和硕士研究生对本校人员流动程度的评价高于其他学历层次的学生，专科生对此的评价最低。

表 4.2　学历层次与人员流动和构成

项目	Q5. 你的学历层次	N	秩均值
人员流动和构成	高职生	189	565.53
	专科生	258	490.50
	本科生	661	677.78
	硕士研究生	146	756.19
	博士研究生	10	762.55
	总数	1 264	

三、课程与项目

同样，用非参数方法 Kruskal Wallis 进行检测，结果显示：课程与项目国际化程度在不同的高校类别（X^2=17.960，df=6，p=0.006）和学科（X^2=19.672，df=8，p=0.012）之间有显著差异，但是与学生的学历层次没有显著关系（X^2=5.907，df=4，p= 0.206）。独立学院在课程与项目上与一般本科院校不同，独立学院的学生对于本校的课程和项目国际化程度的评价最高，然后依次是“211 工程”类高校、除“985”“211”之外的普通全日制本科院校、“985 工程”类院校、民办院校。专科类院校、职业技术类院校的评价最低，见表 4.3。

表 4.3　课程与项目和高校类型

类别	Q2. 你所在高校的类别	N	秩均值
课程与项目	“985 工程”类高校	56	627.56
	“211 工程”类高校	356	671.79
	除“985”“211”之外的普通全日制本科院校	336	650.76

续表

类别	Q2. 你所在高校的类别	N	秩均值
课程与项目	普通全日制专科类院校	133	604.18
	普通全日制职业技术类院校	128	577.34
	普通全日制民办院校	210	599.71
	独立学院	45	804.18
	总数	1 264	

从学科的角度来看，法学的学生对本专业的课程与项目的国际化评价最低，哲学/农学/医学、管理学、工学、经济学的学生对此的评价较高，见表 4.4。

表 4.4　课程与项目和学科

类别	Q4. 你所在的学科领域	N	秩均值
课程与项目	哲学/农学/医学	30	746.48
	法学	101	507.61
	教育学	57	611.06
	文学	211	626.71
	理学	143	577.55
	工学	292	659.74
	管理学	176	684.10
	经济学	227	635.86
	艺术类	27	590.00
	总数	1 264	

四、科研交流

在科研交流方面，用非参数方法 Kruskal Wallis 进行检测，结果显示：科研交流国际化程度在不同的高校类别（X^2=90.677，df=6，p=0.000）、学科（X^2=17.412，df=8，p=0.026）、学历层次（X^2=75.781，df=4，p=0.000）之间均有显著差异。“985 工程”类高校的学生对于本校科研交流国际化程度的评价最高，然后依次是“211 工程”类高校、独立学院、除“985”“211”之外的普通全日制本科院校。民办院校和专科类院校的评价最低，见表 4.5。

表 4.5　科研交流和高校类别

类别	Q2. 你所在高校的类别	*N*	秩均值
科研交流	“985 工程”类高校	56	771.07
	“211 工程”类高校	356	761.20
	除“985”“211”之外的普通全日制本科院校	336	665.41
	普通全日制专科类院校	133	484.28
	普通全日制职业技术类院校	128	599.73
	普通全日制民办院校	210	492.53
	独立学院	45	713.40
	总数	1 264	

艺术类的学生对专业科研交流国际化程度的评价最低，哲学/农学/医学、管理学、工学、经济学、理学的学生对此评价较高，见表 4.6。

表 4.6　科研交流与学科

类别	Q4. 你所在的学科领域	*N*	秩均值
科研交流	哲学/农学/医学	30	680.72
	法学	101	566.30
	教育学	57	610.78
	文学	211	602.27
	理学	143	638.14
	工学	292	654.62
	管理学	176	680.34
	经济学	227	642.17
	艺术类	27	446.37
	总数	1 264	

博士研究生对于本校的科研交流国际化的评价最高，其次是硕士研究生、本科生，高职生和专科生对此的评价最低，见表 4.7。

表 4.7　科研交流与学历层次

类别	Q5. 你的学历层次	*N*	秩均值
科研交流	高职生	189	569.52
	专科生	258	495.84

续表

类别	Q5. 你的学历层次	N	秩均值
科研交流	本科生	661	669.74
	硕士研究生	146	766.00
	博士研究生	10	777.77
	总数	1 264	

五、保障与服务

在院校国际化的保障与服务方面，在不同类型的院校中，学生们认识的差别也很大。其中，非参数检测方法 Kruskal Wallis 结果显示，对国际化保障与服务的认识在高校类别（X^2=37.089，df=6，p=0.000）之间有显著差异。不同的学科、学历层次之间，国际化保障与服务的认识没有显著差异。独立学院高校的学生对于本校的国际化保障与服务评价程度最高，然后依次是普通职业技术类院校、“211 工程”类大学、除“985”“211”之外的普通全日制本科院校。“985 工程”类大学、民办院校、专科类院校的评价较低，见表 4.8。

表 4.8　高校类别和国际化保障与服务

类别	Q2. 你所在高校的类别	N	秩均值
国际化保障与服务	“985 工程”类高校	56	578.06
	“211 工程”类高校	356	670.40
	除“985”“211”之外的普通全日制本科院校	336	637.89
	普通全日制专科类院校	133	516.82
	普通全日制职业技术类院校	128	685.08
	普通全日制民办院校	210	577.20
	独立学院	45	810.61
	总数	1 264	

从上述五个方面的数据分析，可以清晰地看出来自不同类型高校的学生和不同学历层次、不同学科的学生对所在院校国际化认知的差异与一致性特征。

第三节 院校国际化发展的多样性

由于参与本研究的学生所在高校分属于不同的行政管理部门，同时具有不同类别，且学生就读的专业不同，学历层次不同，所以学生对所在高校的国际化程度有着不同的看法。从学生的判断中可以看出首都高校国际化发展程度的不平衡性和多样性。因此，得出以下结论：

首先，从高校类型上看，培养目标的多样性决定了其国际化发展程度和实现手段的多样性。从首都高校国际化发展中可以看到以下五种现象：

第一，“985 工程”类高校。这一层次的高校多为研究型大学。研究型大学的人才培养定位是精英教育，学生的特性也集中体现在学术性和研究性上，这“二性”使之区别于其他高等教育机构的人才培养目标[①]。因此，教育部直属院校和“985 工程”类高校在“人员构成与流动”和“科研与交流”方面的国际化程度都明显高于其他类型的高校，学生的出国形式也以校际交流学习、参加国际暑期学校、参加国际会议为主。

第二，独立院校。独立学院是 2003 年经我国教育部规范后的公有民办二级学院，即实施本科以上学历教育的普通高等学校，与国家机构以外的社会组织或个人合作，利用非国家财政性经费举办的实施本科学历教育的高等学校。这类高校通常挂靠在某普通全日制高等院校名下，作为独立的二级学院存在，因此享有该高校多年建立起来的良好社会声誉。同时，由于民间资本的投入，比公立普通全日制高校具有更加多元的资金支持、更加灵活的招生和教师聘用制度，因此更具商业性。所以，国际化可能成为这类院校发展的一条重要途径。这类院校在“人员构成与流动”“课程与教学”“保障与服务”方面都具有较高的国际化水平。

第三，“211 工程”类高校及除“985 工程”“211 工程”以外的普通全日制本科院校。这一类高校多由教学研究型大学和教学型大学构成。教学研究型大学和教学型大学主要是以大众教育为目的，在优质生源、优势学科基础上培养精英人才。高质量地完成教学任务才是这类大学的首要任务。因此，这一类大学在“人员构成与流动”和“科研与交流”的国际化程度上低于“985 工程”类高校，但是在“课程与项目”的国际化程度上略高于“985 工程”类高校。

第四，普通全日制职业技术类院校。培养高素质的技术型人才是普通全日制职业技术类院校的主要目标，知识的实用性是其培养模式的主要准则。本研究数据显示，这一类型的高校在国际化程度上低于“985 工程”类院校和独立院校，但是特点十分鲜明。这类学校的学生流动以在国外实习为主，这完全符合此类大

① 沈红，等. 学位与研究生教育研究新进展［M］//谢桂华. 教育部学位与研究生教育发展中心“十五”课题研究成果汇编. 北京：高等教育出版社，2006：298－310.

学的人才培养目标和培养模式。

第五，普通全日制专科类院校和民办高校。这类院校主要培养社会生产、服务、管理一线紧缺的技能型人才，其培养目标与普通职业技术类院校大致相同。但是，受教育体制的影响，此类院校更加注重学科教育，存在着重理论、轻实践的缺陷，这与其设定的培养目标是相悖的。民办高校更是存在就业市场认可程度低、游离于主流高等教育体系之外等弊病，导致这些高校毕业生的就业率低。同时，由于对发展国际化的概念理解及其实施途径认识模糊，使得此类院校在所有类型高校中的国际化发展程度最低。

其次，从学历层次上看，学历越高的学生对高校国际化程度的要求越高。这是由于在全球化的背景下，对高学历人才的要求，除了要掌握本专业的国际化知识外，还需要具有较强的跨文化沟通能力、较强的国际化意识和宽广的国际化视野。这些素质的培养和能力的提高使这些高学历人才对所就读高校的国际化程度要求较高。他们希望所就读高校可以给他们提供更多的海外交流机会，邀请更多的海外专家学者进行讲学，加强对国际科研合作方面的支持等。因此，在本研究中，尽管研究生层次的学生，特别是博士研究生对所在大学的国际化重视程度评价最高，但是他们对进一步加强本校国际化程度的要求也最高。

最后，从学科层面看，不同学科国际化发展程度不平衡。本研究表明：国际化程度较高的学科分别是哲学/农学/医学、管理学、经济学、教育学、工学、理学；国际化程度较低的学科是法学、体育和艺术类。由于参与本研究的哲学、农学、医学的学生较少，这三个学科合并在一起进行讨论，因此可能存在数据偏差。

在这些学科中，以西方近代科学理论为发展基础的学科国际化程度较高。例如，我国高校开设的管理学和经济学课程多以西方决策论、博弈论、运筹学等理论为基础，在社会经济、企业管理、军事战略等领域具有广泛的用途。这两个学科从建立到现在近一百年，都以西方理论为基础，我国还没有完整的独立于西方的理论体系。因此，这两个学科与其他学科相比，国际化发展程度较高。教育学是以教育现象、教育问题为研究对象，归纳总结人类教育活动的科学理论与实践的一门社会科学。我国古代的思想家也从长期教育实践中对教育规律进行了深刻的解读。但是，近代以来，一些政治、经济和文化发达国家的教育理念开始占据世界教育领域的核心地位。工学和理学实践性较强，涵盖专业门类很多。工学包括仪器仪表、能源动力、电气信息、海洋工程、轻工纺织、航空航天、机械工程等；理学包括数学、物理、化学、生物学、天文、地质、地理等。这些专业和学科基本都是以西方科技发展的理论为基础，因此国际化程度也较高。在学生们眼中，法学和艺术类专业的国际化发展程度较低。这些学科与其他学科相比具有较强的本土特色。在法学领域，除了比较法学和外国法学外，法学理论体系的建立会受到本国政治结构和经济体制的约束和制约。国与国之间的差异较大，给法学专业的国际交流带来障碍，也表现在体育和艺术类专业中，使其国际化程度相对较低。

第四节 院校国际化：对学生未来的关注

根据上述研究结论，笔者认为，教育管理部门和院校在实行教育对外开放时，不应该使用单一标准，以偏概全，而应该考虑到高校之间在层次、类别、培养目标上的差异，不同学历层次的学生对国际化的理解和需求的不同，以及不同专业和学科的特征，选择适合学校、学科和学生发展的国际化策略和手段，使得院校国际化更有针对性。通过研究，笔者提出下列应该关注的内容：

第一，研究型大学（“985 工程”类高校）继续加强与世界一流大学的科研交流合作，提高自身的科研能力。2012 年年底，党的十八大特别强调，科技创新是提高社会生产力和综合国力的战略支撑，创新驱动是科学发展观的要求，也是转变经济发展方式的要求。只有通过创新驱动，中国经济才能实现可持续发展。研究型大学承担着科技创新、培养创新人才的重任。加强与世界一流大学的科研交流合作是教育国际化的重要途径之一，也是提高我国综合国力、实现大国崛起的重要手段之一。

第二，提高高职高专院校的国际化程度，培养一流的应用型和技能型人才。借鉴国外高水平职业院校先进的人才培养模式和教学方法，结合我国国情，走出适合我国职业技术院校发展的新途径；大力提高这类院校教师的国际化程度，增加教师出国交流的机会，加大对教师出国访学的支持；加强与国外职业技术院校、外资企业等机构的合作，提供更多学生出国实习的机会，注重扎实职业技能的培养。

第三，实行高等教育国际化应考虑到不同学历层次学生的需求。加大对研究生的科研支持，扩大和提高研究生出国交流（例如参加研讨会、校际交流等）的信息和资金支持；提高研究生对国际科研合作项目的参与度。对于本科学生来说，需要进一步增加课程的国际化维度，拓宽学生的视野，培养学生在国际化背景下对学科和专业知识的理解和认识。对于高职高专院校来讲，需要注意学生实践能力的培养，使学生清楚地了解本行业的国际操作准则，获得更多行业实习和就业机会。另外，还要注意学生跨文化意识和跨文化交流能力的培养。

第四，实行高等教育国际化应考虑到不同学科的特征。对于国际化发展程度较高的学科，应该进一步加深国际化的发展，促进与国外的学术交流，鼓励学生和教师流动。但是同时，也应该建立自己的学科理论，发展自己的学科特色，吸引更多的专家和学者来中国进行科学研究。对于国际化发展程度较低的学科，不能盲目地追求国际化发展，而丢弃了本民族的特色。应当在大力加强自己学科建设的同时，适当开展国际化，借鉴和吸取其他国家和民族的经验，走出一条符合我国国情、具有中国特色的学科发展道路。总之，院校国际化的最终目标是人才培养的国际化。而对不同类型的院校、不同的学科和不同学历的学生，国际化的策略和措施应该有所不同。

第五章 首都高校教师出国进修效益分析

引 言

借鉴国际上先进的教育理念和教育经验，促进我国教育的改革与发展，提升我国教育的国际地位和国际影响力、竞争力，需要培养一大批具有国际视野、通晓国际规则、能够参与国际事务和国际竞争的国际化教师队伍。这在“双一流”大学建设中尤为重要。在“双一流”建设中，要加快一流大学和一流学科建设，首先教师要有先进的理念、教育经验和合理的知识结构，并能够将先进的思想和教育经验应用到教育实践中。为实现这一目标，我国于 2005 年启动了青年骨干教师出国研修项目，目前已有千万人走出国门。青年教师出国进修有助于实现教师职业发展，也是院校国际化的重要手段。然而，对于出国进修的效益，却鲜有研究。本章通过首都高校国际化课题，以 2014 年首都高校 645 位有出国进修经历的教师为例，通过问卷调查的方式，从教师进修期间和回国后的表现两个维度进行分析，体现为教师认知、课程、科研和服务四个方面的效益，并探讨了教师出国效益与教师个体因素之间的关系，最后对教师出国进修提出建议。

研究认为，高校教师在日常的教育教学、学术研究中，在国际化交流中，都应当具有创新意识和创新能力，只有这样，才能实现教学内容的更新、教学方法的创新，跟上时代发展的步伐，实现观念、思想和价值观的创新，并将新的知识、思想和文化价值观念传递给学生，实现优秀经典文化的传承，培养符合时代发展需要的人才。因此，在问卷调查中，尽量关注教学方法和知识创新等内容。

在院校国际化中，教师扮演着重要的角色。为了开阔教师的国际化视野，提高教师的国际化能力，我国改革开放以来实施了教师出国进修制度。该制度已经成为高校提升教师整体素质、促进教师全面发展的一种重要手段，更是国家人才战略的重要组成部分。我国的高校教师出国进修项目投入巨大且影响深远，对教师出国进修的评价分析不仅可以为该项目提供政策依据，而且可以对改进高校教师发展策略和院校国际化提供有益的参考。

第一节　出国进修效益的内涵

效益是一个经济学概念。根据百科词条，效益是某种活动所要产生的有益效果及其所达到的程度，即劳动生产率和利润成本率等内容，是效果和利益的总称。它包括项目本身得到的直接效益和由项目引起的间接效益，也包括正效益和负效益。正负效益表现在经济领域，指的是劳动价值。当劳动产出多于投入，产生的是正效益；反之，为负效益。用同样多的劳动占用、劳动消耗获得的劳动成果多，效益就高；反之，效益就低。效益的高低，可以反映一个国家、地区、部门或者企业的经济管理水平。在本章中，教师出国进修效益是指进修项目给教师自身带来的直接效益和教师带给大学的间接效益的总和。评价教师出国进修的效益最终要看教师个人能力和素质有没有提高，是否将进修所获得的知识和能力应用于大学教学实践、科学研究和社会服务中。对出国进修效益的评价，一方面，要评价教师在进修期间的收获；另一方面，要评价教师回国后是否将所学知识应用到教学中。如果教师将所学内容应用到教学中，教师出国进修就产生了正效益；否则，国家的投入没有合理回报，就是负效益。

公派教师出国进修应该属于院校国际化范畴：通过出国进修开阔教师国际视野、提高其知识水平和综合素质，同时实现教师的职业发展。院校国际化的过程是发生在全球、区域、国家、部门、院校、院系和个人七个层次的活动。从院校层面上看，国际化包括两方面的内容：一是原有的跨境教育，二是本土国际化。后者主要关注国内的大学校园所发生的国际化。[①]教师出国进修既是跨境教育实践的一部分，也是教师本土国际化的重要内容。西方发达国家已经将高校教师参与高等教育国际化纳入高校教师专业发展的研究体系之中。[②]西方学者也早就呼吁建立更多的教师发展国际项目，以提升教师应对全球化挑战的能力，培养学生的全球公民意识和技能，实现国家和院校国际化发展目标。[③]国际大学协会（International Association of Universities，IAU）的调查显示，教师的国际意识和知识被大学列为国际化的主要动因之一。[④]具有国际知识和经验的教师可以推动大学教学、科研、服务向着国际化的方向发展。如果教师缺乏全球和国际的经验和视野，在教学实践中融入国际化内容是不可能的。教师的国际

① ［加］简·奈特．激流中的高等教育［M］．刘东风等，译．北京：北京大学出版社，2011：27．

② 李碧虹，涂阳军．论高等教育国际化中大学教师的有限参与［J］．复旦教育论坛，2012（6）．

③ ［加］简·奈特．激流中的高等教育［M］．刘东风等，译．北京：北京大学出版社，2011：219．

④ Carter，M. Implementation of International Competence Strategies：Faculty［A］. Klasek C. B.（Ed.）. Bridges to the Future：Strategies for Internationalizing Higher Education［C］. Carbondale，IL：Association of International Education Administrators，1992：50－62．

化经验是实现学生国际化的保障。[①]教师的国际化素质和质量决定着高校的质量和发展能力。

对于高校教师的出国进修已有一些初步的研究工作，但研究基本上集中于高校教师出国进修的政策、管理以及建设等宏观领域。[②~⑦]也有少数学者探讨了教师出国进修的效益。布拉马和乔缇亚（Biraimah，Jotia）认为，教师的出国进修效益主要体现在知识和态度两个方面，而态度效益的重要性超过知识效益，因为事实性知识可以在本国获得，但态度变化更多是在沉浸式的学习环境中取得的。[⑧]陈学飞将出国进修人员的效益分为个人效益和社会效益。个人效益包括内在形式的个人效益、制度形式的个人效益和物质形式的个人效益；进修人员的个人效益不属于完全的私人效益，而是一种具有社会效益性质的个人效益。公派进修的社会效益远高于个人效益。[⑨]蒋玉梅和刘勤研究发现，教师出国进修取得了显著的内部和外部效益，表现在理念提升、教学和科研创新以及国际化交流合作等方面。[⑩]张青根和沈红[⑪]从出国进修教师收入的视角对教师出国进修的时长进行效益分析。他们发现，教师出国进修的收入效应与教师出国的进修期限呈现非线性关系。因此他们认为，高校教师不同期限的出国进修项目中实施的进修计划和实施效度是不一致的。参与短期项目时，教师具有高度的时间价值观念，能够更加专注地将精力用于专业提升和学习等特定目标上。因此，能够发挥出高收入效应。从教师评价视角来看，出国一年以上的进修教师，个人收入效应最高，这与学科领域和教师融入进修生活的深度有关。

① Morris E. Internationalize the Curriculum by Internationalizing the Faculty ［A］.（Working Papers on Semester Conversion & Internationalization of the Curriculum）. Minneapolis，MN：University of Minnesota，Institute of International Studies and Programs. 1996：1.

② 娄玉英. 高校教师公派出国的管理与收益探析［J］. 产业经济，2014（26）.

③ 吕研. 高等院校教师留学管理研究［D］. 西安：第四军医大学，2013.

④ 张柳. 高等学校教师公派出国留学的现状及对策研究［D］. 上海：上海交通大学，2012.

⑤ 朱玲. 地方高校国家公派出国留学师资培养研究［J］. 广东外语外贸大学学报，2010（03）.

⑥ 王杨. 浅析高校教师公派出国留学及交流工作管理［J］. 价值工程，2010（10）.

⑦ 陈学飞. 试论新世纪我国公派留学的指导方针及政策选择［J］. 北京大学教育评论，2003（01）.

⑧ Biraimah K. and Jotia A. The longitudinal Effects of Study Abroad Programs on Teachers' Content Knowledge and Perspectives：Fulbright-Hays Group Projects Abroad in Botswana and Southeast Asia ［J］. Journal of Studies in International Education，2013，17（4）.

⑨ 陈学飞. 改革开放以来大陆公派留学教育政策的演变及成效［J］. 复旦教育论坛，2004（3）.

⑩ 蒋玉梅，刘勤. 高等教育国际化视野下教师出国访学效益研究［J］. 开放教育研究，2015（2）.

⑪ 张青根，沈红. 出国进修如何影响高校教师收入？——基于“2014 中国大学教师调查”分析［J］. 教育与经济，2016（4）.

第二节　对进修教师的问卷调查

一、问卷设计

问卷主要以美国威廉与玛丽学院 2010 年高校教师发展和国际化研究调查为基础，因为该调查量表已在美国被反复用于测量相关变量。根据中国高校的实际情况，我们编制了《高校教师出国进修问卷》。问卷由 70 道题组成，其中第一部分的 9 题，主要调查教师的个人信息；第二部分的 1～28 题，主要调查教师出国进修时的收获，包括个人、教学、科研和服务四个部分；第三部分共 33 题，主要调查教师回国后的表现，包括态度、教学、科研、服务等四个方面。问卷以网络形式进行发放，共收到有效调查问卷 645 份，回收率 70.2%。样本覆盖北京市“985 工程”类高校、“211 工程”类高校以及除“985”“211”以外的普通全日制本科院校和普通全日制专科类院校，具有很强的代表性和典型性。问卷采集在网络上公开进行，样本具有随机性。本研究基于最终回收的 645 份有效问卷进行分析。在进行基本的统计分析时，采用的是社会学统计软件 SPSS19.0。

二、调查对象基本情况

调查对象的基本情况见表 5.1。从表中可以看出，教师出国进修的比例，男性多于女性，男性达到了 59.3%；出国教师主要以拥有学士、硕士、博士学位的教师为主，达到 74%，高学历教师是国家和大学派出进修的重点；进修时间以 3～12 个月为主，达到了 81%。从职称来看，副教授占大多数，其次为讲师，两者总共占到 65.5%，表明这两类教师是学校选派的主要对象。在派出的人员中也有无学位人员和行政人员，不包括在本表之内。因此，表 5.1 的统计结果在学位、进行时间、职称上达不到 100%准确。

表 5.1　调查对象的基本情况

变量	类别	百分比	变量	类别	百分比
性别	男	59.3	职称	助教	7.5
	女	40.7		讲师	28.5
学位	学士	8.5		副教授	37.0
	硕士	19.0		教授	12.5
	博士	46.5	年龄	＜30	11.5

续表

变量	类别	百分比	变量	类别	百分比
进修时间	<3 个月	9.8	年龄	30～35	30.5
	3～6 个月	20.7		36～40	32.0
	6 个月	31.5		41～45	13.5
	6～12 个月	28.8		46～50	7.5
	>12 个月	7.2		>50	5.0

从出国进修的目的地来看，以西方发达国家为主，排名前 7 的国家依次为美国（41.34%）、德国（9.88%）、日本（9.20%）、英国（7.63%）、加拿大（6.98%）、法国（5.34%）和澳大利亚（4.27%）。从教师所在的学校类型来看，为“985 工程”类院校（37.3%）、“211 工程”类（40.2%）、非“985 工程”“211 工程”本科（18.5%）、其他类型高校（4.0%）。从学科的分布来看，依次为自然科学类（31.1%）、工程与技术科学类（29.6%）、人文社会科学类（20.4%）、医学科学类（12.7%）和农学科学类（6.2%）。

上面的数据反映出几个方面的信息：首先，大多数出国进修的教师去了欧美发达国家；其次，“985 工程”“211 工程”类院校的教师获得了更多出国进修的机会；再次，理工科的教师出国机会远多于人文社科、医科和农科的教师；另外，出国进修的人员中，男性教师的比例高于女性教师；最后，学历越高的人越能获得出国进修机会。

第三节　进修效益的体现形式

在对教师进修效益的分析中，首先对教师进修期间的因子类型、教师回国后的因子类型进行比较分析，从而对效益进行说明。其中，教师出国期间的因子类型包括国际理解与视野、课程与实践、科研合作与发表、与国外的联系。回国后的因子类型分别是态度、服务、科研与教学。获取这两方面因子类型的方法如下：

一、教师进修期间因子类型

将问卷第二部分 1～28 题所获取的答案线性投影到数字 1～5 中，其中 1 分为非常不同意，5 分为非常同意。统计数据整体利用主成分方法提取因子，得到了表 5.2 中的四项因子值。从累积方差贡献率来判断量表是否符合效度要求。一般认为，前两个因子的累积方差贡献率达到 40%以上，量表便是达到效度要求的。由表 5.2 可见，前两个因子的累积方差贡献率已经超过了 40%，说明本量表在效度上是科学的。前四个公因子的累计贡献率达到了80%以上，说明这四个公因子对所有数据具有很高程度的说明性，能体现数据绝大部分特征。所以，这四个公因子被提取出来。

表5.2　进修期间因子分析

公因子	原始特征值			旋转平方和载入		
	特征值	方差贡献率/%	累积贡献率/%	特征值	方差贡献率/%	累积贡献率/%
1	10.3	47.0	47.0	4.5	20.4	20.4
2	2.9	13.0	60.1	4.2	19.2	39.6
3	2.2	9.9	70.0	3.5	15.8	55.5
4	1.4	6.3	83.7	3.0	13.9	83.7

通过Kaiser标准化对因子分析结果进行正交旋转后，得到表5.3中出国进修期间的四个因子。通过对每个因子所覆盖问题的归纳，将四个因子命名为国际理解与视野、课程与实践、科研合作与发表、与国外的联系，均值代表了因子的大小。均值越高，说明出国进修对教师的促进作用越大。

表5.3　进修期间因子类型

公因子	因子类型	均值	方差
1	国际理解与视野	4.2	0.3
2	课程与实践	3.4	0.8
3	科研合作与发表	4.0	0.7
4	与国外的联系	2.1	0.3

二、教师回国后表现因子类型

用同样的方法，我们对教师回国后的表现数据做因子分析，得到表5.4中教师回国后的表现因子值。前四个公因子的累计方差贡献率达到了82%，说明前四个公因子提取了原数据中82%的信息，可见四个公因子能体现数据的大部分特征。

表5.4　回国后表现因子分析

公因子	原始特征值			旋转平方和载入		
	特征值	方差贡献率/%	累积贡献率/%	特征值	方差贡献率/%	累积贡献率/%
1	18.4	48.4	48.4	11.0	29.1	29.1
2	7.6	20.1	68.5	9.9	25.9	55.0
3	3.6	9.5	78.0	6.7	17.7	72.7
4	1.8	4.7	82.6	3.8	10.0	82.6

通过 Kaiser 标准化对因子分析结果进行正交旋转后，得到表 5.5 中教师回国后表现的四个因子，分别反映了教师的态度以及教师在科研、服务和教学三方面的表现，均值代表了因子的大小。

表 5.5　回国后表现因子类型

因子类型	均值	方差
态度	4.5	0.2
服务	1.8	0.6
科研	4.4	0.8
教学	2.0	0.2

三、教师出国进修效益分析

通过对表 5.3 中教师的国际理解与视野、课程与实践、科研合作与发表、与国外的联系四个因子以及表 5.5 中教师回国后的表现即态度、教学、科研和服务四个因子进行的对应分析，将教师的出国进修效益综合为认知、教学、科研和服务四个方面的收获，同时，我们进一步分析了教师个体因素的差异（职称、留学时长、学科差异）与效益的关系。

（一）认知效益

进修教师的认知效益主要包括视野和态度两个方面，教师在这两个方面的均值分别是 4.2（见表 5.3）和 4.5（见表 5.5），说明教师在认知方面收获很大。教师的态度影响着他们参与推动学校国际化发展规划的各种活动。调查发现，教师对学校国际化持有非常积极的态度。该结果与国际大学协会（IAU）的调查结论并不一致。后者发现，实施院校国际化最大的障碍是“教师缺乏参与热情”。[①]教师视野的开阔主要体现在文化了解、文化理解、文化包容力和认识全球化等方面（百分比代表的是“同意”和“非常同意”的比例）。“教师出国进修能够增进不同文化之间的理解和包容”，对此选择“赞同”的人达到 92%；“增进对不同国家人士思维方式的理解、加强跨文化沟通”的赞同率达到 89%；“提高教师对于目的国的社会、文化、历史的了解”的赞同率达到 90%；“能够增强对于全球化和国际化的理解”的赞同率达到 92%。研究发现，教师回国后具有较强的国际化意识和参与热情，在一定程度上也会将国外的见闻和视野在课程中付诸实践（具体见图 5.1）。

① ［加］简·奈特. 激流中的高等教育［M］. 刘东风等，译. 北京：北京大学出版社，2011：237.

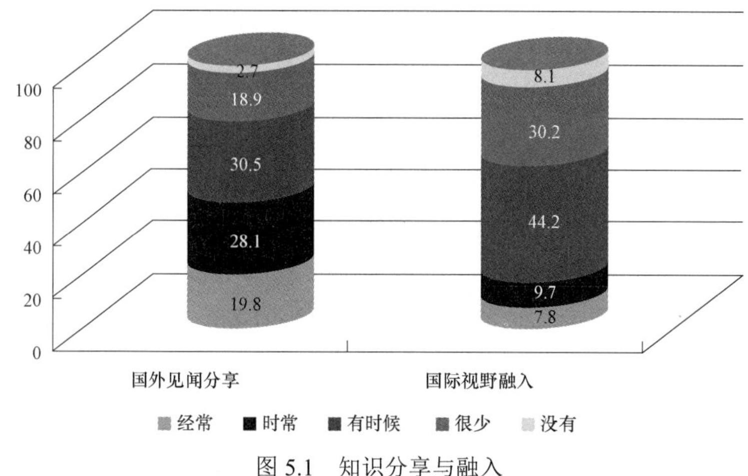

图 5.1 知识分享与融入

从图 5.1 中进一步分析发现，教师的知识和视野在课程中主要以分享经历为主，缺乏与课程内容的深层次融入。教师在实践中融入国际化元素的频率分布呈“纺锤型”，中间大两头小，“有时候”占的比重最大，超过其他选项；而且“没有”和“很少”的比例也较大；分享的频率要高于融入的频率。这些数据说明，从整体上说，国际化元素融入的频率并不高，主要以见闻的分享为主。简·奈特强调，大学国际化的关键是融入的过程。分享是一种简单的经验传递，而课程中的国际化融入内涵更为丰富，包含“教什么”和“如何教”这两个问题。[①]“教什么”强调的是国际化的课程体系和教学内容，“如何教”主要是教师需要掌握先进的教学理念、教学方法、教学评价等内容，因而融入是一种更复杂的过程。

（二）教学效益

进修教师的教学效益主要体现在课程理论和教学实践上。在教学方面，教师在国外进修期间和回国后的表现得分均值分别为 3.4（见表 5.3）和 2.0（见表 5.5）。前者说明教师在国外进修期间，在课程方面有较大的收获；而后者分值偏低，说明教师对教学实践的参与度较低。教师出国进修课程方面的收获主要包括：了解最新的教学理论、教育观念，掌握教学模式、教学内容，开拓课程学术视野等。具体体现在（百分比代表同意和非常同意的比例）：了解新的教学理论（83.5%），掌握了新的教学模式（82.7%），树立了新的教学理念（81.3%），学习新的教学内容（80.8%），提高了教学水平（76.4%）。教师回国后的课程实践包括：融入新的教学理念（57.4%），采用新的教学技术和手段（32.6%），采

① Lennart S. and Monne and W. Internationalizing the Content of Higher Education：the Need for a Curriculum Perspective［J］. Higher Education，2010（60）.

用新的教学方式和组织形式（41.6%），参与国际课程开发和建设（20.2%），开设国际化课程（16.5%）。将西方国家教学中的优势引入国内现行的教育体系中，取长补短，相互融合，提高高等教育课程效益，是体现教师进修价值的最好方式。然而研究发现，教师的教学实践比例偏低，效益甚微。大学课程国际化的变革期望教师具有一种新的素质，以适应国际化的发展和要求。例如，开设双语课程、使用英文原版教材、使用英文授课、开设国际合作课程等，而这些国际化的变革都需要教师将课程理念付诸实践。然而，教师在教学国际化方面的变革并非易事，尤其是关系到教师价值观念、态度和情感等方面的变革更是艰难异常。[①]一方面，受控于大学变革式的、指令式的国际化课程的教学指导，教师对课程的参与成为一种被动的选择。正如杰弗里和伍兹（Jeffrey，Woods）所说，教师的教学工作往往逐渐被去专业化（Deprofessionalised）[②]，从而导致教师缺乏参与国际化课程的主动性。另一方面，我国高校普遍应用量化评价法，形成教师专业评价中的科研单向路径依赖。高校都偏爱制定科研绩效量化指标，而非课程绩效指标，因而教师对课程虽有参与的态度，却缺乏将国际化课程理念融入实践的动力。

课程处在大学国际化的核心地位，课程国际化是世界范围内大学教与学改革的重要议题。在高等教育变革中，没有任何一项国际化实践可以超越课程国际化的地位，课程国际化是“实现国际化最重要的方式”[③]。需要特别指出的是，课程的国际化不同于国际化课程。国际化课程是指一种为国内外学生设计的课程，在内容取向上以国际的、跨文化的知识和能力为主，旨在培养学生在（职业、社会、情感）国际化和多元化的社会工作环境中生存的能力[④]。而课程国际化的内涵更为广泛，包含外语训练、国际区域研究学科的发展过程，以及将全球视野引入一般学科的学科普遍化过程。经合组织的相关报告认为，课程国际化有 9 个特点，即课程具备国际内容，与传统的课程内容有不同之处，课程有职业导向，课程具备跨文化的技能，有各学科间的学生交流项目，有跨国的专业内容，修完课程获得联合学位或者双学位、部分课程由海外的教师讲授，有为海外的学生设计的特殊课程[⑤]。正因为课程国际化具

---

① 操太圣，卢乃桂．论学校组织变革中的教师认同［J］．华东师范大学学报（教育科学版），2005（3）．

② Jeffrey B． and Woods P． Feeling Deprofessionalised：The Social Construction of Emotions During an OFSTED Inspection［J］．Cambridge Journal of Education，1996，（3）．

③ Maidstone P． International Literacy：A Paradigm for Change：A Manual for Internationalizing the Curriculum［M］．Victoria，British Columbia：Centre for Curriculum，Transfer and Technology，1996：17．

④ Nilsson B． Internationalizing the Curriculum［A］．Crowther，P． et al．(Eds．)．Internationalization at Home：A Position Pape［M］．Amsterdam：European Association for International Education．2000：21－27．

⑤ Van der Wende，D． Internationalizing the Curriculum in Higher Education［A］．OECD． Internationalization of Higher Education［C］．Paris：OECD，1996：186－195．

有丰富的内涵，才需要教师的国际化知识和视野，也才需要教师能够将国际视野和教学内容融入教学实践中，“教师的参与是大学课程国际化的重要条件。教师对国际化的态度、理念，教师的国际化知识、经验、方法，直接影响课程国际化政策和计划的制定及实施。”①教师是课程国际化变革的核心，他们的行为能够最终决定课程效益。

（三）科研效益

教师进修期间以及回国后的科研均值分别达到了 4.0（见表 5.3）和 4.4（见表 5.5），说明教师在科研方面的收获很大。教师出国进修的科研效益主要体现在（百分比代表同意和非常同意的比例）开阔学术视野（89%）、了解学术前沿（87.8%）和建立学术联系（84.4%）等方面。问卷中超过 70%的教师认为，出国进修经历对发表高水平论文（78.7%）、建立国际学术网络（79.3%）、提出新学术观点（75.6%）、利用学术资源（87.5%）帮助很大。具体而言，教师出国进修对其研究选题、研究范式与方法、写作论文、研究创新等方面都具有很大影响。其中，还有 24%的人在进修期间就公开发表过相关论文。在已发表的论文中，英文论文占到 86.6%，说明教师在出国进修期间，较多运用英语进行论文写作。因此，出国进修是攻克英文写作难关和发表英文论文的契机。这些用英文发表论文的人大多与国外学者合作完成论文并联合发表，是第一作者或独立作者的比例是 12.4%，说明教师的论文写作主要以合作形式发表。课题是教师学术论文写作和发表的主要载体，在进修期间“是否参与过国外大学或研究机构的正式课题研究”一题的回答中，参与者人数为 439 人（68%），说明课题研究的参与度较高。这也说明教师尚不能以独立研究者的身份完成论文的撰写和发表工作，往往以第二或第三作者的身份出现。

虽然国际化是一个双向的过程，但在学术领域，西方依然占据学术界的话语系统，量度标准强调的是英语能力和水平、研究水准、SCI 指标等。这些指标对于很多国内学者来说，在短期内依然难以实现，但教师的出国进修确实提高了教师归国后的科研参与能力。问卷中，有 82.6%的教师认为，参与国外进修能有效帮助他们参加国际学术会议，申请课题，增加国际、国内论文发表数量，建立或加入科研团队等。

教学和科研国际化是大学国际化发展最重要的评价因素。高校教师发展首先注重的是教与学的过程，与此过程密切相关的是教师的科研。科研始终处于教师职业发展的中心地位，教师对科研的重视程度远远大于对教学的重视程度（表 5.3、表 5.5 显示，两者相差的数值分别达到了 0.6 和 2.4）。这一结果与 IAU 的调查结果一致，即在国际化因素重要性的排序中，教学和科研是高校参与国际化的两大

① 汪霞．大学课程国际化中教师的参与［J］．高等教育研究，2010（3）．

主要动因，但发展中国家比发达国家更多地将科研作为首要理由。简·奈特认为，这反映了发展中国家进行科研的人力、物力、技术等方面的条件有限，从而促使政策更多地指向科研的国际合作和交流①。这一现象的出现与我国高校制度本身是分不开的，反映了当前普遍存在于高校评价标准中的“不出版就淘汰（publish or perish）”现象，教师的职业发展与晋升主要取决于教师的课题申请、科研发表，而非教学和服务质量。

（四）服务效益

教师进修期间以及回国后的服务效益均值分别是 2.1（见表 5.3）和 1.8（见表 5.5），说明教师在这方面的参与度很低。服务效益体现在教师参与院校的外事活动，为学生提供国际咨询，邀请国外专家、学者来国内讲学、办讲座等方面。学术研究和合作是教师出国进修期间与当地联系的主要纽带（87%的教师选择了本项），只有 16.5%的教师选择了参与研究和课程以外的工作。这些数据表明，教师在国外与当地的联系基本上是以学术研究为主要纽带，以课程和服务为纽带的较少。教师回国后的服务工作主要体现在“给本国学生和教师提供国际交流服务咨询”（36.7%），“与国外专家和教师保持或推进学术合作”（45.8%），“参与学校与学院外事活动”（17.2%），“邀请国外专家、学者来国内讲学、办讲座”（27.4%）。在服务效益方面，教师国外进修和国内表现的得分均低于其他三项。教师学术职业与其他职业的一个根本分界是高深知识，与高深知识密切相关的是教学和科研，而服务功能并非教师的主要任务。无论是国内教师“走出去”还是将国外学者“请进来”，都只是单向度的国际化形式。国际交流的理想模式应是“进口”和“出口”的双向互利的交流与合作②。因而，教师在推动大学国际合作方面仍有较大的提升空间。

（五）进修教师个体差异与效益的关系

在数据分析过程中，我们发现个体差异会影响到教师出国进修的效益，其职称、进修时长以及学科的差异都是影响进修效益的因素。

首先是职称差异对效益的影响。参与问卷调查的教师职称分为四类：助教、讲师、副教授和教授。每一栏的横向数值代表的都是教师在四个维度——认知、服务、科研和教学方面的得分值（效益得分为 1～5，代表 5 个级别，分数越高，收获越大），见图 5.2。

① ［加］简·奈特．激流中的高等教育［M］．刘东风等，译．北京：北京大学出版社，2011：22．

② 蒋玉梅，刘勤．高等教育国际化视野下教师出国访学效益研究［J］．开放教育研究，2015（2）．

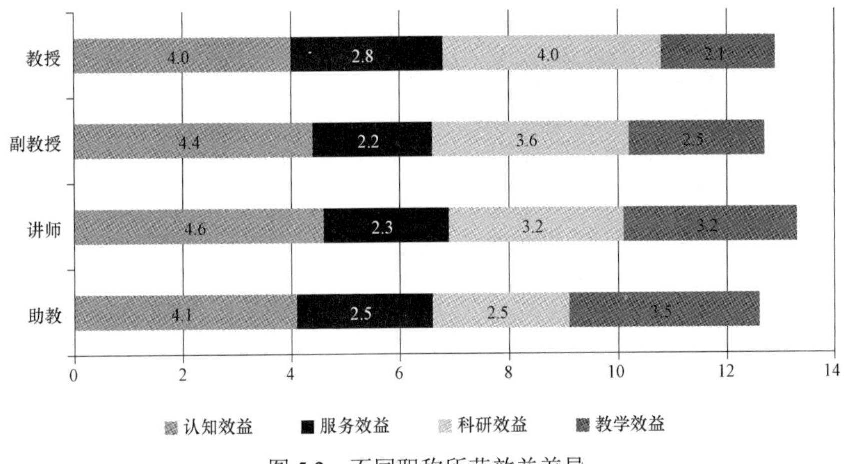

图 5.2　不同职称所获效益差异

从图 5.2 可以看出，教师出国进修的总体效益与职称没有太大关系，教师在四个维度上都有一定的收获。这说明教师出国进修的目的基本上是一致的，都是为了提高自身的综合能力。但具体到四个不同维度，职称则影响了效益的大小。在认知效益方面，讲师的收获最大，而教授在服务效益方面贡献最多。教学效益与职称成反比，说明职称越低的教师越注重教学技能的提升和课程的发展。从科研的角度来看，得分与职称高低成正比，说明职称越高，越以科研为职业发展的中心。具有高级职称的教师取得的科研效益更明显，而低职称教师短期内的科研效益不显著，这也许是由于他们自身的资历较浅、科研水平较低，回国后也较难实现比较大的科研产出和创新。

其次为进修时间与效益的关系。在研究中我们发现，并不是进修时间越长，效益就越高。教师的进修时间被分为五个时间段，分别是小于 3 个月、3～6 个月、6 个月、6～12 个月以及 1 年以上。横向数值代表了不同进修时长在认知、服务、科研和教学四个方面所取得的效益大小，见图 5.3。

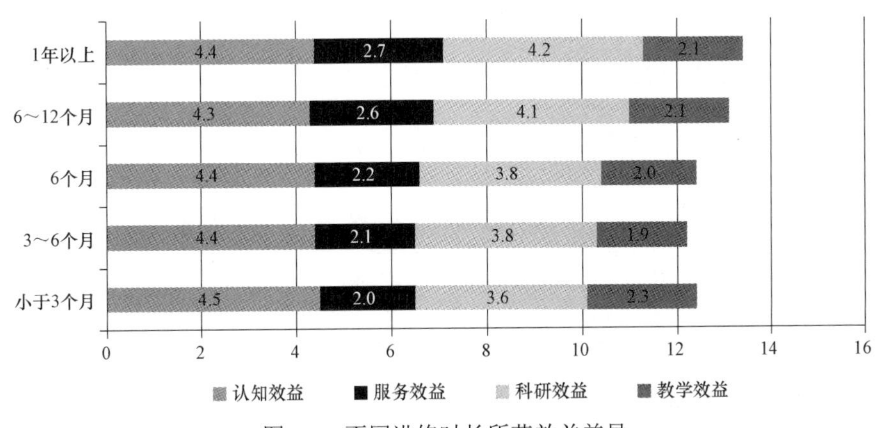

图 5.3　不同进修时长所获效益差异

从四个不同维度来看，时长对认知效益的影响不大。一方面说明教师在这方面的发展并没有受到进修时间太大的影响；另一方面也说明教师进修期间非常重视个人视野的拓展。从教学效益来看，小于 3 个月的进修收益最大，这说明短期进修更多以专业知识的提升和课程的发展为主。而后两个维度，科研和服务与进修时间成正比关系。这说明进修时间越长，越有利于教师科研发表，同时进修时间越长，越有利于教师获得更多的资源，也越有利于教师建立各类学术网络和国际合作网络。但和教师 6 个月以下的进修所取得的成果差异不大。

最后，学科对进修效益具有一定的影响。从学科的分布来看（见图 5.4），首都高校出国进修教师的学科涵盖了自然科学、工学、人文社会科学、医学和农学五大类。

如图 5.4 所示，各个学科在不同维度上还是具有一定差异的，其中科研效益差异最大，达到了 1.0。这主要是由于人文社会科学与自然科学存在较大的差异性。对于人文社科的进修教师而言，在认知效益和教学效益方面有更多的收获，这可能是由于人文社科的研究对象受到不同的国情和文化传统制约，对于文化的差异性有更高的敏感度，因而在国际理解和视野方面会有更多的感悟。同时，人文社科教师也更注重对教学和课程理论的把握，在教学方面投入更多。在前文对教师科研的分析中提到，教师出国进修期间，英文发表明显多于中文发表，其中自然、工学的研究成果明显大于人文社科。这与学科知识特征有关，自然科学知识本身就是国际化的，而人文社会科学则不同。人文社科达到国际发表的要求远较自然科学困难。这一状况也比较符合人文社科的性质，即使是同一学科，在不同国家和地区也会因民族、文化及语言的不同而呈现出差异性。正如朱剑所说，自然科学的国际化是建立在基本消除这些差异的基础上的，至少在同一学科的平台上，差异已不复存在[①]。因此，自然科学教师更容易在科研方面实现突破和发展。

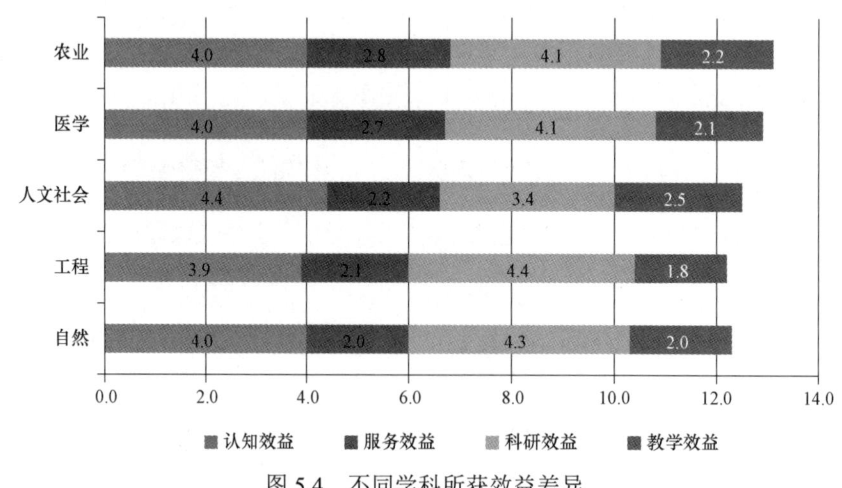

图 5.4　不同学科所获效益差异

① 朱剑. 学术评价、学术期刊与学术国际化［J］. 清华大学学报（哲学社会科学版），2009（5）.

第四节 教师出国进修的积极作用

从改革开放至今，我国高等教育国际合作与交流经历了由“国家发动、推动与主导”至“国家主导，高校为主体，全社会共同参与”的发展过程。高等教育合作的模式逐渐多样化，例如，双学位项目合作模式、联合培养学位合作模式、派遣高校教师与学生进行海外课程学习和实习、联合课程学习、引进国际知名教授学者和国际科研合作等。

通过对首都教师出国进修的效益分析发现，出国进修不但促进了教师的职业发展，还有利于院校国际化。出国进修使教师在国际化认知、教学、科研和服务上都获得了不同程度的效益，教师的国际视野、国际知识和理解力都得到了提升；对国外的课程理念有了深入了解，回国后在一定程度上能够借鉴国外的经验开发新课程，改进教学。出国进修对教师在研究方法、论文发表、研究创新和科研合作等方面都产生了积极的影响，对教师自身国际化能力的提升产生了明显作用，为教师深入参与国际活动打下了良好的基础，其直接效益非常明显。但是在大学的国际交流和国际合作具体事务方面，教师的参与并不多，因此间接效益并不明显。

研究还发现，不论是从个体层面、院校层面还是国家层面，教师的出国进修工作仍有很大的改进空间。首先，对教师个体而言，应该提高国外进修的综合参与度，使教学、科研均衡发展，实现“教研相长”；对院校而言，要做好引导和保障工作，对教师出国进修政策的制定要有规划性和前瞻性，要体现出教学和科研的同等性，尤其对于课程的规划和统筹实施工作要与整个专业课程体系和教学内容紧密结合。创造条件，继续为回国教师营造课程国际化的氛围，防止教师进修效益的退化，并实现教师和学校的可持续发展。其次，应坚持以需求为导向，在扩大派出规模的同时，根据学校的发展规划和教学、科研工作的重点派出教师，从而做到不同职称、不同学科教师的均衡发展和效益提升。

从国家层面而言，政策导向非常重要。首先，在时间成本管理方面应做到有针对性和有效性。例如，从开阔视野和知识更新的角度来讲，短期的派出更有利于课程效益的提升。研究发现，教师派出以3～6个月最为合适，一方面可以节约国家投入的成本，另一方面也可以增加教师进修的数量和频率。从科研效益的角度来看，由于科研的产出需要较长的时间投入，周期性较长，进修时间以6个月到1年较为合适；其次，从整体战略出发，需要平衡自然科学和社会科学的关系。目前的政策和资源的分配仍向实用性科学倾斜，间接导致了人文基础学科遇冷。要改变这种局面，就需要国家调整总体政策导向，在经费资助和其他配套措施等方面给予人文社会学科大力支持。更为重要的是，对进修教师的派出还集中在西方发达国家，这与我国目前实施的“一带一路”倡议不相匹配。应该考虑向其他国家派出更多的学者，满足我国经济发展的需要。

派遣教师出国进修交流等需要很多的教育经费加以支撑，因此经费不足给高校教师参与国际交流造成了很大的阻碍，也成为影响我国高等教育质量提升的一个重要因素。要解决这个问题，可以从两个方面入手：一方面，应当加大对高等教育的经费支持力度；另一方面，高校应当加强自主筹资意识，鼓励社会人士积极捐款，以解决大学国际化经费不足的问题，促进高等教育国际化的发展，提高高校教师教育教学水平。

研究中还发现，高校教师在教学与人才培养中处于绝对的主体地位，教师的思想、思维和智慧彰显看一所大学的办学思想和建设特色，也是决定一所高校能否培养高素质人才的关键。因此，建议扩大青年骨干教师出国研修项目的覆盖范围，比如，扩大到本科院校、高职高专等院校。加强师资队伍建设、促进高校教师国际交流与合作，对拓展高校教师的国际视野，提高其教育教学素质具有重要作用。2010 年发布的《国家中长期教育改革和发展规划纲要（2010—2020 年）》已经提出：加强国际教育交流与合作，坚持以开放促进改革和发展，促进多层次、宽领域的教育交流与合作的开展，提高教师队伍的整体国际化水平。尤其是“一带一路”倡议的提出，为我国的大学教师提出了新的任务和挑战。

目前，一些大学在大力开展国别与区域研究，但是普遍感到对“一带一路”沿线国家了解得不多。在整合知识的过程中，人们也逐渐发现，开阔国际视野、提升国际理解力不能局限于与西方发达国家的交流与合作，还要鼓励青年骨干教师到“一带一路”沿线国家进修和学习，补充大学在国际化过程中对“一带一路”沿线国家认识不足和知识不足的问题。

第六章　跨境教育与中外合作办学政策分析

引　言

在众多的研究中，人们普遍认为全球化是一个经济学和政治学概念。政治家们用它改革和调整国家经济政策；企业家们用它扩大自己的经营范围，抢占国际市场；经济学的学者们用它分析国际和国内出现的一些政治经济现象。商品和资本的全球流通就是全球化吗？1994年，当教育作为服务贸易被纳入关贸总协定时，高等教育就成了国际化和全球化研究的问题。纵观目前的世界变化，无法否认国际商务运作对于一个国家经济的渗透力。但是，经济和商业活动不能代表人类的一切活动，经济全球化不意味着也不应该压抑不同的文化与传统；相反，人们更加注重保护各自的文化传统和社会习俗。这一现象表明经济全球化过程中世界发展的两面性特征，即经济的全球运作与社会文化多样性并存。经济全球化也不意味着资源与财富的平等分配，相反，贫富差距会越来越大。在教育领域同样出现了资源发展不平衡和教育不公平问题。因此，人们已经逐渐认识到，要在未来世界发展中取胜需要两方面的因素：国际竞争力和国际人才发展战略。跨境教育就是在这样的背景中发展起来，并引起学界广泛关注的。

什么是跨境教育？跨境教育是将教育纳入服务贸易范畴，是教师、学生、课程、项目和机构在跨越国家管辖的边境的情况下展开的教育活动（张进清，2013）[①]。在 2002 年的第一届教育服务贸易论坛（Forum on Trade in Education Services）首次正式提出这个概念。实际上，跨境学术流动和教育交流一直是高等教育的一个重要特征。但是，近 20 年来才引起人们广泛关注。首先，跨境教育是教育国际化的重要组成部分；其次，近年来，跨境教育的范围和规模不断扩大，形式也变得多样；最后，当教育被 WTO 纳入服务贸易之后，其市场价值也不断攀升。比如在我国，每年都有 60 多万教师和学生走出国门，他们中的大多数流向了欧美发达国家，在欧美国家学习的同时，也为这些国家带去了巨额财富。有数据显示，中国留学生为留学目的国创造了近千亿美元的财富。在跨境教育中，人

① 张进清．国际跨境高等教育；现状，问题与发展趋势［J］．黑龙江高教研究，2013（8）：55-58。

员的跨境流动与项目和机构的跨境流动方向不同。当学生和学者向发达国家流动时，项目和机构的跨境流动大多是由发达国家流向发展中国家。出现这种现象的原因很复杂，其中之一是：跨境教育中的项目和机构流动对发达国家与发展中国家有着不同的含义和不同的教育诉求。比如，跨境教育中机构流动主要是以学术项目（Academic Programs）或海外分校的形式体现出来。在海外办分校（Branch Campus）大多是欧美发达国家的做法，比如，2014 年在世界范围内有 206 所海外分校，其中美国有 90 所，英国有 45 所，法国有 15 所，澳大利亚有 14 所。①这些教育机构主要分布在卡塔尔、阿联酋、新加坡、马来西亚和中国。出现这一现象，可能有两个方面的原因：一是对高等教育输入国而言，经济快速发展，高等教育相对薄弱，满足不了人们日益增长的对优质教育资源的需求。二是发达国家拥有充足的优质教育资源，为其积极到境外办学提供了良好的条件。发达国家输出优质教育资源，不仅能够获得丰厚的办学利润，还可以通过境外项目或分校招揽各国的优秀人才，并扩大在输入国的影响力。

从服务贸易的角度看，目前的跨境教育非常复杂。本文仅从跨境教育中项目和机构流动的特征看我国中外合作办学的政策发展过程。

第一节　跨境教育的办学形式

现代跨境教育与历史上的跨境教育在组织和办学形式上都非常不同。传统的跨境教育主要强调人员流动，而现代跨境教育多是发达国家中有实力的教育机构或大学通过一定的办学形式或策略向外扩张。扩张的形式多样，其中包括在境外建立教学中心、科研中心、办学项目或分校。比如，美国的康奈尔大学不但在意大利建有教学与研究中心，而且在南非、巴西、日本和中国的一些大学也建立了合作教学与研究中心。在总结跨国教育的办学形式时，人们经常提到连锁办学、海外分校、合作办学和网络教育等形式。比如连锁办学形式，以美国加州大学为例。为了加强学生对中国传统文化的了解，美国加州大学分别在中国的北京和上海等地的大学建立加州大学中心。在这些连锁中心，每年都有一定数量的加州大学本科生进行短期学习。这些学生与传统意义上的留学生不同，他们不申请中国大学的学位，学籍在加州大学，在中国大学学习所得学分由加州大学管理，在中国大学学习的学费也是由加州大学与相关中国大学协商。在这种情况下，中国的大学在某种意义上是加州大学海外合作办学的连锁点。这些连锁点的合作办学内容和课程根据双方合作的兴趣而定。美国斯坦福大学在北京大学建的“斯坦福中心”也属于这一类。

① 王光荣，骆洪福. 世界高等学校发展境外分校的现状分析：基于 C-BERT 的数据分析［J］. 宁波大学学报（教育科学版），2017，(6)：50–55.

还有一种跨境教育形式是在海外建立分校。在海外办学，招收分校所在地学生，为他们提供母校的教育，发母校的学位，这样学生不用出国（或出国时间短一点）就可以拿到海外母校的学位。例如，美国的纽约大学不仅在新加坡建有艺术学院，在以色列哈布扎比建有分校，在中国的上海也有分校。澳大利亚莫那什大学在越南、南非和马来西亚直接设立分校，为所在国学生提供教育服务。英国的诺丁汉大学在宁波建立的宁波诺丁汉大学和英国的利物浦大学在苏州建立的苏州利物浦大学都属于这种情况。

跨境教育的第三种形式是采用现代通过网络、卫星传送和可视电话系统等手段进行跨国远程教育。以日本大阪大学网络学校（Cyber school）为例，为了扩大海外生源，该校直接对海外学生用英语教学。美国密歇根州立大学与北京师范大学建立的 MOOCs 硕士项目也属于这一种。

除了上述三种形式以外，还有一种形式是学校与企业联合办学。其中，南加州大学商学院与在北京、上海、东京和新加坡等地的大企业建立长期广泛的合作关系就是一个很好的案例。每年该学院都根据学生的学习兴趣，把学生直接送到这些地方的企业中，进行为期三个月到半年的实习或毕业设计，学生们按企业的要求进行毕业设计，并提出解决问题的方案，费用由企业承担。这一做法不仅使学生了解了企业所在国的文化和风土人情，而且直接了解了该国企业的运作模式和存在的问题。从上述办学形式的分析中可以看出，跨境教育中出现了新的组织形式：为本国学生服务的教学中心、为他国学生设立的教学项目或为他国学生开办的分校，这些都是发达国家向发展中国家直接输出教育的形式。

第二节　跨境教育的目的和意义

进行跨境教育的目的和意义可以从以下三个方面加以考察：

首先，在目的上，实施跨境教育增进学生对他国文化的了解，提高学生的国际交流与交往能力。一个时期以来，一些发达国家的大学发现本国学生在校学习过程中，与国际学生接触不多，学校教育并没有真正开阔本国学生的国际视野。为了弥补本国学生国际理解能力的不足，发达国家的大学多采用跨境教育形式，鼓励学生出国留学，或到发展中国家学习。在这一情况下，发达国家的大学采取了与发展中国家的大学、企业或政府机构合作的形式，为出国学习的学生提供全方位的帮助和服务。这一类跨国教育多是短期的，以互利互惠为目的。例如，北京大学与美国、英国、德国和法国等国家大学的合作对于促进北京大学本科生和研究生教育起到了积极的作用。每年北京大学都会接收从美国、英国、德国等大学来的一些短期留学生，北京大学也会通过跨境交流的形式把学生送出去。这种双向交流的跨国教育形式对于北京大学和美国、英国、德国、法国的大学来说都是互利互惠的。

其次，实施跨境教育也是获得他国教育资源的一种手段。在这里，教育资源既包括生源也包括教育经费和人力资源。例如，在日本，随着人口出生率的下降，本国生源呈现出逐年下降的趋势。为了解决生源不足的问题，一些大学采取了向外拓展的策略，即降低外国学生的入学标准，提高留学生入学率和开发海外办学市场。因此，从目前的办学形式上看，跨境教育仍然是以发达国家输出教育为主。一方面，学术声望好的大学多集中在有经济实力的国家；另一方面，尽管发展中国家输出了大量留学生，国内各类高等教育机构仍然不能满足人们对高质量教育的需求。目前，通过跨境教育开发国际教育资源和市场的是一些有实力的国家，如美国、英国、澳大利亚、日本和新西兰等国。实际上，跨境教育已经被这些国家纳入经济全球化战略之中，成为其高等教育国际化的一个重要环节或组成部分。

最后，跨境教育与贸易服务联系在一起，增强了教育的商品属性。目前，世贸组织正在进行的关于进一步开放国际高等教育服务市场的协商与跨国教育密切相关。如果加入世界贸易组织，发展中国家将不得不进一步开放本国教育市场。一些有实力的大学和教育企业会进一步扩大它们在发展中国家的跨境教育范围和内容。在提供教育的过程中，它们会降低成本，实现利益的最大化。对于这一点，在 Magagula（2005）[①]的研究中有系统的分析。因此，它们对这一教育市场的竞争也会更加激烈。2015 年在北京召开的“第十届中国国际教育巡回展”中，世界 27 个国家和地区的 350 多所高校和教育机构参展，共同拓展中国教育市场。

第三节　跨境教育实施过程中会遇到的问题

跨境教育作为教育国际化的一种形式，在一定程度上弥补了传统教育国际化的不足。但是，跨境教育也存在许多需要关注的问题。

首先，跨境教育不管以什么形式呈现出来，它的载体多是大学或相关教育企业。从积极的一面看，发展跨境教育可以增强发达国家的高等教育与发展中国家高等教育的合作与双向交流，促进发展中国家大学的学术繁荣，提升发展中国家的教育水平。但是，鉴于跨境教育的商业性特征，不管是对发展中国家还是对发达国家来讲，跨境教育的发展都会在某种程度上危及已经建立起来的高等教育体系，甚至会威胁到学术自由。

其次，与传统教育国际化相比，目前的跨境教育带有更强的商业性质，其中有许多跨境教育机构的运作也是以商业形式体现出来的。以商业运作形式开展的跨境教育，办学形式灵活，教育内容随国际劳动力市场的变化而变化。在跨境教育中，为实现其利益最大化，教育提供者在办学过程中，所选择的学科往往不是

---

① Magagula C. The Benefits and Challenges of the Cross-Border Higher Education in Developing Countries in Journal of Higher Education in Africa [J]. 2005 (3), no.1.29–50.

发展中国家最需要的，使教育引进者无法实现其引进优质教育资源的目标。以盈利为目的的跨境教育对于发展中国家来讲，可能会造成教育资源的进一步流失。在这里，资源的流失包括三方面的内容：教育经费流失、生源流失和师资的流失。

再次，从管理上讲，跨境教育由于它的跨国性质，很少受到本国教育政策和制度的约束，也很少受到教育引进者的质量约束。因此，教育的质量保障问题就应该引起关注。例如，证书的发放或学历认证，学分的互认和教育的透明度，等等。如果没有相应的对策和完善的监督机制，假文凭和假证书在国际范围内泛滥将不会是杞人忧天。

最后，在经济全球化的进程中，跨境教育作为教育国际化的新趋势，不是平等教育，相反，受教育资源的制约，它会加剧发展中国家的教育不平等现象，会加速瓦解教育公益性。更应该引起注意的是，对于发达国家来讲，输出教育对于提高其国际竞争力和巩固其国际霸权地位，作用更为重要。从表面上看，跨境教育是以中立的形式体现出来的。因此，在跨境教育中，发展中国家应该利用它的优势，避免可能出现的问题。这方面亟需制定相应的对策。在我国，引进优质教育资源提高我国的办学质量，已经有了 20 多年的经验，并建立了一系列政策和法规，在避免上述问题中起到了积极的作用。

第四节　中外合作办学的政策基础

在我国，跨境教育项目和境外分校建设属于中外合作办学范围。中外合作办学通常是指境外教育机构同中国教育机构合作，在我国境内举办并以我国公民为主要招生对象的教育机构。目前所称的中外合作办学一般是指国家鼓励的在高等教育、职业教育领域开展的教育形式。我国中外合作办学的类型包括合作办学机构和合作办学项目两种形式。根据 2016 年的数据，全国经审批机关批准设立的中外合作办学机构和项目已达 2 063 个，各级各类中外合作办学在校生约 55 万人，其中高等教育阶段在校生约 45 万人，高等教育阶段中外合作办学毕业生超过 150 万人。

在教育层次上有本科教育、硕士研究生教育和博士研究生教育。目前，本科段教育被纳入国家普通高等学校招生计划（统考）和自主招生（如中国农业大学与美国科罗拉多大学丹佛分校和健康科学中心合作举办传播学专业本科教育项目，统考和自主招生各占 50 人）。硕士段教育，参加高校组织的自主招生考试，学生修完全部课程且符合毕业条件，即可获外方高校的硕士学位证书和中方高校的结业证书，教育部留学服务中心可对学位证书作学历学位认证（如对外经济贸易大学与美国西雅图城市大学合作举办的 MBA 学位项目）。还有一种中外合作办学硕士项目是双学位，颁发外方高校硕士学位证书，同时还可以申请国内高校的硕士学位证书，教育部留学服务中心还可以作学历学位认证，如对外经济贸易大学与法国巴黎第一大学、法国国家企业管理教育基金会合作举办的企业管理硕士学位教育项目。博士段教育从层次上来看，目前只有一种，即毕业后颁发外方高校的博士学位证，教育部留学服务中心会作学历学位认证。

学历与非学历教育。一是学历教育项目，必须通过统招考试，填报志愿，毕业后分别获得中外双方学校颁发的文凭（如清华大学与澳大利亚国立大学合作举办的管理硕士学位教育项目）；二是非学历教育项目，无须填报志愿，参加学校自己举办的入学考试即可。在中方学校修得相应学分后，通过语言考试后再被合作学校录取，毕业后获得外方学校颁发的文凭［如中国农业大学与荷兰万豪劳伦斯坦瓦格宁根大学（原荷兰劳伦斯坦国际农学院）合作举办的园艺专业非学历项目］。

办学主体分为两种形式。第一种是具有独立法人资格的中外合作办学机构，它们分别是位于苏州的西交利物浦大学、江苏昆山杜克大学、位于上海的上海纽约大学、广东以色列理工学院、温州肯恩大学、宁波诺丁汉大学等。第二种是中外合作办学项目，如北京工业大学与美国新泽西理工大学合作举办的工程管理学硕士学位项目、北京航空航天大学的中法工程师学院、北京联合大学与英国佩斯大学合作举办的国际商务专业本科教育项目等。中外合作办学的审批、评估和管理权在教育部。

第五节　中外合作办学的政策发展历程

中外合作办学作为改革开放以来发展起来的新生事物，经历了 30 多年的发展历程，在政策层面可以分为三个发展阶段。

一、中外合作办学政策的探索阶段（20 世纪 80 年代至 1993 年）

20 世纪 80 年代初到 90 年代初的十多年时间里，国家有关中外合作办学的政策法规几乎一直处于空缺状态。但是，面对社会对高等教育的强烈需求，社会上和高校中纷纷举办了中外合作办学项目。但是，合作办学层次偏低，合作对象国高校资质参差不齐。有些高校虽然与国外优质大学合作，但合作专业并非该校的优势专业；有些国外大学承诺，通过该合作办学项目，学生可以取得双文凭，却难以兑现，使学生不能如期取得国外学历和学位。因此，中外合作办学处于无章可循和无序发展的状态。尤其是在 20 世纪 90 年代，高校中出现了大量的中外合作办学项目，亟需政策规范、审批与监管。

在这样的背景下，当时的教育主管部门国家教委在 1992 年 4 月发布了《关于国外机构或个人在华办学等问题的通知》。这是一个内部文件，其中明确规定“中外联合办学原则上不能接受，特殊情况须报国家教委审批”“对中外联合办学、办培训中心均应在谈判前先行请示”“未经批准，不得对外做出允诺（包括意向性的允诺）”。这个政策文件向地方教育行政部门、合作办学的中外双方表明，国家对中外合作办学拥有审批权，并要求中外合作办学的相关事宜都要事先请示国家教委，甚至意向性的允诺也要事先得到国家教委的批准。这在一定程度上解决了当时中外合作办学无序发展的状态。这项通知的出台有着更深的时代背景。1993 年 1 月，国务院研究室教科文卫组在对北京、上海的高等教育发展进行调研后提出：开展国际合作办学应以我为主，为我所用，大胆探索，敢于试验，可开放一些。对境外机构、个人入境独立办学，应持慎重态度。与此同时，国家教委也就中外合作办学问题进行了大量的调研，于 1993 年 6 月 30 日下发了《关于境外机构和个人来华办学问题的通知》。该《通知》明确指出：多形式的教育对外交流与合作是对外开放政策的重要组成部分，要通过捐资助学、合作办学等形式，有条件、有选择地引进和利用境外于我有益的管理经验、教育内容和资金，以便于我国教育事业的发展。该《通知》强调，中外合作办学应坚持“积极慎重，以我为主，加强管理，依法办学”的原则，遵守我国的法律，贯彻我国的教育方针。该《通知》对不同层次的合作教育机构的审批作出了具体规定，对境外机构或个人在我国举办非学历教育的各类短训班，中等学历教育的职业高中、中等专业学校、技工学校和高等学历教育等各类合作教育机构的审批按不同程序办理。该《通知》在 20 世纪 90 年代对引导我国中外合作办学起到了积极的作用。

作为国家教育行政部门早期规范中外合作办学的专门性政策文件，1992 年和 1993 年国家教委发布的两个通知提出了中外合作办学的基本政策原则。这表明，中外合作办学作为政策问题已经上升到国家决策层面，已经被纳入相应的政策议程，国家已经开始探索如何加强对中外合作办学的管理和规范。中外合作办学的相关政策从无到有，这两个内部文件可视为国家中外合作办学政策的发端，其中 1993 年的通知为此后出台的中外合作办学政策奠定了基调。

二、国家中外合作办学政策的起步阶段（1995 年至 2002 年）

1995 年 1 月 26 日，国家教委颁布《中外合作办学暂行规定》。《中外合作办学暂行规定》分为总则、设置、运行、监督和附则 5 章，共 43 条，计 4 000 余字。《中外合作办学暂行规定》阐明了中外合作办学的意义和必要性，明确了应遵循的原则和合作办学的范围、主体，规定了审批的权限和程序、办学机构的领导体制、证书发放以及文凭学位授予、监督体制等重要事项。《中外合作办学暂行规定》对中外合作办学的设置、运行、监督等重要事项作出了规定，中外合作办学开始被纳入规范管理的轨道。《中外合作办学暂行规定》是国家教育行政部门颁布的第一个全面规范中外合作办学的规章，为全国快速发展的中外合作办学事业提供了基本的规范，符合当时中外合作办学事业的发展需求，标志着中外合作办学开始在全国范围内走上依法办学、依法管理的轨道。

1995 年 3 月，第八届全国人大第三次会议通过了《中华人民共和国教育法》（以下简称《教育法》），其中第 67 条规定：“国家鼓励开展教育对外交流与合作，并强调教育对外交流与合作坚持独立自主、平等互利、相互尊重的原则，不得违反中国法律，不得损害国家主权、安全和社会公共利益。”该法第70条还明确规定了我国对境外教育机构颁发的学位证书、学历证书及其他学业证书的承认，应依照中华人民共和国缔结或者加入的国际条约办理，或者按照国家相关规定办理。该法第83条还规定：境外组织或个人在中国境内办学和合作办学的办法应该由国务院审定。

为进一步明确中外合作办学中的学位授予问题，1996年1月22日，国务院学位委员会办公室颁发了《关于加强中外合作办学活动中学位授予管理的通知》。该通知实际上是当时《中外合作办学暂行规定》的重要补充。《关于加强中外合作办学活动中学位授予管理的通知》对在我国境内设置的中外合作办学机构授予中国相应的学位和境外的学位作了详细的规定，对我国教育机构在境外办学授予中国学位也提出了明确的要求。

1996年3月，国家教育委员会发布《关于教育系统接受境外捐赠有关问题的通知》。这是一个关涉一些敏感问题的内部文件。该《通知》告诫各级各类教育机构“接受境外捐赠或与境外合作办学政策性强，必须保持政治警觉，防止‘一切向钱看’”“接受境外捐赠或与境外合作办学，要弄清外方背景和意图，拒绝有损国家利益和民族尊严的附加条件及涉及教育主权和政治原则的不合理要求”“严格执行国家有关政策和规定，及时办理报批，涉及敏感问题或带附加条件，及时请示报告”。同年5月全国人大常委会通过的《中华人民共和国职业教育法》（以下简称《职业教育法》）第21条规定：“境外的组织和个人在中国境内举办职业学校、职业培训机构的办法，由国务院规定。”第35条还规定：“国家鼓励企业、事业组织、社会团体、其他社会组织及公民个人对职业教育捐资助学，鼓励境外的组织和个人对职业教育提供资助和捐赠。”

1997年12月，经国务院批准，国家计委、国家经贸委、外经贸部联合发布了《外商投资产业指导目录》，将中外合作办学（基础教育除外）归属于乙类限制的服务业。2001年12月，国家外国专家局印发了《社会力量和中外合作办学单位聘请外籍专业人员管理暂行办法》，对中外合作办学单位聘请外籍专业人员的工作进行了规范。

1998年8月全国人大常委会通过的《中华人民共和国高等教育法》（以下简称《高等教育法》）第12条规定：“国家鼓励和支持高等教育事业的国际交流与合作。”第36条规定：“高等学校按照国家有关规定，自主开展与境外高等学校之间的科学技术文化交流与合作。”《教育法》《职业教育法》《高等教育法》相关条款明确规定，国家鼓励在不损害国家主权的前提下开展中外合作办学活动，并且全国人大已经授权国务院制定相关行政法规，这对中外合作办学相关法规的建设具有十分重要的意义。

2002年6月，教育部下发了《关于加强中外合作办学管理的紧急通知》。该

《通知》明确了过渡期的政策安排，声明"教育部已根据我国入世承诺，结合近年来中外合作办学的实践，起草上报《中外合作办学条例》（草案）"，重申"在《中外合作办学条例》颁布之前，中外合作办学仍按《中外合作办学暂行规定》执行"，要求"各省（市、区）教育部门对本行政区域内的中外合作办学活动进行复审，将复审合格的中外合作办学机构名单在指定时间内通过当地省级媒体向社会公布，同时报教育部备案"。同年 12 月全国人大常委会通过的《中华人民共和国民办教育促进法》第 67 条规定："境外的组织和个人在中国境内合作办学的办法，由国务院规定。"

经过了近十年的发展，国家对中外合作办学的政策逐渐趋于完善。《中外合作办学暂行规定》的政策取向和基本原则与 1993 年 6 月国家教委下发的《关于境外机构和个人来华办学问题的通知》相符，体现了政策的连续性和稳定性。尽管是一个临时性的部门规章，但《中外合作办学暂行规定》的颁布标志着中外合作办学逐步走上规范管理的轨道。《教育法》《职业教育法》《高等教育法》《民办教育促进法》相关条款明确规定："在不损害国家主权的前提下，鼓励开展中外合作办学活动。"随着这 4 部法律法规的相继出台，中外合作办学的合法性得到进一步确立，中外合作办学已经被纳入国家教育事业发展的整个体系之中。这一时期，中外合作办学的相关配套政策也陆续出台，涉及中外合作办学的学位授予、外籍专业人员聘请、教育捐赠等方面，解决了中外合作办学中面临的一些实际问题。

三、中外合作办学政策的发展阶段（2003 年至今）

中国加入世界贸易组织以后，《中外合作办学暂行规定》中的某些条款和规定与"入世"承诺有差距。为此，我国政府组织有关单位和人员对以往的中外合作办学政策法规进行了重新讨论和研究。2003 年 3 月，国务院颁布了《中华人民共和国中外合作办学条例》（以下简称《中外合作办学条例》），于同年 9 月起正式实施。《中外合作办学条例》分为"总则""设立""组织与管理""教育教学""资产与财务""变更与终止""法律责任"和"附则" 8 章，共 64 条，计 7 600 余字。《中外合作办学条例》明确了国家对中外合作办学实行"扩大开放、规范办学、依法管理、促进发展"的方针，同时也明确了国家重点支持和鼓励的方向、领域和层次。《中外合作办学条例》的颁布，使我国有关中外合作办学的政策更加规范、透明，有助于外国教育机构来华进行合作办学，有利于中外双方合作办学和依法自主办学，有利于我国政府机关依法进行监督管理。《中外合作办学条例》是现行最主要的专门性行政法规，它是在中外合作办学十多年发展历程的基础上，总结实践经验和教训，同时遵循国际惯例和做法，经过反复讨论和研究形成的。《中外合作办学条例》的出台标志着中外合作办学的相关政策法规逐步完备，中外合作办学事业进入了一个新的发展阶段。在《中外合作办学条例》中明确规定：中外合作办学属于公益性事业，是中国教育事业的组成部分。中外合作办学是我国引进外国优质教育资源的办学形式之一。中外合作办学机构也依法享受国家规定的优惠政策，依法自主开展教育教学活动。《中外合作办学条例》还规定：中外合作办学必须遵守中国法律，贯彻中国的教育方针，符合中国的公共道德，不得损害中国的国家主权、安全和社会公共利益；中外合作办学应当符合中国教育事业发展的需要，保证教育教学质量，致力于培养中国社会主义建设事业的各类人才。

《中外合作办学条例》颁布之后，2004 年 6 月，教育部颁布了《中华人民共和国中外合作办学条例实施办法》（以下简称《中外合作办学条例实施办法》），在贯彻实施《中外合作办学条例》的规章和规范性文件当中，《中外合作办学条例实施办法》（简称《实施办法》）最为重要。《中外合作办学条例实施办法》细化了《中外合作办学条例》的规定，增强了《中外合作办学条例》的可操作性和针对性。《中外合作办学条例实施办法》的主要政策规定涵盖了中外合作办学机构和项目的设立条件、招生、收费、办学质量保障等重要方面。《中外合作办学条例实施办法》要求审批机关应当组织或者委托社会中介组织本着公开、公正、公平的原则，对实施学历教育的中外合作办学项目进行办学质量评估，并将评估结果向社会公布；实施学历教育的中外合作办学机构和项目应当通过网络、报刊等渠道，将该机构或者项目的办学层次和类别、专业设置、课程内容、招生规模、收费项目和标准等情况，每年向社会公布。这些政策为保证中外合作办学的质量提供了可行的办法：办学质量评估是对中外合作办学质量的外部监督，相关信息的公开和透明为公众选择提供了基本的标准和参考，办学层次和类别、专业设置、课程内容、招生规模、收费项目和标准等详细情况的公布能够减少信息不对称造成的招生欺诈和各种不规范办学行为。《中外合作办学条例》和《中外合作办学条例实施办法》为中外合作办学的进一步发展提供了政策保障，使中外合作办学真正做到“有法可依”。

为了贯彻实施《中外合作办学条例》和《中外合作办学条例实施办法》，教育部和其他相关部委先后出台了一系列规章和规范性文件。

2004 年 8 月 12 日，教育部发出《关于做好中外合作办学机构和项目复核工作的通知》。该《通知》首先肯定了改革开放以来中外合作办学取得的进展，同时强调，为了“确保中外合作办学正确的办学方向，防止低水平重复，引入国外真正的优质教育资源，规范招生、收费、颁发证书等方面的制度，遏制资质不良的境外机构与国内不具备办学条件的机构的违规办学，维护正常教育秩序，保护中外合作办学者、中外合作办学机构和受教育者合法权益”，开始在全国范围内对现有中外合作办学机构和项目进行复核。中外合作办学机构和项目的复核工作实际上是对中外合作办学的一次大规模治理整顿。国家教育行政部门通过复核工作可以全面了解中外合作办学的基本情况，清理和撤销一些不具备基本条件和资质的中外合作办学机构和项目，同时按照《中外合作办学条例》第 63 条和《中外合作办学条例实施办法》第 62 条的规定，为符合条件的中外合作办学机构和项目颁发中外合作办学许可证和中外合作办学项目批准书。这项制度的建立和实施为中外合作办学设置了基本的准入制度，许可证和批准书是中外合作办学机构和中外合作办学项目的“合法身份证明”。面对中外合作办学较为混乱的局面，复核工作的目的首先是还清历史欠账，因此，复核的重点放在中外合作办学机构和项目的组织与管理、教育教学以及资产财务等方面。同时，为了使《中外合作办学条例》和《中外合作办学条例实施办法》真正落实到位，中外合作办学许可证和中外合作办学项目批准书制度开始建立施行，规定：今后未取得许可证和批准书的机构和项目，一律不得招生。鉴于相关规定的历史沿革，该《通知》指出：“《中外合作办学条例》施行前依法设立和举办的中外合作办学机构和项目的主体资格可不作硬性调整，但要切实保证其组织与管理的规范。复核通过的中外合作办学机构要求取得合理回报的，须对资产进行清算，并依法定程序修改章程。”

2005 年 10 月，教育部发布《关于中外合作办学机构和项目复核下一步有关工作的通知》，进一步部署了中外合作办学机构和项目的复核工作。该《通知》指出：审查发现，中外合作办学机构在设立、合作双方、合作办学机构本身、决策机构、校长、颁发外国学历学位证书、办学范围等七方面存在诸多问题，要求按相关处理意见调整；审查发现，中外合作办学项目在合作主体、开办专业、办学层次和类别以及颁发证书、学费、“双校园”办学模式等方面存在诸多问题，要求按相关处理意见调整。中外合作办学的复核工作要求明确，措施得力，对于中外合作办学的持续健康发展发挥了积极作用。在复核过程中，相关政策又照顾了历史情况，体现出一定的弹性和柔性，保持了政策的连续性。

2003 年《中外合作办学条例》和 2004 年《中外合作办学条例实施办法》颁布之后，各方举办中外合作办学机构和项目的积极性高涨，中外合作办学进入了大发展时期。但是，中外合作办学数量的激增带来了诸多问题。为了促进中外合作办学的稳步健康发展，针对中外合作办学中存在的突出问题，2006 年 2 月 7 日，教育部发布了《关于当前中外合作办学若干问题的意见》。该《意见》重申了中外合作办学的基本原则，强调应当“坚持中外合作办学的公益性原则”“坚持依法办学，规范管理”“坚持引进优质教育资源，加强能力建设的政策导向”，因而必须“加强中外合作办学的质量管理”，加强对于招生录取、培养过程、学科专业和颁发证书的管理，尤其强调要加强对中外合作办学收费的管理。《关于当前中外合作办学若干问题的意见》提出的政策措施具有较强的现实针对性，切中了中外合作办学管理的关键和要害。该《意见》强调：“各地教育行政部门要认真研究中外合作办学发展过程中的新情况和新问题，不断丰富和完善法律和政策环境，加强对本行政区域内中外合作办学工作的统筹规划、综合协调和宏观管理，保障中外合作办学为促进我国教育发展与改革，增强我国教育的国际竞争力服务。”这些表述明确了国家教育行政部门的态度。

2007 年 4 月 6 日，教育部又发出了《关于进一步规范中外合作办学秩序的通知》。与 2006 年 2 月 7 日教育部发布的《关于当前中外合作办学若干问题的意见》

相比，该《通知》措辞更为严厉，可以看出政策制定者急切甚至焦虑的态度。该《通知》首先详细列举了中外合作办学工作中存在的一些突出问题。许多问题在2006年2月7日教育部发布的《关于当前中外合作办学若干问题的意见》中已经提及，且有愈演愈烈之势。时隔一年之后，这些问题在全国范围内没有得到有效解决，影响到维护稳定的大局。教育部不得不针对这些突出问题，提出进一步规范中外合作办学秩序的政策。《关于进一步规范中外合作办学秩序的通知》明确提出"今后教育部审批实施本科以上高等学历教育的中外合作办学机构和项目，将以外国教育机构是否为外国知名的高等教育机构或知名学科专业及著名教授等作为主要依据""2008 年底以前原则上暂缓受理高等职业教育阶段中外合作办学机构和项目的备案编号申请"。鉴于中外合作办学尤其是高等教育中外合作办学中存在的突出问题，《关于进一步规范中外合作办学秩序的通知》对本科以上高等学历教育的外方合作者提出了较高的要求，"名校、名师、名专业"成为判断外方合作者资质的主要依据。这一规定使得"外国优质教育资源"的概念有了一定的标准，但仍然是比较含糊的，政策的可操作性不强。该《通知》首次提出：为了进一步加强对中外合作办学全过程的监督管理，教育部将重点推进"两个平台"和"两个机制"建设，"将依托教育涉外监管信息网，开通中外合作办学监管工作信息平台；开发中外合作办学颁发证书认证工作平台；有选择地在部分省市按学科大类开展中外合作办学质量评估，建立中外合作办学质量评估机制；根据法规的要求强化办学单位和各级管理部门的责任，建立中外合作办学执法和处罚机制。""两个平台"和"两个机制"建设有利于加强政务公开和信息披露工作，使中外合作办学的监管工作从主要依靠内部监管转向外部监管和内部监管并重，为保障全社会尤其是广大家长和学生的知情权和参与权提供了条件。

2008年4月，中外合作办学监管工作信息平台试开通。平台的开发和设计主要借鉴了教育涉外监管信息网在加强自费出国留学监管工作中的一些做法和经验，建立对中外合作办学从入口到办学过程，再到证书发放等各个办学关键环节的动态监管机制。中外合作办学颁发证书认证工作平台是中外合作办学监管工作信息平台的一部分。目前，中外合作办学颁发境外学历学位认证工作主要分为三部分：办学单位颁发证书认证注册信息提交，学生个人证书认证申请和个人申请认证注册号查询。教育部已经试点建立本科以上层次中外合作办学颁发境外学历学位证书认证注册信息库，并从2008年新入学的学生开始对所获境外学历学位证书进行认证。这些措施表明网络时代电子政务的发展和普及。更为重要的是，通过全面信息发布，有效行使了政府部门的社会管理和社会服务职能，形成主管部门、学生和社会共同参与监督管理的模式，发挥了信息沟通在规范管理和促进办学质量提高中的关键作用，解决了中外合作办学监管工作中长期存在的信息不对称问题。中外合作办学监管工作信息平台在目前信息发布的基础上，正在逐步向日常监管工作平台过渡。信息化网络平台的建立标志着中外合作办学的监管工作迈上了新的台阶，这是使用现代化的信息通信技术推进行政方式改革的具体实践，公开透明、准确及时的相关信息把政府行政置于阳光之下，能够减少各种负面问题。技术不仅改变着生活，也改变着公共管理，科技化行政对于公开、公正、公平执法，维护和保障公民的知情权、参与权、监督权都产生了显著的促进作用。

早在2006年2月17日，教育部教育涉外监管处负责人就在跨境教育质量保障暨学历学位认证研讨会上公布了六项中外合作办学质量监管措施：依法实施对中外合作办学的行政监督与管理；加强优质教育资源引进的引导和把关；加强中外合作办学证书的认证工作；依法开展评估；加强对中外合作办学的社会监督与管理；加强与国外质量监管部门的合作。

作为教育部加强中外合作办学监管的重要措施之一，中外合作办学评估的重点和核心是通过评估提高办学质量、规范办学秩序。为了建立中外合作办学质量的评估机制，2009年7月15日，教育部办公厅发布了《关于开展中外合作办学评估工作的通知》，颁行《中外合作办学评估方案（试行）》。中外合作办学评估是对依法批准设立和举办的实施本科以上高等学历教育的中外合作办学机构和项目，以及实施境外学士学位以上教育的中外合作办学机构和项目合格性的评估。评估目的是督促中外合作办学，坚持引进优质教育资源的法规原则和政策导向，增强中国教育机构吸收、利用优质教育资源和创新能力，维护学生及其他相关主体的合法权益，推动形成办学者自律、社会监督、政府监管相结合的中外合作办学管理机制，逐步建立具有广泛社会公信力的中外合作办学质量标准和保障体系。评估重点为依法办学、引进优质教育资源、办学质量和社会效益等决定中外合作办学机构和项目办学稳定性及可持续发展能力的关键因素。中外合作办学评估以办学单位的自我评估为主，在自我评估基础上，以随机抽查等方式组织实地考察评估。《中外合作办学评估方案（试行）》对评估对象、评估性质、评估周期、评估方式、评估结果作了说明。《中外合作办学评估方案（试行）》中列出了中外合作办学机构评估指标体系和中外合作办学项目评估指标体系。中外合作办学机构评估指标体系有9项一级指标、21项二级指标。中外合作办学项目评估指标体系有8项一级指标、22项二级指标。2009年启动的中外合作办学评估旨在加强对中外合作办学的规范化管理，促进依法办学，提高中外合作办学水平和可持续发展能力。评估试行方案更加重视办学整体思路、资产管理、教学质量、师资队伍建设、社会评价、办学单位内外部效益，凸显了对中外合作办学的监管正在逐渐走向深化。由一级指标和二级指标组成的评估指标体系为观察、了解和研究中外合作办学提供了维度和视角。

2010年7月，《国家中长期教育改革和发展规划纲要（2010—2020年）》正式颁布（以下简称《纲要》）。《纲要》从国家总体战略出发，绘制了未来十年教育改革和发展的蓝图。《纲要》强调继续扩大教育开放，着力引进优质教育资源，“吸引境外知名学校、教育和科研机构以及企业，合作设立教育教学、培训、研究机构或项目。鼓励各级各类学校开展多种形式的国际交流与合作，办好若干所示范性中外合作学校和一批中外合作办学项目，探索多种方式利用国外优质教育资源。”在教育国际交流合作重大项目和改革试点的部署中，《纲要》提出要“支持一批示范性中外合作办学机构”。《纲要》再次明确了中外合作办学的高端定位，强调了引进优质教育资源的政策目标，首次提出“办好若干所示范性中外合作学校和一批中外合作办学项目”的要求。更为重要的是，《纲要》把“支持一批示范性中外合作办学机构”列入了重大项目和改革试点之中，这就意味着国家将为建设示范性中外合作办学机构提供各种资源，中外合作办学开始被纳入国家教育经费扶持和资助的范畴。据悉，教育部已经在“十二五”期间实施“优秀中外合作办学机构（项目）推进工程”和“中外合作办学重点支持项目（学科、专业或机构）建设工程”，对入选这两大工程的中外合作机构和项目拨付资助经费。国家教育经费将惠及优秀的中外合作办学机构和项目，为中外合作办学的良性发展和长远发展奠定基础。1992 到 2010 年的相关政策法规见表 6.1。

表 6.1　中外合作办学：重要政策法规统计表

序号	名称	颁布部门	颁布时间
1	《关于国外机构或个人在华办学等问题的通知》（内部文件）	原国家教委	1992 年 4 月
2	《关于境外机构和个人来华办学问题的通知》（内部文件）	原国家教委	1993 年 6 月
3	《中外合作办学暂行规定》	原国家教委	1995 年 1 月 26 日颁布；2004 年 7 月 1 日废止
4	《中华人民共和国教育法》	全国人大	1995 年 3 月
5	《关于加强中外合作办学活动中学位授予管理的通知》	国务院学位办	1996 年 1 月
6	《关于教育系统接收境外捐赠有关问题的通知》	原国家教委	1996 年 3 月
7	《中华人民共和国职业教育法》	全国人大常委会	1996 年 5 月
8	《外商投资产业指导目录》	原国家计委、原国家经贸委、原外经贸部	1997 年 12 月
9	《中华人民共和国高等教育法》	全国人大常委会	1998 年 8 月
10	《社会力量办学和中外合作办学单位聘请外籍专业人员管理暂行办法》	国家外国专家局	2001 年 12 月
11	《中华人民共和国加入世界贸易组织协定书》	国务院	2001 年 12 月
12	《关于加强中外合作办学管理的紧急通知》	教育部	2002 年 6 月

续表

序号	名称	颁布部门	颁布时间
13	《中华人民共和国民办教育促进法》	全国人大常委会	2002 年 12 月
14	《中华人民共和国中外合作办学条例》	国务院	2003 年 3 月 1 日
15	《关于中外合作办学机构登记有关问题的通知》	民政部	2003 年 12 月
16	《2003—2007 年教育振兴行动计划》	教育部	2004 年 2 月
17	《中华人民共和国民办教育促进法实施条例》	国务院	2004 年 4 月
18	《中华人民共和国中外合作办学条例实施办法》	教育部	2004 年 6 月 2 日
19	《关于做好中外合作办学机构和项目复核工作的通知》	教育部	2004 年 8 月 12 日
20	关于启用《中外合作办学机构申请表》和《中外合作办学项目申请表》等事项的通知	教育部	2004 年 8 月 17 日
21	《关于设立和举办实施本科以上高等学历教育的中外合作办学机构和项目申请受理工作有关规定的通知》	教育部	2004 年 9 月 10 日
22	关于发布《中外合作办学项目备案和项目批准书编号办法（试行）》的通知	教育部	2004 年 10 月 12 日
23	《关于启用中外合作办学许可证和中外合作办学项目批准书等的通知》	教育部	2004 年 10 月 13 日
24	关于下发《中外合作办学许可证编号办法（试行）》的通知	教育部、劳动和社会保障部	2004 年 12 月 16 日
25	《关于若干中外合作办学机构和项目政策意见的通知》	教育部	2005 年 7 月
26	《关于重申中外合作办学机构和项目申请文件送达时限等问题的通知》	教育部	2005 年 10 月
27	《关于中外合作办学机构和项目符合下一步有关工作的通知》	教育部	2005 年 10 月
28	《关于当前中外合作办学若干问题的意见》	教育部	2006 年 2 月 7 日

续表

序号	名称	颁布部门	颁布时间
29	《关于进一步规范中外合作办学秩序的通知》	教育部	2007 年 4 月 6 日
30	《关于开展中外合作办学评估工作的通知》	教育部办公厅	2009 年 7 月 15 日
31	《关于进一步做好申请举办实施本科以上高等学历教育的中外合作办学项目形式审查和实质内容初审工作的通知》	教育部国际合作与交流司	2009 年 8 月 10 日
32	《国家教育改革与发展规划纲要（2010—2020）》	国务院	2010 年 7 月 29 日

第六节　中外合作办学发展的特点

中外合作办学政策经历了二十几年的发展。通过对这些政策的梳理，可以看出中外合作办学政策在发展过程中的特点，主要表现为中外合作办学概念的演变及中外办学政策的体系化这两方面。

一、中外合作办学概念的演变

从对中外合作办学政策的梳理过程中可以发现，我国的中外合作办学政策对中外合作办学的概念在不断地明确、细化。中外合作办学概念演变的核心是对外方合作主体的确定。1993 年 6 月，国家教委在《关于境外机构和个人来华合作办学问题的通知》中提出的“境外机构或个人”是一个较为模糊的范畴。1995 年的《中外合作办学暂行规定》中第 41 条对外方合作主体作了清晰的界定：“外国法人组织、个人以及有关国际组织，不包括宗教组织和个人。”《中外合作办学暂行规定》认可外国公民作为办学主体，但没有赋予中国公民举办中外合作教育机构的权利，这实际上是给予外国公民以超国民待遇。尽管超国民待遇并不违反《服务贸易总协定》对国民待遇的规定，但超国民待遇会对中国公民造成事实上的歧视。可见，当时的中外合作办学概念还存在着一些问题，这也使得在不同的政策文本中对于中外合作办学的理解存在着差异。因此，2002 年颁布的《中外合作办学条例》和 2004 年颁布的《中外合作办学实施办法》对中外合作办学这一概念作出了更为明确的界定，对中外合作办学主体资格作出了更清晰的规定：合作办学的中外双方必须是依法获得批准或者登记注册、具有法人资格的从事教育教学活动的正规教育机构。这一概念更迭赋予了中方教育机构在中外合作办学中的合法地位，肯定了中方教育机构在中外合作办学中的重要作用。此外，《中外合作办学条例》还禁止外国宗教组织、宗教机构、宗教院校和宗教教职人员在中国境内从事合作办学活动。

二、中外合作办学政策的体系化

经历了二十多年的发展，中外合作办学政策法规的层级不断得到提升，相关政策措施逐渐形成配套系统。1992 年和 1993 年出台的两个《通知》是内部文件性质的行政公文，而且都是比较笼统的原则性规定。1995 年国家教委出台的《中外合作办学暂行规定》是部委级中央国家机关发布的正式的规章，相关政策措施与 1992 年和 1993 年的两个《通知》相比大为细化，规范性和权威性也大为增强。2003 年国务院出台的《中华人民共和国中外合作办学条例》是中央人民政府（国务院）颁布的行政法规，它不仅对全国教育行政部门具有约束力，而且对其他政府部门同样具有约束力。在我国，国务院颁布的行政法规，其效力、功能和权威性仅次于全国人大及其常委会颁布的法律。《中外合作办学条例》的颁布实施标志着中外合作办学已经成为全国教育发展战略的重要组成部分，被纳入了中央人民政府统筹协调、综合管理的范畴，中外合作办学政策的合法性和效力在不断提高。2004 年，教育部出台了《中华人民共和国中外合作办学条例实施办法》。《中外合作办学实施办法》作为《中外合作办学条例》的配套规章，政策主旨是根据《中外合作办学条例》的授权，制定有关教育部门主管的中外合作办学项目的审批和管理办法；解决《中外合作办学条例》与《民办教育促进法》相关的一些问题，吸收《民办教育促进法》及其实施条例的成果，明确中外合作办学机构享受同级同类民办学校的优惠政策；根据《中外合作办学条例》的原则和精神，进一步明确有关中外合作办学的管理和规范方面的制度，增强其可操作性。《中外合作办学实施办法》出台后，教育部依据《中外合作办学条例》和《中外合作办学实施办法》的精神，在短时间内下发了一系列规范性文件。这些政策文件的出台标志着中外合作办学的规范化管理和法制化进入了一个新的阶段，中外合作办学的政策法规逐步得到完善和细化，其针对性和可操作性有所增强。中外合作办学的政策法规已经形成以国家行政法规和部门规章为依据，相关规范性政策文件为补充的政策体系。

总之，通过上面的中外合作办学政策发展历程的分析不难发现，我国的中外合作办学有着坚实的政策基础，中外合作办学已成为中国高等教育的重要组成部分。2014 年 11 月，人民网撰文称：在我国，中外合作办学已成我国高等教育“三驾马车”之一[①]，这“三驾马车”分别是公办高校、民办高校和中外合作办学。在我国庞大的高等教育系统中，中外合作办学还面临这样或那样的挑战，

① 人民网．中外合作办学已成高等教育“三驾马车”之一［EB/OL］．［2014－11－20］．http://edu.people.com.cn/n/2014/1120/c367001－26062420－2．html．

但对我国优质教育资源引进的作用不可小觑。2015 年 12 月 9 日，中央全面深化改革领导小组审议通过了《关于做好新时期教育对外开放工作的若干意见》。该《意见》强调，教育对外开放是我国改革开放事业的重要组成部分，要服务党和国家工作大局，统筹国内国际两个大局，提升教育对外开放质量和水平。其中，中外合作办学是我国高等教育国际化的重要组成部分。

第七章　珠三角的经济基础与合作办学

引　言

2017 年 6 月 9 日，一则深圳北理莫斯科大学的招生消息在网络传播。该大学50%以上的教师来自莫斯科大学[①]，全部具有博士及以上学位。同时，北京理工大学教授也将参与教学科研活动。从 2011 至 2017 年，南方科技大学、中山大学（深圳）、深圳北理莫斯科大学、哈尔滨工业大学（深圳）等几所高校获教育部批准正式成立并招生，这在一个城市的高等教育发展史上应该是突飞猛进了。除此之外，深圳还与清华大学、北京大学、中国人民大学、中国科学院大学、武汉大学、北京中医药大学 6 所国内名校签署合作文件，共建深圳校区，重点引进名校的优势学科，建设保障民生和产业发展亟需的医学类和理工类学科。

为什么深圳市要大力引进国内外的优质高等教育资源？目前，深圳全市有普通高校 12 所，全日制在校生仅为 9.18 万人。作为一个有 1 190 多万常住人口的城市，这个在校生规模实在太小。因此，快速集聚国内外优质资源，实现高等教育创新发展和跨越发展，不仅是深圳，也是珠三角地区面临的迫切任务。本文从珠三角的经济发展模式中看教育国际化的重要性。

第一节　珠三角的经济形态变化

珠三角位于广东省中南部，毗邻港澳，与东南亚地区隔海相望，是我国东部沿海地区对外开放的门户。珠三角包括广州、深圳、珠海、佛山、江门、肇庆、东莞、中山和惠州共 9 个城市。目前，珠三角是中国经济高速发展的重要区域之一，在全国经济发展和改革开放大局中具有积极的带动作用和举足轻重的战略地位。

自改革开放以来，珠三角地区的国际化程度不断提高，经济增长速度在全国

---

① 广州日报. 深圳北理莫斯科大学全球首招生，过半教师来自俄罗斯[EB/OL]. [2018－03－08]. http://news.eastday.com/eastday/13news/auto/news/china/20170609/u7ai6836643. html.

独领风骚。其产业发展模式由原来的农业与重工业为主，通过特区建设的拉动迅速转移到制造业和服务业上来。相关数据显示，珠三角在国民经济核算指标如地区生产总值和三次产业升级的指标中遥遥领先于全国其他省份和地区。

广东省地区生产总值的变化见表 7.1。2014 年，广东省的地区生产总值为 67 809.85 亿元（约占当时全国地区生产总值的 10%），其中，珠三角占 57 650.02 亿元（占当时广东省地区生产总值的 85%左右）。

表 7.1 广东省地区生产总值（单位：亿元）

年份	地区生产总值	年份	地区生产总值
1980	249.65	2000	10 741.25
1985	577.38	2005	22 557.37
1990	1 559.03	2010	46 036.25
1995	5 933.05	2014	67 809.85

数据来源：根据广东统计信息网整理而成，下同。

注：地区（国内）生产总值指按市场价格计算的一个地区（或国家）所有常住单位在一定时期内生产活动的最终成果。

值得注意的是，2014 年广东省地区生产总值构成中，第一产业如农、林、牧、渔业的贡献率已经远远低于其工业和服务业，原因在于广东省大力发展不同的支柱产业，譬如广州市的汽车、机电和软件等产业，深圳市的电子信息产业，惠州市的石油化工和高新技术产业[①]。广东省在大力发展其他产业的同时，优化了其服务业和产业素质，使珠三角城市的经济核算指标进一步提高，见表 7.2。

表 7.2 2014 年广东省地区生产总值构成项目（单位：亿元）

行业	地区生产总值	行业	地区生产总值
地区生产总值	67 809.85	房地产业	4 486.92
农、林、牧、渔业	3 242.57	租赁和商业服务业	2 535.20
工业	29 144.15	科学研究和技术服务	964.81
建筑业	2 341.18	水利和公共设施管理	325.77
批发和零售业	7 778.82	居民服务、修理	1 034.17
交通运输、邮政业	2 740.76	教育	1 851.37
住宿和餐饮业	1 333.81	卫生和社会工作	1 225.90
信息传输、软件	2 001.30	文化、体育和娱乐业	326.46
金融业	4 447.43	公共管理和社会组织	2 029.23

① 卢远萍，杨湛．珠三角税收和 GDP 增速差异因素研究［J］．经济师，2009（12）．

从表 7.1 和表 7.2 中可以看出广东省从 1980 年至 2014 年的 GDP 变化，也可以看出广东省正从第一产业为主的经济形态转移到第二、第三产业为主的经济形态。

实际上，广东省的经济形态转变得益于国家的政策支持。1984 年 5 月，中央政府决定开放广州等沿海城市为港口城市；1985 年 2 月，中央政府决定对沿海开放城市实施一系列优惠措施；1994 年 10 月，广东省委在七届三次全会上提出建设“珠三角经济区”；2015 年 9 月 29 日，珠三角国家自主创新示范区正式获得国务院批复，目标是把珠三角建设成为我国开放创新先行区、转型升级引领区、协同创新示范区、创新创业生态区，打造成为国际一流的创新创业中心。由此可见，珠三角把握了历史的发展机遇，选择了正确的经济发展模式，在国家的政策支持下走上快速工业化发展的道路，奠定了扎实的经济基础。珠三角各城市从 2000 年至 2014 年的地区生产总值的变化情况，见表 7.3。其中，中外合作办学最多的广州、深圳两个一线城市的 GDP 增长相对较快。

表 7.3　珠三角各市地区生产总值（单位：亿元）

城市	2000 年	2005 年	2010 年	2014 年
广州市	2 493	5 154	10 748	16 707
深圳市	2 187	4 951	9 773	16 002
珠海市	332	635	1 211	1 867
佛山市	1 050	2 429	5 623	7 442
东莞市	820	2 183	4 278	5 881
惠州市	439	804	1 730	3 000
中山市	345	886	1 853	2 823
肇庆市	250	435	1 088	1 845
江门市	505	802	1 570	2 089

第二节　珠三角的产业优化与经济发展模式

受邻近优势影响，珠三角分享了港澳的区位优势和资源优势，其劳动密集型产业不断向周边区域和内陆城市扩散，产业结构正从劳动密集型产业发展为资本密集型和技术密集型产业[①]。产业结构的优化调整了珠三角的三大产业比例。其中，第二、第三产业的比例扩大意味着珠三角逐渐完成城镇化目标，并在一定程度上

① 董芸．长珠三角洲经济发展优势分析［J］．商场现代化，2007（13）．

提高了当地的科学文化水平，优化了当地的社会服务行业，其中包括教育、卫生、体育和社会福利等领域。[①]珠三角从 1980 年至 2014 年产业构成的比例变化，见表 7.4。

表 7.4　珠三角产业构成的比例变化

年份	第一产业/%	第二产业/%	第三产业/%
1980	33.2	41.1	25.7
1990	24.7	39.5	35.8
1995	14.6	48.9	36.5
2000	9.2	46.5	44.3
2005	6.3	50.4	43.3
2010	5.0	49.6	45.4
2014	4.7	46.3	49.0

注：第一产业是指农、林、牧、渔业（不含农、林、牧、渔服务业）；第二产业是指采矿业（不含开采辅助活动），制造业（不含金属制品、机械和设备修理业），电力、热力、燃气及水生产和供应业，建筑业；第三产业即服务业，是指除第一产业、第二产业以外的金融、信息、医疗、交通运输等行业。

珠三角产业构成的比例变化，说明其消费与需求结构正在发生变动，这势必导致更多的资源流向需求量大的产业部门。[②]实际上，在推动产业构成转变、优化产业结构的经济发展过程中，地方政府起到了积极的作用。根据马斯格雷夫和罗斯托的经济发展阶段论，在经济发展的早期阶段，政府投资在社会总投资中占有较高的比例，社会的公共部门为国家或地区的经济发展提供社会基础设施，譬如农业生产、道路建设、运输系统、环境卫生系统及健康与教育；在经济发展的中期阶段，政府投资虽然继续进行，但政府投资只是对私人投资的补充；在经济达到成熟阶段时，公共支出将从基础设施支出转向不断增加教育、保健与福利服务的支出，且这方面的支出增长将大大超过其他方面支出的增长[③]。

参照上述经济发展阶段论的发展特征，珠三角早期的经济发展属政府主导下的计划经济模式，经济体系基本属于农业经济。改革开放后，珠三角的经济发展逐渐走上成熟阶段，并从计划经济向开放的市场经济转变。在实现市场经济转变时，珠三角利用自身的区位优势和国家赋予的优惠政策，结合庞大的外汇资金与技术革新，创造了市场主导下的外向型经济发展模式。

① 杨京英，王强，等．长江三角洲与珠江三角洲经济发展的比较［J］．中国国情国力，2004（4）．

② 黄国华，吕开颜．珠江三角洲经济增长因素分析［J］．南方经济，2006（03）．

③ 罗斯托 W．经济增长的阶段［M］．北京：中国社会科学出版社，2001．

这种外向型经济发展模式体现在两个方面：第一，商品的销售以出口为主，实施市场化的出口战略，与国际市场接轨并带动国内市场；第二，充分利用港澳的区位优势，以外来资产充实其资本积累，发展经济的资本都以外资为主。[①]简言之，珠三角的外向型经济发展模式表现为资本的大量输入和商品的大量输出。

由此可见，珠三角充分把握自身优势，大力发展商品与进出口业务，使其进出口业务得以进军全球。2000 年至 2014 年广东省进出口市场的结构见表 7.5。可以看出，仅 2014 年，珠三角对亚洲的出口总额就高达 3 887.16 亿美元。

表 7.5　广东省进出口市场结构（单位：亿美元）

区域与国家	2000 年		2014 年	
	进口	出口	进口	出口
亚洲	602.64	491.57	3 249.2	3 887.16
中国港澳地区	53.35	321.05	60.44	2 314.32
中国台湾	151.28	17.51	560.26	78.28
日本	140.13	77.47	419.78	259.39
东盟	91.25	42.41	609.99	512.87
非洲	7.61	9.70	276.09	217.21
欧洲	84.64	137.14	346.56	903.49
欧盟	70.03	125.79	252.42	803.89
俄罗斯	6.22	1.43	7.38	72.92
拉丁美洲	8.52	21.21	103.45	286.57
北美洲	60.26	247.14	246.47	1 068.56
美国	53.05	236.27	218.93	998.83
大洋洲	18.21	12.43	81.05	97.86

一方面，可以看出广东省的进出口差额较大，产品的流动性极广；另一方面，从广东省企业类型与经济类型来看，其外向型的经济发展模式一目了然了。表 7.6 显示了广东省的企业类型以外商投资或独资为主，其进出口金额比合作经营和合资经营的大得多，企业的运营以外来投资为主。实际上，广东省的经济发展已从粗放型经济转变为集约型经济，即依靠海外的资金和科学技术来提高劳动者的素质，提升产品的数量与质量，从而推动经济的快速增长[②]。

① 王益澄．长江三角洲与珠江三角洲经济发展特征比较［J］．长江流域资源与环境，2001（2）．

② 张邦雄．珠江三角洲区域经济分析［J］．管理科学文摘，2006（11）．

表 7.6 广东省对外经济主要指标（单位：亿美元）

进出口额/年		合作经营	合资经营	外商独资
2005	出口额	99.02	355.07	1 092.68
	进口额	61.19	286.71	892.17
2010	出口额	102.88	547.47	2 168.18
	进口额	31.49	400.27	1 593.78
2013	出口额	94.48	778.77	2 699.67
	进口额	28.59	536.05	1 783.14
2014	出口额	78.90	766.09	2 715.75
	进口额	35.43	498.97	1 793.32

再从广东省的对外经济指标来看，发现其工业与高新技术的出口额度极高，这也说明其经济发展正从传统模式向现代化、外向型的模式转型，见表 7.7。事实上，广东省的工业和高新技术出口增长过程有几个关键因素：第一，采用新技术优化传统产业；第二，与出口对象国共同开发高新技术产品，并使其产业化；第三，引进国际高科技产品，创新后再出口；第四，收集高科技信息，跟踪世界高科技动态，展开研发后再出口；第五，关键的一点是进行人才和技术流动，大力开展科技开发和应用研究。

表 7.7 广东省对外经济主要指标（单位：亿美元）

进出口额/年		农业	工业	高新技术
2005	出口额	24.04	1 644.17	835.70
	进口额	35.38	1 146.46	704.66
2010	出口额	56.71	3 156.48	1 753.39
	进口额	97.93	2 055.00	1 489.79
2013	出口额	84.32	4 285.59	2 310.17
	进口额	168.19	2 543.12	1 932.83

2015 年 1 月 26 日，世界银行发布的报告显示，珠江三角洲超越日本东京，成为世界人口最多和面积最大的城市群。珠三角九市携手港澳，打造粤港澳大湾区。中国粤港澳大湾区是继美国纽约湾区、美国旧金山湾区、日本东京湾区之后的世界第四大湾区。

2016年5月4日，《南方日报》发布珠三角九市第一季度经济数据。从数据来看，珠三角各地经济运行稳健开局，广州、深圳、佛山、东莞在转型升级和经济发展上为广东提供支撑，而且与珠三角六市经济增速“跑赢”全国和全省平均水平：广州增长8%，深圳增长8.4%，佛山、东莞、珠海增幅均为7.8%，惠州增长8.2%。该文指出，珠三角及广东近年来之所以能够维持中高速增长，正是先进制造业挑起了应对经济新常态的大梁，牵住了经济增长的“牛鼻子”①。

总之，珠三角的创新驱动、质量引领、转型升级等发展布局急需高质量的高等教育，实现人才配套。为了推动高等教育的发展，珠三角的经济引擎深圳市在2016年发布《关于加快高等教育发展的若干意见》，这份文件提道：“到2025年，深圳市全日制在校生20万人，3～5所高校综合排名进入全国前50名，将深圳建成南方重要的高等教育中心。”

有鉴于此，珠三角的外向型经济发展急需各类专业性强的外向型人才。地方政府清楚地认识到通过中外合作办学引进优质教育资源对区域经济发展的重要性。与此同时，经济的发展和居民收入水平的不断提高也使人们对高等教育的需求形式产生变化。

第三节　经济高速发展呼唤高质量的高等教育

高等教育规模大和质量高的地区，经济发展水平相对较高，但经济发展水平高的地区，高等教育水平不一定高。体现在广东地区，高等教育无论是规模还是质量都跟不上经济发展的速度。目前，我国高质量的大学相对集中在北京和上海地区，广东地区对优质教育资源的诉求十分明显，见表7.8。从2000年至2014年的数据中可以看到，广东省正加快推动高等教育的发展。

表7.8　广东省高等学校基本信息

项目	2000年	2005年	2010年	2014年
高等学校/所	52	111	131	141
毕业生数/万人	5.00	15.71	33.42	44.09
本科/万人	2.40	6.11	15.29	21.14
专科/万人	2.60	9.60	18.13	22.95
招生数/万人	12.08	30.70	44.02	54.51
本科/万人	5.01	13.65	21.70	26.72

① 馨粤儿．珠三角跑赢全国凸显新发展理念巨大动能［EB/OL］．［2018－03－10］．http://www.sohu.com/a/73621820_222493．

续表

项目	2000 年	2005 年	2010 年	2014 年
专科/万人	7.07	17.05	22.31	27.79
在校学生/万人	29.95	87.47	142.66	179.42
本科/万人	15.03	42.86	77.86	99.82
专科/万人	14.92	44.61	64.80	79.60
教职工数/万人	4.68	9.08	11.40	13.52
专任教师/万人	2.04	5.43	7.86	9.52

数据来源：根据广东省教育厅网整理而成。

表 7.8 显示，广东省的高等教育机构从 2000 年的 52 所增加到 2014 年的 141 所，可以说该省的高等教育机构发展非常之快，但是人才培养层次不高。例如，在 2014 年毕业的 44.09 万学生中，22.95 万人是专科层次。还有，在 2014 年广东省的 141 所高校里，按照隶属关系（部属、地方属）划分其高等学校类型，部属的高等学校只有 4 所，地方院校则有 137 所，占全省的 97%，见图 7.1。

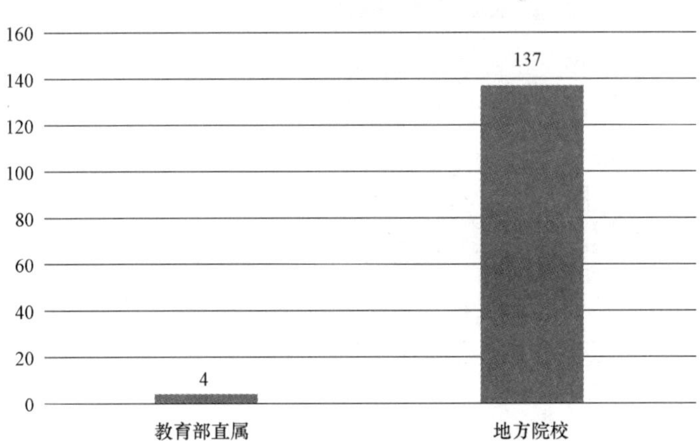

图 7.1　2014 年广东省高等学校基本信息（单位：所）

在这四所教育部直属大学中，仅有中山大学和华南理工大学为 985 高校，暨南大学和华南师范大学为 211 高校，其余均为普通本科和专科院校。另一方面，纵观广东省高等教育毛入学率，见表 7.9，2005 年以前，其高等教育仍然处于精英教育阶段。根据马丁 • 特罗的高等教育大众化理论，2005 年前后，广东省的高等教育才进入大众教育阶段。尽管如此，进入了大众化阶段的广东省高等教育，其毛入学率仍落后于北京和上海，甚至落后于全国的毛入学率水平。根据教育部的公告，2016 年全国高等教育毛入学率为 42.7%。

表 7.9　广东省高等教育毛入学率（%）

项目	2000 年	2010 年	2016 年
高等教育毛入学率	11.40	28.00	40.00

由此看来，广东省的整体高等教育发展速度快，但是底子薄、发展时间短。珠三角各城市的高等学校情况，见图 7.2。

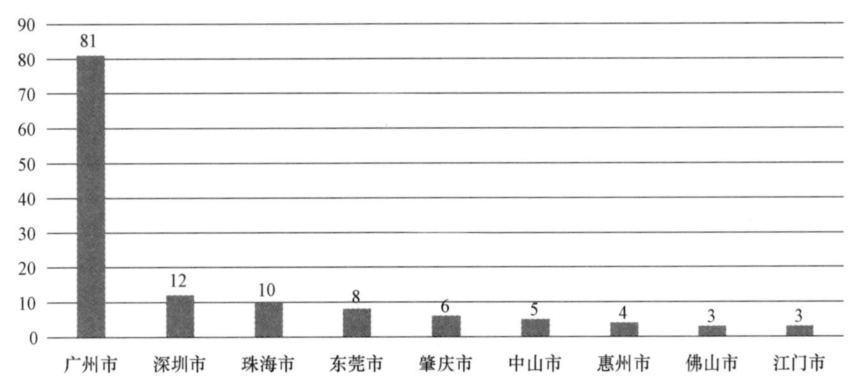

数据来源：引自各城市的统计年鉴，除东莞和惠州的数据为 2015 年外，其余数据均为 2016 年，下同。

图 7.2　珠三角各城市普通高等学校情况（单位：所）

图 7.2 显示，各城市的高等学校数量分布极不平衡，高等学校数量以广州和深圳最多，其余城市均在 10 所（含）以下。再者，珠三角的 4 所教育部直属大学都集中在广州市，区内教育资源的分布差异就更明显了。以深圳为例，虽然聚集了国内外高科技企业与产业孵化器，却没有一所教育部直属大学，没有像硅谷一样的斯坦福大学，也没有像波士顿地区那样聚集很多常春藤名校。

最后，从珠三角各市的常住人口数量和在校生规模论证区内教育资源的分布差异，见图 7.3。

综合图 7.3，可以把珠三角各城市的常住人口划分为常住人口数量较多的广州市和深圳市、常住人口数量中等的东莞市和佛山市以及常住人口数量较少的珠海市、肇庆市、中山市、江门市和惠州市。首先，广州市和深圳市的常住人口数量处于同一层级，然而，两市的高等学校数量（81 所、12 所）和在校生规模（105.72 万人、9.18 万人）极不对等；第二，东莞市和佛山市的常住人口数量处于同一层级，但东莞市的高等学校数量和在校生规模是佛山市的两倍多；第三，在常住人口数量相对较少的几个城市里，珠海市的常住人口数量最少，但其高等学校数量和在校生规模最多。由此可见，珠三角各城市的教育资源分布并不均匀，尤其是深圳市，无论是高等学校数量还是在校生规模都比不上广州市。深圳大学和南方科技大学虽然得到地方政府的大力支持，教育质量也在不断提高，但其招生规模和发展速度有限，难以满足人们对多元化教育和经济发展急需的人才的诉求。

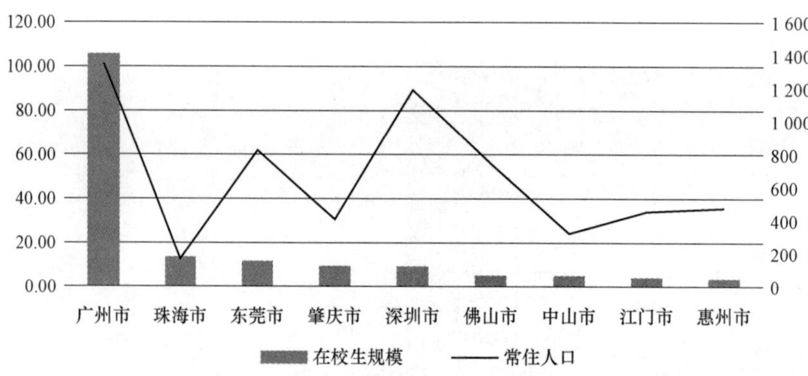

图 7.3　珠三角各城市在校生规模和常住人口（单位：万人）

为了突破高等教育的发展瓶颈，必须通过高等教育的创新实现跨越式发展。所谓跨越式发展，是指通过合作办学引进国内外的优质高等教育资源，弥补自身高等教育的不足。本研究所指的合作办学，既包括国办的大学在珠三角办分校，也包括中外合作办学。国务院《中华人民共和国中外合作办学条例》对中外合作办学进行了界定："外国教育机构同中国教育机构在中国境内合作举办以中国公民为主要招生对象的教育机构的活动。"

目前，珠三角的合作办学机构主要有中山大学中法核工程与技术学院、中山大学—卡内基梅隆大学联合工程学院、暨南大学伯明翰大学联合学院、东莞理工学院法国国立工艺学院联合学院、深圳北理莫斯科大学、广东以色列理工学院、北京师范大学—香港浸会大学联合国际学院（UIC）、香港中文大学（深圳）。除此以外，广东省还有 27 个获教育部批准设立的合作办学项目，分布在不同的大学里。这些合作办学的特点是全英文教学，有高比例的海外（境外）师资配置。例如，在暨大伯明翰大学联合学院，来自伯明翰大学师资授课的学分占总学分的 50%以上；课堂模式、教育理念与海外名校接轨；还有大量的暑期海外研修项目和交换生项目，这为学生将来继续出国读研深造打下了良好的语言和学习基础。据统计，这些学校的毕业生赴海外读研的比例高达 50%以上。在课程设置上，这些合作大学也很有特色。通过合作办学，一方面能引入合作院校强大的学科资源、师资力量与创新的办学模式，在一定程度上提高区内的高等教育实力；另一方面，能弥补本地人才培养的不足，从源头上解决经济高速发展而人才不相配套的难题，培养出适应当地社会、具有国际化视野的人才。

第四节　珠三角的教育发展机遇

2016 年 3 月，《中华人民共和国国民经济和社会发展第十三个五年规划纲要》正式发布，明确提出“支持港澳在泛珠三角区域合作中发挥重要作用，推动粤港澳大湾区和跨省区重大合作平台建设”。同月，国务院印发《关于深化泛珠三角区域合作的指导意见》，明确要求广州、深圳携手港澳，共同打造粤港澳大湾区世界级城市群。珠港澳大湾区建设强化广东作为全国改革开放先行区、经济发展重要引擎的作用，构建科技、产业创新中心和先进制造业、现代服务业基地，巩固和提升香港国际金融、航运、贸易三大中心地位，强化全球离岸人民币业务枢纽地位和国际资产管理中心功能，推动专业服务和创新及科技事业发展，建设亚太区国际法律及解决争议服务中心；推进澳门建设世界旅游休闲中心，打造中国与葡语国家商贸合作服务平台，建设以中华文化为主流、多元文化共存的交流合作基地，促进澳门经济适度多元可持续发展；努力将粤港澳大湾区建设成为更具活力的经济区、宜居宜业宜游的优质生活圈和内地与港澳深度合作的示范区，携手打造国际一流湾区和世界级城市群。大湾区建设无疑为珠三角的高等教育发展提供了机遇。

珠三角的外向型经济发展模式急需规模庞大的外向型人才。然而，珠三角的高等教育跟不上经济发展的速度，单凭珠三角现有的高等教育无法提供规模庞大的外向型人才。此外，珠三角各城市的教育资源分布不均，教育部直属大学只有 4 所，而且全部集中在广州市。GDP、常住人口数量与广州相似的深圳，却没有一所教育部直属大学，高等学校数量、在校生规模也远远低于广州市。为了保证珠三角经济的可持续发展，目前珠三角各城市都出台了人才引进的优惠政策，并通过合作办学和大湾区建设实现高等教育的跨越式发展。

从上述分析可以看出，珠三角的合作办学沿两个方向发展：“纵向”的合作办学与“横向”的合作办学。“纵向”的合作办学是指国内教育机构间的合作，“横向”的合作办学是指国外教育机构与国内教育机构的合作。珠三角“纵向”的合作办学大多在学科与项目层面展开，合作院校大多是国内知名院校，引进的目的是提高珠三角高等学校的声誉，建设区内高等教育的实力校区，例如北京大学深圳研究生院和清华大学深圳研究生院等。“横向”的合作办学大多在机构与大学层面展开，解决的是国际化人才的培养问题，因为国际化人才不能只是引进，需要从源头上解决，培养适应当地社会、具有国际化视野的人才。“纵向”的合作办学与“横向”的合作办学都旨在突破当前高等教育的发展瓶颈，通过引进国内外优质教育资源来弥补自身高等教育的不足。

总而言之，在珠三角，人们清楚地认识到经济的进一步发展依赖于源头创新，这一方面最终依靠的是高质量、高水平的教育和高素质、高层次的人才。目前，珠三角主要采取了汇集国内外的优质教育资源、坚持开放办学的战略。地方政府通过合作办学引入优质教育资源的成功经验值得我们借鉴。需要关注的是，合作办学的质量提升是一个长期的发展过程，建立有深厚学术底蕴的大学，只有经济基础还是不够的。因此，在合作办学中，或是在粤港澳大湾区高等教育的合作中，既要引进优质教育资源，又要注重办学机构的内涵建设。

第八章 “一带一路”倡议与来华留学教育

引 言

“一带一路”倡议实施以来，来华留学教育政策也发生了变化。向“一带一路”沿线国家提供更多的奖学金，让更多的留学生到中国留学，了解中国的改革，学习中国的先进知识。事实上，发展来华留学生教育一直受到我国政府的高度重视。提高来华留学生教育的发展程度和水平不但能够促进国际交往，而且在传播本国文化与价值观念、扩大我国国际影响和提高我国的国际地位等方面有着重大意义和深远影响。建设社会主义强国不仅需要有强大的综合国力，还需要提高我国的国际地位和声誉，这就需要大批国际友好人士的理解和支持。接收和培养大批来华留学生是达到上述目的的重要途径之一。2010 年，教育部为落实《国家中长期教育改革和发展规划纲要（2010—2020 年）》，加强中外教育交流与合作，推动来华留学事业持续健康发展，提高我国教育国际化水平而特别制定了《留学中国计划》。该计划确定我国来华留学事业的发展目标是：到 2020 年，使我国成为亚洲最大的留学目的地国家。主要任务是到 2020 年，全年来华留学生达到 50 万人次，其中学历生达到 15 万人次。[①] 为实现这一任务目标，国家根据经济战略需要，逐步增加中国政府奖学金名额，促进来华留学人员生源国别和层次类别均衡合理的发展。来华留学教育始终是我国院校国际化的重要组成部分。因此，本章主要论述我国来华留学教育的现状、发展历程和发展趋势。

第一节 “一带一路”推进来华留学教育

2016 年 7 月，教育部印发《推进共建“一带一路”教育行动》，文件中明确指出：“推进‘一带一路’，为推动区域教育大开放、大交流、大融合提供了大契机。要与沿线各国携手，聚力构建‘一带一路’教育共同体，形成平等、包容、

---

① 教育部. 留学中国计划［EB/OL］.［2010－09－21］. http://www.gov.cn/zwgk/2010－09/28/content_1711971.htm.

互惠、活跃的教育合作态势，促进区域教育发展，全面支撑共建‘一带一路’，全面提升区域教育影响力。”①

随着“一带一路”倡议的推进，“一带一路”沿线国家纷纷表示，愿意与中国结成合作关系。就高等教育领域而言，比较明显的合作方式是互派学生留学。实际上，目前已经有不少“一带一路”沿线国家学生到中国留学，而且自中国开放国内教育市场后，“一带一路”沿线国家学生到中国的“留学潮”越发明显，尤其体现在留学生的数量与学习类型上。从教育部国际合作与交流司编写的 2005—2014 年《来华留学生简明统计》中可以看出，“一带一路”沿线国家来华留学生数量增长迅速、规模日趋扩大。首先，从数量上看，2005 年“一带一路”沿线国家来华留学的人数为 33 019 人，2014 年增加到 171 580 人。其次，自 2004 年以来，“一带一路”沿线国家的来华留学生在全球来华留学生中占比较高，而且这个比例一直在增加。第三，“一带一路”沿线国家来华留学生学习类型发生了变化，2004 年的学历生人数仅为 11 184 人，而非学历生人数为 13 712 人；但 2005 年至 2014 年期间，学历生总数多于非学历生。2005 年到 2014 年，全球来华留学生的总数变化和“一带一路”沿线国家来华留学的学生数量变化统计，见表 8.1。

表 8.1　2005—2014 年来华留学生人数统计

年份	全球来华留学生/人	“一带一路”沿线国家来华留学生/人	占全球来华留学生比例/%
2005	141 087	33 019	23.4
2006	162 695	44 337	27.3
2007	195 503	58 745	30.1
2008	223 499	70 930	31.7
2009	238 184	84 864	35.6
2010	265 090	98 964	37.3
2011	292 611	110 058	37.6
2012	328 330	126 743	38.6
2013	356 499	142 461	40.0
2014	377 054	171 580	45.5

数据来源：教育部国际合作与交流司编写的 2005—2014 年《来华留学生简明统计》。

究其原因，一方面，可以解释为地缘因素。“一带一路”沿线国家与中国在地理位置上靠近，与中国的社会文化、生活习俗方面相对于区域外国家更接近，使

① 教育部.《推进共建“一带一路”教育行动》.［EB/OL］.［2016－07－13］. http://www.moe.gov.cn/srcsite/A20/s7068/201608/t20160811_274679. html.

得“一带一路”沿线国家学生愿意到中国留学。另一方面，可以解释为我国高等教育的崛起。自我国在2001年正式加入WTO，中央政府积极开放国内教育市场并参与国际教育事业。我国政府在回应全球化方面，采取“引进”和“走出”两种方式；为了吸纳更多的国际学生，我国政府对于来华留学生采取入学优惠措施，使国内的留学生规模不断扩大，这不仅能加深国内的高等教育国际化进程，更能扩大我国在全球高等教育中的影响力。与“一带一路”沿线国家建立更加紧密的合作关系，推动与周边国家的经济联系，同时扩大彼此间的文化交流。

至2017年，共有来自204个国家和地区的各类留学人员48.92万人，在全国31个省、自治区、直辖市的935所高等院校学习，其中硕士和博士研究生共计约7.58万人。“一带一路”相关国家留学生31.72万人，占总人数的64.85%。近年来，中国政府奖学金的吸引力不断提升，奖学金向周边国家和“一带一路”相关国家倾斜。2016年获得奖学金人数前10位的国家依次为：巴基斯坦、蒙古国、俄罗斯、越南、泰国、美国、老挝、韩国、哈萨克斯坦和尼泊尔，“一带一路”相关国家奖学金生占比61%。2017年，来自世界各地的5.86万名留学生获得中国政府奖学金，超过在华留学总人数的一成。①

为贯彻落实教育部《留学中国计划》和《推进共建“一带一路”教育行动》，国内不同的省份也已经开始采取积极措施，扩大开放。例如，上海市从2015年起，实施留学上海“一带一路”教育项目，资助“一带一路”国家（地区）政治精英、行业学科领军人物和创新人才来上海高校学习进修，接受专业和职业技术培训。培训内容包括高级航运、能源电力、城市发展、青年外交、产能国际合作、能源化工、教育管理、现代农业以及高端中医药等诸多领域，所涉高校增至9所。2016年，在上海42所高校（科研机构）就读的6万余名外国留学生中，来自“一带一路”沿线国家的达到1.6万余名，占来沪留学生总数的26.6%。2017年3月10日，首届纺织服装产业“一带一路”产能国际合作高级研修班在东华大学开班，来自埃塞俄比亚、苏丹、肯尼亚、乌兹别克斯坦、阿尔巴尼亚等国家的纺织企业高管、相关机构高级工程师等与会研讨。同年4月20日，“中国—阿拉伯国家改革发展研究中心”在上海外国语大学揭牌成立，为期10天的首届阿拉伯国家官员研修班迎来沙特、约旦、埃及、阿联酋、卡塔尔、摩洛哥等17个阿拉伯国家的24位官员。5月5日，“一带一路”能源电力国际人才培养基地在上海电力学院成立，印尼、波兰、巴基斯坦、蒙古等“一带一路”沿线国家能源电力管理部门约300名政府官员和企业骨干到该校参加培训。②

① 胡浩．“一带一路”相关国家来华留学生去年破30万［EB/OL］．［2018－05－01］．http://edu.china.com.cn/2018－05/01/content_51056582．htm．

② 程媛媛，金寒草，刘时玉．上海教育积极推进共建“一带一路”［EB/OL］．［2017－05－18］．http://www.shedunews.com/zixun/shanghai/zonghe/2017/05/18/2081634．html．

上述这些变化，一方面得益于我国的教育政策和机制性鼓励，教育部及各级教育部门出台了一系列指导性文件，推进与“一带一路”相关国家的教育合作，例如，2015 年 10 月，“一带一路”相关 8 国的 47 所高校在甘肃敦煌成立“一带一路”高校战略联盟，截至 2017 年，该联盟成员已达到 148 所高校，涵盖 27 个国家；另一方面得益于国家奖学金政策的支持，仅 2015 年，共有 4.06 万名来华留学生获得中国政府奖学金，其中近 60%来自“一带一路”沿线国家。此外，随着中国经济的崛起和国际影响力的提升，全球掀起了一股“汉语热”，许多国家和地区都将汉语列为战略性语言，人们渴望学习中国语言和文化，提升个人发展空间，拓展商业合作潜力。

第二节　我国来华留学的发展历程

上面的分析显示，我国的来华留学事业取得了巨大的成就。同时，我国的来华留学事业经历了不同的发展阶段，每一个发展阶段都带有明显的社会文化特征。总体上看，我国的来华留学经历了五个发展阶段。按照年代划分，第一阶段为中华人民共和国成立初期到 1966 年；第二阶段为 1966 年到 1978 年；第三阶段为 1978 年的改革开放到 1992 年，也是我国高等教育的发展期；第四阶段为 1992 年到 2001 年我国正式加入 WTO；第五阶段为 2001 年至今。下面对我国各阶段来华留学的发展特征进行阐述。

第一阶段是中华人民共和国成立初期到 1966 年。1950 年 1 月，当时的捷克斯洛伐克和波兰分别向我国提出交换留学生的建议。相关数据显示，自中华人民共和国建立伊始，即有海外留学生来华。第一批 33 名来华留学生来自捷克斯洛伐克、波兰、罗马尼亚、保加利亚、匈牙利。他们全部进入清华大学中国语文专修班。1954 年万隆会议后，中国与周边国家的关系得到发展，越南、朝鲜、蒙古、老挝等国学生相继来华留学。1950 年至 1966 年间，我国共接收了来自 68 个国家的 7 239 名留学生，他们分别在全国 17 个城市的 94 所学校学习。这些学生大多来自当时的社会主义阵营。其中，社会主义国家 12 个，共 6 571 人，占留学生总数的 90.8%；亚非拉国家 38 个，共 533 人，占留学生总数的 7.3%；日本和西欧、北美国家共 18 个，学生总数仅为 135 人，占比为 1.9%。① 这些学生主要是学习语言和历史。

第二阶段是 1966 年到 1978 年。这一时期之初，4 000 多名留学生终止了在华学习。1971 年，我国恢复了在联合国的合法席位；1972 年，中日邦交正常化，美国总统尼克松访华。这三件大事开启了我国对外开放的大门。在此期间，许多国家纷纷提出要与中国交换留学生。1973 年，在华留学生人数为 383 人；1976 年为

① 金晓达．外国留学生教育概论［M］．北京：华语教学出版社，1998：16．

469 人；1978 年，在华留学生数上升到 1 236 人。这一时期的来华留学主要是服务国家的外交战略，政府是来华留学的主体，所有学生都享受政府补贴①。相关研究也显示，从 1950 年到 1978 年，中国共培养了 12 800 余名海外留学生，②这些留学生几乎全部由我国政府提供奖学金。

第三阶段是 1978 年到 1992 年。1978 年十一届三中全会作出改革开放的重大决策。1979 年，中华人民共和国和美利坚合众国发表联合公报，宣布两国建立正式外交关系。同年 1 月 28 日至 2 月 5 日，邓小平副总理和夫人卓琳应美国总统卡特和夫人的邀请，赴美进行了为期 8 天的正式访问。这些都为我国留学事业开启了一个全新的历史发展时期。这一年，第二次全国留学生工作会议召开，并制定了《外国留学生试行条例（修订稿）》，首次确立了接受自费留学生的政策。这表明，我国来华留学从单一的政府资助转向多渠道筹措资金的轨道。

这一时期，我国首次实行在国外通过考试录取留学生的做法，使来华留学生的质量有了保证；1978 年，在我国院校留学生总人数为 1 900 人，全部享受政府奖学金。1979 年，国务院批准《关于接收自费外国来华留学生收费标准问题的请示》后，当年有 300 余名自费留学生来华。根据教育部统计，从 1979 年到 1989 年，我国共接收 130 多个国家的 40 221 名留学生，其中奖学金生 13 699 名，自费生 26 522 名。③ 从这一时期开始，自费留学生逐渐成为来华留学生的主体。也是在这一时期，来华留学生中出现了学位生。

第四阶段是从 1992 年到 2001 年我国正式加入 WTO。这期间，邓小平同志的南方谈话和我国科教兴国战略的提出为来华留学教育迎来了一个空前的大发展。这一时期，从政府角度加强了对教育的宏观指导和调控，突出了学校的法人地位，扩大了高等学校的办学自主权。“211 工程”的提出为我国大力发展高等教育、提升高等教育质量做出了贡献，也为来华留学教育奠定了基础。2000 年 1 月，教育部、外交部、公安部联合出台了《高等学校接受外国留学生管理规定》，提出“深化改革，加强管理，保证质量，积极稳妥发展”的方针，并规定：“高等学校具体负责外国留学生的招生、教育教学及日常管理工作。高等学校招收外国留学生名额不受国家招生计划指标限制。”

1995 年，来华留学生的数量稳步增长。1996 年，来华留学生的数量是 41 211 人，到了 2000 年上升到 52 150 人。④ 这一时期来华留学的学历生增长很快，1998 年，在 43 084 名留学生中，有 11 362 人为学历生。其中，8 445 人为本科生，1 907 人为硕士生，850 人为博士生。

---

① 于富增. 改革开放 30 年的来华留学生教育［M］. 北京：北京语言大学出版社，2009：284.

②③ 姜浩峰. 从 1 200 人到近 50 万，来华留学 40 年［EB/OL］.［2018－08－08］. http://www.xinminweekly.com.cn/shehui/2018/08/08/10740. html.

④ 刘杨. 我国高等教育境外消费服务出口贸易发展现状与走势［J］. 成都大学学报（教育科学版），2012（10）.

第五阶段是从 2002 年到现在。2004 年，我国的来华留学人数突破 10 万，为 110 644 人，其中学历生为 31 616 人，专科生为 450 人，本科生为 25 351 人，硕士生为 3 883 人，博士生为 1 932 人。①从 2002 年到 2009 年，来华留学生人数年均增长率超过 20%。这一切源于中国吸引力的增长。我国的来华留学教育从无到有、从小到大、从弱到强，取得了长足的发展。

这一阶段的明显特征就是我国加入 WTO 以后，教育对外开放的步伐加快。尤其是 2003 年《中外合作办学条例》的颁布、开展中外合作办学、引进优质教育资源，都向世人宣告我国教育改革开放的决心，也为来华留学起到了积极的推动作用。到 2010 年，来华留学生人数达到 265 090 人②。

但是与美国的外国留学教育相比，我国的来华留学教育在规模、层次结构和效益等方面都存在着不少的问题。首先，进入 21 世纪的前 10 年，我国来华留学生教育规模与美国相比偏小。图 8.1 呈现的是 2000—2009 年中国、美国外国留学生的数量变化情况，可以看出，2005 年我国留学生数量与美国相比仍存在巨大差距。

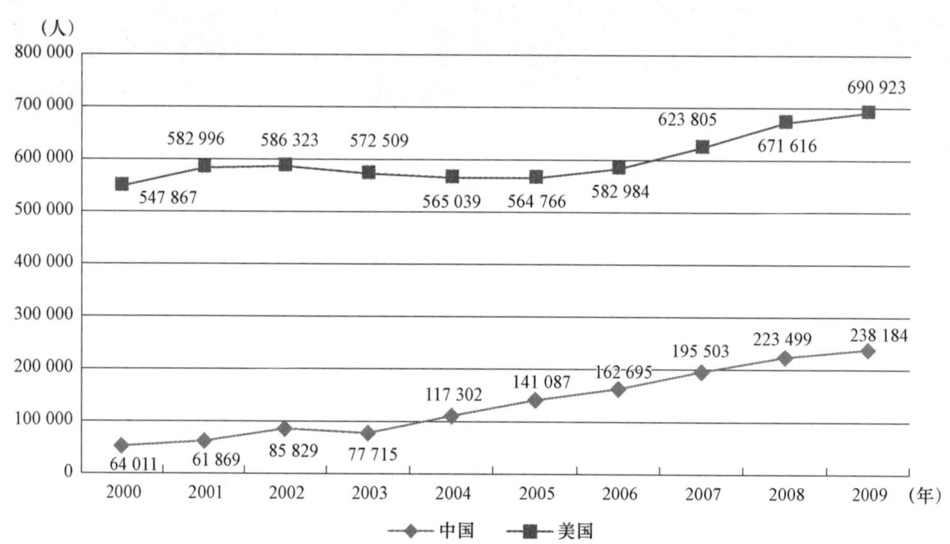

数据来源：根据教育部国际合作与交流司 2009 年来华留学生简明统计整理。

图 8.1　2000—2009 年中国、美国留学生数量比较

近年来，我国的来华留学教育从开始单一的本科生发展到短期生、本科生、普通进修生、高级进修生、研究生和研究学者，但是学历生的比例较低。中美两国学历生占本国留学生总数的比例见图 8.2。从中不难发现，我国在这方面与美国

① 刘杨. 我国高等教育境外消费服务出口贸易发展现状与走势[J]. 成都大学学报(教育科学版)，2012(10).

② 教育部国际合作与交流司. 2010 来华留学生简明统计［M］. 北京：教育部国际合作与交流司，2010.

的差距很大。

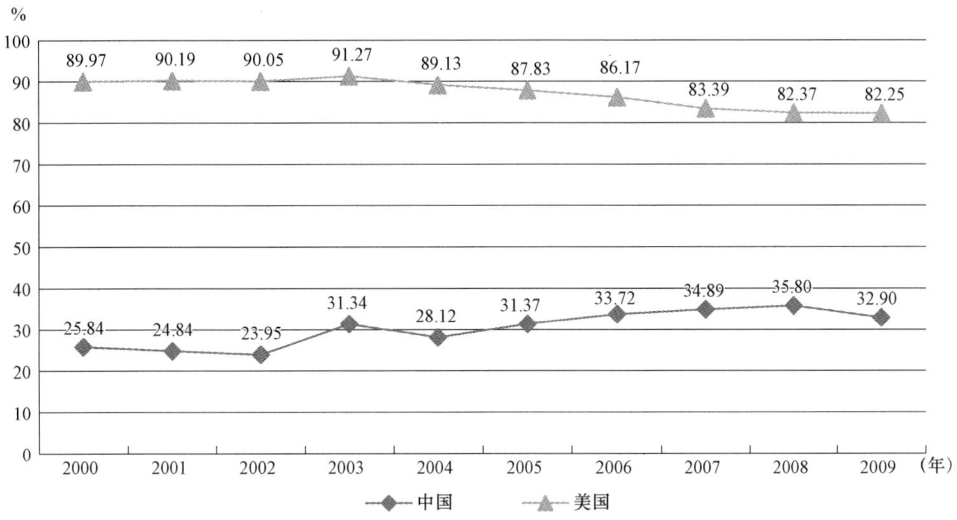

图 8.2 2000—2009 年中美两国学历生占本国留学生的比例

此外，来华留学生中，研究生比例同样偏低。2007 年，来华留学生中，硕士和博士研究生共有 10 846 人，占该年来华学历生的 16.17%；赴美的外国留学研究生数量为 276 842 人，学历生比例为 53.22%。美国在这两个指标上均远远超过我国。

2009 年，我国共有 465 所高等学校接收学历教育来华留学生，总数为 93 450 人，占来华留学生总人数的 32.9%。来华留学生人数比 2008 年增加了 13 445 人，同比增加了 16.8%。其中，专科生和本科生共计 74 472 名，占学历生总数的 79.7%；硕士和博士研究生共计 18 978 名，占学历生总数的 20.3%。

同年，在华进修或短期学习的非学历生共计 144 734 人，占来华留学总人数的 60.8%，比 2008 年增加了 1 270 人。其中，普通进修生（含语言生）为 90 221 人，高级进修生为 1 411 人，短期生为 53 102 人。①

在 2009 年，我国来华留学的生源地主要是亚洲近邻国家。2009 年来华留学生的洲别分布情况见图 8.3。来华留学生中，亚洲国家和地区学生仍然最多，占 67.85%；欧洲和美洲的学生比例分别为 15.06%和 10.73%；非洲学生数量占 5.22%；大洋洲的学生数量最少，仅占留学生总数的 1.14%。这说明亚洲是我国来华留学生的主要生源地。

从留学生专业学科分布来看，考虑到中、美两国统计资料中专业划分方式上的不同，为了便于比较，将其归类为人文社会科学、理工科学、医学、农学和其

① 教育部国际合作与交流司. 2009 年来华留学生简明统计 [M]]. 北京：教育部国际合作与交流司，2009.

他等五个大类的学科群。2007 年，中、美留学生在这五大类学科群中的分布情况见图 8.4。

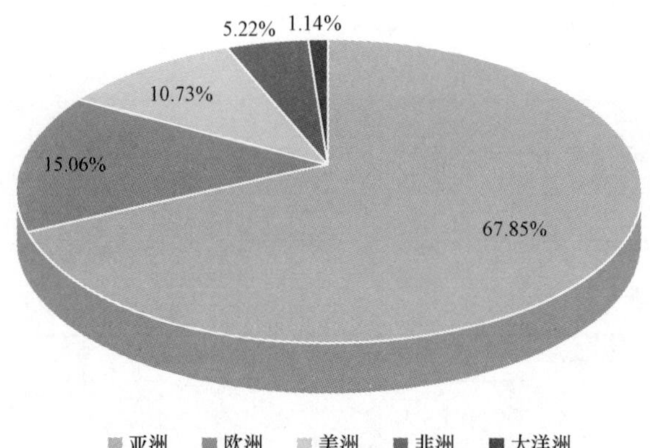

数据来源：中国高等教育学会外国留学生教育管理分会。

图 8.3　2009 年来华留学生的洲别分布

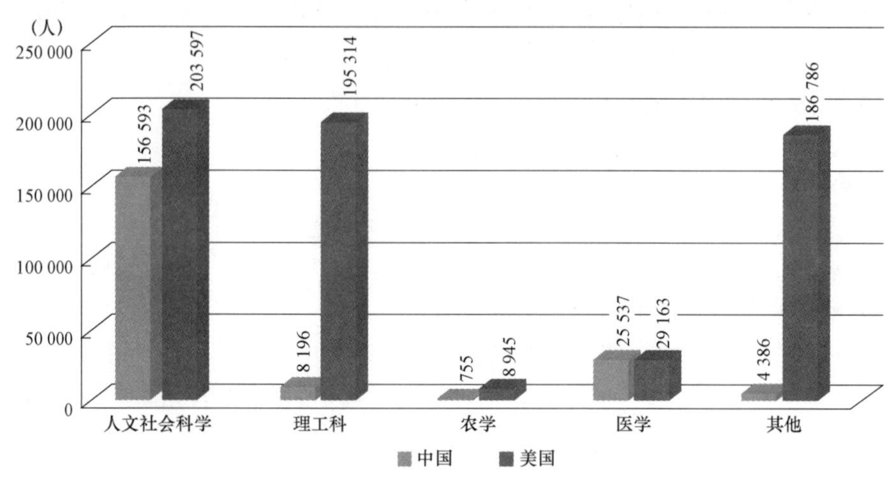

数据来源：中国留学基金委、美国 IIE。

图 8.4　2007 年中、美留学生按专业分布图

从图 8.4 中不难读出，美国在理工科、农学这些体现国家科技竞争力的领域显示出明显优势，美国的理工科留学生人数约为我国的 23.8 倍，在农学领域则约为我国的 11.8 倍。在医学领域，近年来来华学习医科尤其是西医的留学生人数增幅惊人，2007 年人数已达 25 537 名。在人文社会科学领域，我国留学生人数也低于美国，但来华留学生在人文社会科学领域学科分布极不平衡，相当大一部分为

汉语言生（76%）。若除去语言生的影响，在人文社会科学领域，我国与美国同样存在着不小的差距。

第三节 目前的来华留学变化

随着我国高等教育水平的不断提高和“一带一路”倡议的实施，这一情况逐渐发生了变化。2010 年，为落实《国家中长期教育改革和发展规划纲要（2010—2020 年）》，加强中外教育交流与合作，推动来华留学事业持续健康发展，提高我国教育国际化水平，制定了如下发展目标：到 2020 年，使我国成为亚洲最大的留学目的地国家；建立与我国国际地位、教育规模和水平相适应的来华留学工作与服务体系；造就一大批来华留学教育的高水平师资；形成来华留学教育特色鲜明的大学群和高水平学科群；培养一大批知华、友华的高素质来华留学毕业生。[①]《中国留学发展报告(2017)》统计显示[②]，2016 年共有来自 205 个国家和地区的 442 773 名各类外国留学人员在我国的 31 个省、自治区、直辖市的 829 所高等学校、科研院所和其他教学机构中学习。按省市排序，前 10 名依次为：北京市 77 234 人，上海市 59 887 人，江苏省 32 228 人，浙江省 30 108 人，天津市 26 564 人，辽宁省 25 273 人，广东省 24 605 人，山东省 19 829 人，湖北省 19 263 人，云南省 14 925 人。人数超过 10 000 人的省（区）还有：黑龙江 14 310 人，广西 12 189 人，福建省 12 180 人，四川省 10 796 人。按学生类别统计，接受学历教育的外国留学生总计 209 966 人，占来华留学生总数的 47.42%，比 2015 年增加了 25 167 人，同比增加了 13.62%；硕士和博士研究生共计 63 867 人，比 2015 年增加了 19.22%。其中，硕士研究生 45 816 人，博士研究生 18 051 人。2016 年，非学历留学生 232 807 人。按经费筹措办法统计，中国政府奖学金生 49 022 人，占来华生总数的 11.07%；自费生 393 751 人，占来华生总数的 88.93%。

这些留学生中，有 264 976 人来自亚洲，占留学生总数的 59.84%；71 319 人来自欧洲，占 16.11%；61 594 人来自非洲，占 13.91%；38 077 人来自美洲，占 8.6%；6 807 人来自大洋洲，占 1.54%。如果按国别进行排序，排名前 15 位的国家和留学生人数分别为：韩国 70 540 人，美国 23 838 人，泰国 23 044 人，印度 18 717 人，巴基斯坦 18 626 人，俄罗斯 17 971 人，印度尼西亚 14 714 人，哈萨克斯坦 13 996 人，日本 13 595 人，越南 10 639 人，法国 10 414 人，老挝 9 907 人，蒙古 8 508 人，德国 8 145 人，马来西亚 6 880 人。2016 年来华留学生来源国前 15 国的排序情况，见表 8.2。

① 教育部．留学中国计划［EB/OL］．［2010－09－21］．http://www.gov.cn/zwgk/2010—09/28/content_1711971．htm.

② 王辉耀，苗绿．中国留学发展报告（2017）［M］．北京：社会科学文献出版社，2017．

表 8.2　2016 年中国国际留学生前 15 名来源国家

来源国	2016 年留学生数量/人	占全国留学生比例/%
韩国	70 540	15.93
美国	23 838	5.38
泰国	23 044	5.20
印度	18 717	4.23
巴基斯坦	18 626	4.21
俄罗斯	17 971	4.06
印度尼西亚	14 714	3.32
哈萨克斯坦	13 996	3.16
日本	13 595	3.07
越南	10 639	2.40
法国	10 414	2.35
老挝	9 907	2.24
蒙古	8 508	1.92
德国	8 145	1.84
马来西亚	6 880	1.55

数据来源：中国留学发展报告（2017）。

随着“一带一路”倡议的推进和我国开放政策的支持，来华留学得以快速发展，泰国、印度以及巴基斯坦等“一带一路”沿线国家来华留学生增幅的平均值超过 20%。更值得提出的是，我国已经成功建立中俄、中美、中欧、中英、中法、中印尼、中南非、中德这八个高级别人文交流机制，人文教育已与政治互信、经贸合作一道，成为我国外交三大支柱。例如，在中俄交流机制的推动下，俄罗斯已经进入来华留学人数前 15 名的国家之列，来华学习人数持续增长，2014 年来华学生数为 17 202 人，2005—2014 年这十年间，来华学生总数接近 11 万。2016 年，俄罗斯来华留学人数的排序已经上升到第六位。2018 年年初，有 1.8 万俄罗斯来华留学生。俄罗斯来华留学人数从 2005 年到 2014 年的变化情况，见图 8.5。

2017 年 12 月 18 日发布的《中国留学发展报告（2017）》显示，中国是世界第三大留学生接收国，“一带一路”沿线国家是来华留学生增长的主要动力。2016 年，来华留学生总数较上年增长了 11.35%，达到近两年来最高水平，“一带一路”沿线国的来华留学生人数增长了 13.6%。报告显示，2016 年来华留学生达 44.3 万人，来自“一带一路”沿线国家的来华留学生有 20.8 万人，占来华留学生总数的 46.92%。

来华留学生人数的不断增长无疑与我国的经济实力和高等教育质量的提升有关。

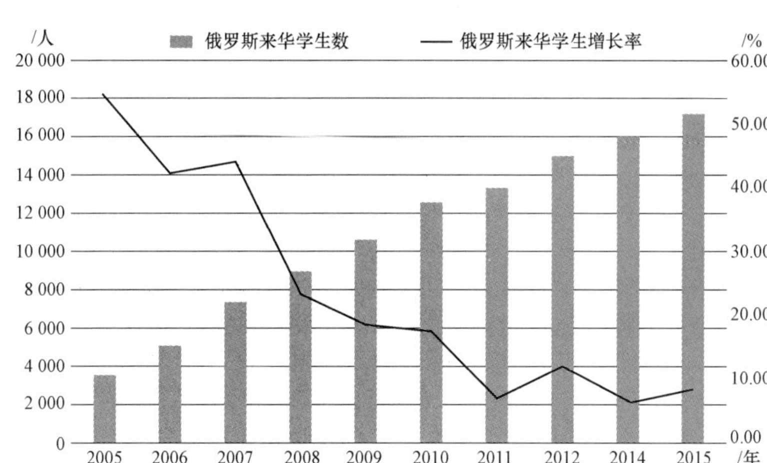

数据来源：根据教育部统计数据整理。

图 8.5 俄罗斯来华留学生人数变化情况

第四节 来华留学教育需要关注的问题

目前，我国已经成为亚洲最大、全球第三的留学目的国。提升教育质量是来华留学教育的核心竞争力，尤其是在专业设置、师资力量、教育研究设施等方面。经过 20 多年的“世界一流”大学建设，我国的高等教育逐渐受到国际社会的认可，北京大学和清华大学在世界大学排名中的地位不断上升，表明我国高等教育质量有了显著提高。来华留学生来自世界各地，他们毕业后会走向四面八方，会对世界的政治、经济和文化等产生影响。由于留学生在世界各地的影响会反过来对就读的学校和国家产生影响，这将形成一个良性循环和互动。可以预见在不久的将来，来华留学教育会有更大的发展。

来华留学教育不仅能培养对华友好人才，随着来华留学生规模的日益增长，其经济效益也会逐渐显现出来。因此，必须立足于国家中长期社会经济发展战略，根据来华留学生特点，做好战略规划和制度设计。

为改变来华留学教育中学历生较少的现象，我国高等教育系统中“双一流”建设的大学应当更多地关注留学生的学历和学位教育。其中，硕士和博士留学研究生应该作为重点发展目标。为了提高我国招收留学生的能力，将要下大力气在有能力的院校设立针对留学生的项目，将招收留学研究生作为重点。来华留学研究生的增加也会有助于提高我国研究生教育的质量与大学的声誉。为此，应该整合资源，创办特色教育，增强国际吸引力。充分利用各校优势，积极培育具有鲜明特色的全英文的国际教育课程体系，吸引来华留学生来校学习。强化优势，确立国际化教育特色，解决留学生及国际交换生的相关课程教学问题。

加强来华留学生教育管理队伍建设，增强国际教育综合实力。随着高校国际化水平的提高、来华留学生规模的扩大和数量的增加，对于来华留学生管理的要求也越来越高。因此，应着力培养一批思想过硬、有业务素质、政策水平高、管理经验丰富的留学生管理队伍。积极借鉴国际知名大学的管理经验，推进行政管理、教辅服务和后勤服务的制度建设，提高服务意识。尊重来华留学生的民族习惯和宗教信仰，同时强化来华留学生的自律意识与安全观念。

坚持大力引进海外优秀人才，培育具有国际水准的师资队伍，加大力度引进核心人才，重点引进急需发展和急需取得重点突破领域的高层次人才。发挥学校海归教师和学科带头人的资源优势，聘用外国专家等。逐步提高师资队伍中具有在国/境外学习或工作经历的教师和外籍教师的比例。同时，为现有师资队伍的国际化创造条件，有组织、有步骤地派送中青年教师到“一带一路”沿线国家进修和学习。充分利用国家留学基金管理委员会等部门的资源，选派英语能力强的专业教师赴国/境外知名大学进修，从而为学校发展打造出一支具有国际水准的师资队伍。

目前，在吸引来华留学生方面，国家针对“一带一路”倡议设立了更多奖学金，但是还要注重建立助学金制度。在人们的认识中，自费留学生来自社会地位比较高、经济背景比较优越的家庭，但实际情况并非如此，来中国留学虽然费用较低，但也会存在学费不足或生活拮据问题。要解决这一问题，国外已经有许多成功的经验。例如，对有需要的留学生提供进入实验室做助研或助教的机会。目前来华留学的学历生中，更多的是政府奖学金获得者。奖学金的数量总是有限的，我国的高等教育机构在考虑留学生给学校带来经济收入的同时，应当设立更多的助学项目，使他们在学校期间发挥聪明才智，为我国服务。

来华留学教育是国家软实力建设的重要方面。改革开放40多年来，我国虽然培养出一大批对华友好的优秀人才，但在国际组织的中高级管理者、国家元首、诺贝尔奖获得者等具有留学背景的各领域最高成就获得者中，很少能见到来华留学生的身影。据1997年《世界年鉴》统计，当时世界各国现任国家元首中有95人有留学海外经历，其中留学法国的有25人、英国21人、美国19人，只有1人曾经短期留学中国。在具有留学经历的现任国家元首中，亚洲、非洲国家的元首就占了60多人，而他们主要留学于欧美国家①。以英国为例，仅牛津大学就培养出包括美国前总统克林顿在内的数十位各国政府首脑；剑桥大学也培养出包括新加坡前总理李光耀在内的多名世界政界精英。由此可见加强来华留学教育的重要性。

加强我国来华留学的管理。要真正提高我国的国际影响力，使我国成为全世

① 王相宝，张务一．来华留学生教育的回顾与前瞻［J］．高等教育研究，1997（4）．

界优秀留学生选择学习的主要目的地，我国在大学国际化的许多方面还有大量工作要做。首先，要加大宣传和营销的力度，及时有效多渠道提供留学信息。在对留学生的访谈中，有许多留学生反映，我国与他们的祖国没有密切的经济联系，获得留学中国方面的信息也不如别的国家那样容易。为了使有潜力的留学生更好地认识中国，认识中国的高等教育，需要制定一个全国性的市场战略去解决信息缺乏的问题，从而提升中国高等教育的形象。一个中国的品牌战略会使中国成为一个“有才能和潜力的外国留学生选择的主要目的地之一”。

可以采取的策略之一是：充分利用多种媒介。加强学校英语或更多语种的网站建设，及时更新信息。借力校友效应，定期保持与海外校友及归国毕业留学生的联络，传达学校招生信息，借助他们在行业内的积极影响，吸引海外生源。

总之，要优化来华留学生教育的环境，健全留学生教育的管理制度，注意营造有利于留学生教育的内外部环境。这具体表现在两个方面。第一，要转变观念，特别是各级教育行政部门要向学校提供必要的教育资源，包括教育经费、设备和实践基地。目前，构成高校整体环境的各项指标包括：图书馆、实验室、自习室、文体活动场馆等。第二，重视改造大学环境，兴建一批有深厚中国文化气质和内涵的人文景观，提升大学的外观形象和内在境界。留学生对高等学校优美的自然环境、探究高深学问的气氛和有中国韵味的校园文化有很深的认同心理。因此，高校在优化学校自然环境、办学条件的同时，着力改善学术和学习的环境，营造出浓厚的学术空气、学习氛围、传统文化氛围，让每个来华留学生参与进来，更好地与我国学生融合。大学文化氛围的改善、文化品位的提高，说到底是对至真、至善、至美的追求，是用一种大学特有的高雅、深邃和神圣，或者说精神追求来陶冶学生。只有当我们自己的教育首先提升了精神境界，才能在提升留学生精神品位、综合素质上有所作为，也才能在激烈的国际竞争中抢得先机。

第九章　出国留学与留英中国学生面临的挑战

引　言

根据美国国际教育协会的统计，2014 年国际学生的数量已经增至 400 多万人[①]。这些学生以不同的方式在国际高等教育之间流动，他们根据各自的意愿流向不同的国家。在研究中发现，更多的发展中国家的留学生流向美国、加拿大、澳大利亚和英国等发达国家。在这些国家中，中国学生占据较大比例，如中国留学生在 2014 年占美国国际学生的 31%，占加拿大国际学生的 32%，占英国非欧盟国际学生的 28%。随着中英高级别人文交流机制的深入推进，中国留英学生人数将呈持续增加趋势。2014 年 6 月，李克强总理对英国进行正式访问。在两国总理年度会晤期间，双方签署了《中华人民共和国政府和大不列颠及北爱尔兰联合王国政府联合声明》。声明强调，继续促进中英两国在人文领域的交流与合作。

相关数据显示，在过去五年间，中国到英国的留学生数量遥遥领先于其他非欧盟国家，而且还在不断增长。2016—2017 年度，中国在英留学生（高等教育）总数为 95 095 人，其中英格兰地区为 80 385 人，北爱尔兰地区为 895 人，苏格兰地区为 8 475 人，威尔士地区为 5 340 人。受特朗普的美国移民政策的影响，选择留学英国的中国学生数量在增加。英国“大学和学院招生服务中心”（UCAS）最新数据显示：2019 年，申请英国留学人数比 2018 年增加了 23.5%：2018 年是 1.7 万人，2019 年飙升到 2.1 万人。在英国留学的 45 万国际学生中，中国留学生超过 10 多万人，稳居第一。英国大学联合会（Universities UK）发布的数据显示，2016 年，留英学生每年的学费、生活开销、旅行等费用加起来总值高达 258 亿英镑。为了促进中英人文交流，提高在英中国留学生的教育质量，本文以笔者获得的 2013—2014 年的数据为基础，对中国留英学生学习状况和面临的挑战进行深入的分析。

---

① IIE，Inc. Open Doors 2014：International Students in the United States and Study Abroad by American Students are at All－Time High. ［EB/0L］. http://www.iie.org/Who－We－Are/News－and－Events/Press－Center/Press－Releases/2014/2014－11－17－Open－Doors－Data.

第一节　出国留学政策的演变

我国出国留学规模的不断扩大得益于我国的改革开放政策，尤其是在出国留学方面，我国一直本着“支持留学，鼓励回国，来去自由”的方针。目前，我国的出国留学类型可以分为公派出国留学与自费出国留学两种。本章首先根据以上两种类型，对改革开放以来的相关政策文件进行梳理，以政府机构颁布的文件类型、时间为轴心，梳理出相关的一般出国留学政策、公派出国留学政策、自费出国留学政策与留学回国政策。

一、一般出国留学政策

早期的相关政策见于 1978 年 7 月 11 日，教育部向中央政府提交的《关于加大选派留学生的数量的报告》；1981 年 11 月，国务院批准《关于 1982 年选拔出国留学人员计划的请示报告》，首次对派遣出国留学人员的专业选择进行详细规定，名额发放以自然科学学科为主，社会科学与管理科学的学科名额比例偏低；1982 年 1 月 1 日，教育部制定《留学人员勤工俭学所得报酬的处理办法》，指出：“留学人员在国外利用假期和业余时间所得到的报酬 20%～50%归个人、50%～80%归国家领事馆，具体比例由中国驻外使领馆根据实际情况确定。”1986 年国家教育委员会颁布的《关于出国留学人员工作的若干暂行规定》被视为国内第一部较为系统、全面的出国留学政策，大致指明了出国留学工作的方针：“按需派遣，保证质量，学用一致，加强对出国留学人员的管理和教育，努力创造条件，使留学人员回国能学以致用，在社会主义现代化建设中发挥积极作用。”①1993 年，中共十四届三中全会通过了《关于建立社会主义市场经济体制若干问题的决定》，文件提到政府对出国留学的态度——“支持留学，鼓励回国，来去自由”，该留学方针一直沿用至今。1999 年，教育部启动项目《面向 21 世纪教育振兴行动计划》，将留学工作作为加强国际学术交流、提高国内高校教学质量与科研水平的有效途径；2000 年，中共十五届五中全会通过的《中共中央关于制定国民经济和社会发展第十个五年计划的建议》指出：“要采取多种措施吸引和聘用海外高层次人才，鼓励留学人员回国工作或以适当方式为祖国服务。”2000 年 7 月，国家人事部下发《关于鼓励海外高层次人才回国工作的意见》，旨在鼓励“海归人员”以不同形式回国服务，国家提供政策上的保障与支持。2003 年，人事部提出“拓宽留学渠道，吸引人才回国，支持创新创业，鼓励为国服务”的留学工作新要求。2006 年，国务院颁布的文件《国家中长期科学和技术发展规划纲要（2006—2020 年）》中

---

① 国家教育委员会．国家教育委员会关于出国留学人员工作的若干暂行规定［EB/OL］．［1986-12-08］．http://www.gov.cn/zhengce/content/2012-09/21/content_6092．htm．

指出："要加大吸引留学和海外高层次人才工作力度，制订和实施吸引优秀留学人才回国工作和为国服务的计划，重点吸引高层次人才和紧缺人才。"

二、公派出国留学政策

公派出国留学是一种非私人性质的留学行为。改革开放初期，公派出国留学分为国家公派和单位公派。其中国家公派多为国家出资，国家根据现代化建设发展需要选择优秀人才出国深造，将留学人员派往科技教育发达的国家（地区）所在的知名院校。公派出国留学人员以攻读学位为主。单位公派则根据本部门的实际需求自行甄选"单位公派出国留学人员"，这类公派多为单位出资或自费。1996 年，成立了国家留学基金管理委员会，负责国家公派留学工作的具体实施。但相关的公派留学政策出现得更早。在 1981 年，国务院批准教育部等部门出台了《关于出国留学人员管理工作会议情况的报告》，提出"突出重点，统筹兼顾，在保证质量的前提下争取多派一些，并在最近几年内保持派出数量相对稳定"的公派方针。1986 年，原国家教委颁布《关于出国留学人员工作的若干暂行规定》，确定公派出国留学的两种形式：国家公派和单位公派。该规定指出：出国留学工作要做到"按需派遣，保证质量，学用一致，学成及时回国，为祖国建设做贡献"；出国留学工作是我国对外开放政策的组成部分，是必须长期坚持的政策。1996 年，国家留学基金管理委员会成立，负责国家公派留学的具体实施，推出"个人申请、专家评审、平等竞争、择优录取、签约派出、违约赔偿"的管理流程。

2003 年，教育部要求国家公派留学遵循"扩大规模、提高层次、保证重点、增强效益"的战略思路，调整了重点支持领域，设立高级研究学者，且把"普通访问学者"与"高级访问学者"合并为"访问学者"。2005 年，教育部强调，国家公派出国留学是培养国家发展急需人才的目标与原则，提出"选拔国内一流的学生，派到（海外）一流的大学和学科专业，师从一流的导师"的工作思路。2007 年，国家公派留学重点资助对象开始从进修生向在读生倾斜，教育部、财政部联合颁布《国家公派出国留学研究生管理规定（试行）》，设立"国家建设高水平大学公派研究生项目"。

三、自费出国留学政策

1981 年，《关于自费出国留学的请示》中明确指出："自费出国留学是我国留学工作的组成部分，是培养国际人才的重要渠道之一。在政治立场上，自费留学人员应与公费留学人员待遇一致。"国务院特此批准并下发由教育部发出的文件。《关于自费出国留学的暂行规定》要求自费出国留学人员的基本条件是：具有高中或大学文化水平或国外亲友负担其出国学习全部费用的保证书和入学许可证者。1982 年，为了进一步规范自费留学的相关准则，国务院批准教育部等部门出台了

《关于自费出国留学的规定》《关于自费出国留学若干问题的决定》，并修订了《教育部、公安部、外交部、劳动人事部关于自费出国留学的规定》：“高等学校的在校本科生、专科生以及高等学校的在校研究生，不准自费出国留学；高校毕业生工作两年后，经批准，才能对外联系自费出国留学；属于国外华侨、港澳同胞、外籍华人和归国华侨在国内和内地的子女、亲兄弟姐妹及其子女配偶，具备自费出国条件的，可不受在校生不准自费留学和高等学校毕业后工作两年的限制。”[①] 1984 年，国务院颁布《关于自费出国留学的暂行规定》，明确“各级政府和基层单位应支持和关心自费出国留学人员，鼓励他们早日学成回国”，首次规定自费出国留学须经审批，规定“凡我国公民个人通过正当和合法手续取得外汇资助或国外奖学金，办好入学许可证件的，不受学历、年龄和工作年限的限制，均可申请自费到国外上大学专科、本科、研究生或进修；高等院校在校的专科生、本科生和在学的研究生，可以在学校或单位申请自费出国留学，出国后，保留学籍 1 年”；对取得硕士、博士学位的自费出国留学人员包括由自费转为自费公派留学人员，回国参加工作的，由国家提供回国国际旅费[②]。1986 年，为了进一步巩固“自费出国留学须经审批的制度”，国务院批准原国家教委《关于出国留学人员工作的若干暂行规定》的第六部分。1990 年，原国家教委发布《关于具有大学和大学以上学历人员自费出国的补充规定》，规定“大学以上学历人员应当完成服务期后方能申请办理自费出国手续”。自此，自费出国留学获得了许多政策上的便利，因而我国的出国留学的规模不断扩大。教育部发布的数据显示，2017 年继续保持了公派留学为引领，自费留学为主体的留学工作格局。其中，国家公派出国留学全年派出 3.12 万人，分赴 94 个国家。2017 年出国留学人员中，自费留学的共 54.13 万人，占出国留学总人数的 88.97%。自费留学的主要目的国是美国、英国、日本、加拿大、澳大利亚和新西兰等国家。我国从 1978 年到 2007 年的出国留学政策，见表 9.1。

表 9.1　出国留学政策一览（1978 年至 2007 年）

颁布年份	政策名称	颁布机构
1978 年 7 月 11 日	《关于加大选派留学生的数量的报告》	教育部
1981 年	《关于出国留学人员管理工作会议情况的报告》	教育部
1981 年	《关于自费出国留学的请示》	国务院

① 国务院．教育部、公安部、外交部、劳动人事部关于自费出国留学的规定［EB/OL］．［1982－07－16］．http://www.chinalawedu.com/falvfagui/fg22598/3990．shtml．

② 国务院．关于自费出国留学的暂行规定［EB/OL］．［1984－12－26］．http://wqb.huaian.gov.cn/zcfg/ content/340870．html．

续表

颁布年份	政策名称	颁布机构
1981 年 11 月	《关于 1982 年选拔出国留学人员计划的请示报告》	国务院
1982 年 1 月 1 日	《留学人员勤工俭学所得报酬的处理办法》	教育部
1982 年	《关于自费出国留学的规定》	教育部
1982 年	《关于自费出国留学若干问题的决定》	教育部
1984 年	《关于自费出国留学的暂行规定》	国务院
1986 年	《关于出国留学人员工作的若干暂行规定》	教育委员会
1990 年	《关于具有大学和大学以上学历人员自费出国的补充规定》	教育委员会
1993 年	《关于建立社会主义市场经济体制若干问题的决定》	中共十四届三中全会
1999 年	《面向 21 世纪教育振兴行动计划》	教育部
2000 年	《中共中央关于制定国民经济和社会发展第十个五年计划的建议》	中共十五届五中全会
2000 年 7 月	《关于鼓励海外高层次人才回国工作的意见》	国家人事部
2001 年	《留学人员创业园管理办法》	国家人事部
2001 年	《关于鼓励海外留学人员以多种形式为国服务的若干意见》	国家人事部
2006 年	《国家中长期科学和技术发展规划纲要（2006—2020 年）》	国务院
2007 年	《国家公派出国留学研究生管理规定（试行）》	教育部、财政部

第二节　留学英国与英国的学位制度

中英高等教育制度存在很大的区别，使得两国的学生在年龄和学业程度上无法一一对应。因此，无论是国家派遣学生还是自费留学，在考虑赴英留学的时候，都要充分了解两种教育制度的区别，准确判定自己目前的受教育水平处于英国教育体系的哪一个位置，才能根据自己的特点选择适当的课程，安排合理的学习计划。英国大学本科学士学位是三年制，课程硕士学位是一年制，研究型硕士学位是一年或两年制。如果家长选择将孩子送到英国读本科和课程硕士学位，只需要四年时间。这与欧盟的三年本科、两年硕士学位不同，与美国本科四年、应用型硕士两年和研究型硕士学位三年制有很大的不同。在英国，攻读博士学位需要在导师的指导下进行专业研究。获得博士学位最短需要两年，最多长达七年，但大多数人在三年或四年完成。在英国的大学读博士学位，很少要求选修课程，而是独立读书。这与美国的博士教育有非常大的区别，美国的博士教育不仅在主修领域修课，还要在至少两个辅修领域修满一定的课程，还有 1 篇博士论文。

据英国大学校长协会 2006 年 8 月统计，英国高等教育机构共有 168 所，其中属于大学类的有 114 所（威尔士大学和伦敦大学的各学院单列计算），其他高等教育机构 54 所。来自网络的另一组统计数据是：英国共有大学 90 所，学院 123 所，高等教育学校 50 所。现在，由于学院和大学合并，其高等教育机构会更少一些。2014 年中英两国政府学位证书互认框架协议所包括的英方高等教育机构共 152 所。这些高等院校根据其性质、特点和学位授予情况分为不同类型。英国的高等教育机构中就学术资格而言，自下而上可授予五级资质，最低的是证书，初级证书是（Certificate Level）大学一年、中级证书（Intermediate Level）大学二年、荣誉证书是（Honours Level）大学三年、本科学士学位要经过这三年的学习。硕士（Master Level）中，课程硕士是一年，研究硕士是一年或两年。博士（Doctoral Level）是三到六年。其中，初级证书是继续获取更高级资格的第一级，所颁发的资格证书称为高等教育证书。中级包括普通（非荣誉）学士学位、初级学位、高等教育文凭和其他高等文凭。荣誉证书在高等教育中是最多人拥有的学位，一般要求完成全日制三年课程，才能获得荣誉学士学位。

在英国的两类不同的硕士学位中，一类是以授课方式为主的课程硕士（如：文学硕士和工程硕士等），通常要 12 个月，包括上课、研究和论文撰写/研究项目设计。而研究硕士（通常称为哲学硕士），需要一至两年时间完成。目前通过调查发现，大多数中国留学生申请的是一年的硕士学位或本硕连读。这就说明，如果一个学生在本科阶段去英国留学，他或她本科读了三年就获得学士学位，硕士读一年获得硕士学位。他/她实际上仅读了四年就获得了硕士学位。就学习期限来讲，本硕连读时长相当于我国的本科学士学位时长。

第三节　英国高等教育中留学生的构成

一直以来，英国高等教育备受关注，是国际学生留学的主要目的地国之一。英国高等教育中的学生分三个部分，即本国学生、欧盟其他成员国的学生和非欧盟国家的国际学生。2013—2014 年，在英国高等教育注册的本国学生占比为 81%，欧盟其他国家的学生为 5%，非欧盟的国际学生占学生总数的 14%。

近三年来，受英国脱欧的影响，来自欧盟其他国家的留学生数量大幅减少。相关数据显示，来自非欧盟国家的国际学生确有微量上升。最近，受美国签证政策的影响，许多中国学生选择到英国留学，中国到英国留学的学生数量有所上升。在英国的非欧盟国际学生中，中国一直是派遣留学生最多的国家。比如，2014 年，非欧盟国际学生人数最多的几个国家中，中国留学生人数（104 620 人）占当年非欧盟国家注册学生总数的三分之一。当年非欧盟国家的国际学生总数为 31 万人。除中国之外，当年非欧盟国际留学生人数排名前几位的国家为印度（19 750 名）、尼日利亚（18 020 名）、马来西亚（16 635 名）、美国（16 485 名）、沙特阿拉伯（9 060 名）、新加坡（6 790 名）、巴基斯坦（6 665 名）和加拿大（6 350 名）。

英国《泰晤士高等教育周刊》对英国高等教育统计署的 2003/2004 学年至 2013/2014 学年的数据分析指出，留学生占英国大学生总数的比例越来越高，部分课程硕士生几乎成了亚洲和非洲学生的天下，数量远超英国本土学生。①总体而言，在授课型研究生的科目中，英国本土学生所占的比例出现了下降的趋势，降到了大约一半。一些高等教育界人士警告说，这种情况可能代表一种严重的危机，即英国在一年的硕士学位教育上过于依赖外国留学生。相关数据显示，授课型研究生总数从 2003—2004 年度的 163 675 人上升到 2013—2014 年度的 233 245 人。增幅最大的是来自中东地区的学生，总数几乎上升了三倍。亚洲与非洲学生的增长数量同期翻了一番。

在几个科目中，亚洲、非洲学生的数目超过了英国本土生。非欧盟留学生数量增长最多的科目包括数学、创作艺术与设计，以及与医药和建筑有关的科目。

2013/2014 学年授课型研究生中，非欧盟学生比例超过英国本土学生的专业包括：数学、计算机科学、工程与技术、商业与行政管理以及大众传媒和文档专业等。这些学科中，除了大众传媒和文档专业以外，其他的都是亚洲与非洲学生增长迅速的专业。

一些大学可能觉得留学生数量增长是好事。比如，有分析人士指出，留学生提供了大学必需的、赖以生存的资金。但是，也有批评人士说，一些高等教育机构在设定运营模式时会变得过度依赖国外学生。他们认为，这可能让大学面临难以控制的困境，例如，当政府修改留学生签证规定时，这些大学的生源就会受到影响，导致大学学费收入下降。

目前，英国政府对高等教育实施财政紧缩政策，高等教育机构要想生存，就必须依赖非欧盟的留学生的学费。尤其是在工程和技术领域，留学生高昂的学费为大学提供了难得的办学资金。在笔者访问英国伦敦大学和艾科斯特大学时都发现，在校的亚洲留学生比例远远高于其他地区的学生比例。

第四节　2014/2015 年在英中国留学人员基本信息

2015 年 2 月英国内政部公布的签证发放数据显示，2014 年内政部发放中国学生签证（T4）数量为 64 602 份，而 2013 年为 62 532 份，2014 年同比增长 3%。数据还显示，2014 年发放给中国的学生访问签证数量达 11 147 份，跃居发放各国

① Else H. Asian postgraduates outnumber UK students in four subject areas [J]. Times Higher Education，19－25 March 2015，No. 2195.

数量首位，而 2013 年为 10 954 份，仅次于发放给俄罗斯的数量。[①]

另据英国高等教育统计署于 2015 年 2 月 4 日公布的全英各高校正式注册中国留学生人数，2013/2014 学年在英中国留学生总数达 106 989 人。[②]该统计数据仅为英国具有学位授予权的 150 余所高等院校的数据。考虑到尚未纳入统计的另外 650 多所私立高等教育机构以及 400 余所继续教育学院的中国留学生中的访问学者、语言生和短期交流生，2014 年度在英学习和访学的中国学生总数约为 15 万人。

从总体上看，中国留学人员在英国的数量虽然呈增长趋势，但增速放缓。比如，据英国高等教育署统计数据，中国留学生是英国最大的国际学生群体，2011/2012 学年正式注册的中国留学生为 78 157 人，2012/2013 学年为 83 790 人，2013/2014 学年达 87 895 人，2012 年比 2011 年增长近 17%，2013 年比 2012 年增长 6%，2014 年比 2013 年增长 5%。

在英国大学正式注册的中国留学生中，全日制学生共 83 414 人，业余制学生 4 481 人。其中，注册的博士生为 4 593 人，硕士生为 43 949 人，本科生为 39 353 人。一年级的中国留学生（含本科生和研究生）达 58 810 人。

这些中国留学生分布在全英 154 所大学中。部分学校中国学生规模非常大，比如，利物浦大学、曼彻斯特大学、谢菲尔德大学、伯明翰大学的中国留学生人数都在 2 500 人以上，这些学校的中国留学生占其国际学生（含欧盟学生）总数比例也较大，上述学校的中国留学生占比分别为 61%、27%、35%、34%，见表 9.2。

表 9.2　2013/2014 学年中国留学生最多的十所英国大学中国学生数

大学名称	本科生	硕士以上	总数	占该校国际学生比例/%
利物浦大学（The University of Liverpool）	2 788	990	3 778	61
曼彻斯特大学（The University of Manchester）	1 500	1 679	3 179	27
谢菲尔德大学（The University of Sheffield）	990	1 803	2 793	35
伯明翰大学（The University of Birmingham）	523	2 069	2 592	34
南安普顿大学（The University of Southampton）	530	1 804	2 334	34
伦敦大学学院（University College London）	991	1 274	2 265	19

① Home Office. Immigration Statistics，October to December 2014 ［EB/OL］. ［2015－02－26］. http://www.gov.uk/government/publications/immigration－statistics－october－to－december－2014.

② Higher Education Statistics Agency，Students in Higher Education. ［EB/0L］. ［2015－02－12］. https://www.hesa.ac.uk/index.php?option=com_pubs&Itemid=&task=show_year&pubId=1&versionId=25&yearId=312.

续表

大学名称	本科生	硕士以上	总数	占该校国际学生比例/%
纽卡斯尔大学（The University of Newcastle-upon-Tyne）	664	1 465	2 129	33
考文垂大学（Coventry University）	917	1 036	1 953	26
格拉斯哥大学（The University of Glasgow）	138	1 789	1 927	28
卡迪夫大学（Cardiff University）	668	1 153	1 821	28

数据来源：高等教育统计署 2013/2014 英国高等教育机构学生数据。

第五节　在英就读中国留学生的年龄、专业和就读学校分布

2014 年，在英国大学留学的中国学生年龄主要分布在 19 至 34 岁，年龄跨度很大。其中，17 岁的有 374 人，18 岁的有 2 302 人，19 岁的有 5 019 人，20 岁的有 9 415 人，21 岁的有 13 676 人，22 岁的有 20 339 人，23 岁的有 17 307 人，24 岁的有 9 335 人，25 岁的有 4 259 人，26 岁的有 2 121 人，27 岁的有 1 057 人，28 岁的有 699 人，29 岁的有 456 人，30 岁的有 318 人，31 岁的有 313 人，32 岁的有 182 人，33 岁的有 122 人，34 岁的有 107 人。

从中国留学生所学专业分布来看，学生规模较大的专业类别依次为：商务和管理类（43 362 人）、工程及技术类（10 513 人）、社会学（6 695 人）、语言类（4 646 人）、数学（3 309 人）、传媒与文档专业（2 798 人）、建筑和规划专业（2 492 人）、计算机科学（2 296 人）、教育类专业（1 802 人）、物理科学（1 636 人）、生物科学类（1 157 人）、法学（1 083 人）、创意艺术与设计类（4 233 人）。其他专业的中国留学生规模都在千人以下，如与医学相关专业（643 人）、历史和哲学研究类（447 人）、农业及相关学科（343 人）、医学和牙医专业（274 人）等。

从就读的学校来看，他们大多就读于名校。比如，2013/2014 学年在罗素大学集团就读的中国留学生总数达 40 117 人（见表 9.3），占在英中国留学生总数的 46%。

表 9.3　2013/2014 学年在罗素大学集团就读的中国学生人数

大学名称	学生总数	国际学生数（含欧盟学生）	中国学生数	占该校国际学生比例/%
利物浦大学（The University of Liverpool）	21 345	6 170	3 778	61

续表

大学名称	学生总数	国际学生数（含欧盟学生）	中国学生数	占该校国际学生比例/%
曼彻斯特大学（The University of Manchester）	37 925	11 605	3 179	27
谢菲尔德大学（The University of Sheffield）	26 600	7 905	2 793	35
伯明翰大学（The University of Birmingham）	32 335	7 715	2 592	34
南安普顿大学（The University of Southampton）	24 040	6 895	2 334	34
伦敦大学学院（University College London）	28 430	11 850	2 265	19
纽卡斯尔大学（The University of Newcastle-upon-Tyne）	22 410	6 370	2 129	33
卡迪夫大学（Cardiff University）	30 180	6 605	1 821	28
莱斯特大学（The University of Leicester）	16 750	4 810	1 745	36
诺丁汉大学（The University of Nottingham）	33 270	7 515	1 632	22
帝国理工学院（Imperial College of Science，Technology and Medicine）	16 225	7 480	1 631	22
华威大学(The University of Warwick）	25 245	8 595	1 614	19
爱丁堡大学（The University of Edinburgh）	27 625	9 460	1 574	17
利兹大学（The University of Leeds）	30 975	5 855	1 415	24
埃克赛特大学（The University of Exeter）	19 520	5 075	1 380	27
布里斯托大学（The University of Bristol）	20 170	4 520	1 307	29
约克大学（The University of York）	16 680	3 750	1 302	35
杜伦大学（University of Durham）	17 190	4 405	1 213	28
伦敦政经学院（London School of Economics and Political Science）	10 145	6 795	984	15

续表

大学名称	学生总数	国际学生数（含欧盟学生）	中国学生数	占该校国际学生比例/%
玛丽王后大学（Queen Mary University of London）	15 420	4 930	816	17
剑桥大学（The University of Cambridge）	19 580	6 415	786	12
国王学院（King's College London）	27 645	7 695	715	9
牛津大学（The University of Oxford）	25 905	7 270	616	9
贝尔法斯特女王大学（The Queen's University of Belfast）	23 320	2 355	496	21

数据来源：高等教育统计署 2013/2014 英国高等教育机构学生数据。

从上面的学生年龄看，大多数留英的中国学生在读本科和硕士学位。虽然他们都就读于罗素大学集团，但是在罗素大学集团核心大学就读的比例不高。比如，在牛津大学就读的中国留学生仅占外国留学生的 9%，在剑桥大学就读的仅为 12%。大多数中国留学生集中在罗素大学集团外围的大学就读，比如，利物浦大学占到了 61%。

第六节　中国留学生对英国高等教育的经济贡献

近几年来，回国的留学人员不断增加，尤其是从英国回来的留学生人数众多。根据教育部留学服务中心 2014 年 10 月发布的《中国留学回国就业蓝皮书》(2014）报告统计，2013 年留学服务中心受理完成的英国学历认证总数达 3.025 3 万份，约占国外学历认证完成总量的 30%，居各国之首。2014 年，留学服务中心受理完成的英国学历认证总数超过 38 000 份，比上一年增长了 7 000 多份。2013 年全球输送留学回国人员最多的 10 所院校中，英国院校占了 6 所，分别为纽卡斯尔大学、曼彻斯特大学、格拉斯哥大学、伯明翰大学、谢菲尔德大学和利物浦大学。

根据阿尔特巴赫（Philip G. Altbach，1998）[①]的理论，从派出国的推力和接收国的拉力的角度，可以概括出影响第三世界国家学生到发达国家留学的因素，包括下列几个方面的内容：奖学金、教育质量、研究设施、教育设备、学位优势、

① Altbach P. Comparative Higher Education：Knowledge，the University and Development［M］. Comparative Education Research Centre，The University of Hong Kong，1998：240.

教育方式、政治环境和社会歧视等。

首先，从奖学金方面看，中英两国政府资助的中国奖学金生数量占比不多。我国政府资助的赴英留学生（含访问学者、交流学生）每年约 3 000 人，占全英中国留学生总数的不到 3%。而据可查询到的英国政府资助外国留学生的项目，2015 年英国政府资助总额约 7 048 万英镑，其中“志奋领奖学金”项目在全球共录取 1 800 人，中国约 90 人可以获得此项奖学金。英联邦奖学金项目（Commonwealth Scholarship Commission）主要支持英联邦国家学生来英国学习，不支持中国留学生，而马歇尔奖学金项目主要支持来自美国的马歇尔学者在英国大学学习。即使加上中英联合科研创新基金的研究人员交流项目、各学校的奖学金生，享受奖学金的中国留学生总量也很少。

这说明 90%以上的中国学生是自费到英国留学。对于英国本土本科生来说，他们的年学费仅为 9 000 英镑。而且，学费可先由政府贷款，学生毕业后根据收入多少逐步向政府还款，由贷款公司负责操作；法案规定，如果年薪低于 17 335 英镑（2015 年 4 月标准），则无须还款。如果学生毕业 30 年后仍未还清贷款，政府将免除余下的债务，而且为家庭收入比较低的学生提供助学金。

但是对于国际学生，情况非常不同，收取国际学生的高昂费用是英国教育财政的主要来源。以牛津大学为例，一个国际本科学生一年的花费包括几个部分：大部分专业的学费 15 000 英镑，学院费用 5 000 英镑，住宿费年约 5 000 英镑，还有生活费及其他花费，根据个人消费方式而定。这样，一个本科生一学年最低要 30 000 英镑。

第七节 中国留学生在英国面临的挑战

从办学质量上看，英国高等教育的国际声誉仅次于美国。比如，2014/2015 学年《泰晤士高等教育周刊》（THE）世界大学排名中前 200 名的，英国大学有 29 所，在数量和排名上都很靠前。另外，2012 年数据显示，英国人口占世界 0.9%，科研经费占世界的 3.2%，科研人员占世界科研人员总数的 4.1%，研发投入较高。还有，在论文发表数量上，因为具有英语发表的优先条件而占世界的比例较高，为 6.4%，论文的引用率为 11.6%，而世界高频引用论文率高达 15.9%。[①]这对中国学生到英国留学有非常大的吸引力。

另外，从学制上看，英国留学的性价比有其相对优势。留学英国的费用比美国要经济。比如，在美国从本科到读完硕士需要 6 年时间，而在英国读本科只要

① Department for Business，Innovation and Skills．International Comparative Performance of the UK Research Base. 2013［EB/OL］. https://www.gov.uk/government/uploads/system/uploads/attachment_data/file/263729/bis－13－1297－international－comparative－performance－of－the－UK－research－base－2013.pdf.

3 年，再读完硕士学位一共 4 年时间。比较而言，英国的学费比美国低。比如，在牛津大学一年需要 3 万英镑，而在美国需要 6 万美元，换成人民币，两者差价不少。此外，英国教育实行学历教育与职业教育等级同步提升制度，不少学生在大学期间就可以考取注册会计师、律师、医师等资格。这对只注重文凭的国内高等教育来讲，也是一个巨大的诱惑。

同时，由于教育经费短缺，英国政府对大学扩大招收国际学生不设限。比如，2013 年 7 月英国政府出台的《国际教育：全球增长和繁荣》（International Education Strategy：Global Growth and Prosperity）报告指出：留学生市场增长迅速，但竞争亦日趋激烈，英国对留学生数量不设限额。毫无疑问，只要中国学生申请，且雅思考试合格，被英国大学录取的可能性远远大于美国的大学。

恰恰是上述这些优势反映在中国留学生的学业和学术发展中，出现了值得关注的问题。比如，从中国留学生获得一级和二级甲等学位的比例来看，中国留学生在学业努力程度上落后于其他非欧盟留学生。据 2014 年 4 月 15 日《卫报》引述巴斯大学会计及金融系助教伊恩·克劳福德（Ian Crawford）与巴斯大学会计及金融系高级讲师 Zhiqi Wang 博士合撰的报告，在所有英国学生中，68%取得一级（First Class Honours）或二级甲等（Second Class Honours，upper division）荣誉学位，取得这个成绩的欧盟以外的留学生有 52%，但得到这个成绩的中国留学生只有 42%。该报告认为，这削弱了中国留学生给人的勤奋和成绩优良的固有印象。这两位在英格兰南部巴斯（Bath）大学的学者还在 2008 年获录取的会计及金融学的学生中，对 100 多位中国留学生和英国本土学生进行对比研究。他们发现在大学第一年，中国留学生的成绩比英国本土学生的好，第二年之后，情况就倒转了。他们认为这可能有两个原因：一是中国学生未能改变学习方法，因此在课程变得复杂时表现下降；二是尽管英、中的教育制度并非有很大区别，但中国极重视获取资格，年轻人进入高等教育很多时候是由于家庭或劳工市场的压力，并非出自本人的意愿而学习。爱丁堡大学的克里斯蒂娜·伊恩内利教授（Prof. Cristina Iannelli）表示，问题也可能与语言和文化适应不了有关。她认为，有一些中国学生因没有为留学英国做好准备而跟不上。她也认为，英国大学现在录取的中国学生可能没有以前的学生成绩那么好。对伊恩内利的看法，笔者有同感。2015 年 1 月，笔者有幸走访了英国的艾克斯特大学和伦敦大学，专门观察了中国留学生课外活动和生活情况。笔者在观察中发现，中国留学生基本上是和中国同学成帮结队，在图书馆里上的是中文网，出门购物与中国同学一起，食宿同样与中国同学搭伴。同学们这样做，国内的家长们会很放心，但是忽略了一个关键的问题：同学们出国不仅是为了拿文凭，还要学习英国的文化、历史和生活习俗，深入地了解英国社会。

英国对外国留学生就业政策的改变，也对中国留学生提出了挑战，这可能超出了政策意愿本身。首先，英国内政部推出了留学签证优惠条款，如毕业后能找到符合要求工作的学生可留英工作，博士生毕业后可留英一年寻找工作，并推出给予 1 000 名 MBA 毕业生一年工作签证的条款。而且，英国对中国留学市场采取差异化的政策，如 2014 年 4 月 1 日通过的英国移民法修正案中，通过了关于中国学生毕业后在英实习的最新细则，新增国际学生实习计划（International Student Internship Scheme，ISIS），把中国留学生归入第五级（Tier 5）签证，欢迎中国毕业生获得短期在英国实习的机会，但最长不超过 12 个月。同时，英国政府还宣布，以谢菲尔德大学为试点推行一个名为杰出使者（Great Ambassador）的实习生项目，旨在加强从英国各大学毕业的中国留学生与英国工商企业之间的联系。虽然这些做法很好，但是提供给硕士毕业生的实习机会不多，且相对于 15 万左右中国留学生来说，只不过是杯水车薪。

卡梅伦首相2015年5月宣布出台新移民法案，将非法移民工作定为刑事犯罪，推行没收非法移民所有工资、将其驱逐出境、新增工作签证税收、要求企业在招聘海外员工前须先在英发布招聘广告等措施。这对留英的中国学生来讲无疑是非常不利的，对硕士毕业生来讲更是雪上加霜。随着中英人文交流机制的建立，中国学生赴英国留学的人数将在较长时期内维持高位。正如英国谢菲尔德大学校长波奈特（Keith Burnett）爵士所指出的：中国是世界第二大经济体，并且增长迅速，中英在很多领域有共同利益，但是中国留学生在英国大学的学术发展和学业成长应该受到关注。

第十章　国家公派留学欧美化的现象分析

引　言

根据教育部公布的信息，2017 年，我国出国留学人员的目的地国家仍相对集中，多数留学生前往欧美发达国家和地区求学。而“一带一路”国家成为新的增长点，2016 年赴“一带一路”沿线国家留学的人数为 6.61 万人，比上年增长 15.7%，超过整体出国留学人员的增速。其中，国家公派 3 679 人，涉及 37 个“一带一路”沿线国家。据了解，2017 年我国出国留学继续保持了公派留学为引领、自费留学为主体的留学工作格局。国家公派出国留学全年派出 3.12 万人，分赴 94 个国家。其中，访问学者 1.28 万人，占派出总数的 41.17%；硕博研究生 1.32 万人，占 42.29%。通过国家公派出国留学，培养了一批具有国际视野和竞争能力的紧缺人才和战略后备人才。单位公派留学达到 3.59 万人。2017 年出国留学人员中，自费留学共 54.13 万人，占出国留学总人数的 88.97%。[①]从上面的数据中不难看出，“一带一路”倡议实施以来，我国的国家公派留学政策开始向沿线国家倾斜。但是，回顾改革开放以来的 40 年，很容易发现我国公派留学的欧美化现象，这一现象必须调整，以适应未来我国的国家发展需求。2014 年，笔者根据国家留学基金委的要求，对国家高水平项目的留学生进行大规模的网上问卷调查，本文是该调查研究报告的一部分。

第一节　我国公派留学政策的演变

公派留学政策属于国家政策的一部分。“政策是政府（执政党）在特定时期为实现一定的社会政治、经济或文化目标而制定的行动准则、计划或采取的行动。公派留学政策包括公派留学教育的基本指导方针、年度计划、选派人员的规定和

① 教育部．2017 年出国留学、回国服务规模双增长［EB/OL］．［2018－03－30］．http://www.moe.gov.cn/jyb_xwfb/gzdt_gzdt/s5987/201803/t20180329_331771.html．

程序、派出方式，以及管理办法等。”[①]作为培养高级人才、科教兴国的一项战略性举措，国家公派留学工作得到了各级政府、教育界和学界的高度重视。其代表性专著和文章包括《留学教育的成本与收益：我国改革开放以来公派留学效益研究》《改革开放30年中国留学生派出政策回顾》《改革开放三十年中国留学事业之回顾与思考》《改革开放以来大陆公派留学教育政策的演变及成效》《中国高等教育对外开放30年回眸》等。对这一政策的相关研究文献主要包括以下几个方面的内容：我国公派出国留学的发展历程和政策演变；我国公派留学“选派”与“管理”政策研究；公派留学人员“滞留不归”现象的原因与对策研究；公派留学在国家层面的成本与收益研究；地方性个案和高校个案的研究。

一、我国公派留学的政策要求

在政策实施层面，自20世纪70年代末以来，我国公派出国留学工作在“打破封闭、开创局面”的精神指导下，已经走过了40年的历程，先后经历了70年代末到80年代初的恢复阶段、80年代中期到90年代中期的发展改革阶段、90年代中期到20世纪末的规范化建设阶段。在此期间，国家公派研究生留学工作取得了巨大成效。随着改革开放的深入和相关政策的规范完善，我国政府派出研究生的规模逐年增加，派出类型逐渐多样化，对派出人员的选拔、派遣和管理方式也由以行政计划手段为主变为公开选拔、平等竞争、专家评审、签约派出、违约赔偿，同时在吸引留学人员回国方面采取了一系列新的政策措施。为了加快改革开放的步伐，国家将人才战略提上了日程，公派留学作为人才培养的重要渠道，得到了国家的重视。例如，1978年6月，邓小平同志在听取清华大学工作汇报时对出国留学工作提出：要加快我国留学教育的步伐，这是提高我国水平的重要方法之一。“要成千成万地派，不是只派十个八个。”根据邓小平的意见，政府制订了一系列计划，采取了不少具体措施，并且取得了较明显的成效。

根据相关文件规定，“按国家统一计划，面向全国招生，统一选拔、派出，执行统一经费开支规定的出国留学人员为国家公派出国留学人员。”[②]公派留学人员的“选派”是整个公派留学工作的第一步，是公派留学政策的起点。在这个“入口”环节，要对留学生进行思想素质、学业能力和外语水平等多方面的综合考查，从而为公派留学质量和收益的提高提供保障。因此，如何选拔符合社会主义建设需要、思想政治素质过硬、学术研究水平高的学生出国深造，一直是公派留学政策研究的核心问题。

我国公派留学选派政策一直走的是精英路线，目前仍然具有很强的“计划性”

① 陈学飞．改革开放以来大陆公派留学教育政策的演变及成效［J］．复旦教育论坛，2004（3）．

② 国家教育委员会．关于出国留学人员工作的若干暂行规定［EB/OL］．［1986－12－08］．http://www.gov.cn/zhengce/content/2012－09/21/content_6092.htm．

色彩。多数学者认为，在经济全球化、国际合作和交流日益频繁的今天，无论是国家经济、国防建设的需要，还是高等教育自身发展的需求，都应继续坚持“支持留学，鼓励回国，来去自由”的公派留学总方针，坚持扩大选派规模，并逐步扩大攻读海外学位的博士研究生比例。1992 年发布的《关于海外留学人员有关问题的通知》指出：“公派出国留学人员有义务为国家服务；不能长期回国服务，也可以短期为国服务；国家保证留学人员来去自由。”1995 年发布的《改革国家公费出国留学选派管理办法的方案》指出，国家公派出国人员选派工作的方针是“个人申请，专家评审，平等竞争，择优录取，签约派出，违约赔偿”。该方针在江苏和吉林试点成功后，于 1996 年在全国推广。由于是签约派出，并严格执行协议的规定，留学人员学成回国的履约率较高，该政策也一直沿用至今。大多数政策研究者对现行的公派留学选派政策持肯定态度，认为选派方针的确定标志着选派政策的成熟。同时，签约方式也开启了公派留学法制化的进程，使公派留学的收益率明显提高。在对待政策改进的问题上，公平竞争被认为是公派留学政策的价值诉求，精英选派是基本原则，法制化建设是发展的趋势。因此，现阶段选派政策的特点是选派规模不断扩大，选派程序走向规范化，各个选派环节基本做到了有法可依。

如果将公派留学工作分为前、中、后三个环节，即选派环节、在外期间的管理环节和“回收”环节，那么相应的政策也可以分为选派政策、管理政策和回国政策，其中选派政策是前提，管理政策是保障，回国政策是最终落脚点。在现有研究中，探讨如何加强对公派留学的管理，尤其是加强留学人员海外期间的管理也是一大热点。有学者认为，应加强国家公派留学的管理，将国家公派留学管理模式纳入法制化轨道①，这样才能将管理上升到法制层面，体现出管理的约束力和强制力，从而为回国工作提供保障。也有研究指出，为了提高公派留学博士生质量，应加强对博士生科研能力的考核，并确保海外导师具有较高的科研水平；学校研究生院、留学博士生所在院系和相关职能部门都应做好博士生留学期间的管理工作②。

二、公派留学人员“滞留不归”现象的原因与对策研究

公派留学人员学成回国服务是整个公派留学工作的收益所在。但长期以来，我国派出的留学人员和回国服务的人员之间存在着巨大的数字差，回国人数要远远少于派出人数。这种“滞留不归”现象既给国家带来了经济上的巨大损失，也造成大量优秀人才的流失，而后者性质更为严重，它会长远地影响到国家经济和社会的发展。因此，“滞留不归”现象的原因与对策研究也备受学界关注，“回国

---

① 刘宁．我校加强国家公派留学管理的几点做法［J］．北京教育（高教版），2006（5）．

② 黄明福．以教育国际化为牵引，加大公派留学博士生培养，提高博士生培养质量［J］．吉林教育，2008（34）．

政策”逐渐成为整个公派留学对策研究的重要内容。研究者提出的对策主要包括：改善国内经济状况和就业环境，改善选拔机制，加强管理并以经济和法律手段予以约束，做好回国安置工作等。由于公派留学人员的身份较为特殊，大多数学者认为，应从约束和激励两方面来减少“滞留不归”现象。

在管理和约束政策方面，我国自 1995 年改革了公派留学人员的选派方法，1996 年成立了留学基金委，实现了政府职能的转变，公派留学回国人数也大幅提高。现阶段，我国一直沿用“签约派出，违约赔偿”的政策，公派留学人员在获得国家资助的同时，必须承担相应的义务和责任。研究者认为，要强化这种“契约”关系，并将其上升到法律层面，采用法律手段对留学生回国加以约束。“国家与留学人员在权利和义务上的契约关系应该在法律上加以明确，消除情感因素的作用，强化契约关系的法律约束力。”[①]“所谓‘签约派出，违约赔偿’应与公安部有关出入境管理规定相配合，实行服务期内因私护照收回代管制。”[②]此外，研究者还认为，选派和管理是回国的基础。为了促进留学人员回国，必须做好选派时的签约工作，并加强在外留学期间的管理。例如，发挥大使馆和国内导师的联系作用，加强定期的汇报交流，持续追踪学业进度等。

在激励和优惠政策方面，要兼顾事业和生活两个领域。事业激励要求改善工作环境。“营建良好工作环境，这是做好留学归国人员工作的关键。硬环境包括项目支持和设备支持；软环境包括提高待遇和减少行政干扰等，还包括事业上升空间和个人进修条件，如开展国际合作和交流，给留学回国人员提供提高自身水平的机会，为今后的事业发展铺垫道路。”[③]同时，提高留学人员海外学习期间的经济待遇以及归国后的经济地位也是研究者的普遍呼声。“提高公派留学待遇，增强公派留学的吸引力：一是提高公派留学人员资助标准，使其与国家 GDP 增长大致保持同步；二是由教育部统一做出规定，提高公派留学人员出国期间的待遇。”[④]此外，“生活问题是留学归国人员的首要问题，生活问题处理不好将直接影响教学、科研工作的正常开展。当前突出地反映在住房安置、配偶工作落实和子女教育这三个方面，还包括工资待遇等问题。”最后，“长期困扰不少回国工作的高层次留学人员的主要问题不仅有待遇问题，还有居留权和国籍的问题。”可依据出生地主义、自愿和对等三原则及时修改《国籍法》，承认有限制的双重国籍[⑤]。

三、公派留学在国家层面的成本与收益研究

公派留学能否给国家带来收益是政策制定者、实施者和研究者共同关注的基

① 黄新宪. 中国留学教育问题［M］. 长沙：湖南教育出版社，1995：18.

② 王霞玲. 高校公派留学浅议［J］. 南通师专学报（社会科学版），1998（4）.

③ 戈芝卉. 高校留学归国人员服务政策分析［J］. 杭州电子科技大学学报（社会科学版），2008（3）.

④ 张友福，陈雪芳，杨文海. 改进公派留学工作之我见［J］. 高等工程教育研究，2001（3）.

⑤ 杨诚. 吸引海外留学人才的政策与法律探讨［J］. 太平洋学报，2009（1）.

本问题，因而成本收益的研究相对较多。研究者认为："出国留学的派遣工作也有个效益问题。公派出国留学的效益主要是指学得好、回得来、用得上，对国家和军队的科学事业、对单位的建设有较大的促进作用。"①"从人力资本的角度而言，出国留学深造是积聚人力资本的重要途径。人力资本的积聚是我国实施人才强国战略的保证，也是各学校实现跨越式发展的重要前提。大量留学回归人员已经成为我国高等教育领域和科技界的学术骨干，有些已经成为各单位的管理骨干，使单位科研水平大大提高，促进了科技成果转化，为社会创造了相当巨大的直接和间接经济效益。"②有研究分析了出国留学个人收益和派出单位收益，其中个人收益主要包括观念更新、素质提升；个人未来专业技术职务晋升、收入增加、生活水平改善；个人未来行政职务提升；个人未来有较健康的身体，提高生活质量、健康消费水平、闲暇质量；个人未来有较大的职业机动效益（选择和适应能力）；有利于子女的教育与发展。单位收益主要包括单位的科研水平提高，科技成果迅速转化，科技发明增多；学科有新的发展，能开设新课，能把握学术发展动态；承担科研项目产生的经济效益，通过科研成果转化创造的经济效益；通过推进决策研究产生的经济效益；有利于学校排名。学界普遍认为，公派留学的社会收益要远远大于个人收益。"出国留学人员视野的开阔和观念的更新，会直接影响到他们所从事的教学、科研和服务工作；留学人员知识和能力的提升，可以提高教学水平和产出更多的科研成果；留学人员职务、职称的晋升可以使他们在学术和行政管理中发挥更大的作用；留学回国人员生活水平的提高，可以使他们把更多的精力用于工作，从而产生更大的社会效益。"③因此，"留学人才引进政策要以经济社会的需求为导向，从而实现留学人才引进的最大经济社会效益。"④还有学者从对外开放的角度论证了政府公派留学产生的效益，如前文提到邵巍的观点，认为它形成了一大批改革开放政策的坚定拥护者，在社会各界产生了学术领导和骨干人才，取得了日益巨大的经济和非经济收益，为我国现代化建设做出了卓越贡献⑤。在这些成本收益的研究中，研究者大都是站在国家的角度，而很少从个人角度出发来分析问题，计算个人成本收益的研究也较少。

第二节　改革开放后的国家公派留学回顾

改革开放后，国家公派留学的发展历程和政策演变大致可以分为四个阶段。

第一阶段：公派出国留学的起步和探索阶段（20 世纪 70 年代末到 80 年代

① 丁群. 提高公派出国留学效益 [J]. 人才开发，1997（5）.

② 胥传孝，林晓棠. 基于人力资本投资理论的出国留学成本与收益 [J]. 工业工程与管理，2005（6）.

③ 龙思敏，张韦韦. 公派留学收益几何？ [J]. 留学生，2009（6）.

④ 张勤，黄启才. 吸引海外留学人才回归对策研究 [J]. 技术与创新管理，2003（6）.

⑤ 邵巍. 中国留学溯源与分期 [J]. 神州学人，2001（7）.

中期)。

20 世纪 70 年代末，我国开始恢复向国外派遣留学生。在“广开渠道，力争多派”方针的指引下，我国开始与国外建立高等教育交流关系。本着为高校培养师资的目的，向国外派出以本科生、研究生和进修生为主的留学人员。1981 年，国务院批转了教育部等六个部门《关于出国留学人员管理工作会议情况报告的通知》(以下简称《通知》)，提出将公派出国留学的方针修改为“突出重点，统筹兼顾，保证质量，力争多派”，派遣的学科以自然科学为主，适当增加社会科学和管理科学的比例，派出人员由以进修人员和访问学者为主转为以研究生为主，着重增加了出国攻读博士学位的研究生比例。《通知》还第一次提出单位也可以派遣留学人员。在此之后，我国公派出国留学工作逐步走向深入，派遣人数逐年增加，派遣方式也趋于多样化，除国家公派和单位公派以外，开始出现校际交流、自费公派等多种方式。同时，我国政府也开始注意到了留学生的归国问题。除了尽力解决归国学者在生活和工作中遇到的实际困难外，还接受著名物理学家李政道的提议，建立了博士后制度，旨在吸引青年学者回国并为他们的科研工作创造条件。

第二阶段：公派出国留学的发展和改革阶段(20 世纪 80 年代中期到 90 年代初)。

随着留学渠道的拓宽，我国的公派留学事业出现了一些新的问题。大批人才在短期内出国对我国的经济建设造成了一定的冲击。一些单位出现了“轮流派遣”“照顾出国”的现象。在派出人员的层次和学科结构上存在一定的盲目性，派出的国别也过于集中。在这种情况下，1986 年，国务院批转了国家教委《关于出国留学人员的若干暂行规定》。这部法规性文件正式将公派出国留学的分类定为国家公派和单位公派，规范了单位公派的选拔办法，提出了“按需派遣，保证质量，学用一致”的新留学方针，提出在公派出国留学人员的派遣上，要坚持“博采各国之长”的原则，兼顾基础学科和应用学科。同时，按照简政放权的原则，提出将国家公派出国留学的名额，除国家统一掌管一部分以外，分配到用人单位；对出国留学人员的经费也采取包干使用的办法，逐步由派出单位掌握。1987 年，国家教委发布了《关于进一步贯彻中央出国留学人员工作的通知》，决定实行定额控制的办法，调整公派出国留学人员去往国家的比例。同时，鉴于留学人员逾期不归的现象，为了提高留学效益，将公派出国留学人员的层次结构调整为以进修人员和访问学者为主，提高高级访问学者的比例。1991 年，国家改革了公派出国留学生的选派办法，不再采取切块分配名额、按名额录取的方法，而是采取“限额申报，专家评议，择优录取”的方式。同时，改变了国家公派、单位公派和自费留学的划分方法，将留学划分为“公费留学”和“自费留学”两类。

第三阶段：公派出国留学走向规范化的阶段(20 世纪 90 年代中期到 20 世纪末)。

1994 年，国务院在《关于〈中国教育改革和发展纲要〉的实施意见》中，提出“建立国家留学基金管理委员会，使来华和出国留学生的招生、选拔和管理工作走向法制化的工作”。根据这一精神，国家教委决定成立国家留学基金管理委员会。该委员会受国家教委委托，统一管理留学生的选拔、派遣和管理工作。同时变国家公费为留学基金，采用一些国家通行的“签约派出，违约赔偿”的管理办法，用法律手段进行管理。1995 年，国家教委“国家留学基金管理委员会”正式成立，并于当年在江苏和吉林两省进行了选拔留学生工作的试点。试点取得成功后，1996 年，国家教委公布了国家公费出国留学改革办法，并于当年在全国实行。改革后的管理办法被概括为：“根据国家经济建设和社会主义发展的需要，在政府宏观指导下，个人申请，专家评议，平等竞争，择优录取，签约派出，违约赔偿。”明确了双方的权利和义务，从制度上保证了公派出国留学的效益。截至 2002 年 9 月底，国家留学基金管理委员会秘书处共向 50 多个国家派出各类留学人员 12 401 人，已有 9 929 人按期回国，回归率占应回国人员的 95.93%①。实践证明，改革以后我国公派出国人员的质量和回归率大大提高了。

第四阶段：公派出国留学进入快速发展阶段（21 世纪伊始到现在）。

我国加入 WTO 后，为了满足高层次人才培养的需要，2002 年 12 月 6 日，国家留学基金管理委员会秘书处根据我国经济建设和社会发展纲要，按照教育部制定的国家公派出国留学选派方针，公布了“2003 年度国家留学基金资助全国选派 3 025 名各类出国留学人员”的计划。为了更紧密地配合国家经济建设和社会发展，使国家公派留学的选派工作更有针对性，进一步提高留学效益，新计划作了几项大的调整，明确优先支持七个领域：通信与信息技术、农业高新科技、生命科学与人口健康、材料科学与新材料、能源与环境、工程科学、应用社会科学与 WTO 相关学科。为了加大贯彻执行我国派遣公派留学人员政策的力度，2002 年 12 月 13 日，教育部和财政部联合下发了《调整国家公派留学人员奖学金资助标准》的通知，将资助标准平均提高了 44%，涉及 88 个国家和地区，并规定新标准自 2003 年 1 月 1 日起实行。这一新标准已接近甚至超过我国主要留学接收国提供的奖学金标准，实现了历史性的突破，完全改变了过去“轮流调整、苦乐不均、增幅偏小、周期较长”的落后做法和陈旧手段，是改革开放以后公派留学奖学金资助标准提高幅度最大、惠及留学国别最多的一次，从而大大提高了我国公派留学人员的地位，在中国留学教育发展史上具有十分重要的意义。

2006 年，国家公派出国留学进一步配合国家科教兴国、人才强国战略要求，按照“选拔一流的学生，派到一流的学科专业，师从一流的导师”的选派思路，科学规划，调整结构，在保证国家重点领域、重点学科对高层次人才需求的同时，加大研究生的选派力度，提高选拔层次。为推进高水平大学建设，经国务院批准，

---

① 苗丹国. 出国留学教育的政策目标：我国吸引在外留学人员的基本状况及对策研究［J］. 清华大学教育研究，2003（4）.

教育部、财政部于 2007 年 1 月设立了“高水平”公派研究生项目。2008 年，采取国外高校或导师、国内高校、国家留学基金委三级审核方式。被录取人员的留学专业属《国家中长期科技发展规划纲要（2006—2020 年）》确定的重点领域及其优先主题、前沿技术、基础研究的超过 80%；来自“985 工程”二期基地和平台的约占录取总数的 70%，被录取人员大多前往教育科技发达国家。到 2012 年，该项目派出计划再增加 1 000 人（均为联合培养博士生），每年公派研究生总人数增至 6 000 人。自此，国家公派研究生出国工作以“高水平”公派研究生项目为重点，全力推进高层次创新型人才的培养；公派出国留学研究生人数逐年增多，规模快速增长。

第三节　“高水平”项目政策目标解读

2007 年 1 月 8 日，国家建设高水平大学公派研究生项目签约仪式在北京举行，国家留学基金管理委员会与各有关高校主要领导签署《合作开展“国家建设高水平大学公派研究生项目”协议书》，标志着“高水平”公派研究生项目正式启动。该协议将国务院批准设立“高水平”公派研究生项目的政策目标明确为：“配合科教兴国和人才强国战略及《国家中长期科学和技术发展规划纲要（2006—2020 年）》的实施，加强高水平大学和重点学科建设，着眼于培养一批能够提升我国自主创新能力、具有国际视野的拔尖创新人才，填补我国前沿学科及空白学科的人才缺口，打造国际人才培养及交流平台，建立国内外稳定持久的学术交流渠道，使重点支持的科研团队及学科专业达到世界先进水平。”依据“高水平”项目的相关政策文本，该项目的政策目标可以从选派规模、选派结构、资助方式、选派方式、管理办法等五个方面进行解读。

一、选派规模

“高水平”公派研究生项目由教育部与国家留学基金管理委员会负责。2007—2011 年期间，计划每年从北京大学、清华大学等 49 所高校选派 5 000 名左右研究生，到包括欧美日俄等地区和国家的共计 100 所国外高校留学，并提供每月生活费及一次往返的国际交通费用，其中攻读博士学位研究生 2 500 人，联合培养博士生 2 500 人。该项目在第二个五年实施阶段的派出计划基础上再增加 1 000 人（均为联合培养博士生），在 2012—2016 年期间，计划将每年公派研究生人数增至 6 000 人，其中攻读博士学位研究生 2 500 人，联合培养博士生 3 500 人。留学基金委与高校以签署协议的形式确定年度选派计划。年度选派计划为指导性计划，实际录取人数将根据各校选拔的人员质量确定。2007—2010 年“高水平”公派项目派出研究生人数统计见表 12.1。

表 12.1　2007—2010 年“高水平”公派项目派出研究生人数统计

年份	人　数		
	攻读外方博士学位研究生	中外联合培养博士生	共计派出
2007	403	3 549	3 952
2008	2 139	2 753	4 892
2009	2 241	2 631	4 872
2010	2 591	2 535	5 126

数据来源：中国国家留学基金管理委员会年报（2007—2010 年）。

二、选派结构

从选派人员类别上看，在“高水平”公派研究生项目实施的第一个五年期间，选派出国的研究生均为博士研究生。政策计划派出攻读博士学位与联合培养各 2 500 人，人数比例为 1:1。该项目在第二个五年实施阶段的派出计划中，将联合培养博士生再增加 1 000 人，提高了联合培养博士生在公派留学生中的比例。

从学科领域上看，重点支持《人才规划纲要》《科技规划纲要》确定的重点支持学科、前沿技术、基础研究、人文及应用社会科学领域。国内推选单位应结合本单位重大科研项目、创新团队、创新基地和平台、国家重点实验室、重点学科及人才队伍建设需要，确定具体选派专业和领域。优先支持能源、资源、环境、农业、制造、信息等关键领域及生命、空间、海洋、纳米及新材料等战略领域和人文及应用社会科学。根据相关统计，“高水平”公派研究生项目在 2008 年被录取人员的留学专业属《国家中长期科技发展规划纲要（2006—2020 年）》确定的重点领域及其优先主题、前沿技术、基础研究的超过 80%；来自“985 工程”二期基地和平台的约占录取总数的 70%，被录取人员大多前往教育科技发达国家。

三、资助方式

在各种教育资源中，经费是保证受教育权利和实施教育的最重要条件。对于“高水平”公派研究生，国家留学基金资助一次往返国际旅费和规定期间的奖学金生活费，资助标准及方式按照国家有关规定执行；攻读博士学位研究生资助期限为 36 至 48 个月，联合培养博士研究生资助期限为 6 至 24 个月。

2009 年，教育部印发《国家建设高水平大学公派研究生项目学位资助办法（试行）》，向赴国外一流高校、一流专业从事《国家中长期科学和技术发展规划纲要（2006—2020 年）》中的重点领域及其优先主题、重大专项、前沿技术、基础研究学习的留学人员和专业领域为人文及应用社会科学且难以获得学费资助的留学人员提供学费资助。资助学费的留学人员总数不超过“国家建设高水平大学公派研究生项目”选派计划的 5%。学费的资助标准为：每名留学人员每学年最高不超过 3 万美元；如特殊选派需要资助标准高于 3 万美元的，须报教育部审批。学费资助期限不超过留学人员的奖学金资助期限，如确需延长资助期限的，须报教育部审批。

四、选派方式

“高水平”公派研究生项目在选派上的政策目标可以归纳为三个“一流”、紧贴学校、“三公”原则、程序科学。国家留学基金委严格按照“选派一流的学生到国外一流的院校和专业，师从一流导师”的标准和“面向学校需要，依靠学校工作，服务学校发展”的宗旨开展工作，遵循“公开、公平、公正”的原则，采取“个人申请，单位推荐，专家评审、择优录取”的方式进行选拔。申请受理工作委托以下单位负责（以下简称受理单位）：“985 工程”及“211 工程”建设高校负责本校人员的申请受理；在外自费留学人员委托现就读院校或科研机构所在国驻外使（领）馆教育处（组）负责；其他人员由有关国家留学基金申请受理机构负责（详见国家留学网受理机构通讯录），国家留学基金委不直接受理个人申请。

攻读博士学位研究生面向全国公开选拔，自 2012 年起面向部分在海外的自费留学人员进行选拔，试点实施国家包括：美国、加拿大、澳大利亚、日本、英国、法国、德国、俄罗斯、新加坡、瑞典、荷兰、新西兰、爱尔兰、乌克兰、韩国、芬兰、南非、丹麦、比利时、泰国、奥地利、瑞士、挪威、白俄罗斯、意大利、西班牙、葡萄牙、以色列、捷克。

联合培养博士研究生重点面向“985 工程”和“211 工程”建设高校选拔，由国家留学基金委与项目院校以签署协议方式确定各校选派计划和双方的责任义务。“特色重点学科项目”建设高校亦可推荐相应专业的博士生申报。

五、管理办法

教育部 2007 年发布的《国家公派出国留学研究生管理规定（试行）》对国家公派研究生的管理目标和具体做法作出了相应的说明，包括选拔与派出、国外管理与联系、回国与服务、评估等方面。总体来说，国家对公派研究生实行“签约派出，违约赔偿”的管理办法，其政策目标就是使公派留学生的管理规范化，保证公派研究生的培养质量、按期回归和最终效益。国家留学基金管理委员会负责公派研究生项目的总体实施和管理，并适时对项目组织评估；国家重点建设的高水平大学负责选拔和落实国外院校、导师工作；教育部留学服务中心、教育部出国留学人员上海集训部、广州留学人员服务管理中心等部门协助办理派出手续；驻国外使（领）馆负责在外管理工作。

公派研究生一般在当年派出，应在抵达留学目的地 10 日内凭《国家留学基金资助出国留学资格证书》和《国家公派留学人员报到证明》向所属使（领）馆报到（以本人到场或邮寄等适当方式），并按使（领）馆要求办理报到或网上注册等手续。公派研究生应与使（领）馆和推选单位保持经常联系，每学期末向使（领）馆和国内推选单位报送《国家公派出国留学人员学习/研修情况报告表》。公派研究生按期回国后，应在国内连续服务至少两年。在留学期间擅自变更留学国别和留学身份、自行放弃国家留学基金资助和国家公派留学身份、单方面终止协议、未完成留学计划擅自提前回国、从事与学业无关活动严重影响学习、表现极为恶劣以及未按规定留学期限回国逾期 3 个月（不含）以上、未完成回国服务期等违反协议书约定的行为，构成全部违约。违约人员应赔偿全部留学基金资助费用并支付全部留学基金资助费用 30%的违约金。未按规定留学期限回国逾期 3 个月（含）以内的行为，构成部分违约。违约人员应赔偿全部留学基金资助费用 20%的违约金。

第四节 “高水平”项目留学生的接收地区和国家分布

目前，接收“高水平”公派人员的单位绝大多数为教育、科技发达国家和地区的知名院校、科研院所、实验室或具有一流学科专业的机构。网络问卷中，该题的有效数据为 8 135 个，分布地区的具体情况见图 12.1。其中，美洲国家占 48.75%，欧洲国家占 35.36%，亚洲国家占 11.59%，大洋洲国家占 4.28%，非洲国家占 0.02%。研究得到的数据显示，我国“高水平”项目所派出研究生的接收国家 80%以上分布在欧美地区，且集中程度很高。

接收国家的具体分布情况如表 12.2 所示，排在前 10 名的国家分别为美国、德国、日本、英国、加拿大、法国、澳大利亚、荷兰、瑞典和意大利，尤其是美国，一个国家接收的公派留学研究生就达到 3 444 人，比例高达 42.34%。

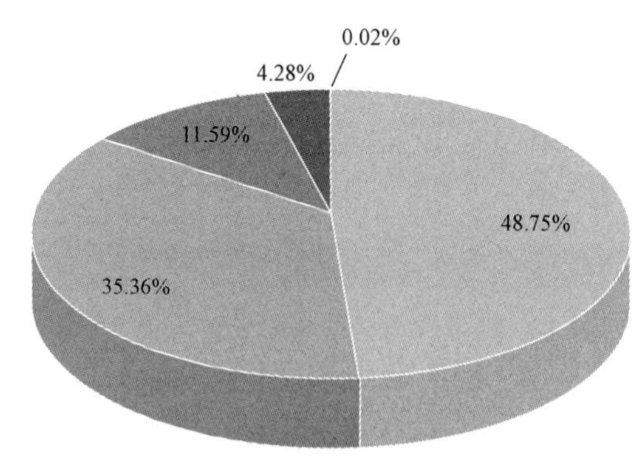

图 12.1 2015 年“高水平”公派人员接收地区比较

表 12.2 2015 年“高水平”公派人员接收国家分布

排序	留学国家	人数	百分比/%	排序	留学国家	人数	百分比/%
1	美国	3 444	42.34	19	挪威	29	0.36
2	德国	885	10.88	20	俄罗斯	28	0.34
3	日本	781	9.60	21	爱尔兰	26	0.32
4	英国	645	7.93	22	新西兰	9	0.11
5	加拿大	519	6.38	23	以色列	8	0.10
6	法国	465	5.72	24	葡萄牙	6	0.07
7	澳大利亚	339	4.17	25	捷克	6	0.07
8	荷兰	179	2.20	26	蒙古	3	0.04
9	瑞典	124	1.52	27	南非	2	0.02
10	意大利	114	1.40	28	巴西	2	0.02
11	瑞士	96	1.18	29	波兰	2	0.02
12	新加坡	94	1.16	30	希腊	2	0.02
13	丹麦	78	0.96	31	法国/波兰	1	0.01
14	比利时	65	0.80	32	卢森堡	1	0.01
15	西班牙	59	0.73	33	美国/英国	1	0.01
16	韩国	55	0.68	34	匈牙利	1	0.01
17	芬兰	33	0.41	35	印尼	1	0.01
18	奥地利	31	0.38	36	印度	1	0.01

一、经济类因素

研究者在访谈中发现，一个国家的综合国力（尤其是经济实力）、学费和奖学金的数量以及生活待遇、产学研环境等，都是影响留学生选择留学地点的重要因素。

二、学术传统的沿袭

欧美发达国家自近代以来就在科学上保持领先地位。中国研究型大学的前沿理工学科多年来一直有派留学生出国的传统，这样的科学传统在中国不足为奇。

研究者在访谈中发现，一些文科专业也有与欧美国家保持紧密互动联系的学术传统，这种传统也对留学生出国构成“推力”。以北京大学为例，从近代开始中国就有留德的风气，蔡元培校长留德归国后，在北京大学继承并创建了自由、科学、纯粹的学术传统，北京大学的一些学科与德国至今还保持着较为密切的联系。这种学术传统的沿袭和前沿学术联系的保持，都积极推动着留学生前往对方国家深造。

三、语言的力量

除了接收国和派出国的因素外，语言也是一个全球高等教育界都无法忽视的问题。最有影响的学术期刊和科学网站都使用英文，许多国家的大学都鼓励甚至要求其教授在英文期刊发表文章，并以此作为衡量其学术质量的依据。类似鼓励或要求用英语交流和以英语衡量其学术地位的做法颇具争议。然而事实是，现在英语已经是全球性的科学和学术语言，在可预见的将来仍将占据主导地位。[①]在提供了外语状况的 2007—2011 年“高水平”公派研究生中，学英语者的比例高达 95.6%。在提供留学国家名称的 8 135 名公派留学生中，有 5 054 名在第一官方语言为英语的国家留学，约占 62.13%。

一方面，英语作为目前的通用学术语言，“一语独大”的现实限制了公派研究生去往非英语国家深造的选择。另一方面，有意思的是，英语也会抑制一些留学生去美国、英国留学的决策。主要原因是美国和英国的大学要求申请者提供英语考试成绩证明，他们对 GRE/TOFEL/IELTS 等英语考试有比较高的分数要求，但一些学生自身的英语水平达不到这个标准，或是没有足够时间准备 GRE 等英语考试。这些留学生多数会选择去往欧洲大陆那些第一官方语言不是英语的国家深造。也有一些留学生认为，到非英语国家留学可以多学一门外语，也能提高自身在外的独立生活能力，有益于成长。

四、个体在不同机遇下的决策

当今的这个时代是多元的、开放的、快速的，也是充满变化的。在高等教育国际化的大背景下，留学生可以在世界范围内选择接收国家，选择的机会成本增加，留学生个体的考量因素比前几个年代更加复杂，不同个体面对的不同机遇对留学生产生了有差异和个性化的影响，这种影响与前面提到的三种客观存在的普遍性因素不同。研究者发现，几位访谈对象在谈到自己选择公派留学的决策过程时，无一例外都提到了“机会”的偶然性因素。虽然申请到欧美的“一流大学”留学，能否被录取本身就带有一定的偶然性，但研究者仍然认为，访谈中的几个留学决策案例可以反映出一些影响因素。

---

① [美] 阿特巴赫 P.，萨尔米，J. 世界一流大学：发展中国家和转型国家的大学案例研究 [M]. 王庆辉，王琪，周小颖，校译. 上海：上海交通大学出版社，2011：12－13.

第五节　改变目前欧美化的策略与措施

在全球化影响下，不同国家之间贸易往来更加频繁，一个国家要在全球竞争中处于优势地位，就必须首先了解世界。海外留学的过程也是不同文化与意识形态之间相互渗透的过程，缺乏对其他国家民族文化和历史的理解，就会导致国人不情愿去支持与本国利益息息相关的外交政策。要打破当前这一局面，应该从国家分布、专业选择和外语培训三个方面入手。

一、扩大“高水平”项目接收国家范围

美国高等学校接收留学生数量经过了十年的持续增长以后，在 2003/2004 学年出现了 2.4%的负增长。与接收外国学生减少形成对照的是，美国出国留学人员的数量却稳步增加。在 1994 年，美国大学生出国学习人数为 76 302 人，2003 年为 174 629 人。这一现象表明，美国的高等教育改变了传统的以接收留学生为主的国际教育模式，鼓励学生出国也是一个时期以来美国各大学为之努力的一个方面。在美国，接收留学生的教育多采取学位教育，鼓励学生出国学习多采取非学历教育，且主要集中在本科生和专业教育上，目的是提高本国公民的国际视野和多元文化知识。[①]

出于种种历史和现实的原因，我国的公派留学工作一直带有强烈的“学习者”心态，从管理者到留学生都倾向于选择去往发达国家和地区学习先进的科学技术和管理经验。随着全球化趋势的加强，每一个国家的开放程度都在不断增强，而了解世界也成为公派研究生的政策目的之一。公派留学生绝不仅仅是要学习先进的科学技术，而且要面向世界，放眼未来，把自己塑造成为世界公民。随着全球战略资源争夺日趋紧张，一些与我国当前经济发展、外交战略关系不太紧密的国家无法得到我国重视，一般也少有个人会选择这样的国家作为赴海外留学的对象国，从而导致这些国家成为留学和外交盲点，流失潜在的战略发展空间。公派研究生只集中于目前这十几个国家，不利于我国在激烈的国际竞争中长期占据有利地位，这无疑是短视和危险的。

区域文明是大学的温床，每一种文明都为建立优秀的研究型大学提供了有益的特殊条件。[②]“高水平”项目应该出于战略考量，在现有的“派一流”“赴一流”“学一流”基础上，到“非一流”的国家和地区去，尤其是到我们不了解的地方去了解、学习和研究，这样才可能打破欧美发达国家的学术垄断地位，获得第一手

---

① 马万华．跨国教育：不仅是高等教育国际化的新趋势［J］．中国高等教育，2005（21）．

②［美］阿特巴赫.P，萨尔米，J．世界一流大学：发展中国家和转型国家的大学案例研究［M］．王庆辉，王琪，周小颖，校译．上海：上海交通大学出版社，2011：69．

资料，努力“创建一流”，这才可能是真正的、领先的、我们自己的“一流”。

二、进一步加强对人文社会科学的公派支持力度

从学科领域上看，“高水平”项目明确重点支持《人才规划纲要》《科技规划纲要》确定的重点支持学科、前沿技术、基础研究、人文及应用社会科学领域，优先支持能源、资源、环境、农业、制造、信息等关键领域及生命、空间、海洋、纳米及新材料等战略领域和人文及应用社会科学，见图 12.2。这些领域的研究已经在世界范围内呈现出集中分布的趋势，尤其是理工科的先进科学技术集中程度更高。虽然人文社会科学研究的地位在政策目标中有所体现，但从“高水平”项目的实际情况来看，文理资源分配仍然差异巨大。不少公派人员指出：“文科选派联合培养博士生的人数极端的少，只一味注重理工科等实用性学科。学生的派出、资源分配向实用性学科倾斜的做法，间接导致人文基础学科的遇冷、人文素质培养的忽视，与社会、高校浮躁的氛围形成一个恶性循环。希望日后可以作出相应的改善。”改变这种局面仍需要国家导向，还亟需国家在经济资助和其他配套措施方面给予大力支持。

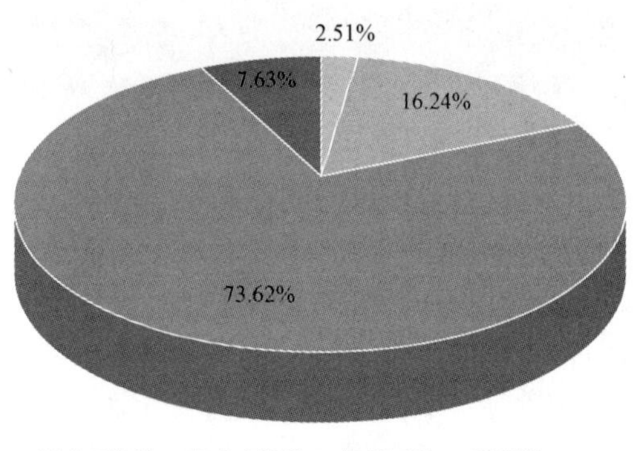

图 12.2 学科大类分布比较[①]

① 研究者具体的学科分类方法：（1）**交叉学科**，包含的专业类别：管理科学与工程、农业经济管理、科学技术史；（2）**理工科**，包含的专业类别：兵器科学与技术、材料科学与工程、测绘科学与技术、船舶与海洋工程、大气科学、地理学、地球物理学、地质学、地质资源与地质工程、电气工程、电子科学与技术、动力工程及工程热物理、纺织科学与工程、光学工程、海洋科学、航空宇航科学与技术、核科学与技术、化学、化学工程与技术、环境科学与工程、建筑学、交通运输工程、控制科学与工程、矿业工程、力学、林学、林业工程、农业工程、农业资源利用、轻工技术与工程、生物学、生物医学工程、石油与天然气工程、食品科学与工程、数学、水产、水利工程、体育学、天文学、土木工程、物理学、系统科学、心理学、信息与通信工程、畜牧学、冶金工程、仪器科学与技术、园艺学、植物保护、作物学；（3）**人文社科**，包含的专业类别：法学、工商管理、公共管理、教育学、理论经济学、历史学、民族学、社会学、图书情报与档案管理、外国语言文学、新闻传播学、艺术学、应用经济学、哲学、政治学、中国语言文学；（4）**医学**，包含的专业类别：公共卫生与预防医学、基础医学、口腔医学、临床医学、兽医学、药学、中西医结合、中药学。

三、制定新的外语教学战略，打破英语“一语独大”的霸权地位

英语目前是全球性的科学和学术语言，并且在可预见的将来可能仍将占据主导地位。从一定意义上说，英语也是“学术新殖民主义”的语言，因为世界各地的学者都须遵循英语国家学术体系的标准与价值。[①]公派研究生无论在联系导师和专业学习上，还是日常生活和文化交流上，抑或求职就业方面，都需要顺畅的英语交流作保障。经过多年的英语教学实践，目前我国学生的英语水平已经基本满足上述要求。但是仅有英语交流能力，还是远远不够的，面对一个多样化的世界，提高学生使用其他语言的能力迫在眉睫。

① ［美］阿特巴赫. P，萨尔米，J. 世界一流大学：发展中国家和转型国家的大学案例研究［M］. 王庆辉，王琪，周小颖，校译. 上海：上海交通大学出版社，2011：12－13.

第十一章　智力引进与“千人计划”学者回归

引　言

在院校国际化中，国际化的人才引进一直是建设世界一流大学的关键问题。1978年，党的十一届三中全会决定把全党工作的重心转移到社会主义现代化建设上来。人才作为知识的拥有者、传播者和创造者，是生产力发展的核心要素。如果没有人才的保证，就无法满足现代化建设的需求。如果人才成长出现了断层，国家的现代化建设将面临长远的困难。邓小平同志在改革开放之初就反复强调人才队伍建设的重要性。早在1975年，邓小平同志就提出对党的人才政策进行拨乱反正的意见。1977年5月，他又提出了“一定要在党内造成一种空气：尊重知识，尊重人才”的著名论断。邓小平同志在1978年3月18日召开的全国科学大会开幕式上讲话指出：正确认识科学技术是生产力，正确认识为社会主义服务的脑力劳动者是劳动人民的一部分，与迅速发展我们的科学事业有着极其密切的关系。革命事业需要有一批杰出的革命家，科学事业同样需要有一批杰出的科学家。

1984年10月，邓小平同志在中央顾问委员会讨论《关于经济体制改革的决定》时又说：“这个文件一共十条，最重要的是第九条……概括地说就是‘尊重知识，尊重人才’八个字，事情成败的关键就是能不能发现人才，能不能使用人才。”在邓小平同志的倡导下，“尊重知识，尊重人才”成为我国人才工作的重要指导方针。

1985年3月出台的《中共中央关于科学技术体制改革的决定》指出：现代科学技术是新的社会生产力中最活跃的和决定性的因素。全党必须高度重视并充分发挥科学技术的巨大作用。在人事制度方面，要扭转对科学技术人员限制过多、人才不能合理流动、智力劳动得不到应有尊重的局面。1987年10月发布的《中国共产党第十三次全国代表大会报告》也提出：要把发展科学技术和教育事业放在首要位置，使经济建设转移到依靠科技进步和提高劳动者素质的轨道上来。从根本上说，科技的发展、经济的振兴，乃至整个社会的进步，都取决于劳动者素质的提高和大量合格人才的培养。必须进一步营造尊重知识、尊重人才的社会环境。

2002 年党的十六大报告进一步发展了这一方针，新的“尊重劳动，尊重知识，尊重人才，尊重创造”16 字方针为新世纪人才工作指明了新的方向。为加快国际人才的引进，2008 年我国实施了“千人计划”。本文主要关注我国人才计划发展历程和“千人计划”学者的回归动因。

第一节　科教兴国与人才强国战略

1977 年，邓小平在科学和教育工作座谈会上指出：“我们国家要赶上世界先进水平，从何着手呢？我想，要从科学和教育着手。”“不抓科学、教育，四个现代化就没有希望，就成为一句空话。”明确把科教发展作为发展经济、建设现代化强国的先导，摆在中国发展战略的首位。从 20 世纪 70 年代后期到 90 年代初期，邓小平同志坚持“实现四个现代化，科学技术是关键，基础是教育”的核心思想，为科教兴国发展战略的形成奠定了坚实的理论和实践基础。

科教兴国，是指全面落实科学技术是第一生产力的思想，坚持教育为本，把科技和教育摆在经济、社会发展的重要位置，增强国家的科技实力及向现实生产力转化的能力，提高全民族的科技文化素质，把经济建设转移到依靠科技进步和提高劳动者素质的轨道上来，加速实现国家的繁荣强盛。

实施科教兴国战略，是全面落实“科学技术是第一生产力”思想的战略决策，是保证国民经济持续、快速、健康发展的根本措施，是实现社会主义现代化宏伟目标的必然抉择，也是中华民族振兴的必由之路。十一届三中全会以后，党的工作重心转移到经济建设上来。实施科教兴国战略是这一转移的进一步演化和向更高阶段的发展，必将使生产力获得新的飞跃。

1995 年 5 月 6 日颁布的《中共中央国务院关于加速科学技术进步的决定》，首次提出在全国实施科教兴国战略。国际科技合作与交流是我国对外开放政策的重要组成部分。在国家外交政策的指导下，根据我国科技和经济发展的需要，按照平等互利、成果共享、保护知识产权、尊重国际惯例的原则，以双边、多边、官方、民间等多种形式，积极开展多渠道、多层次、全方位的国际合作与交流。积极引进国外先进技术和智力，欢迎国外专家来华工作或开展科技交流。鼓励高技术企业和有实力的科研单位在国外、境外创办分支机构，开展技术贸易。在基础性研究领域广泛开展国际学术交流，拓宽与世界各国及国际学术组织交流的渠道，扩大交流的范围。在一些重要领域可与国外科研机构或企业共建科研基地。要为科技人员，特别是中青年科技人员开展国际合作研究及出国进修、短期访问和参加国际学术交流等科技活动创造条件，鼓励他们在世界科学的前沿博采众长，提高学术水平。

实施科教兴国战略的关键是人才。人类生产及社会服务自动化、信息化、智能化水平正在不断提高，许多繁重、重复的体力劳动正在被各种自动化机械和计算机所取代，对劳动者知识和技术水平的要求越来越高。大大提高我国劳动者中科技人才的比例，提高劳动者队伍的整体素质，对于我国社会主义现代化建设事业具有重大意义。

1996 年，八届全国人大四次会议正式提出了国民经济和社会发展“九五”计划和 2010 年远景目标。实施科教兴国战略，促进科技、教育与经济紧密结合。经济建设必须依靠科学技术，科学技术工作必须面向经济建设，努力攀登科学技术高峰。教育必须面向现代化，面向世界，面向未来，致力于提高国民素质，在各个领域培养一批跨世纪的优秀人才。积极开展国际间科学合作交流，充分利用国内、国外科学发展的丰富资源。至此，科教兴国成为基本国策。

2002 年 5 月，党中央、国务院发布了《2002—2005 年全国人才队伍建设规划纲要》。该《规划纲要》指出，进入新世纪，国际形势正在发生深刻变化。随着经济全球化的发展，人才全球化趋势进一步增强。我国加入世界贸易组织后，面临的人才问题更加突出。发达国家利用各种手段吸引我国人才，人才竞争日益激烈；全球范围内的经济结构调整对人才素质提出了更高要求；综合国力的竞争更加倚重于科技进步和人才开发。今后 5～10 年，是我国经济和社会发展的重要时期，做好加入世界贸易组织后的各项应对工作，实现“十五”计划确定的宏伟目标，把建设中国特色社会主义事业不断推向前进，人才是关键。抓住机遇，迎接挑战，走人才强国之路，是增强我国综合国力和国际竞争力，实现中华民族伟大复兴的战略选择。

《2002—2005 年全国人才队伍建设规划纲要》提出，要吸引和聘用海外高级人才。制定和实施国家紧缺人才引进计划，重点引进信息技术、生物技术、新材料技术、先进制造技术、航空航天技术等方面具有世界一流水平的专家，以及金融、法律、国际贸易和科技管理方面的高级专门人才。通过给予优厚的薪酬、提供重点实验室和科研基地等措施，吸引海外高级人才。建立海外高级人才信息网络，研究制定聘用海外高级人才从事公务工作的具体办法。发展和规范引进海外高级人才中介组织。对引进的外国高级专门人才实行在华长期居留或永久居留制度。加强与旅居海外的华人华侨专家的联系，研究制定鼓励和吸引他们回国工作或为国服务的政策。对吸引和聘用海外高级人才工作，国家给予专项资金支持。修改完善有关法律法规，研究制定投资移民和技术移民法，为吸引和聘用海外高级人才提供法律保证。

2006 年，国家制定了“十一五”规划纲要，提出要实施科教兴国战略和人才强国战略。把科技进步和创新作为经济社会发展的重要推动力，把发展教育和培养德才兼备的高素质人才摆在更加突出的战略位置。深化体制改革，加大投入，加快科技教育发展，努力建设创新型国家和人力资本强国。鼓励和引导海外留学人员回国工作、为国服务。推进人才强国战略。坚持党管人才原则，牢固树立科学人才观，壮大人才队伍，提高人才素质，优化人才结构，完善用人机制，发挥人才作用，促进人口大国向人力资本强国转变，积极吸引海外高层次人才。

2007 年，人才强国战略与科教兴国战略和可持续发展战略作为中国特色社会主义的三大基本战略，被写入党的十七大报告和新党章。通过实施科教兴国战略、人才强国战略、可持续发展战略，着力把握发展规律，创新发展理念，转变发展方式，破解发展难题，提高发展质量和效益，实现又好又快发展，为发展中国特色社会主义打下坚实基础。

第二节　以重大工程为依托实施人才战略

截至 2019 年，国家各部委、单位的人才计划中，国家自然科学基金委有“杰出青年科学基金”“优秀青年科学基金”，教育部有“长江学者”“青年长江学者”“新世纪优秀人才支持计划”，中组部有“千人计划”“青年千人计划”“青年拔尖人才支持计划”，科技部有“万人计划”“创新人才推进计划”，中国农科院有“青年英才计划”，人社部有“百千万人才工程”，全国博士后管委会办公室有“香江学者计划”。

2003 年 12 月 19 日，党中央、国务院召开第一次全国人才工作会议。会后印发的《中共中央、国务院关于进一步加强人才工作的决定》，成为新世纪新阶段人才工作的行动纲领。

2010 年 4 月 1 日，中共中央、国务院印发的《国家中长期人才发展规划纲要（2010—2020 年）》提出，到 2020 年，确立国家人才竞争比较优势，进入世界人才强国行列；人才资源总量增加到 1.8 亿人。

2010 年 12 月召开第二次全国人才工作座谈会，对科学人才观进行了系统梳理和全面阐释，明确提出“人才是最活跃的先进生产力”“人才是科学发展的第一资源”等 10 个方面的理念。我国地方主要人才引进计划见表 11.1。

表 11.1　全国地方人才引进计划

地区	省份	人才计划项目
东部	北京	北京海外人才聚集工程
	天津	天津千人计划
	河北	河北百人计划
	上海	上海千人计划/上海曙光计划/上海海外高层次人才集聚工程/杨浦 3310 计划

续表

地区	省份	人才计划项目
东部	江苏	江苏双创引才计划
	浙江	浙江海外高层次人才引进计划/杭州5050计划/创新嘉兴精英引领计划
	福建	闽江学者计划/福建省引进高层次创业创新人才计划
	山东	泰山学者计划/山东省引进海外高层次人才万人计划
	广东	广东省引进创新科研团队专项计划/广东珠江人才计划
	海南	海南高层次人才引进计划
东北	黑龙江	黑龙江龙江学者计划
	辽宁	沈阳“凤来雁归”工程/辽宁千人计划
	吉林	吉林千人计划/长春百人工程/吉林省引进高层次人才创新创业计划
中部	山西	山西百人计划/临汾引才计划
	安徽	皖江学者计划/安徽百人计划/合肥市百人计划
	江西	江西赣鄱英才555工程/江西省面向国内外引进优秀高层次专业技术人才
	河南	河南百人计划/中原崛起百千万海外人才引进工程/洛阳市海外高层次人才引进1211工程
	湖北	湖北百人计划/楚天学者计划/武汉市东湖新技术开发区3551计划
	湖南	湖南百人计划/长沙市引进国际高端人才三年行动计划
西部	重庆	重庆市引进海内外英才鸿雁计划/重庆千名优秀人才引进计划/两江学者计划/重庆百名海外高层次人才集聚计划
	四川	四川百人计划
	贵州	贵州省高层次人才引进工程
	云南	云南百名海外高层次人才引进计划
	陕西	陕西百人计划/西安5211计划/三秦学者计划
	青海	青海省引进海外高层次人才工作
	宁夏	宁夏百人计划
	广西	广西八桂学者人才计划
	西藏	西藏自治区高层次人才引进
	甘肃	甘肃省高层次人才科技创新创业扶持
	新疆	新疆天山英才工程将培养高层次创新型人才
	内蒙古	草原英才工程

第三节　“千人计划”学者

根据教育部发布的信息，2017 年我国出国留学人数破 60 万大关，达 60.84 万人，同比增长 11.74%，持续保持世界最大留学生生源国地位。统计数据显示，我国出国留学规模持续增长，中国生源领跑世界。改革开放 40 年来，我国各类出国留学人员累计已达 519.49 万人，目前有 145.41 万人正在国外进行相关阶段的学习和研究。从 1978 年到 2017 年年底我国出国留学的相关数据中不难发现，留学回国人数稳步提升，高层次人才回流趋势明显。其间各类出国留学人员中，有共计 313.20 万名留学生在完成学业后选择回国发展，占已完成学业留学生人数的 83.73%。十八大以来，随着留学回国人数的不断攀升，已有 231.36 万人学成归国，占改革开放以来回国总人数的 73.87%。仅 2017 年，留学人员回国人数较上一年增长 11.19%，达到 48.09 万人，其中获得硕博研究生学历及博士后出站人员达到 22.74 万，同比增长 14.90%。[①]

以留学人才为主体的海外人才是我国高层次人才队伍的重要来源，在社会主义现代化建设进程中发挥了积极作用。中华人民共和国成立之初，以钱学森、李四光、邓稼先、吴文俊等杰出科学家为代表的海外留学人才回到祖国，为发展新中国的工业、科研、教育和国防建设事业建立了卓越功勋。改革开放以来，我国出国留学人数不断增多。据有关方面统计，我国在主要发达国家有约 20 万人学成后留在海外工作，其中 45 岁以下、具有助理教授或相当职务以上的约 67 000 人；就职于国际知名企业、高水平大学和科研机构，具有副教授或相当职务以上的高层次留学人才约 15 000 人。这些留学人员虽然长期在海外工作、生活，但其中许多人始终心系祖国，有回国工作和为国服务的愿望。

随着改革开放的深入推进，我国各项事业蓬勃发展，为各方面优秀人才提供了前所未有的发展空间和广阔舞台，吸引大批海外高层次人才的时机已经到来。因此，中央提出要统筹资源，完善政策，健全机制，组织实施海外高层次人才引进计划，大力引进海外高层次人才回国（来华）创新创业。2008 年 12 月，《中央人才工作协调小组关于实施海外高层次人才引进计划的意见》出台。为进一步落实该文件内容，中央推出了“千人计划”。该计划由中组部牵头，计划用 5～10 年时间，引进并有重点地支持 2 000 名左右海外高层次人才回国（来华）创新创业。海外高层次人才引进工作小组负责“千人计划”的组织领导和统筹协调。工作小组由中央组织部、人力资源和社会保障部会同教育部、科技部、中国人民银行、国资委、中国科学院、中央统战部、外交部、发改委、工业和信息化部、公

① 教育部．2017 年出国留学、回国服务规模双增长［EB/OL］．［2018－03－30］．http://www.moe.gov.cn/jyb_xwfb/gzdt_gzdt/s5987/201803/t20180329_331771.html．

安部、财政部、侨办、中国工程院、自然科学基金委、外专局、共青团中央、中国科协等单位组成。采取积极措施吸引海外人才是世界主要发达国家和新兴发展中国家壮大本国人才队伍的通行做法，也是在较短时间内突破技术瓶颈，提升科研水平的一条宝贵经验。

实际上，20 世纪 90 年代初的中国科学院，研究员平均年龄 55 周岁，人才断层明显，代际转移迫在眉睫。人才困境就是发展的瓶颈，中国科学院审时度势，在 1994 年就开始从院里基建费、仪器设备购置费、院长基金以及留学基金中统筹规划，每年拿出 1 500 万～2 000 万元引进 10 名左右青年学者。今天，首批入选“百人计划”的学者大多成为院士、杰出青年、长江学者等本学科领域领军人才。① 张宏雷整理了 1994—2012 年我国人才计划，启动的时间和种类，见表 11.2。

表 11.2　国家主要人才计划启动时间统计

计划名称	启动时间	主管部门
百人计划	1994 年 1 月	中国科学院
国家杰出青年基金	1994 年 3 月	国家自然科学基金委员会
长江学者	1998 年 8 月	教育部
千人计划	2008 年	中央组织部
中青年科技创新领军人才	2010 年	科技部
国家高层次人才特殊支持计划（万人计划）	2012 年	中组部、人社部等 11 部委

根据相关统计，目前国家重点项目的学科带头人中，72%是海归，81%的中科院院士、54%的工程院院士也是海归。在全国创办的 60 多个留学人员创业园中，留学人员创办企业 5 000 多家，年产值逾 100 亿元。

2006 年，国家自然科学奖获奖项目的第一完成人中的 67%、国家技术发明奖项目第一完成人中的 40%、国家科技进步奖项目第一完成人中的 30%是留学回国人员。

在国家“千人计划”的引领下，各地各部门实施各具特色的人才引进计划。例如，北京启动“海聚工程”，浙江开展省级“千人计划”，江苏实施“双创计划”，广东推行“珠江人才计划”，重庆启动“百人计划”。这些引才计划与教育部“长江学者计划”、中科院“百人计划”等部委引才计划一起，形成多层次、多渠道、相互衔接的海外引才大格局。

2011 年，国家在“千人计划”的基础上又启动实施了“千人计划”外专项目，

① 张宏雷. 国家人才引进计划中的“百人计划”“千人计划”“万人计划”究竟有什么不同[EB/OL]. [2017-10-20]. https://www.zhihu.com/question/47732583/answer/247568973.

该项目是国家“千人计划”中的一项，是专门引进非华裔外国专家的项目平台。“外专千人计划”目标是围绕中国经济和社会发展重点行业和关键领域的需求，利用 10 年左右的时间，引进 500 至 1 000 名高层次外国专家，每年引进 50 至 100 名。“外专千人计划”重点引进一批能够推动关键领域突破、带动战略性新兴产业发展、促进新兴学科建设的战略科学家、科技领军人才，引进一批重点领域国际化创新团队，为建设创新型国家提供有力的国外智力支持。入选者享受“千人计划”的外国专家特定政策和待遇，被授予“国家特聘专家”称号。来华从事基础性研究并且长期在华工作的“千人计划”专家还可获得 100 万元（人民币，下同）的一次性补助，并获得 300 万～500 万元的科研经费补助。“千人计划”外专项目体现出中国引进高精尖缺人才的导向，既对全国起到引导带动作用，也向世界昭示了我们对人才的渴求。截至 2012 年 12 月 10 日，有 94 名外国专家入选，成为中国国家特聘专家。到 2017 年，入选“千人计划”外专项目的专家达 381 名①②。

从政策层面上鼓励留学人员回国最早见于 1992 年《关于出国留学人员工作的若干暂行规定》：“国内留学人员管理部门、派出部门和单位，应及时做好出国留学人员回国后的工作安排，充分发挥他们的作用。”此后，鼓励留学回国政策体现在国家实施的“百人计划”“春晖计划”“留学回国人员科研基金”“长江学者奖励计划”、留学创业园等。例如，1996 年政府拨出专项经费，实施支持留学人员回国工作的“春晖计划”，并在这个基础上，于 2000 年增设“春晖计划”海外留学人才学术休假回国工作项目，目的是鼓励已经在国外高校任教的留学人员利用学校假期回国从事讲学与科研工作。政府也从制度层面实施“长江学者”项目，通过特聘教授岗位招揽大批海外学术精英参与国内高校的学科建设。2000 年 7 月 28 日，国家人事部颁布《关于鼓励海外高层次留学人才回国工作的意见》。该文件提出，政府将通过奖励、津贴等形式，逐步提高回国人员的薪酬待遇。2001 年，人事部下发《留学人员创业园管理办法》，重点扶持留学人员回国创业，吸引具有国际视野与创新能力的高科技人才，带动国内高新技术产业的发展。为了响应国家的这些举措，全国各省市也纷纷出台相关的留学人员回国创业优惠政策。2001 年，人事部颁布《关于鼓励海外留学人员以多种形式为国服务的若干意见》，指出海外留学人员为国服务的 7 种形式，以及政府为海外留学人员回国工作提供的相关制度保障。

一方面，这些计划表明国家十分重视出国留学人员的回国意向。另一方面，这些计划的颁布正值我国加入 WTO 前夕，政府在“鼓励回国，来去自由”的方

① 赵超，吴俊．94 名“外专千人计划”外国专家受聘中国国家特聘专家［EB/OL］．［2012－12－10］．http://politics.people.com.cn/n/2012/1210/c1026－19850035.html．

② 张素，郑小红．入选中国“千人计划”外专项目的专家达 381 名［EB/OL］．［2017－04－15］．http://www.chinanews.com/gn/2017/04—15/8200257.shtml．

针指导下，逐渐提倡“海外留学人员以多种形式为国服务”。其中，相关的政策包括留学回国资助政策、搭建留学回国配套措施。国家也对海外留学人员提供制度层面、政策层面的相关援助，其中包括：成立留学回国办公室，研究海外人员学成后的工作意向，出台相关的配套措施；建设不同的网站，增加出国留学与留学回国人才的信息渠道；举办相关的期刊，让学界洞悉目前的海归数量、其工作意向、政府的政策措施等。相关的办公室、网站、期刊包含2003年成立的“留学回国工作办公室”、中国留学网、国家留学网、《神州学人》《出国留学工作研究》。

经济全球化加剧了国际人才的竞争。为创造吸引国际人才的条件和环境，优化高等教育教师队伍结构，世界各国都根据各自的国情采取了一系列引智政策。其中，美国联邦政府不断放宽技术移民限制，以优惠的留学政策吸引别国人才，就是典型的案例。根据2010年2月美国移民局发布的统计数据，在美国，2002年领取H－1B签证、从事教育行业的移民有20 613人，平均年龄34岁，75%以上具有硕士及以上学位。其中来自中国的最多，占17%，且42%具有硕士及以上学位；其次是印度移民，占13%。[①]在英国，2003年，来自国外的高科技人员达到2.6万名，占高校学术人员总数的17%。其中，教授占6%，高级讲师和研究人员占13%，讲师占33%，研究人员占48%；他们主要来自德国、中国、美国和爱尔兰。[②]

在我国，人才引进也受到了高度重视。在2010年5月的全国人才工作会议上，胡锦涛总书记发表重要讲话，强调为了逐步实现由人力资源大国向人力资源强国的转变，要把人才“引进来”和“走出去”工作作为当前和今后一个时期要重点抓好的五项工作之一。在该次会议上，温家宝总理也强调，《国家中长期人才发展规划纲要》《国家中长期科学和技术发展规划纲要》和《国家中长期教育改革和发展规划纲要》相互支撑、紧密联系又各有侧重，一定意义上讲，属于国家发展的顶层设计和系统规划。[③]在国家的大力倡导下，近年来实施的“千人计划”已经显现出其应有的政策效应。例如，地方省市的教育管理部门推出了各自的人才引进计划，如天津的“千人计划”、河北的“千人计划”、四川的“百人计划”，等等。一些有条件的高校，在充分利用国家“千人计划”平台的基础上，推出了各自的引智方案。其中，北京大学就推出了“青年千人计划”和“外专千人计划”，促进大学人才建设的梯队化和多元化。

研究表明，无论是国家的“千人计划”还是大学的人才计划，都得到了海外

① Office of Immigration Statistics，US 2002 Yearbook of Immigration Statistics［EB/OL］.［2003－10－30］. http://www.worldcat.org/title/2002－yearbook－of－immigration－statistics/oclc/054495437.

② Universities UK．Patterns of Higher Education Institutions in the UK：Fifth Report［EB/OL］.［2005－09－16］. http://universitiesuk.ac.uk/Publications/Pages/Publication－224.aspx.

③ 中国共产党新闻网．全国人才工作会议在京举行，胡锦涛、温家宝发表重要讲话［EB/OL］.［2010－05－27］. http://cpc.people.com.cn/BIG5/64093/67507/11705858.html.

华人学者和外国专家的积极响应。自 2008 年“千人计划”实施以来，该计划入选者总人数已达 1 510 人，其中创新人才有 1 161 人，占 77%；创业人才有 349 人，占 23%。而在 1 161 名创新人才中，有美国、英国、澳大利亚、加拿大等发达国家院士 22 人，相当于教授职务的 1 100 多人。[①]这些创新人才主要集中在高校和国家重点实验室等研究机构中。什么因素促成了“千人计划”学者的回归，他们回归后的学术发展优势是什么，国内其他学者和管理人员对“千人计划”的反应如何等，是本章关注的焦点。

第四节　华人“千人计划”学者回归的动因

目前，在我国工作的外国专家中包括海外华人学者，如参与“千人计划”的学者大部分是海外华人学者。在研究中，人们把他们也放到外国专家类别中[②]。但是，华人学者与外籍外国人是有很多不同的。例如，回国工作动因和学术优势不同，外籍专家来华工作没有祖国的概念，而华人学者的回归在很大程度上体现了强烈的祖国意识。因此，本研究把“千人计划”中的海外华人学者作为独立的群体进行研究。本章中的“千人计划”学者指的是 1978 年后从国内大学到国外深造，取得博士学位后继续在国外大学或研究机构工作，成为教授或者研究人员，并获得了所在国国籍，在“千人计划”的感召下回国工作的华人学者。在这些回来的华人学者中，有人采取了“候鸟式”的回归方式。所谓“候鸟式”回归方式就是利用假期或学术休假到中国受聘的大学从事研究或教学，他们在中国大学的聘任是兼职的或短期的。有的人选择了长期回归，就是辞去在海外的工作，把家搬回国内。在长期回归的人员中，有人仍然持有外国护照，他们仍然是外国人；有人放弃了外国国籍，恢复中国国籍。因此，可以看到，“千人计划”学者无论从就职形式、身份认同和居住地选择都呈现出多元性。

本研究涉及的“其他学者”情况也比较复杂，有的是在国内获得博士学位，有短期海外学习或访问经历，有的是在国外获得博士学位就马上回国工作的，在本文中将他们统称为“其他学者”。本文中的行政管理者主要是北京两所世界一流大学中的中层管理人员，是“千人计划”政策的落实者，与“千人计划”学者有直接接触和更多的了解。

本文涉及的“千人计划”学者都具有博士学位，且大多数年富力强，基本上在国外的高等院校从事自然科学研究。作为同辈人中的佼佼者，他们具有非常好的个人素质和条件、合理的知识结构和很强的科研能力。在决定回归时，他们通

① 李可，刘洁．349 名海外高层次人才入选第六批“千人计划”［EB/OL］.［2011－09－16］. http://scitech.people.com.cn/GB/15672642.html.

② 白燕，韩笑．北大：奏响创新引智最强音［J］. 国际人才交流，2006（11）.

常把实现个人价值看得非常重要。例如，在访谈中，许多学者表示，追求物质财富并不是他们的最终目标，他们真正重视和追求的是学以致用、竭尽所学，充分实现个人价值。因此，一些人反复强调回国可以人尽其才。例如，一位学者这样表述："人尽其才，做自己想做的事，能发挥更大的作用。"另一位人文学科的学者也说道："不论短期回国一两年还是长期定居，我总希望能在'人尽其才'的原则下替祖国文化事业做点事，这是我回国唯一的动机，也是唯一的要求。"

"千人计划"学者在选择回归时往往会把个人价值的实现与祖国的命运紧紧联系在一起。其中，一位学者深情地说："我们的祖国母亲曾经遍体鳞伤，但是生命力非常强，现在依然是生机勃勃。尽管现在还有许多不尽如人意的地方，'江河流着黑水，天空下着黄沙'，海外游子曾用这样的话描述国内的环境，但这不正应该是我们回来的理由吗？现在有多少事情等着我们去改变、去创造？我希望我们国家的天更蓝，家乡的水更绿，我愿意为这付出智慧和汗水。当一个人的命运与民族的命运联系在一起时，才更容易获得成功，这种成功才更有意义。"还有一位全职回国工作的环境科学的学者深情地说道："我们现在正处于祖国千载难逢的复兴时代，如果能够有机会全身心地投入祖国的建设中，本身就是很大的荣幸。如果只是在异国他乡做一个旁观者，或者像候鸟一样，蜻蜓点水，对我来讲是一个人生的遗憾。"

个人价值的体现可能表现在不同的方面，但是当个人价值与祖国和民族的命运联系到一起时，就会产生强烈的满足感和成就感。这是许多华人"千人计划"学者的心声。在访谈中，一位从美国哥伦比亚大学回来的学者在表白他的感受时这样说道："除此之外，还有一个很重要的原因，我会告诉我的学生和所有人，回来后的民族认同感非常强。很简单，在哥大和北大做同样的事，我会觉得在北大开心得多。"另一位曾在英国一家著名的世界 500 强企业工作的学者也表达了同样的感受："在院里，海归已经成为一个群体，并且是一个很受尊重的群体，很多大的决策都会征求我们的意见，我们所提的建议都会引起重视。有什么情况，可以直接反映到院领导甚至校领导。我确实有一种主人翁的感觉。在国外的公司里，虽然也是在管理层，但那是一种'打工仔'的感觉，而现在是当家做主人了。我回国以前是搞技术的，现在有了一个行政头衔，也是领导对我的重视。"

如果把"千人计划"学者回归后感受到的主人翁精神、人尽其才和与祖国命运联系在一起看作华人学者回归的主观因素的话，那么，子女的文化认同、赡养父母和受重要他人的影响应该是传统文化观念浓厚的华人学者回归的客观原因。参与研究的"千人计划"学者大多已经步入中年，这些人对子女的身份认同和赡养年迈的父母有自己独到的见解和社会责任。其中一位学者这样讲道："在美国长大的中国孩子有一个身份认同问题，我希望自己的孩子能在中国接受早期教育，有一种民族认同感，这太重要了！"另一位较年轻的留英学者也表达了同样的看法，他说："我在英国伦敦大学时就想，自己和爱人都是受到中国的传统教育，应该让我们的孩子和我们一样接受祖国的教育，以免有一天我们和孩子说话，例如说起‘有朋自远方来’，他却听不懂。孩子的归属定位也是一个问题。还有就是老人，我们曾经把父母接到英国住了一段时间，但是他们的年纪也大了，更不适应国外的生活。所以，归属感和亲情是有一些联系的。”

此外，重要他人的影响也是学者回归的因素之一。在这里，重要他人或者是学者们出国前的导师，或者是曾经的同学或同伴。其中，前辈的教诲非常重要，例如，一位学者说道：“很多老前辈告诉我，像你这样的人回来，发展的空间和平台更大。”另一位学者更为直接，他的回归是为了完成对导师的承诺：“20多年前在我出国之前，我的导师曾经跟我说，学成后还是要回来，因为在中国你可以做更多的事情。……拖了这么长时间，如今我的导师知道我回来，非常高兴，对我来说也算是完成了对恩师的一个承诺。”还有人看到先期回国的朋友、同学在国内发展得不错，从而增强了自己回国的信心。一位学者说：“看着一个个先期回国的同学、朋友在国内挑大梁、担重担，心里挺着急的，也想回来，但是一直找不到合适的机会。感觉自己是一个局外人。”从上面的表述中不难发现，“千人计划”为这些想为祖国做事的海外华人学者提供了机遇和条件。

第五节　“千人计划”学者的学术优势

研究表明，无论是在教学、科研还是在社会服务方面，“千人计划”学者都具有其他学者和非华人外国专家所不具备的优势。首先是跨文化优势。1970年以后出国的“千人计划”学者对祖国文化非常了解，具有宽广的跨文化视野。他们是中国人，但可以从“非中国式”的角度来看问题；是西方学界的一员，但又会从“非西方式的”角度来讨论问题。[①]“千人计划”学者在融会贯通两种文化的同时，又对两种文化有着自己独特的解读，这使得他们在分析和解决问题时能有不同的角度和思维方式。其次，大多数“千人计划”学者在外多年，在所在国已经搭建起了较高的学术平台，了解国际学术界的最新动态，能够直接与国外学者对话。第三，他们在国际学术交流方面能起到纽带作用，能够在向我国的学术界传播、介绍、解读国际发展的信息，以及帮助祖国构建国际影响力方面发挥作用。第四，在科学研究和大学学科建设上，“千人计划”学者能引进自己的研究成果，吸引研究生参与课题研究。同时他们的科研大多呈现跨学科性，能够为学校学科发展填补空白，有利于大学中的知识创新。除此之外，“千人计划”学者还可以帮助其他学者在国际期刊上发表论文，联系国际合作科研课题，介绍外国学者来校讲学，帮助同事和学生联系出国，等等。还有一个突出的特点是，许多“千人计划”学者回归后，很快被提拔到行政管理岗位上，他们为大学的管理带来了不同的管理

① 王希．海外学者与中国“软实力”的构建［J］．对外传播，2010（10）．

风格。可以说，他们正在改变目前大学的学术管理环境。

一批批海归人才前赴后继，一项项重大科技成果不断涌现。尤其是十八大以来，我国科技发展突飞猛进，一些领域逐步从世界科技的“跟跑者”跃升为“并跑者”和“领跑者”。有统计显示，目前国家重点项目的学科带头人中，超过七成是海归人才，大量的中国科学院院士、中国工程院院士也出自其中。2017 年 8 月 18 日，中国科学技术发展战略研究院发布的《国家创新指数报告 2016—2017》显示，在 40 个参评国家中，中国国家创新指数综合排名比上一年提升了 1 位，位居第 17 位。①

2015 年是首批国家“千人计划”专家、中国科学技术大学教授潘建伟值得欣喜和庆幸的一年。这一年，他捧得了国家科学技术奖证书，其领衔的“多光子纠缠及干涉度量”项目荣获我国自然科学领域最高奖项——国家自然科学奖一等奖。与此同时，他的这项研究成果被列在 2015 年国际物理学十大年度突破之首②。潘建伟在 2008 年受祖国人才政策感召，毅然放弃在德国海德堡大学的教职工作回到祖国，开展量子通信领域研究。

而潘建伟只是国家众多“千人计划”专家和无数留学归国人才中的一员。此外，还有国家“千人计划”专家王中林，荣获 2016 美国 SURA 杰出科学家奖；丁列明的盐酸埃克替尼喜获国家科技进步一等奖；鲍捷研制出微型量子点光谱仪；张首晟当选 2015 年美国科学院院士；熊宇杰发明光驱动有机反应金属催化剂；陈永胜发现世界首个“光驱动”新材料；徐华强解析阻遏蛋白复合物的晶体结构；蔡蔚攻克电动汽车的“大脑和心脏”；赵立东取得热电能源材料研究重大突破。③

第六节 “千人计划”学者面临的挑战

对“千人计划”大力度的科研经费支持和较高的工资待遇表明了我国政府在引进智力方面的力度和决心，也因此得到了海外学者的积极响应。其中一位学者表示：“国家为我和家人提供了一揽子归国方案，解决了我们回国的后顾之忧。我是由衷地感谢学校给予我这么好的机会和条件报效祖国，让我所知所学能用在国家建设的关键时期。同时，国家对建设创新型国家的勇气和决心、对吸引海外人才回国的期望，让我更加坚定了报效祖国的信念。”但是，在目前国内科研人员工资不高的情况下，如此大力度地吸引海外人才，国内学者的反应会对上述专家提出挑战。例如，有“千人计划”学者反映回国后适应困难问题和国内办事流程烦

① 中国科学技术发展战略研究院. 国家创新指数报告 2016－2017 图解[EB/OL].[2017－08－18]. http://www.casted.org.cn/channel/newsinfo/6336.

② 江琳. 砥砺奋进的五年·全面深化改革：为国家发展筑牢人才之基 [N]. 人民日报，2017－08－10（01）.

③ 李向光. 开窗放入大江来——党的十八大以来国家“千人计划”成就斐然 [J]. 中国人才，2017（10）.

琐问题。研究发现，其他学者与“千人计划”学者的态度有明显的差异。在“千人计划”学者身边工作的其他年轻学者从自己与“千人计划”学者的薪酬差异中看到了前进的动力，认为这种薪酬制度终究会促进大家的“共同富裕”，因此他们对“千人计划”学者获得的特殊待遇、薪酬、实验条件、科研经费支持力度和优越的社会地位表示理解。例如，一位40多岁的学者这样说道：“我完全可以接受让他们先富起来，他们富起来了，离我富起来的日子也就不远了。他们是可以促进大家共同富裕的。他们回来待遇好了，你才会看到，慢慢地本土其他学者的待遇也开始有起色了。”但是，对于无法受益于“千人计划”，学术水平又与“千人计划”学者相当的人，对“千人计划”学者的各种特殊待遇有一种“不公平”感。

对此，在先前的一些研究中也有“引来了女婿气走了儿子”之说。[①]在我们研究的两所大学中，“儿子”们并没有被“气走”，他们仍然在积极努力地工作，只是感觉到自己的学术资源和升迁机会受到了“侵占”和“挤压”。尤其是当个别“千人计划”学者拿了钱却没有履约，或者几年下来一直没有做出什么成果的情况下，这种“不公平”和“被挤压”感就更强烈。例如，有一位学者就这样讲道：“如果‘千人计划’学者自身能力和水平不高，或者拿了钱又没有产出，其他人的积极性一定会受到影响的。”此外，在研究中发现，行政管理人员表达出另一种担忧，就是某些单位在引才过程中，“只求数量，不在乎质量，一再降低引入人员的标准，使得整个引才计划的威信和影响力大打折扣”。这种只关心数量而不关心质量的人才引进可能会给整个人才引进战略带来负面影响。因此，希望“千人计划”能够一直坚持引入高水平和高质量人才，避免浪费有限的学术资源，也为“千人计划”政策创造良好的社会环境。引入急需的高水平“千人计划”学者不仅能发挥对科技创新的引领作用，更能够对其他学者产生积极的拉动效应。

目前，无论是在基础科学还是在应用科学的研究上，很难说国内的其他学者不优秀，而且他们之中也有许多人有海外受教育的背景。因此，在注重引进“千人计划”学者的同时，也应该改进国内学者的科研条件，充分挖掘他们的潜能。此外，本研究中大多数“千人计划”学者认为我国高校中现行的学术管理流程烦琐，服务水平有待提高。例如，科研经费申请与行政审批过程过于烦琐，配套的后勤服务无法得到落实。因此，如何简化管理流程，提高学者回归之后的使用效率也是引智工作的一个重要内容。

① 郭嘉．政协委员：政府招才引智应防“请来女婿气走儿子”［EB/OL］．［2009－04－30］．http://www.zhongtushe.com/html/yinxiangzhongguo/2009/0430/42222.html．

第十二章　智力循环：外国专家来华工作的学术贡献

引　言

智力循环（Brain Circulation）概念是在20世纪90年代伴随着发展中国家的智力流失（Brain Drain）和智力获取（Brain Gain）等概念而提出的。它表达了发展中国家对于改变人才流失现象的一种希望或期盼。之所以说是一种希望或期盼，是因为造成发展中国家智力外流的因素非常复杂，生活环境、收入差距、文化的再适应等都可能会影响到人才的回流。而发达国家凭借着高收入、良好的自然环境，与发展中国家形成了鲜明的对比。为了获得人才，发展中国家不得不采取各种政策吸引人才。在过去的几十年中，我国有大量的学者和学生滞留国外，出现了人才流失或智力流失问题。但是随着中国经济的发展和国力的增强，也有众多的外国专家和学者到我国来从事教学和科学研究。近年来，来华工作的外国专家和学者的学术层次不断上升，涉及的学科领域和研究的范围越来越广。有数据显示，仅2005年就有97 471名学者和研究人员到我国从事教育与科学研究[①]。他们分布在我国的众多大学、研究所和相关的教育机构中。

党的十八大以来，以习近平同志为核心的党中央站在党和国家事业发展全局的战略高度，鲜明提出“聚天下英才而用之”的战略思想。所谓“聚天下英才而用之”战略思想是一个内涵丰富的理论体系，中国应促进和而不同、兼收并蓄的文明交流对话，在竞争比较中取长补短，在交流互鉴中共同发展，使文明交流成为增进各国人民友谊的桥梁、推动人类社会进步的动力、维护世界和平的纽带。因此，“聚天下英才而用之”，以“完善人才引进各项配套制度，构建具有全球竞争力的人才制度体系”为战略目标。本文主要关注我国吸引外国专家的政策与来华工作的外国专家对我国的学术贡献。

① 陈化北．创新引智服务项目，加速高校国际化进程［J］．国际人才交流，2006（11）．

第一节　智力循环与国家人才战略

2018 年 1 月 22 日，Adecco 集团、欧洲工商管理学院（INSEAD）和塔塔通信（Tata Communications）联合发布了 2018 年全球人才竞争力指数（GTCI）报告。该报告通过衡量一个国家在人才培养、吸引、留存等方面的表现，来评估世界各国的人才竞争力，并为各国的政府、企业提供提升人才竞争力的建议。整体而言，排名处于前列的国家仍以欧洲国家为主，前 25 名中有 15 个。2019 年发布的报告同样显示，排名前 10 的国家有一个关键特征，即具有完善的教育体系，能培养当今劳动力市场所需的社交协作能力。中国在 2018 年全球人才竞争力指数排行榜上居第 43 位，较上一年上升了 11 位。在金砖国家中，仍领先于其他 4 个国家——俄罗斯（53 位）、南非（63 位）、巴西（73 位）、印度（81 位）[①]。该研究表明，中国在全球知识技能方面表现突出，尤其体现在人才影响力、新产品创业活动等方面。

进入 21 世纪，我们已经认识到，世界各国的竞争是综合国力的较量，其实质是经济和科技的竞争，关键在于高科技人才的竞争。目前，新一轮高科技人才争夺战正在全球范围内展开，而且愈演愈烈。在过去的几十年中，我们经历了人才由发展中国家向发达国家单向流动，经历了严重的人才流失。陶涛（2001）[②]在《求是》杂志撰文，指出了几个发达国家对高科技人才的需求情况，他分析指出：2000 年，美国 80%的工作岗位本质上是脑力劳动。目前，高素质劳动力短缺约 30 万，预计到 2006 年缺口将达 67 万，今后每年至少需要 9.5 万名电脑专家，而其国内培养只能满足需求的 1/3 左右。日本信息工程方面的熟练技术人员缺口则高达 20 万。欧盟国家的失业率虽然高达 10%左右，但专业人才却严重供不应求。欧盟的一项报告也指出，西欧地区 2000 年仅信息技术人才就缺员 123 万，其中德国的计算机和电信部门有 7.5 万岗位空缺，法国信息产业方面缺少 1 万名工程师，英国 2000 年对高级专门人才的需求达 24 万人，而其国内每年只能培养 1.6 万人。发展中国家的人才状况更加窘迫，例如，印度 2001 年对软件专业人员的需求在 18 万以上，但其国内最多只能提供 12 万。

另据国际移民组织统计，非洲有 10 万名大学毕业生在发达国家工作；20 世纪 80 年代，非洲每年有 15 000 人才外流，1999 年外流人才超过 21 000 人。21 世纪之初，我国的人才流失也不可小觑，美国硅谷 20 万名工程技术人员中，有 6 万名是中国人。我国为推进现代化建设培养了大量优秀人才，成为世界各国尤其

① 美通社．Adecco 集团发布 2018 全球人才竞争力指数，中国排名上升 11 位［EB/OL］．［2018 - 01 - 23］．https://www.prnasia.com/story/200627 - 1.shtml.

② 陶涛．21 世纪全球人才争夺及其思考［J］．求是，2001（08）．

是发达国家的重点争夺对象。到 2000 年，我国出国留学人员已有 30 多万，而学成回国的不到 1/3。根据陶涛的统计，从 1985 年到 2000 年，清华大学涉及高科技专业的毕业生 82%去了美国，北京大学的比例为 76%。除此之外，在中国的外资企业和国外研发机构还在国内大肆延揽人才。1998 年，美国英特尔公司斥资 5 000 万美元成立了英特尔中国研究中心；同年底，美国微软公司投资 8 000 万美元在北京建立微软中国研究院；其他外国大公司，如朗讯、IBM、摩托罗拉等也纷纷在中国设立研发机构，利用中国的高科技人才为其服务，仅朗讯所属的贝尔实验室就在中国招了 300 人。在陶涛看来，一方面，中国的发展需要大批人才；另一方面，大量人才源源不断地流向国外或在外企工作。如何防止人才流失并进一步引进人才，已经成为我国现代化建设进程中的重大课题。

就外国专家的引进问题，我国在不同的发展时期采取了不同的政策导向。例如，在 20 世纪 50 年代到 60 年代，由于特定的历史原因，我国的高等教育不仅采取了苏联模式，同时也引进了许多苏联专家，并派遣了许多留学生到苏联和东欧的社会主义国家。有数据表明，从 20 世纪 50 年代到 60 年代，大约有 5 000 名苏联专家和教授来华工作；同时，约有 8 000 名中国技工在苏联企业接受培训，11 000 名学生在苏联各类大学留学，还有 1 500 名工程师被派到苏联接受职业培训。到了 20 世纪 60 年代中期，由于中苏矛盾，苏联召回了所有在中国的专家，我国也撤回了大部分留学生。①

但是，当时中国引进苏联专家的目的在于帮助中国恢复经济，所以在这一时期，大部分外国专家集中于经济发展和国防部门。因此，除了少数在高校进行俄语教学的老师外，大部分专家并未对中国高等教育产生直接的影响。相关数据显示，当时在苏联留学的中国学生有 90%的人员都归国了，他们中的大多数都在高校和科研院所任职。他们与 20 世纪 50 年代从美国和欧洲其他国家回来的人员一起，为我国的社会主义建设做出了巨大的贡献。这其中就包括大家非常熟悉的科学家，如钱学森、钱三强和邓稼先等人。但是，这一批人中大多没有加入外国籍，因此不能算外国专家，而是留学回国人员。

1977 年我国恢复高考，1978 年开始实施改革开放政策，许多高校纷纷恢复或建立外语系，因而急需外籍语言教师来华教授外国语。这时来华的外国专家多为语言教师。同时，许多年轻学者和学生有机会去国外学习和交流。根据 2008 年 10 月 24 日出版的《人民日报》海外版发布的数据，在 1978 年，仅有 860 名学生出国深造。但是在 2007 年，有 144 500 名学生和学者出国，这一数字是 1978 年的 168 倍还多。还有统计数字表明，从 1978 年到 2007 年，出国深造的学者和学生人数达 121.2 万之多；留学目的国有 100 多个，且大部分出国的学者和学生都

① 郑骊君，俞水．第一次留学高潮：1951 年留苏学生［EB/OL］［2009－09－20］．http://news.163.com/09/0920/13/5JLJKMPJ00013MJE.html．

是去国外大学攻读博士学位。但是出乎意料的是，他们中的大部分人留在了求学的国家或者移民去了第三国，仅有 1/3 的人回国。他们选择长期工作的国家包括美国、英国、加拿大、新西兰等英语国家[①]。即便是现在，这种情况也没有发生根本性的变化。仅 2009 年，笔者调查了 2 500 名计划出国继续深造的中国学生，在问卷中清晰地显示，美国、英国、加拿大和澳大利亚等国仍然是中国学生首选的留学目的国。近期美国国际教育协会发表的开放门户报告显示，在 2010/2011 学年，留学美国的中国学生占到了在美就读留学生总数的 21.8%，其人数是 157 558 人，而在 1995/1996 学年仅为 39 613 人[②]。人才流失在过去的 20 年成了我国教育国际化进程中最为棘手的问题。但近几年来，发达国家的国际金融危机和我国经济的迅猛发展促使越来越多的海外学子选择归国工作和创业，同时到我国从事科学研究和教学的外国学者数量也在不断攀升，一些已经加入外国国籍的华人学者也开始通过不同的途径为祖国的教育事业贡献力量。可以说，我国已经开始进入智力循环过程。

第二节　外国专家含义的变化

在 20 世纪 50 年代，当人们提到外国专家时，常常是指来自苏联的专业人员。20 世纪 70 年代，这一概念发生了变化，外国专家通常是指从不同的国家来我国从事语言教育的人员。从严格意义上讲，他们并不是某个学科领域的专家，而是语言教师，而且他们多是有外国国籍的人。但是到了 2000 年以后，这一情况发生了变化，尤其是目前对外国专家的概念似乎很难再用国籍来划分了。例如，在外国专家局的官方网站上的院长致辞中用了“国（境）外专家”的提法。这一提法似乎不仅仅指非中国籍的外国人，也包括境外的有外国永久居留权的中国籍人士，这一提法与我国的引智政策相一致。例如，在 2006 年实施的“111 计划”中就包括境外外籍人士、没有加入外国国籍的有永久居留权的中国籍人士，也包括加入了外国国籍的华人。

“111 计划”是由教育部和国家外国专家局联合发起、旨在为一流院校吸引一流研究人才的项目。具体来说，它是指从世界排名前 100 位的大学及研究机构的优势学科队伍中引进、汇聚 1 000 余名海外学术大师、学术骨干，配备一批国内优秀的科研骨干，形成高水平的研究队伍，建设 100 个左右世界一流的学科创新引智基地，努力创造具有国际影响的科技成果，提升我国研究型大学的学科国际竞争力，提高我国高等教育的整体水平和国际地位。“111 计划”的全称为“高等学校学科创新引智计划”（Expertise－Introduction Project for Disciplinary Innovation

① 孙杰平．金融海啸难阻中国留学潮［N］．人民日报（海外版），2008－10－24（06）．

② IIE．Open Doors 2011，Fast Facts［EB/OL］．［2012－02－20］．http://www.iie.org/opendoors．

in Universities）。

除了“111 计划”之外，还有 20 世纪 90 年代就开始的“长江学者”计划和其他四个项目计划，都旨在吸引海外人才。它们分别是引进语言教师项目（Project for Inviting Language Teachers）、外国教师计划（Plan for Foreign Lecturers）（该计划旨在吸引除了语言学科之外的不同学科的教师）、教育部外国专家重点项目（Key Project on Foreign Experts under MOE）以及学科发展卓越计划项目（Center for Excellence in Disciplinary Development Plan）。需要指出的是，上述后四个项目计划是针对外籍人士的，而前两个计划似乎是针对在国外定居或加入外国籍的华人。“外专千人计划”是“千人计划”中的高层次外国专家项目，面向非华裔外国专家，目前重点引进长期项目专家，即至少连续来华工作 3 年，每年不少于 9 个月。截至 2012 年 12 月 10 日，共有 94 名外国专家入选，成为中国国家特聘专家。

“外专千人计划”的目标是围绕中国经济和社会发展重点行业和关键领域的需求，利用 10 年左右的时间，引进 500 至 1 000 名高层次外国专家，每年引进 50 至 100 名。“外专千人计划”重点引进一批能够推动关键领域突破、带动战略性新兴产业发展、促进新兴学科建设的战略科学家、科技领军人才，引进一批重点领域的国际化创新团队，为建设创新型国家提供有力的国外智力支持。

第三节　来华外国专家数量的增长

为了吸引更多的专家和留学生来华工作和学习，我国设立了与之相关的两个机构——国家留学基金委（China Scholarship Council）和国家外国专家局（the State Administration of Foreign Experts Affairs）。前者不仅提供国际学生来华的政府奖学金，同时也为出国深造的中国学生提供奖学金；后者主要制定相关专家来华的经济和政治政策以及处理其他相关事宜。在我国，并非所有的机构都有权利接收外国专家；任何想要接收外国专家的机构都必须有中华人民共和国国家外国专家局的红头文件——这是唯一的授权机构。该组织的网站显示，1994 年，仅有 1 130 所机构有权接收外国专家，但是到了 2009 年，共有 5 751 所机构被授权，其中包括大学、研究所以及其他相关机构。

20 世纪 70 年代末，我国政府开始邀请外国专家来华任教。但大多数到我国来的专家仅限于语言领域。数据表明，20 世纪 80 年代前期的外国专家中，语言专家比例高达 85%。到了 20 世纪 80 年代后期，这种情况才发生了变化，语言教师的比例下降到了 70%。1990—1995 年间，语言教师的比例降为 28%，而 2000—2005 年间，语言教师的比例降为 20%。①

---

① 白燕，等. 从“海外学者讲学计划”之绩效审视北大智力引进发展研究报告［R］. 北京大学国际合作部，2009.

从 1979 年到 1997 年的近 20 年间，仅有 70 677 名外国教师和研究者来华工作。1998 年以后，来华教师和学者的数量显著增加。其中在 1998 年，有 13 538 名外国教师和研究人员应邀来华。在 2001 年，这一数字增加至 50 122 名。在 2005 年，这一数字变为 97 471 名。[①]而根据张建国的调查，在 2008 年，这一数字变为 480 000 名。[②]但需要指出的是，20 世纪 80 年代和 20 世纪 90 年代所统计的是长期来华工作的教师，即在华工作半年以上的外国专家。而最近统计数字中还包括短期来华做报告或仅来参加国际会议的人。改革开放以来，来中国工作的外国专家从最初的每年不足 1 万人次上升到 2011 年的近 53 万人次，外国专家成为中国现代化建设的一支生力军。来华专家已由 2011 年的 52.9 万人次增加到 2015 年的 60 余万人次，年均增长率在 5%以上。[③]

第四节　外国专家对我国高等教育的学术贡献

自 20 世纪 70 年代末开始引进外国专家以来，我国高等教育的教学和科研都发生了巨大的变化，其中应该包含他们的贡献，尤其是那些在我国研究型大学从事教育和科研工作的外国专家和学者。来自教育部的数据表明，在 20 世纪 80 年代，有 600 000 名本科生受益于这些引进的专家，有 80 000 名中国教师有机会与这些外国专家一起工作或受教于这些专家。在 20 世纪 90 年代，越来越多的硕士生和博士生有机会受教于外国专家，同时这些外国专家还帮助他们工作的大学制定新的课程，建立科研中心。根据教育部的相关数据，在 20 世纪 90 年代，有 64 385 名硕士生、12 197 名博士生受教于这些外国专家，同时有 480 771 名学生上过由这些外国专家开设的课程[④]。

为了更好地理解外国专家对我国高等教育改革的作用，笔者带领课题组成员从 2009 年开始展开相关研究。首先，给上过这些外国专家课的学生、校外事处的工作人员发放问卷；然后，访谈了相关学生、外事处的工作人员以及和这些外国专家共事的教师。由于外国专家所做的贡献相对多样同时也比较复杂，这里分四点来谈。

首先，传播文化，为文化交融搭建平台。外国专家肩负着中外文化交流使者的重任，将外国文化带到中国，将中国文化传播到各国，促进了中国与世界各国的相互了解。外国专家促进了学生对于多元文化的理解。在 20 世纪 70 年代，当外国专家出现在我国的校园时，他们被当成“动物园里的动物”来看，学生们对他们充满了好奇，以至于不论他们走到哪里，都会有很多人围观。他们长啥样，

① 胡婧．研究型大学中外国学者的学术业绩及影响因素分析［D］．北京：北京大学，2010．

② 张建国．改革开放以来引进外国智力的重要因素［J］．国际人才交流，2009（1）．

③ 罗旭．我国已引进 313 位“外专千人计划”专家［N］．光明日报，2016－01－21（04）．

④ 白燕，等．从“海外学者讲学计划”之绩效审视北大智力引进发展研究报告［R］．北京大学国际合作部，2009．

他们怎么住以及他们吃什么，都成为人们关注的热点。因此，他们被冠以“老外”的称呼。学生们常常围聚在教室门口，或是想了解得更多，或者单纯是为了见见“老外”。为什么要被围观？当时“老外”们也非常困惑。30 年后，当学校课堂到处都有“老外”讲课的声音，实验室的中国教师、学生和“老外”一同从事科学研究，并且共同出席国际会议时，30 年前的那种好奇感不知不觉地消失了。取而代之的是，我国的大学校园里到处都充溢着国际化的氛围。因此，从这个角度来看，这确实增加了学生对于多元文化的理解。

其次，由于大学课程的国际化，外国专家为学校提供了很多新的课程。这些课程可能是本国老师提供不了的，尤其是在硕士生培养这个层面。课题研究组对北京大学 13 个院系的调查发现，外国专家提供了 21 个新的课程，并且这些课程多数面向研究生培养层次。这些课程或是一周时长的深入讲座，或是三个月的学分课程。更重要的是，外国专家所提供的课程内容都是他们研究领域的前沿知识。例如，来自加拿大外语系的托马斯·伦德尔（Thomas Rendell）教授专注于研究古代和中世纪的西方文化和西方文学。在他的课堂上，不仅教授欧洲古典文学，同时还有古罗马的史诗和中世纪的英国文学。大部分的本科生和研究生受益于这些课程，这些课程加强了他们对欧洲历史的研究。另一位来自纽约州立大学的唐纳德·斯通（Donald Stone）教授，专注于研究 19 世纪的英国文学。每年秋天，他都会来教授该门课，从英国小说到西方文化。他享受教学并且以此为荣。通过教学，他对北京大学有了深厚的感情，并且将他收藏的绘画捐赠给了北京大学。这两位杰出的教授都来自北美。

再次，教学方法的国际化。在对学生的调查中，许多学生都表示外国专家引入了新的教学方法。不论是语言课程还是科学课程，外国专家通常使用研讨会、课堂讨论和课堂讲授的方法来进行。同样，在对学生的访谈中，许多学生提到在外国专家讲授的过程中所使用的方法已经不是简单的 20 年前所用的语言讲授了。现在，外国专家提供的语言课程往往都是使用特定的主题，并且涵盖一定的文化和史实元素。通过这些课程，学生不仅可以提高语言水平，还可以学到特定的知识。例如，一位英语系的教授——乔·格拉夫（Joe Graves）的教学方法值得一提。他擅长表演艺术，因此每当他上课的时候，他总是将表演运用到语言的讲授当中。他经常让学生演英文剧，还帮助英语系建立了歌剧研究中心，同时他推荐许多学生去美国继续他们的学习。还有一个例子是法学院的一门名叫“法律英语”的三学分课程。每年，都会有不同的外国教授来教这门课。在哲学系，有门课程叫作“宗教学导论”，这门课程是一位中国教授和美国教授一同来上的。因为这两个教授有不同的学术背景，并且采用不同的教学方法，很受学生的欢迎。同时，由于英文是上课的语言，这样还可以提高学生的英文水平。

最后，增加了科学研究的国际合作能力。在北京大学有许多国家级重点研究室，为了提高国际合作方面的知识生产，有必要邀请外国专家加入科研队伍。这个做法既是出于国家政策的考虑，也是北京大学所追求的目标。每年，教育部都会划拨一部分资金，专门用于国际研究合作。我们的调查表明，在 2006 年，北京大学有 43 个项目获得支持，总经费为 144 万元；2008 年，有 51 个项目获得支持，总经费达 153 万元。[①]虽然从数字来看，这些经费并不多，但教授们却可以以此作为种子经费，邀请外国专家加入实验室的研究项目中来。在 2009 年，北京大学的物理学院共获得了至少五项外国专家参与的合作项目，他们来自美国、德国、俄罗斯和英国。我们的研究显示，外国专家在科学研究方面的贡献可以分为不同的类别，例如联合发表学术文章、联合进行研究、联合做报告以及联合召开国际学术会议。就笔者的经历来看，北京大学的教授通过和这些外国专家的合作发展了长期的研究合作关系，从而帮助自己进入国际学术界。在这方面，笔者有亲身经历。作为一名教师，笔者有幸在北京大学教育学院结识了首次来访的波士顿学院的世界著名国际高等教育专家菲利普·阿特巴赫教授。自此，北京大学教育学院和波士顿大学的教育学院建立了很好的合作关系，他也乐于接受北京大学的访问学者和学生。在 2000 年，他成了北京大学教育学院的客座教授。由于他在国际上出色的学术领导力，笔者有幸参与了很多他组织的国际合作研究项目。这些参与无疑提升了北京大学教授的国际化经历和国际合作研究的水平。

外国专家和学者为中国高等教育做出的贡献是值得肯定的。为了引进更多的外国专家来华工作，国家外国专家局早在 1991 年就设立了“中华人民共和国友谊奖”（National Friendship Award），表彰那些为中国社会发展、教育改革、技术革新和文化交流做出过突出贡献的人。自那以后，共有来自 55 个国家的 800 名专家学者获此殊荣。[②]现在除了国家“中华人民共和国友谊奖”，各省还设立了各自的省级友谊奖（Provincial Friendship Awards），这些奖项旨在为在华外国专家的教学和研究增加资金支持。同时，为了鼓励留学生回国体验国内的变化，在 20 世纪 90 年代，国家还设立了一个吸引境外人士的项目，叫作“杰出学者计划”（Well-known Scholar Plan），该计划旨在为在中国进行短期交流的杰出国际学者提供全部的差旅费用。在“中华人民共和国友谊奖”的带动下，我国各省市也建立了外国专家奖励机制，例如在山东省就有“齐鲁友谊奖”。

第五节　引进外国专家过程中面临的挑战

在研究中，笔者发现引进外国智力资源过程中主要存在两个问题。首先，在

① 白燕，等. 从“海外学者讲学计划”之绩效审视北大智力引进发展研究报告［R］. 北京大学国际合作部，2009.

② 樊如钧. 温家宝会见 2007 年“友谊奖”获奖外国专家［EB/OL］.［2007－09－30］. http://www.gov.cn/jrzg/2007－09/30/content_766514.htm.

引进的外国专家中，越来越缺乏文化多样性。其中“长江学者计划”和“111”计划由海外华人主导。例如，在北京大学，外国专家数量在我国高校中应该是名列前茅的。目前有150名外国学者在北京大学长期任教和开展研究。此外，在2006年，北京大学共接收了超过500名短期来华的演讲者和研究人员（此数据根据国际合作部的签证记录获得），这些数据还不包括一些学院自己邀请的短期外国学者。但是，他们中的大部分是外籍华人。例如，北京大学的软件和微电子学院，6个系的系主任均是海外华人学者；同样，在北京大学工程学院，所有的系主任都是海外华人，而且大部分的专家来自北美和欧洲发达国家。这种情况尤其表现在自然科学领域。例如，在胡婧的研究中，她发现在这些来北京大学工作三个月或者更长时间的教授中，有44%来自美国，他们的专业围绕数学、生物科学、信息技术、历史、英语、法律、企业管理和政府管理；7%来自日本，专业围绕法律、语言、国际关系、历史、哲学和考古学；当然也有来自俄罗斯、加拿大、澳大利亚、法国、英国、瑞典、德国、西班牙等国家的学者，但是比例较低。[①]这一情况不仅会影响到我国大学教师国际化构成的多样性原则，而且会影响到国家高等教育国际化发展战略。只有教师科研人员具备多样性，才能更好地吸引国际留学生。因此，此问题应该引起有关部门的关注。

其次，外国专家的福利偏低。除了“长江学者计划”和“111 计划”外，其他项目邀请来的外国专家的工资问题也是一个要考虑的问题。根据国家规定，外国专家的工资是按月支付的，即从他开始工作的那一天到合同终结的那一天。如果出现了工作不足一个月的情况，那么就按照他的工作天数来定。外国专家工资的征税起点是1 001元，外国专家的工资支付是依据其教育经历而定的。如果请来的是一个拿着本科学位、有着两年以上工作经验的专家，工资在2 500元左右；如果是硕士学位获得者且工作经验在三年以上，那么工资就在3 500元左右；如果来华的学者有博士学位且工作经验在五年以上，那么其工资在4 000元左右。此外，还有一些间接补助的方式，如中方支付国际差旅费用以及外国专家在华的住宿。按照当前的汇率计算，如果一个外国专家每月的工资为4 000元，换算过来后还远远不足1 000美元。这个工资规定始于1997年。在2000年，付给全职外聘教授的工资涨到6 000元，却依旧没有很大的吸引力。

笔者认为，引进那些杰出的海外华人学者和科学家是好事，因为他们在国外的科研训练、学习经历和工作积累对于中国高校研究水平的提高大有裨益。但是就大学的学术发展而言，我们是否也应当考虑学者的多样性或是国际化所带来的益处呢？中国高校学术近亲繁殖现象非常严重，倘若邀请更多的非华裔外国专家来华工作，不论时间长短，笔者认为这对大学中的文化多样性、学术思想的多元化和高等教育的国际化都是有意义的。

① 胡婧．研究型大学中外国学者的学术业绩及影响因素分析［D］．北京：北京大学，2010．

第六节　引进外国专家的策略

进入 21 世纪后，随着经济全球化进程的不断加快，“人力资源是当今时代第一资源”这一论断的重要意义日益为人们所认识，人才安全已成为世界各国提高竞争实力、增强创新能力和保持可持续发展的基本条件。因此，各国政府纷纷于世纪之交通过制定人才发展战略提出一系列有关人才开发、培养、引进和使用的改革性举措。

尽管美国是当今世界上最大的高层次人才集聚地，在人才培养和引进方面领先于其他发达国家，但美国政府仍于 2001 年和 2003 年相继出台了有关高等教育和基础教育发展的中期规划，并由联邦人事总署主持设计了《2002 联邦人力资本战略》，明确提出“努力吸引国内外社会英才为国家服务”的口号。虽然“9 • 11”事件之后，美国出于反恐需要而加大了对外国人入境和滞留的限制，但对各类科技人才却依然保持了积极吸纳的宽松政策。例如，在苏联解体后，仅美、日两国就从独联体国家挖走 9 万名专家。

陶涛[①]在研究中发现，各国为招募人才花样迭出、不遗余力。他们的许多建议在现在也不过时，值得我们参考。其一，重金聘用。发达国家通过猎头公司在全球争夺有价值的人才。例如，西欧一家电子公司以 200 万美元的高薪挖美国硅谷一位研究 1 024 K 超大规模集成电路专家未果，便不惜用 3 000 万美元买下其所在的企业；还有就地利用人才的，如芬兰诺基亚公司在世界各地开厂，录用当地人才，其国内公司也雇用了 500 多名外国人；在高薪聘请上，日本实施“借脑工程”，利用国际项目高薪聘请人才，甚至花钱雇用人才在国外进行研究；新加坡重点大学的实验室和科研机构的人才，就是在全世界范围内高薪聘请的。其二，实施高科技移民和绿卡政策。发达国家为大量吸收技术移民和杰出人才，在立法和移民政策方面予以照顾。美国、加拿大和欧洲一些国家的移民政策向高科技人才倾斜。

怎样面对日趋激烈的全球人才竞争？首先，要充分认识人才问题的紧迫性，把培养、吸引和使用好人才作为一项战略任务抓紧抓好。人才是国家社会和经济发展最重要的战略资源，关系到企业的兴衰，更关系到国家的兴衰存亡。其次，采取吸引人才的灵活措施，有效利用国外人才资源，为高级外专人才提供良好的工作环境与生活条件。能否发挥人才作用，关键在于是否合理使用人才。解决科技人员的待遇问题，将其报酬与本人的能力水平、贡献大小和所创造的经济社会效益挂钩，对高科技人才的任职条件、工资津贴标准、科研经费资助以及住房、保险、家属就业、子女入学等方面实行优惠政策，使他们没有后顾之忧，专心致志地搞科研和创新。

① 陶涛．21 世纪全球人才争夺及其思考［J］．求是，2001（08）．

第十三章　推动院校国际化：美国联邦政府的对外援助策略

引　言

推动美国高等教育国际化进程的因素很多，尤其是在管理体系和经费资助体系方面，美国联邦政府、企业部门和民间机构都为美国高等教育国际化提供了多元化和多层级的系统支持，其中包括经费和项目。本章主要分析美国联邦政府如何将美国大学纳入美国对外援助计划中，将大学中的科学研究和人才培养推向世界。对美国联邦政府来讲，将美国大学纳入美国对外援助计划中是一箭双雕的战略，即通过大学对外援计划的参与实现国家的外援目标和美国利益的最大化，同时提升了美国大学的国际化能力。一段时间以来，人们经常会问：为什么美国的高等教育备受青睐，而美国的研究型大学在世界上有如此竞争力？美国联邦政府的策略值得关注。本章从美国的外援计划为切入点，分析美国联邦政府是如何将大学推向世界的。

第一节　对外援助的形成与经费

对外援助（Foreign Aid/Assistance）或国际援助（International Assistance）是一国或国家集团对另外一国或国家集团提供的无偿或优惠的有偿货物或资金，用以解决受援国所面临的政治经济困难或问题，或达到援助国家特定目标的一种手段。[①]在美国，对外援助的概念形成于“二战”后。1947 年，由马歇尔提出了援助欧洲重建计划（European Recovery Program），后来被称为“马歇尔计划”。1948 年 4 月，杜鲁门总统签署该计划，并为该计划提供了 130 万美元的经费，目的是帮助饱受战争破坏的西欧国家恢复家园。该计划虽然仅实施了四年，但是美国此次对外援助对欧洲的影响却是广泛和深远的。首先，美国通过援助欧洲经济恢复，使之成为抗衡苏联的重要力量和工具；其次，美国得以控制欧洲经济市场。1961 年，美国国会通过《对外援助法》修订案，同年设立国际开发署，接管美国联邦政府的投资保证业务。1969 年，美国联邦政府再次修订《对外援助法》，并设立

① 黄梅波，王璐，李菲瑜．当前国际援助体系的特点及发展趋势［J］．国际经济合作，2007（4）．

海外私人投资公司（OPIC）。该投资公司是联邦行政部门中的一个独立机构，不隶属于任何行政部门，承担大部分国际开发署的对外投资业务，现已成为主管美国私人海外投资保证和保险的专门机构。

在美国，对外援助是美国国际关系中与各国外交政策的重要组成部分。从一般意义上讲，对外援助的实施主体不仅是发达国家政府，还包括国家集团和非政府组织等。因此，在美国，对外援助可以分为官方援助与非官方援助。但是，从总体上来看，官方发展援助（Official Development Assistance，ODA）是“二战”以后美国对外援助的主要部分。根据 OECD（经济合作与发展组织）的定义，官方发展援助是旨在促进发展中国家经济发展和福利并排除军事目的的政府援助，发达国家既可以向受援国提供双边援助，也可以通过多边机构来提供官方发展援助。其中，包括给予赠款、“软”贷款（赠予比例至少占 25%）和提供技术援助的形式。[①]但是，有研究者认为，对外援助无论以何种方式出现，都具有明显的政治性。因此，对外援助也被看成是“国内政治的拓展，国家推行其外交政策的工具”。[②]

经过半个多世纪的发展，美国的对外援助已经形成了较为完善的管理体系并奉行“援助有效性”理念，即更加注重受援国的良治、问责、透明、参与等西方式民主政治过程。这种方式重视援助的实施过程，并通过援助，规范受援国的管理体系，有助于援助过程中援助国对受援国的控制，但却相对忽视了受援国本身的发展，其有效性备受质疑。[③]因此，进入新世纪，援助的有效性（Effectiveness）成为美国对外援助改革的重要着眼点，并且随着全球化和世界形势的改变，人道主义问题成为援助领域新的关注点，可持续发展问题成为全球热点议题。[④]在这一背景下，美国对外援助加强了对能力建设（Capacity Building）和发展（Development）的关注。

2010 年，美国总统奥巴马签署了《关于全球发展的总统政策指令》（the Presidential Policy Directive on Global Development），宣布在维护国家安全的综合方法中，能力建设和发展已经成为与外交和国防并立的美国能力的重要支柱。[⑤]这也意味着对外援助成为与外交、国防并列的美国国家对外政策的三大支柱之一[⑥]。同时，奥巴马将对外援助作为美国软权力的资源来使用，并试图扩大美国的对外援助投入[⑦]。图 13.1 是根据 OECD 数据整理出来的几个发达国家对外援助的经费投入情况。

---

① Net ODA［EB/OL］.［2018－03－10］. http://data.oecd.org/oda/net－oda.htm.

② 周弘. 对外援助与国际关系［M］. 北京：中国社会科学出版社，2002：1－4.

③ 郎建燕. 援助有效性、发展有效性与国际发展援助管理体系的发展方向［D］. 厦门大学，2013.

④ 姚帅. 国际发展援助的特点变化及未来趋势［J］. 国际经济合作，2017（1）.

⑤ What is U.S.Government Foreign Assistance?［EB/OL］.［2016－03－02］. http://beta.foreignassistance.gov/.

⑥ 黄梅波，施莹莹. 新世纪美国的对外援助及其管理［J］. 国际经济合作，2011（3）.

⑦ 周琪. 新世纪以来的美国对外援助［J］. 世界经济与政治，2013（9）.

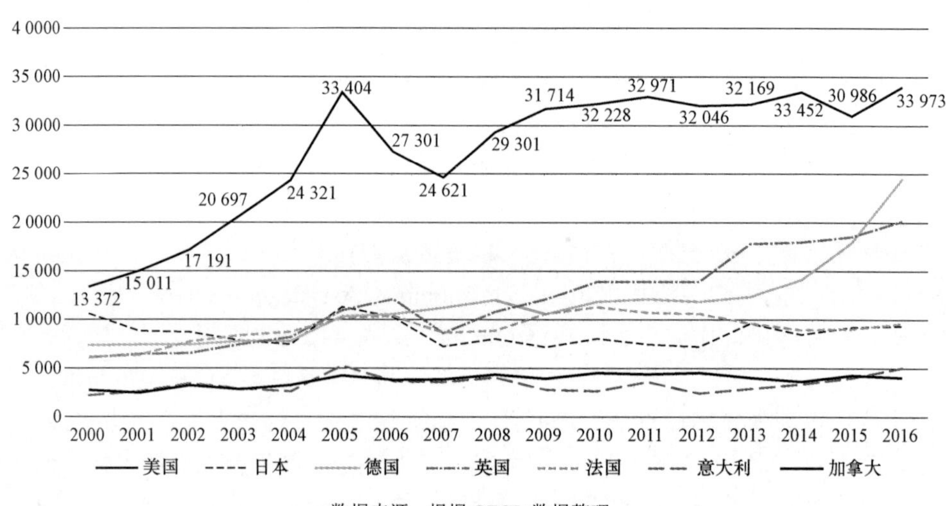

数据来源：根据 OECD 数据整理。

图 13.1　21 世纪 OECD 主要外援国的 ODA 趋势（单位：百万美元）

从图 13.1 中可以看出几个主要发达国家从 2000 年到 2016 年在对外援助上投入的经费变化情况。不难看出，在对外援助上，美国是投入最多的国家。2007/2008 年受金融危机的影响，美国的对外援助投入经费有所下降。但是，到了 2016 年，又恢复到了 2005 年的水平。

2016 年世界主要外援国 ODA 占国民总收入（GNI）的比重见图 13.2。

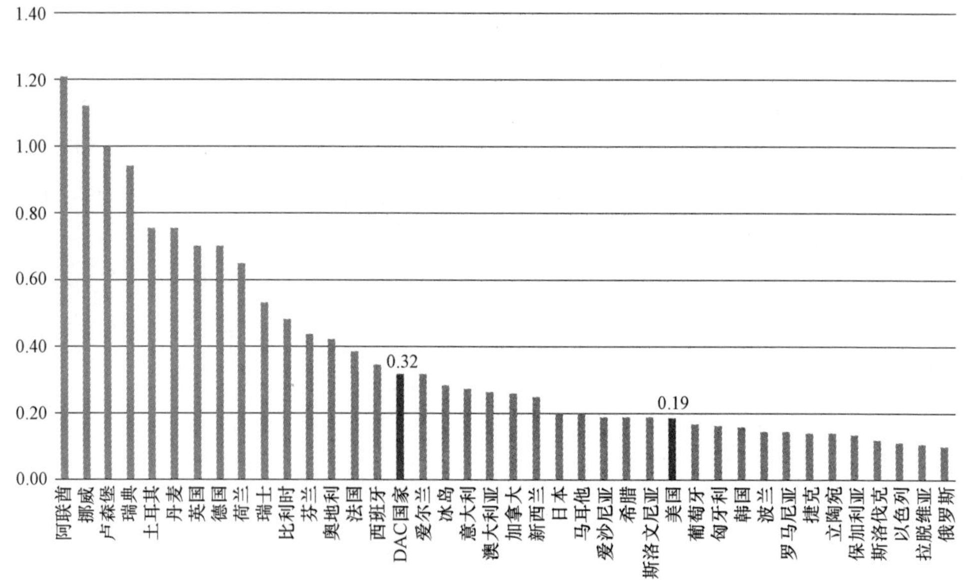

数据来源：根据 OECD 数据整理。

图 13.2　2016 年世界主要外援国 ODA 占国民总收入（GNI）的比重（%）

图 13.1 和图 13.2 显示，在 OECD 主要的援助国中，美国是对外援助经费最多的国家，但同时也是外援比例占国民总收入比例比较低的国家[①]。相关数据显示，2015 年美国对外援助经费为 430 亿美元，其中经济援助 340 亿美元，军事援助 87 亿美元。虽然数据显示，美国的对外援助经费约占美国联邦预算的 1.1%，但却仅占美国 GDP 总量的 0.24%。2016 年美国联邦政府对外援助经费占国民总收入的比例约为 0.19%[②]，与 2015 年相比有所下降。2017 年度预算期间，美国 20 个政府机构计划为全球超过 100 个国家提供 365 亿美元的对外援助。美国联邦政府宣称用联邦预算的 1%支持美国政府的外援，以促进美国的外交政策利益[③]。从外援资金与本国经济实力的相对比例来看，美国外援经费占国民生产总值的比例不仅远低于联合国提倡发达国家将国民总收入的 0.7%用于官方发展援助的长期目标[④]，而且也低于 OECD 发展援助委员会国家的平均水平（0.32%）[⑤]。但是，很多美国人认为，美国的对外援助金额远远高于政府所说的数额。[⑥]美国的对外援助涉及军事、人道、经济、教育、科技等众多领域。

从上面的数据可以看出，对外援助经费确实不多，但如何用好这笔钱，美国联邦政府可谓费尽心机。美国国际开发署（U.S. Agency for International Development，USAID）是专门为对外援助和国际发展而设立的，是美国实施对外援助的重要机构。该机构负责美国联邦政府在全球范围内提供经济发展和人道主义援助，以支持美国的外交政策目标，其使命和愿景是："代表美国人民向海外推广民主价值观，推动自由、和平与世界繁荣。通过建立合作伙伴和投资来拯救生命，减少贫困，加强民主治理，并帮助人们摆脱人道主义危机。超越援助的进程，以支持美国的外交政策。"[⑦]除美国国际开发署之外，执行美国对外援助的机构还包括和平旅（Peace Corps）、千年挑战公司（Millennium Challenge Corporation）、非洲发展基金会（U.S. African Development Foundation）、美洲基金会（Inter-

① Tarnoff C and Lawson M. Foreign Aid：An Introduction to U.S.Programs and Policy ［C］. Congressional Research Service Reports. Library of Congress. Congressional Research Service，2010：18.

② Net ODA［EB/OL］.［2018-03-10］. http://data.oecd.org/oda/net-oda.htm.

③ Major Categories of Federal Spending［EB/OL］.［2016-12-22］. http://beta.foreignassistance.gov/learn/understanding-the-data.

④ 1969 年，世界银行任命了一个以加拿大前总理莱斯特·皮尔森为首的评估小组，全面地审核对外援助政策，从而形成了标志着西方主流外援观念的"皮尔森报告"。该报告要求，向发展中国家提供相当于发达国家国民生产总值 0.7%的外援，以保持欠发达国家 6%的年增长率；重新安排对农业、教育和人口增长方面的技术援助，通过国际组织加强和扩展多边援助体系。

⑤ Net ODA［EB/OL］.［2018-03-10］. https://data. oecd. org/oda/net-oda. htm.

⑥ 美国对外援助挥金如土，但实则玩得很成功［EB/OL］.［2017-06-27］. http://dy.163.com/v2/article/detail/CNV0NEFM0515FUCR.html.

⑦ Mission，Vision and Values［EB/OL］.［2018-03-16］. https://www.usaid.gov/who-we-are/mission-vision-values.

American Foundation)、国务院（U.S. Department of State)、农业部（U.S. Department of Agriculture)、财政部（U.S. Department of the Treasury)、国防部（Department of Defense）和卫生部（Department of Health and Human Services）等 17 个机构和部门。[①]

目前，美国联邦政府通过上述部门在一百多个国家执行对外援助项目。这些援助在扩展自由市场、打击极端主义、促进稳定民主、解除贫困根源、培养全球发展的良好意愿等议题上深化了美国的外交利益。[②]

第二节　美国大学对外援助中的能力建设

进入 21 世纪，美国的外援计划不局限于资金或商品投入，还包括提供技术援助、能力建设、培训、教育和其他服务，以及其他外援所需的直接成本。[③]2010 年，当时的美国总统奥巴马在他签署的《关于全球发展的总统政策指令》中宣布，在维护国家安全的综合方法中，将能力建设作为同外交和国防并立的美国能力的重要支柱之一。[④]截至 2017 年，美国已经在全球 100 多个国家开展了对外援助项目，这些项目涉及“民主、人权和治理”“经济发展”“教育和社会服务”“环境与健康”“人道主义援助”“和平与安全”等 9 大类的内容，就是说，在 9 大领域加强“能力建设”。

早在 1995 年，美国就在对外援助中加入了能力建设的目标。其中提出“通过教育与培训来实现人力资本的能力建设”（Building Human Capacity Through Education and Training)。美国联邦政府认为，人力发展对于经济增长、环境保护、人口稳定、促进儿童及家庭健康、实现民主及提高人类应对危机的效果等可持续发展是不可或缺的。[⑤]近年来，在对外援助的开展中，受到《巴黎宣言》等一系列国际援助新理念的影响，美国联邦政府更加重视能力建设并丰富了对外援助中能力建设的内涵。

美国联邦政府对外援助中提倡的能力建设将对外援助视为“投资”而不仅仅是援助。通过能力建设，可以帮助受援国提高应对发展问题的能力，减轻全球问题的影响[⑥]。同时，对外援助的实施是为了维护国家的战略利益，[⑦]美国将其管理

---

① Agencies［EB/OL］.［2018－03－16］. https://foreignassistance.gov/agencies.

② What is U.S. Government Foreign Assistance?［EB/OL］. https://www. foreignassistance. gov/.

③ Frequently Asked Questions［EB/OL］.［2018－03－16］. https://foreignassistance.gov/learn/faqs.

④ Fact Sheet：U.S. Global Development Policy［EB/OL］.［2018－02－26］. https://obamawhitehouse.archives.gov/the－press－office/2010/09/22/fact－sheet－us－global－development－policy.

⑤ 熊淳. 减贫战略框架下日本对非洲的基础教育援助研究［D］. 华东师范大学，2010.

⑥ Capacity Building and Strengthening Framework Version 2.0［EB/OL］.［2018－03－04］. https://www.pepfar.gov/documents/organization/197182.pdf.

⑦ Alesina A and Dollar D. Who Gives Foreign Aid to Whom and Why?［J］. Journal of Economic Growth，2000，5（1）.

的对外援助项目看作扩大美国外交政策利益的投资，这些项目进一步扩大了自由市场，打击了极端主义，确保民主国家稳定，解除贫困的根源，同时培育了全球良好意愿。①因此，在外援计划实施过程中，美国联邦政府要求参与外援项目的机构，比如美国的大学，与受援国建立合作伙伴关系（Partnerships），通过结对子或发展合作伙伴关系，提高受援国机构解决问题的能力，从而提高对外援助的有效性。相对于美国早期附带政治条款和政治意图的援助②，现在的能力建设体现了国家所有权（Ownership）的维度之一。在美国联邦政府看来，唯有同时增进援助国本身的权力与财富，外援才有实质意义。美国国家利益的最大化（Maximize）是美国外援政策的使命，关注的是受援国的机构或政府对美国文化的认同，受援国发展与否并非关注的焦点。因此，美国联邦政府的对外援助具有相当的工具性。③不论是提倡何种内涵的能力建设，美国对外援助首先坚持的原则是：能为美国的世界形象改变提供帮助，帮助美国改善地区关系，能为美国的国家战略提供帮助。比如，对菲律宾、印度等国的援助，能够为美国在亚洲战略中遏制中国的发展提供帮助；对非洲的援助，能为美国开采非洲的石油等资源带来帮助；同时，对外援助也能为美国带来稳定和安全，比如，美国攻打伊拉克和阿富汗的战争后提供的援助能为美国的国家安全带来好处。

这种美国利益优先的原则促使美国联邦政府在使用外援经费方面有更多的战略选择。尤其是进入 21 世纪，大学在社会中的重要地位已经成为共识，通过大学开展对外援助也是美国联邦政府重要的外交策略，因为在大学中，不仅有专业知识，也有专家和学者，同时大学中的人员培训和人才培养是其他研究机构无法替代的。多年来，美国的大学积极参与到美国联邦政府的各项国家外援计划中，也为自身的国际化提供了便利。

第三节　大学参与能力建设的范围

美国的大学参与外援计划给大学带来的不仅是一点外援经费，而且是走向世界的机会。美国大学参与美国联邦政府对外援助的历史可以追溯到外援产生的早期。1949 年，杜鲁门在其就职演讲中呼吁社会各界展开对外援助。他指出，外援“将使欠发达地区的发展受益于我们的科学进步与工业成就”。同年，美国赠地学院和大学联盟（Association of Land－Grant Colleges and Universities）就明确表示响应联邦政府号召，承诺赠地学院将参与支援发展中国家的外援项目，将美国先进的农业知识与技术传播到欠发达地区。从该联盟的表态中，可以看到大学参与

① What is U.S. Government Foreign Assistance？［EB/OL］. https://www.foreignassistance.gov/.

② 潘锐，娄亚萍．影响美国对外援助政策决策的三个要素［J］．和平与发展，2008（3）．

③ 贺光辉．美日对外援助之比较［D］．复旦大学，2003．

外援计划的意义。目前，该联盟已经更名为公立及赠地大学协会（Association of Public and Land－Grant Universities，APLU）。但是，农业知识与技术在该联盟仍然是强项。目前，该联盟包括 238 所大学，其中有 75 所是赠地大学，还有 24 个大学系统，有在校本科生 470 万人、研究生 130 万名，还有 120 万名教授和科研人员，并执行着 427 亿美元的研发经费。①当然，该联盟在成立之初主要成员是赠地学院，就拿 75 所赠地大学来讲，在 1949 年，也是美国高等教育中最有影响力的大学。

进入 20 世纪 60 年代，美国的大学与美国国际开发署在发展援助上建立了更密切的长期合作关系。这时，美国国际开发署利用美国联邦政府的外援资金，一部分用于购买大学里的教育服务，比如在美国大学提供发展中国家专业人员的培训；一部分支持美国大学里的专家和学者到受援国从事合作研究。此外，还为受援国的大学和实验室提供专业设备，帮助受援国建设教育机构。在具体的外援资金使用中，美国国际开发署通常与大学签署合同，将培训任务和设备与技术交给大学执行，由大学具体提供对发展中国家的人员培训、设备购买及专家知识与技术支持。②

随着对外援助理念的变化和对能力建设需求的增加，参与联邦政府对外援助的大学数量不断增多，涉及领域也不限于农业和农业技术，环境、资源、教育都受到广泛关注。联邦政府不断利用大学的科研、培训与机构建设优势实施对外援助。在这个过程中，联邦政府尤其强调要发展美国大学的能力，鼓励美国国际开发署更广泛地利用大学的服务，提高大学在为国际开发署工作，也就是参与对外援助中的能力。③在教育领域，参与外援项目的大学既包括公立大学，也包括私立大学；既包括研究型大学，也包括非研究型大学。美国大学参与教育外援项目的情况见表 13.1。

表 13.1　21 世纪美国大学参与教育发展援助情况

类型	大学	申请资金项数	资金负责机构	资金生效时间/年	资金用途
公立	亚拉巴马州农业机械大学	1	USAID	2009—2013	促进基础教育发展
	亚利桑那州立大学	6	USAID	2010—2020	促进印度、巴基斯坦、越南等国基础教育和高等教育发展

① Association of Public and Land－Grant Universities［EB/OL］. http://en. wikipedia. org/wiki/Association_of_Public_and _Land－Grant_Universities.

②③ Congress U.S，Washington D.C.. New Opportunities for U.S.Universities in Development Assistance：Agriculture，Natural Resources and Environment. Background Paper［J］. 1991，133（1）.

续表

类型	大学	申请资金项数	资金负责机构	资金生效时间/年	资金用途
公立	芝加哥州立大学	1	USAID	2009—2014	促进加纳及其他地区基础教育发展
	伊丽莎白城州立大学	1	USAID	2009—2013	促进基础教育发展
	佐治亚州立大学	2	USAID	2008—2014	促进格鲁吉亚和印尼高等教育发展
	印第安纳大学	2	USAID	2013—2017	促进缅甸、南苏丹高等教育和基础教育发展
	堪萨斯州立大学	2	农业部，USAID	2010—2015	促进坦桑尼亚基础教育和尼日利亚高等教育发展
	密歇根州立大学	2	USAID	2012—2019	促进缅甸高等教育发展
	俄亥俄州立大学	1	USAID	2012—1014	促进印尼高等教育发展
	加利福尼亚大学	6	USAID	2009—2020	促进印尼、巴基斯坦高等教育发展
	纽约州立大学	1	USAID	2014—2018	促进肯尼亚基础教育发展
	罗格斯大学	2	USAID	2012—2017	促进印尼高等教育发展
	南卡罗来纳州立大学	2	USAID	2005—2012	促进坦桑尼亚基础教育发展
	田纳西大学	1	USAID	2011—2014	促进高等教育发展
	亚利桑那大学	2	USAID	2012—2017	促进缅甸和越南高等教育发展
	科罗拉多大学博尔德分校	1	USAID	2012—2015	促进印尼高等教育发展
	马萨诸塞大学	2	USAID	2011—2014	促进阿富汗和坦桑尼亚高等教育和基础教育发展
	密歇根大学	1	USAID	2015—2017	促进中东地区高等教育发展
	北卡罗来纳大学教堂山分校	1	USAID	2008—2014	进行社会援助
	得克萨斯大学	2	USAID	2009—2015	促进印尼及其他地区高等和基础教育发展
	华盛顿大学	1	USAID	2013—2016	促进缅甸高等教育发展
	华盛顿州立大学	1	USAID	2012—2015	促进印尼高等教育发展
	威廉玛丽学院	1	USAID	2012—2017	促进高等教育发展

续表

类型	大学	申请资金项数	资金负责机构	资金生效时间/年	资金用途
私立	波士顿大学	1	USAID	2010—2014	促进基础和高等教育发展
	哥伦比亚大学	5	USAID	2005—2015	促进印尼及其他地区高等教育和社会服务
	康奈尔大学	1	农业部，USAID	2009—2013	促进孟加拉国基础教育发展
	乔治城大学	3	USAID	2003—2017	促进南美及其他地区基础和高等教育发展
	哈佛大学	3	USAID	2010—2017	促进印尼以及中亚、南亚等地区高等教育发展
	约翰霍普金斯大学	9	USAID	2009—2018	促进缅甸、中国、赞比亚高等教育和社会援助
	纽约大学	1	USAID	2014—2017	促进阿富汗基础教育发展
	芝加哥大学	2	USAID	2014—2019	对埃及、印度进行社会援助
	圣母大学	1	USAID	2014—2017	促进高等教育发展
	南加州大学	1	USAID	2011—2014	促进印尼高等教育发展
	巴德学院	1	USAID	2012—2016	促进加沙地区基础教育发展

数据来源：美国政府对外援助网站。

美国国际开发署的网站显示，在对外援助中，美国国际开发署利用高等教育机构的知识、研究、社区参与能力建设专业知识来解决一系列棘手的发展问题。其中，包括美国国际开发署在内的援助机构在制定政策与改善实践上，需要依靠高等教育机构在地区和专业技术知识、实验室、研究能力与创新理念上的优势。美国国际开发署与海内外高等教育机构的相互支持与回应的合作伙伴关系，对于实现美国全球发展的目标至关重要。这些合作主要体现在以下几个项目上。①

高等教育解决方案网络（Higher Education Solutions Network，HESN）项目，旨在解决突出发展问题的全球跨学科实验室网络。这一网络于 2012 年建立，包括六所美国大学（威廉玛丽学院、加州大学伯克利分校、杜克大学、麻省理工学院、密歇根州立大学、德州农工大学）和一所乌干达大学（麦克雷雷大学）的

① Universities［EB/OL］.［2017-10-06］. https://www.usaid.gov/partnership-opportunities/universities.

实验室。①这一实验室网络为本土行动者、发展人员以及学术人员建立了合作框架，在应对全球卫生、食物安全以及冲突等挑战上，为美国国际开发署和受援助地区提供了更具创造性和高效的解决方案。

伙伴加强参与研究（Partnerships for Enhanced Engagement in Research，PEER）项目，旨在通过资助同美国高水平研究人员建立联系的发展中国家的科学家和工程师，提升研究领域的伙伴关系。

合作研究支持计划（Collaborative Research Support Programs，CRSP），通过在 55 个国家建立超过 500 所合作机构的联系网络，共同解决饥饿和农业问题。这项长期合作研究旨在提高农业生产力和销售体系，并加强粮食安全，目前已培训了 3 700 多名农业科学学生。

美国海外学校医院计划（American Schools and Hospitals Abroad，ASHA）项目，旨在向受援助地区提供教育与医疗机会，为受援国的学校、图书馆及医疗机构提供援助，同时向受援国传播美国价值观与实践，促进美国与其他国家公民的积极关系。

美国的大学在参与这些国际援助项目中，不仅获得了走向国际的经费，也与受援国的大学在科学研究和人才培养上建立起了合作伙伴关系。当美国大学的科学家、研究人员和学生在遍布世界的受援国中从事合作研究和开发培训课程时，当受援国的学者和学生到美国大学中接受培训和教育时，美国大学的国际化能力和国际影响力无疑得到了提升。

第四节 美国大学参与外援计划的发展脉络

1949 年，杜鲁门在其就职演讲中呼吁进行对外援助。他指出，外援“将使欠发达地区的发展受益于我们的科学进步与工业成就”。自此，美国的赠地大学就开始将农业看作美国加强对外发展援助的迫切需要，并开始参与支援发展中国家的外援项目。1950 年，美国国会制定了技术合作署（Technical Cooperation Administration）管理的第四点计划（Point Four Program），该计划成为第一个正式的海外发展援助项目。该项目旨在通过直接向最不发达国家提供美国的技术援助，支援发展中国家的现代化、经济增长与发展。通过该计划，美国联邦政府支持了 26 所美国大学同最不发达国家开展合作。其中，对外援助的重点在技术转让上，内容包括观念、工具以及技术，涉及的主要领域是农业、卫生以及教育，也包括工业化和公共行政。

① About the Higher Education Solutions Network［EB/OL］.［2018－03－10］. https://www.usaid.gov/hesn/about. Congress U.S., Washington D.C.. New Opportunities for U.S. Universities in Development Assistance: Agriculture, Natural Resources and Environment. Background Paper.［J］. 1991, 133（1）.

1961 年，美国国会通过了《对外援助法案》，宣称将“鼓励和支持发展中国家的人民获得发展所需的知识和资源，以及建设改善其生活质量的经济、政治和社会机构”作为对外政策的首要目标。这一时期，美国大学对外援助的重点转到了机构建设中，为受援国培养有管理能力的学生，向不发达国家的管理机构派美国的专家学者，提供管理理念方面的咨询，并为受援国提供资源、设备和技术。在具体的外援资金使用中，美国国际开发署通常采用签署合同的形式与美国大学签约，由大学具体提供对受援国的人员培训、设备购买及专家的学术与技术支持。

1966 年，国会颁布了对外援助补充法案，承诺资助 1 000 万美元，用于支持不发达国家的研究和教育机构，加强同经济社会发展相关的能力建设。1973 年，国会颁布了《对外援助法案》的附属法案《新方向》（New Directions），强调了对最贫穷国家（Poorest of the Poor）的援助，重申了美国大学在发展援助中的作用。1975 年，美国国会颁布了《对外援助法案》的第十二卷（Title Ⅻ）《防治饥荒，摆脱饥饿》的附属法案，呼吁在粮食和农业领域发展大学和美国国际开发署的正式合作关系，授权美国国际开发署资助大学参与对外援助，提倡大学在支持项目规划中继续增加投入。“第十二卷”颁布之后，在赠地大学和美国国际开发署之间成立了协调机构——国际粮食与农业发展委员会（Board for International Food and Agriculture），并强调大学通过制定合作研究支持计划（Collaborative Research Support Programs）开展研究，以增加世界粮食供给。在“第十二卷”政策支持下，美国国际开发署在 1979 年到 1986 年期间，为 57 所美国大学提供了近 2 400 万美元的资金。①

如表 13.2 所示，早期美国大学参与对外援助主要是在农业领域。1960 年以来，至少一半的大学—政府协议是农业导向的。②

表 13.2　1960—1966 年美国国际开发署与大学的合作项目③

地区	项目数量	大学数量	美元总量
农业			
非洲	57	34	139 898 662
亚洲	79	41	114 235 549
拉美	71	24	89 815 845
北非/近东	25	16	58 243 986
总量	232	115	402 194 042
发展规划与经济			
非洲	11	10	8 450 653

①②③ Congress U.S., Washington D.C.. New Opportunities for U.S. Universities in Development Assistance: Agriculture, Natural Resources and Environment. Background Paper. [J]. 1991, 133 (1).

续表

地区	项目数量	大学数量	美元总量
亚洲	11	8	14 978 914
拉美	21	15	14 317 723
北非/近东	3	3	13 359 717
总量	46	36	51 107 007
卫生与人口			
非洲	20	12	33 682 323
亚洲	16	12	12 284 076
拉美	23	16	6 328 577
北非/近东	5	5	2 049 119
总量	64	45	54 544 095
人力资源			
非洲	54	29	108 088 834
亚洲	40	24	61 101 544
拉美	56	28	26 795 932
北非/近东	20	15	55 043 890
总量	170	96	251 030 200
自然资源			
总量	10	8	14 325 437
科学与工程			
总量	37	22	57 860 557
总计	559	322	831 062 338

从 1980 年到 1990 年，美国国际开发署调整了机构设置，重新定义了自己的使命和愿景，提出了发展民主、商业、家庭以及环境的新倡议，为大学参与对外援助创造了新的机遇。比如，1980 年，美国国际开发署成立了森林、环境与自然资源办公室（Office of Forestry，Environment and Natural Resources），并在对外援助政策中重视环境保护。从 1979 年到 1981 年，大学实施了总资金为 5.13 亿美元（每年资金为 1.7 亿美元）的 96 个新项目。从 1987 年到 1989 年，新的

大学项目总计为 12 个，每年投入资金 4 700 万美元。1979—1981 年，大学项目约占美国国际开发署外援农业总项目的 19%，而 1987—1989 年，大学项目占 4%。1990 年，美国国际开发署加强了对于可持续农业、自然资源管理以及改善环境质量等问题的关注。这时，美国国际开发署为大学提供了许多资源管理、森林与环境的研究项目。

进入新世纪，大学的作用重新受到联邦政府的重视。“9 • 11”事件之后，美国对外援助政策发生了变化，为预防潜在的袭击，在给予同盟国军事援助的同时，给予战乱冲突地区教育援助成为重要的政策关注点。大学在新世纪参与美国对外援助的领域和内容也越来越深入。除了援助领域广泛之外，援助效益（Aid Effectiveness）也成为美国的重要关注点。2005 年在巴黎召开由主要援助国参加的国际会议，签署了《关于对外援助效益的巴黎宣言》（Paris Declaration on Aid Effectiveness）。《巴黎宣言》和接下来的《阿克拉行动议程》（Accra Agenda for Action）提出了建立有效援助关系的五项原则，包括指导和监督的目标和原则实现的机制——所有权、同盟、协调、成果管理和共同问责。在这一背景下，美国大学参与到对外援项目的评估和管理中。

从上面的内容中不难看出，“二战”后美国联邦政府在外援计划发展的不同阶段，都是有计划和有目的地将美国的大学纳入外援计划中。美国大学的参与从最初的对受援国农业人员进行培训，发展到与受援国的大学建立合作伙伴关系，拓展到合作研究，为受援国培养人才和对美国的国家安全、反恐和软实力建设上来。参与外援计划的学科领域广泛，基本涉及除军事防务之外的所有领域。经过半个多世纪的广泛参与，美国的大学提高了自身的国际影响力，也推动了自身的国际化进程。

第五节　抱团参与应对对外援助学科多样性

美国国际开发署帮助美国大学参与外援计划时，大部分直接提供经费，也包括提供设备和补给、基础设施等。而美国大学对外援资金的使用涉及的范围包括合作研究、人员培训、接受受援国的留学生、帮助受援国发展高等教育及研究机构、为受援国提供教育发展咨询等。

首先，在合作研究方面，20 世纪美国大学以多种方式参与了与发展援助有关的研究，见表 13.3。合作研究支持计划和国际农业研究中心为来自美国机构的科学家、研究者和研究生提供了与其他专家合作研究影响发展的全球问题的平台。与此同时，大学教师参与到受援国各项研究中。

表 13.3 1990 年以前参与 CRSP（合作研究支持计划）项目的大学[①]

小反刍动物 CRSP	花生 CRSP
目的：改善最不发达国家小农拥有的绵羊、山羊和羊驼的肉制品、奶制品和毛制品的生产。计划始于 1978 年	目的：通过在美国和东道国开发花生研究基地，改善食品的可获得性和消费，增加收入，维护和增加自然资源基础，从而减轻花生生产和利用的限制。方案始于 1982 年
美国机构：加州大学戴维斯分校*、密苏里大学、犹他州立大学、德州理工大学、德州农工大学、科罗拉多州立大学、蒙大拿州立大学、华盛顿州立大学、北卡罗来纳州立大学和温洛克国际大学	美国机构：佐治亚大学、德州农工大学、北卡罗来纳州立大学和亚拉巴马州农工大学
发展中国家和地区：全球（包括印尼、肯尼亚、摩洛哥、秘鲁和玻利维亚）	发展中国家和地区：全球（包括半干热带非洲、东南亚和加勒比地区）
项目组成和活动：研究 74%，培训 24%，技术援助 1%，其他 1%	项目组成和活动：研究 60%，培训 35%，技术助理 5%
资金（1978—1990，单位：百万美元）：国际开发署资助：38.314；大学：14.395；受援国资助：21.42；总计：74.129	资助（1982—1990 年，单位：百万美元）：国际开发署资助：12.558；大学：2.940；受援国资助：1.227；总计：16.725
高粱和小米 CRSP	**池塘/养殖 CRSP**
目的：通过增加这些作物的可持续生产，在经济和营养方面改善以高粱和谷子为主要粮食作物的最不发达国家的整体生活质量。项目始于 1979 年	目的：确定健全水产养殖管理的基本原则，以提供更多的就业机会和可靠、廉价的动物蛋白质来源。方案始于 1982 年
美国机构：内布拉斯加大学林肯分校*、堪萨斯州立大学、密西西比州立大学、普渡大学和德州农工大学	美国机构：俄勒冈州立大学*、奥本大学、夏威夷大学、密歇根大学、密歇根州立大学、派恩布拉夫阿肯色大学以及国际渔业和水产养殖发展联盟
发展中国家和地区：全球（包括马里、尼日尔、博茨瓦纳、洪都拉斯、哥伦比亚和苏丹）	发展中国家和地区：洪都拉斯、卢旺达和泰国
项目组成和活动：研究 70%，培训 20%，技术援助 10%，其他 0%	项目组成和活动：研究 100%
资金（1981—1990 年，单位：百万美元）：国际开发署资助：30.182；大学：7.426；受援国资助：4.51；总计：42.118	资助（1982—1990 年，单位：百万美元）：国际开发署资助：7.449；大学：1.668；受援国资助：2.218；总计：11.335
豆类/豇豆 CRSP	**水产资源评估 CRSP**
目的：帮助建立和调动可用于金融和人力资源的组织；启动美国/最不发达国家多机构与豆类和豇豆有关的研究和培训合作；改善发展中国家小农场生产者的生活条件；增加农村和城市贫民的低成本营养食品的供应。计划始于 1980 年	目的：改进分析和抽样方法，以评估和管理小规模多种类热带海洋捕捞渔业种群的规模和可持续产量。方案始于 1986 年（1982 年计划拨款）

① Congress U.S.，Washington D.C.. New Opportunities for U.S. Universities in Development Assistance：Agriculture，Natural Resources and Environment．Background Paper．[J]．1991，133（1）.

续表

豆类/豇豆 CRSP	水产资源评估 CRSP
美国机构：密歇根州立大学*、普渡大学、佐治亚大学、康奈尔大学、威斯康星大学、博伊斯汤普森研究所、加州大学戴维斯分校、加州大学河滨分校、明尼苏达大学林肯分校、内布拉斯加大学、波多黎各大学和华盛顿州立大学	美国机构：马里兰大学*、特拉华大学、罗德岛大学、迈阿密大学和华盛顿大学
发展中国家和地区：非洲和拉美/加勒比地区	发展中国家和地区：哥斯达黎加和菲律宾
项目组成和活动：研究 60%，培训 35%，技术助理 5%	项目组成和活动：研究 100%
资金（1981—1990 年，单位：百万美元）：国际开发署资助：28.769；大学：6.325；受援国资助：4.180；总计：39.274	资金（1985—1990 年，单位：百万美元）：国际开发署资助：3.919；大学：1.005；受援国资助：0.066；总计：5.190
土壤管理 CRSP	**营养 CRSP**
目的：开发热带地区发展中国家在农业、经济和环境方面可持续发展的土壤管理技术。计划始于 1981 年（计划在 1979—1981 年间拨款）	目的：提供关于边际食物摄入对人类表现影响的新信息，并为粮食政策改革做出贡献。项目始于 1981 年（计划 1978 年拨款）
美国机构：北卡罗来纳州立大学*、康奈尔大学、德州农工大学和夏威夷大学	美国机构：普渡大学*（1989—1991）、加州大学伯克利分校*（1981—1988）、康涅狄格大学、亚利桑那大学、加州大学洛杉矶分校和堪萨斯大学医学中心
发展中国家和地区：全球热带地区（包括印尼、马里、尼日尔和秘鲁）	发展中国家和地区：埃及、肯尼亚、墨西哥
项目组成和活动：研究 100%	项目组成和活动：研究 100%
资助（1982—1990 年，单位：百万美元）：国际开发署资助：21.552；大学：5.148；受援国资助：3.087；总计：29.787	资金（1981—1990 年，单位：百万美元）：国际开发署资助：12.891；大学：2.917；受援国资助：无；总计：15.808

注：*项目的管理实体

其次，进入 21 世纪，根据其网站信息，美国国际开发署在超过 100 个国家的多个领域设置了各种合作研究援助项目，美国大学或大学的研究人员通过申请外援资金，组建国际性的科研团队，参与对外援助。比如，在 2012 年 11 月建立的高等教育解决方案网络是一个美国国际开发署同七所顶尖大学建立的全球性的跨学科实验室网络，目的是加强援助国与受援助大学间在对外援助领域的合作研究，解决重要的发展问题。美国六所大学参与了这一项目，帮助美国国际开发署和其他机构在全球卫生、食品安全及长期冲突等问题上，提出更加具有创造性和高效可行的解决方案。再比如，威廉玛丽学院的政策发展数据援助中心（Aid Data Center for Development Policy）通过地理空间技术向美国国际开发署在定位、协调和投资评估上提供咨询；加州大学伯克利分校的发展影响实验室（Development Impact Lab）帮助美国国际开发署设计发展技术并将其大规模应用于能源、卫生、信息技术以及通信等领域；杜克大学（Duke University）的杜克社会企业加速器（Social Entrepreneurship Accelerator at Duke）在全球卫生护理机构中找到具有创新意识的人才并帮助其发展；麻省理工学院的“全面技术评估动议系统”（Comprehensive Initiative on Technology Evaluation）为发展问题的技术解决方案设计评估系统；“国际发展改革网络”（International Development Innovation Network）为同受援国的创新人才合作解决贫困地区所面临的问题提供帮助；密歇根州立大学的粮食系统创新全球中心（Global Center for Food Systems Innovation）通过创造检测和拓展可行的解决方案，来解决全球食品供给所面临的巨大压力；德州农工大学冲突与发展中心（Center on Conflict and Development）寻求改善通过跨学科研究和教育来解决受冲突影响地区和贫困国家发展项目的问题并提高政策的效益。[①]

第六节　援助国与受援国大学的长期“派对”

美国国际开发署成立了两个机构，重点关注饥饿和农业问题。这两个机构还为美国的大学提供专项经费，培养受援国的留学生和相关管理人员，进而增强受援国农业的研究能力。[②]美国的大学通过对外援助提供咨询人员、教师以及海外学习的奖学金，并在建设学校，提供设备、教育技术、教学材料和建设材料上与受援国的大学形成长期的合作关系。美国的大学与受援国大学多年合作的具体信息见表 13.4。

表 13.4　1950—1991 年美国国际开发署资助的美国大学与受援国大学的农业机构建设项目[③]

受援国大学	美国大学	时间/年
卡拉伊学院（伊朗）	犹他州立大学	1951—1958
阿巴格莱布农业学院（伊拉克）	亚利桑那大学	1951—1959
国家农业研究所（巴拿马）	阿肯色大学	1951—1957
菲律宾大学	康奈尔大学	1952—1965

① About the Higher Education Sulutions Network［EB/OL］. https://www.usaid.gov/hesn/about.

② Matsuda R. Educational Assistance and Endogenous Development：Internationalization of A Midwestern Land－Grant University［D］. Indiana University，2000.

③ Congress U.S.，Washington D.C.. New Opportunities for U.S. Universities in Development Assistance：Agriculture，Natural Resources and Environment. Background Paper.［J］. 1991，133（1）.

续表

受援国大学	美国大学	时间/年
阿莱马亚农业大学（埃塞俄比亚）	俄克拉荷马州立大学	1952—1968
Kaseart 大学（泰国）	俄勒冈州立大学	1954—1960
	夏威夷大学	1962—1965
首尔大学（韩国）	明尼苏达大学	1954—1962
喀布尔大学（阿富汗）	怀俄明大学	1954—1957
阿塔图尔克大学（土耳其）	内布拉斯加大学	1954—1957
康塞普申大学（智利）	加利福尼亚大学	1954—1957
基多大学和瓜亚基尔大学（厄瓜多尔）	爱达荷大学	1954—1957
高等农业研究所（墨西哥）	德州农工大学	1954—1956
国立农业大学（秘鲁）	北卡罗来纳州立大学	1954—1968
	北卡罗来纳州立大学	1982—1988
Hariyana 农业大学（印度）	俄亥俄州立大学	1955—1972
乌代布尔大学（印度）	俄亥俄州立大学	1955—1972
G.P.Pant 农业大学（印度）	伊利诺伊大学	1955—1972
安得拉邦农业大学（印度）	堪萨斯州立大学	1956—1972
迈索尔农业大学，班加罗尔（印度）	田纳西大学	1957—1972
奥里萨邦农业大学（印度）	密苏里大学	1957—1972
万隆农业研究所（印度尼西亚）	肯塔基大学	1957—1967
	中西部大学国际活动联合会（MUCIA）	1969—1981
	威斯康星大学	1980—1985
北海道大学（日本）	马萨诸塞大学	1957—1961
圣卡洛斯大学（危地马拉）	肯塔基大学	1957—1963
白沙瓦大学（巴基斯坦）	科罗拉多州立大学	1958—1964
孟加拉国农业大学	德州农工大学	1958—1973
希伯来大学（以色列）	纽约州立大学	1958—1962
国家农业学院（柬埔寨）	佐治亚大学	1960—1963
台湾大学（中国）	密歇根州立大学	1960—1964
中兴大学（中国台湾）	密歇根州立大学	1960—1964

续表

受援国大学	美国大学	时间/年
尼日利亚大学	密歇根州立大学	1960—1967
国立农业学院（越南）	佐治亚大学	1960—1963
亚松森国立大学（巴拉圭）	蒙大拿州立大学	1960—1963
	新墨西哥州立大学	1964—1967
旁遮普大学（巴基斯坦）	华盛顿州立大学	1961—1969
乌拉圭国家大学（乌拉圭）	爱荷华州立大学	1962—1968
埃格顿农学院（肯尼亚）	西弗吉尼亚大学	1962—1972
索克茵农业大学（坦桑尼亚）	西弗吉尼亚大学	1962—1972
塞阿拉大学（巴西）	亚利桑那大学	1964—1973
圣保罗大学（巴西）	俄亥俄州立大学	1964—1973
南大河州大学（巴西）	威斯康星大学	1964—1973
维索萨大学（巴西）	普渡大学	1964—1973
哥斯达黎加大学	佛罗里达大学	1965—1970
高等农业研究所（多米尼加共和国）	德州农工大学	1965—1973
旁遮普农业大学（印度）	俄亥俄州立大学	1955—1972
马凯雷雷大学（乌干达）	西弗吉尼亚大学	1964—1973
	俄亥俄州立大学	1984—1993
Ahmadu Bello 大学（尼日利亚）	堪萨斯州立大学	1962—1978
伊费大学（尼日利亚）	威斯康星大学	1964—1975
布农达农业学院（马拉维）	马萨诸塞大学	1963—1970
Njala 农业大学（塞拉利昂）	伊利诺伊大学	1963—1971
中央邦农业大学（印度）	伊利诺伊大学	1964—1973
马哈拉施特拉邦农业大学（印度）	宾州州立大学	1967—1972
农业和兽医科学研究所（摩洛哥）	明尼苏达大学	1969—1990
巴西农业学院	密歇根州立大学	1973—1978
约旦大学	华盛顿州立大学	1975—1979
Peredenia 大学（斯里兰卡）	宾州州立/德州农工大学	1979—1985
东部地区大学（印尼）	华盛顿州立大学	1980—1985
西部地区大学（印尼）	肯塔基大学	1980—1990

续表

受援国大学	美国大学	时间/年
米沙鄢农业大学（菲律宾）	康奈尔大学	1981—1987
Dschang 农业大学（喀麦隆）	佛罗里达大学	1982—1990
西北边境农业大学（巴基斯坦）	伊利诺伊大学	1983—1992
瓦加杜古大学（布基纳法索）	佐治亚大学	1983—1990
津巴布韦大学	密歇根州立大学	1984—1989
萨那大学（也门）	俄勒冈州立大学	1985—1996
牙买加农业学院	路易斯安那州立大学	1986—1990
热带湿润地区农业学院（哥斯达黎加）	加州理工和州立大学	1986—1988
	罗格斯大学	1986—1988
	内布拉斯加大学	1986—1988
	弗吉尼亚理工学院	1986—1988
埃奇顿农学院（肯尼亚）	伊利诺伊大学	1986—1991

大学参与对外援助丰富了大学教育国际化的内涵。大学参与的对外教育发展援助形式多样，内容丰富，除了在受援助地区直接开展教育工作外，还通过多种形式促进当地教育事业的发展。美国大学从事发展援助的一项主要任务是帮助发展中国家发展高等教育和建设研究机构，机构建设的要素包括：课程现代化、研究计划的制订、扩招工作的创建以及新老教员的培训。机构建设所需时间周期长，采取的方式是将美国大学或大学联盟与发展中国家的大学或研究机构建立“姊妹大学”关系，以促进教师交流、培训以及其他资助。如表 13.4 所示，通过机构联系进行机构建设被认为是美国大学在对外援助中的最大成就。比如，最大的机构建设项目是 1952 年开始建立的六所美国大学同印度九所国立农业大学的联系。美国国际开发署投入了 3 100 万美元，为至少 1 000 名接受美国培训的印度学生提供了高等教育学位，并派出 337 名美国教职人员在印度大学任职。再比如，美国的马萨诸塞大学在美国政府提供的 160 万美金资助下，同清华大学合作，在我国的八个城市开展司法教育工作。美国的大学和学院每年吸收大量非洲学生和学者来攻读农业领域的硕博士学位，包括农业和生物工程、农业经济学、农学、植物和植物病理学、食品科学以及园艺学。美国外援计划中的非洲教育倡议（Africa Education Initiative）的项目中，五所美国大学同非洲的受援国大学合作，帮助受援国改革初等教育。该项目已经培训了 165 000 位教师，开发了 13 种语言的课本，印制了超过 2 500 万册的教材和学习资料①。

① Universities［EB/OL］.［2017-01-10］. https://www.usaid.gov/partnership-opportunities/universities.

2011 年，美国国际开发署的教育战略（Education Strategy）强调了教育对于人类发展的基础作用以及与经济增长和政治民主的重要联系。研究已经证明了教育可以提升个人收入，进而促进经济增长。教育可以保证经济的增长是广泛而惠及穷人的。通过影响经济增长，教育可以促进民主的发展以及保持稳健民主的治理。教育也可以提高卫生成果。入学率是教育的前提，但更重要的是教育的质量。由于教育同发展的其他动力密切相关，教育投入应该被视为推动变革的重要助力。

美国大学参与国际发展援助的重点是对最不发达国家的学生进行培训和教育。美国大学通过多种方式对最不发达国家的学生进行培训，其中一部分学生是作为美国国际开发署项目的一部分，或者是通过国际开发署资助，从而在美国大学接受教育与培训。20 世纪 90 年代以前，共有约 20 万名最不发达国家的学生到约 2 000 所美国大学进行学习。工程、企业管理、自然与生命科学、社会科学、人文学科以及农业是美国大学留学生的首选学习领域，而美国国际开发署支持学生学习农业等专业，1988 年约 30%的受资助学生选择了农业与自然资源项目。①

在人员培训国际化方面，美国联邦政府向受援国的人提供长期或短期培训以及奖学金，以加强能力建设，大学是承担这一职能的重要机构。USAID 开展的未来减少饥饿改良合作研究实验室（Feed the Future Innovation Labs for Collaborative Research）与合作研究支持计划除了发展合作研究之外，还为大学同 USAID 以及其他发展中国家的机构合作提供教育培训。未来减少饥饿改良合作研究实验室的主要目标是通过提供长期学位项目或者向从事农业的劳动者和政策制定者提供短期培训来提高发展中国家人口素质。自从 20 世纪 70 年代 CRSP 项目实施以来，已经有成千上万的学生获得了学位，并对发展中国家的农业发展做出了突出贡献。大学接受 USAID 资金，向发展中国家提供高等教育。联邦政府的各种培训项目，在向美国和发展中国家学生提供结构化的培训上收效颇丰，从 1978 年到 2011 年，至少向 CRSP 参与者授予了 3 820 个学位，其中大部分是研究生教育。受援者来自 70 多个国家，约 40%～50%来自撒哈拉以南的非洲，也有大量学生来自玻利维亚、厄瓜多尔、加纳、印度尼西亚和中国②。1997—1998 年，西北大学农学院（Midwestern University School of Agriculture，MUSA）招收了 21 位来自非洲的美国外援项目研究生。这些非洲学生在美西北大学攻读硕士或博士学位。通过课程学习和研究，非洲学生或者访问学者在美国导师的影响下完成学业，并把在美国大学所学的知识带回非洲。经过半个多世纪的参与，美国大学

① Congress U.S.，Washington D.C.. New Opportunities for U.S. Universities in Development Assistance：Agriculture，Natural Resources and Environment. Background Paper.［J］. 1991，133（1）.

② Digest Project. Capacity Building ［EB/OL］. http://crsps.net/key－topics/capacity－building/.

不仅对非洲的整体发展产生了深远的影响，也提高了自身的国际化能力。相关统计显示，在 1955 年，只有 36 494 位国际学生进入美国接受高等教育，而到了 2017 年，这一数字为 1 078 822，[①]其中 0.6%的国际学生的奖学金来自美国联邦政府。[②]

结　论

从 20 世纪 40 年代开始，美国的大学就参与到美国联邦政府的外援计划中。当时，参与外援的大学主要是有农学院的大学，因为当时的外援主要集中在农业发展和减少饥饿上。随着时间的推移，教育也被纳入外援计划之中，美国的大学也随之利用外援经费，到发展中国家开展人员培训和技术培训。进入新世纪，美国的对外援助项目包括了众多的领域，美国公立和私立大学都积极地投入外援计划之中。所以，一个时期以来，人们常常会问：美国的高等教育为什么具有如此强大的国际影响力？通过上面的分析不难发现，当美国的大学参与到美国联邦政府的对外援助战略中，在世界范围内展示其科学知识、管理经验和先进技术时，大学的国际形象和国际化能力都得到了提升。大学通过美国联邦政府的外援计划与受援国的大学或机构进行合作，通过合作研究、人员培训的形式，不仅丰富了对外援助的内涵，高效地利用了政府的外援资金，而且促进了自身的国际化。因此，我们应借鉴美国的经验，在实施对外援助时重视大学的作用，创新对外援助形式，加强教育合作，重视对外援助的教育效益。

---

① IIE. Enrollment. [EB/OL]. https://www.iie.org/Research-and-Insights/Open-Doors/Data/International-Students/Enrollment.

② IIE. Primary Source of Funding [EB/OL]. https://www.iie.org/Research-and-Insights/Open-Doors/Data/International-Students/Primary-Source-of-Funding.

第十四章　美国高等教育国际化的缩影：耶鲁的案例

引　言

“美国耶鲁大学地处美国康涅狄格州的历史名城纽黑文市。该城濒临海港，人口十二万五千，西南距纽约一百二十公里，东北去波士顿约二百公里。耶鲁大学现由十二所学院组成，包括大学本科部耶鲁学院、耶鲁文理研究生学院和另外十所专业学院。耶鲁学院是耶鲁大学的核心，共有六十五个系所，尤重人文及科学教育，每年开设本科生课程两千多门，内容十分广博。耶鲁教授向来致力于本科课程的教学，这已是耶鲁长期以来闻名遐迩的风范。可以说，很多最杰出的耶鲁教授一直都在从事基础课程的教学……”①

如果不作特别说明，谁能想到以上的中文文字是从耶鲁大学的官网上直接获取的？在这里用中文介绍耶鲁大学的概貌、校史、寄宿制度、当今发展、图书馆、艺术馆和博物馆、科学与工程学的发展以及日益扩大的国际交流活动等多个方面的概况。除了方方正正的中文字之外，在耶鲁大学的网站上还能看到被译成阿拉伯语、德语、法语、希伯来语、印尼语、日语、韩语、俄语、西班牙语 9 种语言的简介。

国际化对耶鲁大学意味着什么？该校网页用不同语言向世界展示自己的做法只是在证明，耶鲁大学这座有 300 年历史的名校在其第四个世纪到来之际跃升为全球性大学，并全面展开全球性大学发展战略。今天的耶鲁大学为学生提供的外国语言超过 50 个语种，有 600 多门课程与国际事务有关。耶鲁大学国际和区域研究中心在过去的 40 年中一直是重点学科，现在设有 6 个学士学位项目、4 个硕士学位项目，另外还有其他众多的国际研究和合作活动。耶鲁的语言学习中心、全球化研究中心和国际金融中心都扩大了耶鲁专业学院的国际研究项目和学术活动。在耶鲁大学，某些研究生专业录取的外国学生高达 30%以上。新设立的世界之友项目（World Fellows Program）今后将在每年秋季从世界各地招收具有领导

---

① A University Connected Across the Globe［EB/OL］. https://www.yale.edu.

才能的学生，同时每年将有来自 100 多个国家的 1 500 多名外国学者住校访学。① 耶鲁大学第 22 任（任期为 1993—2013 年）校长理查德 • 莱文（Richard C.Levin）教授提出：耶鲁大学第四世纪压倒一切的战略目标是成为真正的全球性大学，即吸引和培养世界范围内的一流师生，保持图书收集和其他研究资源的优势，积极致力于优异的本科生教育，培养在学术、专业和公众生活中的领袖人物，不仅为美国，也为全世界培养领袖人才，推动知识的开拓，为人类社会的进步与文明服务。②

当然，经过三个世纪的发展，耶鲁培养了众多的政治领袖、国际名流和艺术明星。第一个毕业于耶鲁的中国留学生容闳就是其中之一。他 1850 年进入耶鲁，回国后积极倡导和组织中国官派赴美留学生，被誉为“中国留学生之父”。由此可见耶鲁大学与中国的渊源。众所周知，耶鲁大学是非常有竞争力的大学，尤其是在本科录取上。该校 2018 年春季结束的本科生录取率为 6.3%，即从 35 306 名申请人中录取了 2 229 名学生。其中，提供本科生教育的耶鲁学院的学生来自美国 50 个州和世界上 73 个国家，其中半数为女性，超过 30%为少数族裔；10%为国际学生，其中中国留学生仅占每年录取新生的 1%。耶鲁是美国最富有的私立大学之一，2017 年的校产基金总额达到 270 亿美元，在美国仅次于哈佛大学的 370 亿美元。学校的收入主要来自资产投资、捐款和学费，其中捐款就高达 150 多亿美元。本章主要通过耶鲁大学的案例分析展现美国高等教育国际化的历程。从某种意义上讲，耶鲁大学不同年代的国际化已成为美国高等教育国际化的缩影。

第一节　有限国际化：从建立之初到“二战”结束

耶鲁大学始建于 1701 年，是美国最古老的大学之一。这所拥有 300 多年历史的国际名校，在创立之初是以“继承欧洲人文科学传统，为教会（更具体地说是为公理会）培养为民众服务的神职人员”为办学宗旨的。据该校校史记录，英国国教的信徒很早就可以在耶鲁学习或执教。到 18 世纪 30 年代，有些本科生改信圣公会教派，他们中的某些人毕业后在康涅狄格州教会任职，而且是该教会的中坚力量。从建校起的整个 18 世纪，耶鲁学校招生和教师聘任基本上是在一个封闭的空间中进行的。相关统计显示，1796—1799 年，耶鲁大学的学生有 76.52%来自康涅狄格州，10.43%来自新英格兰（康涅狄格州除外），6.96%来自大西洋各州，6.09%来自美国南部。③美国虽然在 1776 年建国，但当时的北美还没有进行西部大开发，还不是一个统一的国家。

耶鲁大学国际化的源头可以追溯到 19 世纪的第一个 10 年，首批接受欧洲（主

① A University Connected Across the Globe［EB/OL］. https://www.yale.edu.

② Thinking about Yale’s Future：Goals for the University［EB/OL］. https://president.yale.edu/goals.

③ Pierson G. A Yale Book of Numbers：Historical Statistics of the College and University 1701 – 1976［R］. Yale University，1983：67.

要是德国）教育的人员回到美国，开始在该校从事教学活动。作为美国大学中率先接受外国留学生的大学，耶鲁在 19 世纪 30 年代初接受了首批来自拉丁美洲的学生。1850 年，第一位可以在美国任何大专院校注册的亚洲学生——“中国留学生之父”容闳选择在耶鲁求学。[①]这一时期，受高等教育规模扩大的影响，耶鲁大学的国际学生虽然数量谈不上多，但是开始变得多元。1872 年，该校耶鲁学院对 1796—1871 级健在的校友的统计分析显示，在当时健在的 3 549 人中，来自国外或美国其他属地的校友共 66 人，占总人数的 1.86%，而这 66 位国际校友分别来自英格兰、法国、德国、加拿大、夏威夷岛、印度、中国、土耳其和叙利亚等国家和地区。

耶鲁学院在 80 多年的发展中，其校友覆盖的国家范围在 19 世纪中叶的美国应该是非常有代表性的，多元化是其典型特征。

20 世纪上半叶，耶鲁大学格外重视本科生教育，其教师队伍建设无疑是非常重要的，因此非常注重对教职人员的选拔。表 14.1 呈现了 1899—1941 年在耶鲁学院的教职人员中拥有海外文凭和同时拥有国内、国外文凭的教师情况。

表 14.1　耶鲁学院拥有海外文凭的教师统计（1899—1941 年）[②]

年份	只拥有海外文凭的教师人数	同时拥有国内、国外文凭的教师人数	教师总人数	有海外文凭的教师占教师总人数比例/%
1899—1900	3	7	106	9.43
1914—1915	5	8	167	7.78
1930—1931	7	8	97*	15.46
1937—1938	6	4	86*	11.63
1940—1941	6	3	114	7.89

注：“*”表示该年份在耶鲁学院任教的教师统计，不包括其他办公室教职人员及研究人员的统计数据。

在另一份资料中，可以看到耶鲁大学 19 世纪初到“二战”结束后的国际学生和有海外教育背景的教师构成情况，见表 14.2。这说明，从 1810/1811 年到 1946/1947 年的一百多年间，耶鲁大学的国际化发展非常缓慢。

① 李联明，朱庆葆．耶鲁大学建设全球性大学的理想与策略［J］．中国高教研究，2007（08）．

② Pierson G. A Yale Book of Numbers：Historical Statistics of the College and University 1701 – 1976［R］．Yale University，1983：366．

表 14.2　耶鲁大学招收外国学生与员工所占比例（19 世纪初到“二战”结束）[①]

年份	比例/%	年份	比例/%
1810—1811	0.39	1880—1881	2.98
1820—1821	1.31	1886—1887	2.72
1825—1826	1.36	1892—1893	2.08
1830—1831	1.20	1899—1900	2.33
1835—1836	1.23	1904—1905	3.34
1840—1841	1.04	1909—1910	2.64
1845—1846	0.68	1914—1915	3.16
1850—1851	1.80	1919—1920	2.83
1855—1856	1.94	1923—1924	2.51
1860—1861	2.00	1928—1929	3.07
1865—1866	1.47	1933—1934	2.38
1870—1871	1.85	1935—1936	2.39
1875—1876	2.27	1946—1947	2.46

以上几项数据表明，自建校至“二战”结束的近 250 年间，耶鲁大学的国际交流程度并不高。这在很大程度上是由整个美国（包括建国之前的美洲大陆）的政治、经济、文化和社会形态所决定的。在这 250 年间，美洲大陆经历了殖民地时期、独立建国、“一战”和“二战”。从 1790 年在罗德岛建立了第一座棉纺厂开始，美国进入工业化社会。从 19 世纪初期开始，大量资金投放于工商业，使工业生产得到发展。在大力引进欧洲科学技术的同时，鼓励创造和发明。19 世纪 50 年代，美国的工业化得到迅速推进。到 1860 年，美国工业生产居世界第 4 位。2/3 的制造品在东北部生产。[②]美国进入工业化时代后，随着国力的日益强盛，高等教育的规模也逐渐壮大。1862 年的《莫里尔法案》促进了美国公立高等教育的发展。进入 20 世纪，更多的亚洲国家，如中国、日本、菲律宾等国的留学生到美国留学。但本研究没有发现耶鲁大学在这个时期关于国外留学生国家分布的记载。目前已知的是，我国最早的留美学者容闳、“铁路之父”詹天佑、“中国现代医学开创者”颜惠庆、著名教育学家晏阳初以及后来的经济学家马寅初等人，都是在耶鲁大学求学的。

① Pierson G. A Yale Book of Numbers：Historical Statistics of the College and University 1701－1976［R］. Yale University，1983：69－71.

② 美国历史［EB/OL］. https://baike.so.com/doc/732500－775509.html.

第二节　快速国际化：从1945年到1960年

“二战”结束后，美国联邦政府颁布了一系列教育法案，对高等教育产生了巨大的影响。其中，《复员军人法案》的颁布促使美国的高等教育规模得到了迅速扩大。以扩大海外学生和学者国际交流的《富布莱特法案》也在1946年颁布。还有1948年颁布的《史密斯—蒙特法案》和1957年颁布的意在加强外语教学和区域研究的《国防教育法》等。这些法案的颁布无疑为战后耶鲁大学的国际化提供了机遇。耶鲁大学接收的国际学生和员工在这一时期明显增多。表14.3的数据为1941—1960年间耶鲁大学国际学生和员工的统计情况。1941—1942年的国际学生数量仅为111人，国际师生占该校师生的比例仅为2.04%，而到了1959—1960年，国际学生数量上升到了505人，国际师生比例上升到了6.48%。

表14.3　耶鲁大学国际学生与员工统计（1941—1960年）[①]

年份	国际师生人数	师生总数	国际师生所占比例/%
1941—1942	111	5 453	2.04
1946—1947	202	8 196	2.47
1948—1949	250	9 017	2.77
1949—1950	307	8 519	3.60
1951—1952	271	7 688	3.52
1952—1953	312	7 567	4.12
1953—1954	314	7 555	4.16
1954—1955	349	7 369	4.74
1955—1956	318	7 353	4.32
1956—1957	359	7 664	4.68
1957—1958	394	7 405	5.32
1958—1959	497	7 773	6.39
1959—1960	505	7 793	6.48

从表14.3的数据中可以看出，耶鲁的在校师生总数在1946—1947年比“二战”前多出近3 000人。除了总人数的增加之外，国际师生人数也明显增加，且

① Pierson G. A Yale Book of Numbers：Historical Statistics of the College and University 1701－1976［R］. Yale University，1983：76－78.

几乎呈逐年递增趋势。相比而言，1959—1960 年的国际师生人数已达到 1941—1942 年的近 5 倍，是“二战”后初期（1946—1947 年）的 1.5 倍。国际师生在全校师生中所占的比例也从“二战”后初期的 2.5%左右增加到 1960 年的近 6.5%。

从表 14.4 还可以看出，耶鲁本科学院对于拥有国际学历的教师的聘用人数也有了适当的提高。比如，在 1940—1941 年有海外文凭的教师仅为 6 位，同时拥有国内和国外文凭的为 3 人。到了 1957—1958 年，拥有国际学历的教师为 36 位，同时拥有国内和国外文凭的教师人数上升到 20 位。

表 14.4 耶鲁本科学院拥有海外文凭的教师统计（1940—1960 年）[①]

年份	只拥有海外文凭的教师人数/人	同时拥有国内、国外文凭的教师人数/人	教师总人数/人	有海外文凭的教师占教师总人数比例/%
1940—1941	6	3	114	7.89
1950—1951	22	11	288	11.46
1957—1958	36	20	458	12.22

除了学生、学者的国际交流程度提高之外，耶鲁大学还对课程进行了调整。正如耶鲁的校史中所写：“在‘二战’之后，我们开始摒弃那些仅仅是完全支持哲学领域的要求，摒弃自我教育的指导……而自由教育典型模式的定义也越来越广泛且更具包容性。”[②]1950 年耶鲁大学开设的课程是 44 门，比 1937 年多出 12 门。通过对比发现，新添的课程主要可以分为三类：现代外语文学的课程，在原有的德语、法语、意大利语的基础上添加了印度语与远东语、斯拉夫语言文学等；实用工科课程，加入化学工程、城市工程、机械工程、冶金学等实用性工程学；跨领域交叉学科，如美国研究学、文化与行为学以及政治、科学与经济学等。这些课程的增加，一方面可以使学生通过对他国语言和文化的学习，增进对世界更多国家、民族的了解，便于进行国际化发展；另一方面，顺应时代发展所需，增加工程类、实用性课程，改变古典大学课程内容陈旧的传统形象，向研究型大学转型。

“二战”后，随着美国联邦政府一系列教育法案的出台，美国联邦政府通过不同的途径向大学投入经费。从耶鲁大学这个时期的财政收入中可以看出，从美国联邦政府的项目获取的经费在“二战”前仅有 21 211 美元（见表 14.5），仅占该校总收入的不足 0.3%；在 1960 年时已增至 6 880 457 美元，约为“二战”前的 324.4 倍。而从“二战”前的 1939 年到“二战”后的 1960 年的 20 多年间，

① Pierson G. A Yale Book of Numbers：Historical Statistics of the College and University 1701 – 1976［R］. Yale University，1983：366.

② The Course of Study［EB/OL］. http://www.yale.edu/oir/pierson_original.htm.

耶鲁大学的财政总收入只增加了 4 倍。同时，参照各类收入所占比例观之，虽然在该校的总收入中还是以资助、捐赠、投资收入等自筹资金方式为主，但是“二战”后增长最快的经费无疑来自政府的各项拨款和合约。至 1960 年，来自联邦政府的资金占全校收入的 18.2%，是“二战”前所占比例 0.3%的 60.7 倍。

表 14.5 耶鲁大学收入（1939—1960 年）[①] 单位：美元

年份	学生学费与住宿等收入	限制、非限制性拨款资助及馈赠	美国政府的项目、拨款及合同签约	捐赠或投资收益	总收入
1939—1940	2 562 122	1 104 555	21 211	3 980 988	7 429 129
1949—1950	4 717 394	3 182 003	428 503	5 038 128	14 752 878
1954—1955	8 619 364	4 839 137	1 010 976	7 463 136	21 729 226
1959—1960	13 489 842	13 688 490	6 880 457	12 173 584	37 790 310

而在耶鲁大学接受政府拨款和资助的同时，就必然意味着要按照政府的要求进行“专款专用”，以发展联邦政府期望得到发展的领域——研究性建设与国际化建设。虽然耶鲁大学的财政支出中并未针对国际化支出进行专类统计，但不难理解，在联邦政府拨款的利用方面，耶鲁大学无疑是需要按照前文所提及的“二战”后 15 年的诸多法案进行财务支配，因而对其国际化发展具有巨大的推动作用。

从“二战”结束至 1960 年的 15 年间，随着美国联邦政府对大学中国际发展、国际扩张政治诉求的增加，耶鲁大学这个古典的私立大学也在师生交流、课程设置及财政收入、支出等方面作出了相应的调整。

第三节 国际化的稳步发展：从 1961 年到 1980 年

从 1960 年到 1980 年的国际化可以分为两个阶段：黄金发展期和稳步发展期。

第一，黄金发展期。美国大学的管理者们常常把 20 世纪 60 年代称为美国高等教育的“黄金时代”。因为在这一时期，美国人把发展教育事业摆在优先的位置。首先，1958 年的《国防教育法》虽然从内容本身看仅仅是一个零碎的法案，但却将高等教育与国防紧密相连，因而高等教育被认为对美国的繁荣与幸福具有决定性意义。[②]因此，耶鲁大学的国际化也在 1958 年的《国防教育法》、1961 年的《外援法案》、1965 年的《国际教育法案》等一系列法案的共同推动下得到了全方位

① Pierson G. A Yale Book of Numbers：Historical Statistics of the College and University 1701－1976［R］. Yale University，1983：614.

② 陈学飞. 美国高等教育发展史［M］. 成都：四川大学出版社，1989：157－158.

的发展。表 14.6 呈现的耶鲁大学国际师生统计中，无论是人数还是所占比例都在 60 年代稳步增长。

表 14.6 耶鲁大学国际学生与员工统计（1960—1970 年）①

年份	国际师生人数	师生总数	国际师生所占比例/%
1960—1961	549	8 129	6.75
1961—1962	556	8 221	6.76
1962—1963	579	8 404	6.89
1963—1964	635	8 333	7.62
1964—1965	666	8 614	7.73
1965—1966	669	8 539	7.83
1966—1967	602	8 654	6.96
1967—1968	610	8 666	7.04
1968—1969	663	8 621	7.69
1969—1970	692	9 543	7.25

如前文所述，耶鲁大学的课程在 20 世纪 50 年代末就已作出调整，但整个 20 世纪 60 年代才是课程发展的黄金时期。仅现代外语和文化一类课程就已增至 24 门之多，其中，除了西班牙语、葡萄牙语、俄语、意大利语、瑞士语、荷兰语等传统欧洲语言之外，还增加了捷克语、塞尔维亚—克罗地亚语，以及大量亚洲语言（如：中文、日语、泰语、柬埔寨语、越南语、印尼语等）和中东国家语言（如：闪米特语）；同时在跨专业交叉研究中专门加入了中国研究、俄罗斯研究（当时应译为：苏联研究）和日本研究。通过这些课程的开设和发展，可以看出耶鲁大学在各法案提到的外国语教学和区域研究领域都做出了很大的努力，并已开始加强对发展中国家的了解，为向发展中国家提供对外技术援助打下了坚实的基础。图 14.1 对本科生学习领域的分布统计清晰地呈现了 1955—1971 年间，总体趋势上升的除耶鲁传统学科、社会科学和精美艺术之外，还有跨学科交叉领域。此外，学习现代外语与文学领域课程的学生比例也在稳步上升，尤其是从 20 世纪 50 年代末至 60 年代中期，现代外语与文学发展迅猛，并在发展之初，对同样作为语言学的英语专业产生了一定冲击。而数学与自然科学虽然依旧占据较高比例，但学生分布总体呈下降趋势。当然，这并不意味着该领域学生人数减少，只是随着学科专业调整和一些新型学科的较快发展，该领域的学生比例有所下降。

① Pierson G. A Yale Book of Numbers：Historical Statistics of the College and University 1701－1976［R］. Yale University，1983：78－79.

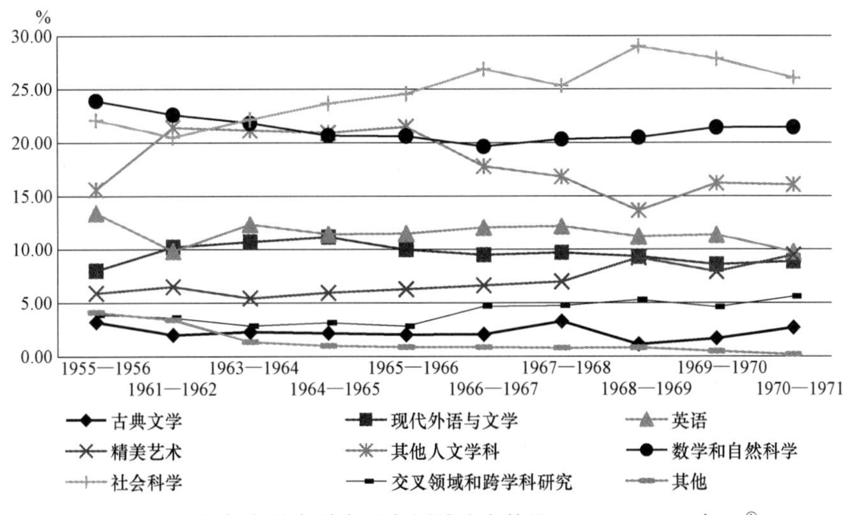

图 14.1　耶鲁大学本科生研究领域分布统计（1955—1971 年）[①]

从整个 20 世纪 60 年代耶鲁大学的财政收入来看，1969—1970 年，政府拨款投资增至 35 08 063 美元，是 1960—1961 年的近 6 倍。而且，政府项目、拨款已达到耶鲁同年总财政收入的 28%，这对于耶鲁这样的私立大学而言是一个重大变化，也与耶鲁大学在整个 60 年代的国际化发展与联邦政府的高等教育发展诉求高度契合密切相关。

第二，稳步发展期。在国际上，1960—1970 年，美国深深地卷入越南战争。在美国国内，受平权运动、社会危机、校园安全等一系列问题影响，留美国际师生有轻微的下降，但是波动并不大，并且从整体上看还是呈上升趋势。美国高等教育经历了 20 世纪 50 年代后期和 60 年代的巨大发展之后，开始走入一个充满危机的时代，全国高等教育陷入财政危机，并伴随着社会危机、经济危机和公众的信任危机。在学校面临财政危机、全国适龄入学人数减少、教育设施相对过剩和全国范围非教育组织提供的中学后教育迅速增长的共同作用下，学生市场的竞争空前激烈，大学不得不提出了“学生消费者第一”以扩大学生来源，并在招生和教学方面都作出了更为灵活的调整。[②]1970—1976 年耶鲁大学国际学生与员工统计见表 14.7。

① Pierson G. A Yale Book of Numbers：Historical Statistics of the College and University 1701－1976［R］. Yale University，1983：272－274.

② 陈学飞. 美国高等教育发展史［M］. 成都：四川大学出版社，1989：177－178.

表 14.7　耶鲁大学国际学生与员工统计（1970—1976 年）[①]

年份	国际师生人数	师生总数	国际师生所占比例/%
1969—1970	692	9 543	7.25
1970—1971	821	9 708	8.46
1971—1972	650	9 185	7.07
1972—1973	662	9 326	7.10
1973—1974	666	9 026	7.38
1974—1975	674	9 629	7.00
1975—1976	726	9 394	7.73

在课程设置和研究生学业要求等方面，到了 20 世纪 70 年代后期进行了大规模的改革。从课程数量上看，从 1977—1978 年度开始，本科生可选课程从 100 门增至 499 门，由耶鲁研究生院开设的课程从 500 门增至 599 门，各类专业学院开设的课程数也依各学院系统要求而有所变动。虽然课程数量与课程水平并无直接联系，但课程的增设力度之大显而易见。[②]耶鲁校史对于本科生可选课程的统计方法也从 1976 年之前惯用的分九类（即古典文学、现代外语与文学、英语、精美艺术、其他人文学科、数学与自然科学、社会科学、跨专业交叉研究及其他）变成了以人文学科、社会科学、生物科学、物理科学和其他等五类进行统计。从新的课程设置统计（见表 14.8）中可以看出，外国语言文化、交叉学科、应用学科课程的比重明显提高。图 14.2 所示为 20 世纪 70 年代本科生选课比例变化曲线，相较于图 14.1（即 20 世纪 60 年代），最大的变化表现为社会科学和数学与自然科学的波动。社会科学自 20 世纪 70 年代以来急转直下，而数学与自然科学在经历了 20 世纪 60 年代的持续低迷之后不断攀升，成为耶鲁大学修课人数比例最高的学科领域。而跨学科研究和外国语言文化领域在经历了 20 世纪 60 年代的发展之后，进入了一个“保值”阶段。这些课程设置和分布都是耶鲁大学尝试使课程更趋于实用化、国际化的表现，同时也为耶鲁大学争取优质生源（尤其是国际生源）创造了条件。而 1976 年之后，耶鲁大学根据便于本科生选课的四组课程分类（见表 14.9），对学生提出了新的课程要求。变动最大的有以下两点：第一，自 1976—1977 年度起，选择外语类的大一年级本科生每年可以在Ⅰ组课程中最多选修 7 个班进行学习，而选择实验班的大一年级本科生每年可以在Ⅳ组课程中最多选择 7 个班进行学习；第二，自 1979—1980 年度起，新入学的大一年级

① Pierson G. A Yale Book of Numbers：Historical Statistics of the College and University 1701－1976［R］. Yale University，1983：79.

② Waters B. A Yale Book of Numbers，1976－2000［R］. Yale University，2001：63.

学生至其学业的大二年级末，必须在四组课程中各选两门课程修习。[①]

表 14.8　耶鲁大学本科生课程统计（1978 年）[②]

学科类别	学科课程
人文学科（28 种）	非裔美国人研究、美国人研究、古典文学、古典文化、希腊语、拉丁语、比较文学、文学、东亚语言与文学、中文、日语、韩语、英语、法语、德语、斯堪的纳维亚语、瑞典语、历史、艺术史、意大利语、音乐、近东语言与文明、哲学、宗教研究、斯拉夫语言与文学、俄语、西班牙语、葡萄牙语
社会科学（8 种）	人类学、经济学、语言学、政治学、经济与政治科学、心理学、社会学、统计学
生物科学（4 种）	生物学、生态与环境生物学、分子生物物理与生物化学、分子细胞学与发展生物学
物理科学（13 种）	天文学、化学、计算机学、工程与应用科学、应用物理学、生物工程、化学工程、电力工程、机械工程学、地理与地球物理学、数学、操作研究、物理
其他	会计学、非洲人研究、应用数学、考古学、大不列颠研究、学院研讨班、狄文讲座、东亚人研究、伦理&政治与经济、伦理&种族与移民、电影研究、德国人研究、科学与医药学历史、人类学、直接研究、犹太人研究、国际化研究、拉丁美洲人研究、组织生物学、科学展望、文艺复兴研究、俄国与东欧人研究、议会学者、特区随笔、城市研究、环境研究、戏剧研究、教师培训、女性与性别研究等

表 14.9　耶鲁大学本科生选课分类（1978 年）[③]

课程组别	组别课程
Group Ⅰ	语言与文学类、英语与外国语类、古典或现代
Group Ⅱ	建筑学、艺术、古典文明、电影、历史、艺术史、科学史、药史、人文学科、音乐、哲学、宗教研究
Group Ⅲ	人类学、考古学、经济学、语言学、政治科学、心理学、社会学
Group Ⅳ	天文学、生物学、化学、计算机科学、工程学、林业与环境研究、地理与地球物理、数学、分子生物物理与生物化学、物理、统计学

① Waters B. A Yale Book of Numbers，1976－2000［R］. Yale University，2001：65.

② Waters B. A Yale Book of Numbers，1976－2000［R］. Yale University，2001：50－52.

③ Waters B. A Yale Book of Numbers，1976－2000［R］. Yale University，2001：65.

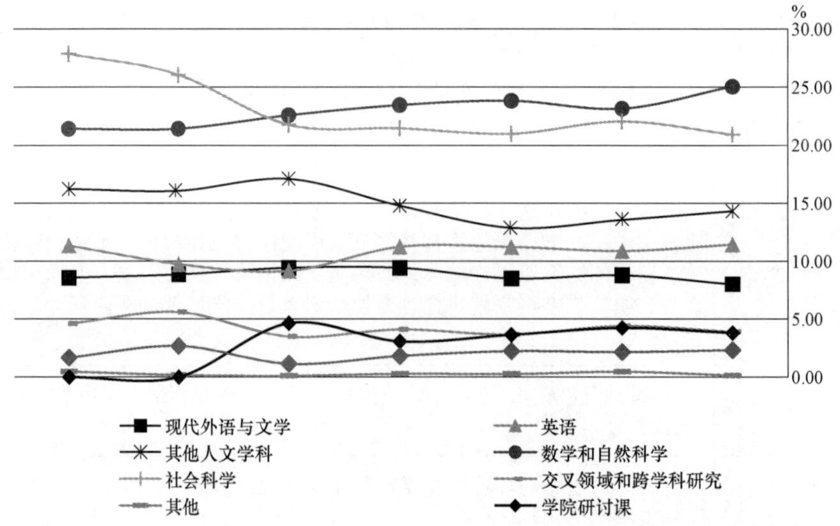

图 14.2　耶鲁大学本科生研究领域分布统计（1969—1976 年）[①]

据耶鲁 1975—1976 年度的财务报表统计，来自政府的拨款和项目经费仍以 5 100 万美元（占同年耶鲁大学总收入的 29.8%）居全校第二大财政来源。但是《国际教育法》中规定的向高校及有关机构提供、用于高校国际研究领域的资助，由于 20 世纪 70 年代的经济危机而遭到国会的推延拨款，且联邦政府在 1969—1978 年间将大学外国事务研究的年度拨款从 2 030 万美元削减至 850 万美元[②]。整个高等教育都笼罩在财政危机的阴影中，以政府驱动的教育国际化如何维系？耶鲁的国际化发展的动力何在？耶鲁大学必须在 20 世纪 80 年代开拓新局面。

第四节　扩大国际学生规模的诉求：从 1981 年到 2000 年

经历了 10 年的快速发展，耶鲁大学的国际化已打下一定的基础，无论是课程设置、教学改革、科研合作还是行政管理、后勤支持，都在国际化进程中积累了相当丰富的经验。因此，耶鲁大学开始凭借自身声誉发展其国际化。

从 20 世纪 80 年代至 20 世纪末，耶鲁大学的国际学生录取比例逐步攀升。至 1999 年，国际学生已占当年录取学生总数的 14.19%。通过对 1999 年国际学生进一步分类可以发现，耶鲁大学国际学生按地域分布的格局已发生了巨大的变化，“二战”后才逐渐发展起来的亚非地区的国际学生已占据国际学生的主导地位。在

① Pierson G. A Yale Book of Numbers：Historical Statistics of the College and University 1701－1976［R］. Yale University，1983：274－276.

② 王廷芳. 美国高等教育史［M］. 福建：福建教育出版社，1995：308.

研究生及专业学院学生中，来自东亚的学生占到国际学生总数的 42%，而对比耶鲁大学国际生的区域分布，变化最大的便是东亚和加拿大各自所占的比例，在耶鲁大学中来自加拿大的学生比例明显增多。1984—2000 年耶鲁大学国际学生比例见表 14.10。

表 14.10　耶鲁大学国际学生比例（1984—2000 年）①

年份	国际学生人数	学生总数	国际学生所占比例/%
1984—1985	897	10 728	8.36
1985—1986	910	10 773	8.45
1986—1987	950	10 802	8.79
1987—1988	995	10 873	9.15
1988—1989	1 070	11 005	9.72
1989—1990	1 135	11 021	10.30
1990—1991	1 259	10 953	11.49
1991—1992	1 308	10 893	12.01
1992—1993	1 326	10 949	12.11
1993—1994	1 339	10 975	12.20
1994—1995	1 301	10 604	12.27
1995—1996	1 367	10 986	12.44
1996—1997	1 462	11 085	13.19
1997—1998	1 407	10 982	12.82
1998—1999	1 421	10 990	12.93
1999—2000	1 563	11 017	14.19

除中美洲及加勒比海地区之外，绝大多数地区的留学生中都以研究生及专业学院学生居多，东亚和东欧地区的研究生及专业学院学生更是占到本地区留学生的 50%，而中美和北美地区的留学生中到耶鲁进行本科阶段学习的学生比例较高，见图 14.6。这种地区间的学生层次需求差异不仅与地理位置的远近有关，更与各地发展程度、对人才的需求层次和耶鲁大学的国际化发展战略相关。此外，亚洲、欧洲的学生中有不少人来到耶鲁大学继续攻读研究生学位，而中、北美洲的学生更多选择在本科之前申请耶鲁大学。

① Waters B. A Yale Book of Numbers，1976－2000［R］. Yale University，2001：23.

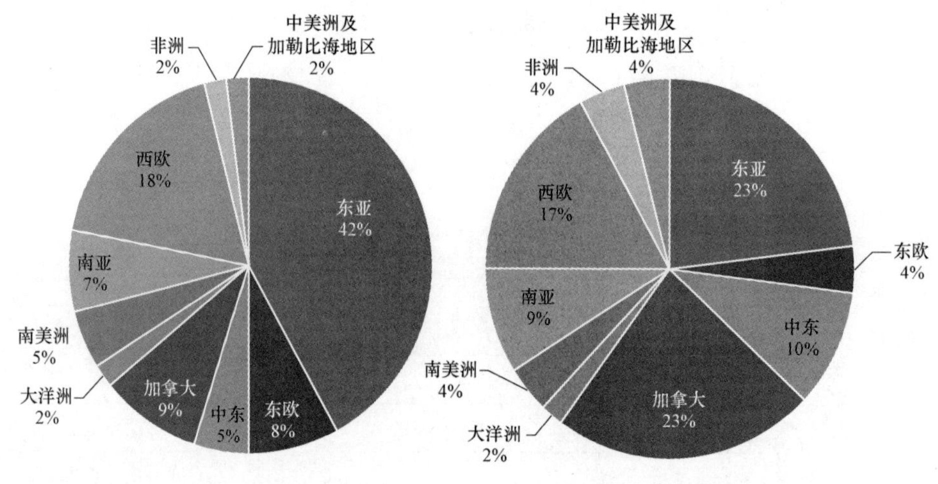

图 14.3　耶鲁大学国际学生区域分布统计（1999 年）[①]

从图 14.3 中可以看出该校国际学生在学历层次上的差异性。

在图 14.4 所显示的国际学生的学院分布中，除了研究生院和耶鲁学院占去第一、第二的生源比例之外，其他专业的招生情况不仅与耶鲁大学该专业的知名度有关，也与该学科当下的需求度，尤其是生源国对该领域的需求有关。因此，管理、林业与环境等学院的国际生比例较高。当然，这也与耶鲁大学在这 20 年里签署的各项国际合作项目有关。尤其是 20 世纪 90 年代以后，在环境问题上，各高校的交流合作明显增多，而本着培养学生领导力的宗旨，耶鲁大学在各管理学科和领导力的项目上，加大了国际合作办学的力度。

除了大量招收国际学生外，耶鲁学院在 20 世纪 80 年代就建立了比较成体系的三年级学生出国学习计划，注重本科生的出国留学教育。具有三年级程度的学生若想出国学习，经所在系和耶鲁学院三年级出国委员会批准，可参加美国其他大学资助的出国学习计划考试，录取后到外国学习，或直接考入外国大学学习，时间为一学年或一学期。申请出国学习者必须成绩优良，平均成绩为 B，比较熟练地掌握目的国的语言。他们多为外语专业学生，希望去国外提高说与写的能力。若学生出国学习计划与专业无直接联系，出国申请则需由有关教师向委员会提出，委员会将考虑申请者的具体情况予以批复。到 20 世纪 80 年代末，每年都有 30～40 名三年级学生出国学习。若在国外学习一年，完成学业后可得到 9 个学分；若只学半年，则得 4 个学分。[②]

① Waters B. A Yale Book of Numbers，1976－2000［R］. Yale University，2001：27.

② 陈宏薇. 耶鲁大学［M］. 长沙：湖南教育出版社，1990：119.

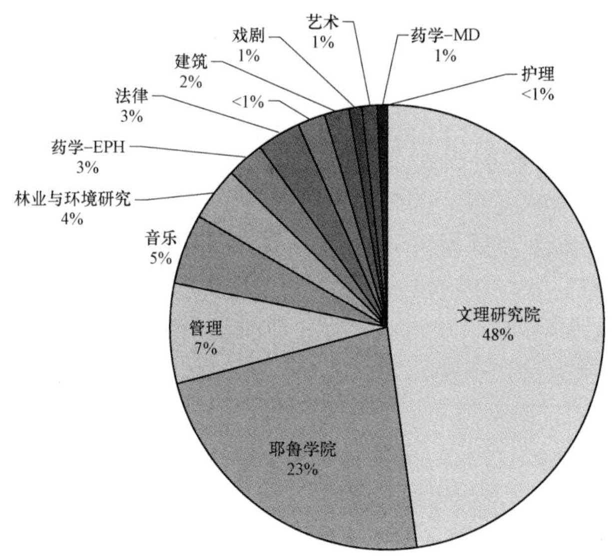

图 14.4　耶鲁大学国际学生学院分布统计（1999 年）①

20 世纪 60 年代初，耶鲁大学就成立了国际与区域研究委员会，负责协调和支持各区域委员会的工作并协助国际关系研究的工作。在 20 世纪 60 年代和 70 年代的发展中，拉丁美洲研究委员会、中东研究委员会和加拿大研究委员会也纷纷加入。到 20 世纪 80 年代初，该委员会正式更名为耶鲁国际与区域研究中心（Yale Centre for International and Area Studies），有些学科拥有硕士授予权，社会科学、历史、语言文学等学科有博士授予权。该中心还建立了国际关系硕士学位。耶鲁国际与区域研究中心还于 1985 年作为主要发起者之一，与哈佛大学肯尼迪政治学院、普林斯顿大学公共与国际事务学院等一同建立了国际事务学院协会（Association of Professional Schools of International Affairs）。该协会总部设在纽约，是一个国际性的非营利协会，旨在为其成员提供一个就共同关心的问题相互探讨的平台，以实现在国际事务教育中信息、资源和经验的共享。耶鲁国际与区域研究中心还建立了许多非洲、拉丁美洲、东亚、俄罗斯和东欧研究项目。该中心以委员会为基础开展专业化拓展项目，并为教师建立了暑期学院。1989 年，福克斯国际奖学金开始支持耶鲁大学与莫斯科州立大学之间的研究生及教师交流。1994 年，该奖学金项目又将耶鲁大学与剑桥大学西德尼·苏塞克斯学院的研究生交流项目纳入支持范围。1995 年成立了国际事务委员会和区域研究委员会，帮助跨专业的教师更多地了解耶鲁国际与区域研究中心，并建立了关注全球和国际论题的师生社团。整个 20 世纪 90 年代，在莱文校长大力倡导国际化，并将其作为耶鲁大学发展的首要战略之际，国际与区域研究中心的项目得到了迅速发展。由美国

① Waters B．A Yale Book of Numbers，1976－2000［R］．Yale University，2001：29．

研究学和国际事务委员会支持，建立了种族划分、民族与移民这一本科专业。通过授权特殊交叉研究项目调动教师们关注全球化、国际化和国家视野等一系列问题的积极性，如交叉边界、全球化与民族自觉、国际政治经济学、欧盟、中亚、希腊研究及全球化研究中心等领域。建立于 1998 年的大学语言中心也为国际与区域研究工作提供了巨大的帮助。集各方资源，国际与区域研究中心和大学语言中心的诸委员会共同发起了直接独立的语言学习（Directed Independent Language Studies），使学生可以学习到耶鲁常规教学以外的重要外语。福克斯奖学金也在 20 世纪 90 年代末被纳入了上海复旦大学、柏林自由大学、巴黎政治学院等五家合作伙伴。除了教师调研、教学项目和出版事务等，访问学者也从每年 4 人增至每年 60 人；为学生（尤其是本科生）提供的支持海外研究和学习的拨款和奖学金也有大幅增长。[①]至此，耶鲁大学的国际化发展已经在大学发展内驱力和争取多方社会资源的共同作用下，走到了世界大学的前列。

第五节　走向全球的耶鲁大学：从 2000 年至今

2000 年，耶鲁大学时任校长莱文首次提出，要将这个 300 年历史的学校建设成“真正的全球性大学（truly global university）”。莱文认为：“全球性大学的创建也是一个革命性的过程。这表现在教学与科研内容的改变、学生来源分布的变化、外部合作范围的扩大以及新听众的广泛参与。”[②]为实现全球化大学的目标，耶鲁成立了国际事务办公室，并于 300 年校庆之际成立了全球化研究中心，接待在学术和实践上卓有成就的来访者，支持其研究并开发关于全球化的新教材。2001 年，耶鲁还推出了世界之友项目计划，每期吸收 16～20 名世界各地的年轻领导人到耶鲁研讨全球问题。2005 年，耶鲁大学推出的《耶鲁国际化：2005—2008 战略框架》(The Internationalization of Yale：2005—2008，The Emerging Framework）中指出全球化环境下耶鲁大学的三个战略目标，即为学生在日益相互依赖的世界中发挥领导和服务作用做好准备，吸纳全世界最杰出的学生和学者，把耶鲁建设成为全球性大学，并围绕这三个战略目标提出了 16 项策略和近 60 个项目。[③]而 2008 年耶鲁大学发布的《2005—2008 耶鲁大学国际化发展报告》（The Internationalization of Yale，Progress Report 2005—2008）也是从以上三个方面总结国际化发展成果的。[④]

---

① History［EB/OL］. https://macmillan.yale.edu/overview/history.

② 理查德·莱文. 大学工作［M］. 王芳等，译. 北京：外文出版社，2004：114.

③ Levin R. The Internationalization of Yale：2005－2008 The Emerging Framework［R］. Yale University，2005.

④ The Internationalization of Yale，Progress Report 2005－2008［R］. Yale University，2009.

一、为学生在日益互相依赖的世界中发挥领导和服务作用做好准备

首先，各学术团队加强了国际合作研究中的师资建设。教师方面，耶鲁大学拥有 3 200 名专职教师和 7 000 名员工，他们来自 110 个国家和地区。麦克米兰中心（即国际与区域研究中心）新设立的 6 个国际化跨学科教授职位，到该报告完成时已招募 5 位国际优秀学者。另有 8 位在国际化领域有突出贡献的学者被文理研究院聘为荣誉教授，这是耶鲁前所未有的。中东研究委员会在 2007 年提出倡议，吸引世界顶尖学者为耶鲁的人才招募进行面试，并设置新的课程。课程方面，耶鲁开设了 52 门外语课程并提供 600 多门涉及国际事务的课程，使学校课程聚焦于国际问题并为学生提供充足的机会去海外实习。①在研究生院实行暑期语言学校奖学金，以帮助研究生支付耶鲁之外的语言项目的学费（大多是海外项目），尤其是支持参加耶鲁暑期学校不能提供的语种的学习。

其次，为耶鲁大学的学生提供更多出国学习、研究或实习的机会。2004 年提出的目标是为每一个耶鲁学院学生在其四年本科学习期间，提供至少一次出国学习、研究或实习的机会。表 14.11 所示为 2003—2008 年耶鲁学院该目标的完成程度，至 2008 年已有 1 229 人参与该项目，且在自然科学、工程学和公共健康学等方面的本科生海外研究机会也有所提高，已从 2005 年的屈指可数增加到 2008 年的 53 人。对海外机会的基础性财政资助已从 2005 年暑期为 142 位耶鲁学院的学生提供 732 078 美元增至 2008 年暑期向 303 位学生资助 1 972 889 美元。同时也扩大了专业学院学生出国实习和学习的机会，包括从 2007 年起，建筑学院的学生将在最后一学年进行国际实地实习；管理学院自 2007 年起，要求所有学生在第一学年参加教师带队的海外实习；神学院与中国、埃及、德国、新加坡和英国的院校新制定了交换协议，为学生提供与其学习相关的国际交流机会；60%的林业与环境研究学院学生可以从新的捐助基金中获得暑期海外实习的费用支持；建立医药学国际化教育办公室，以促进派送耶鲁药学学生出国，使他们能够在其他药业发展成熟的国家获取经验等。

表 14.11　耶鲁学院学生海外项目统计（2003—2008 年）

学生项目	2003—2004	2004—2005	2005—2006	2006—2007	2007—2008
学年海外学习	156	158	144	199	152
暑期海外学习	178	270	387	393	524
暑期海外实习	40	92	196	231	258

① 张金辉．耶鲁大学办学史研究［M］．北京：中央编译出版社，2009：132．

续表

学生项目	2003—2004	2004—2005	2005—2006	2006—2007	2007—2008
海外研究与项目实习	176	206	250	269	295
海外学生人数总计	550	726	977	1 092	1 229

数据来源：The Internationalization of Yale，Progress Report 2005—2008.

最后，全球化研究中心在耶鲁全球化过程中发挥了更大的作用。该中心已召集组织了多项重要学术会议和研讨会，涉及废止核武器、世界银行的发展与公平、全球化和全球变暖等多个领域，并出版发行了会议议程；进一步发展了领导人的培训项目，国际事务办公室发起的针对关键性国家高级政府领导人的项目已经开展；中国—耶鲁高校领导层项目已在耶鲁和中国的大学里各举办了两届，其间与中国所有顶级高校的校长都建立起紧密的联系；许多专业学院也开始尝试为领导开设专业培训项目。

二、吸纳全世界最杰出的学生和学者

2009 年，全校国际留学生总数已达 1 927 人，占当年招生总数的 17%。音乐学院的国际学生比例占到 44%，高居各院系之首。大多数学院中国际学生的比例都超过 10%。国际学生生源的前六位依次是中国、加拿大、韩国、印度、德国和英国。[①]此外，本科生招生办公室协助国际事务办公室发起了对关键国家的定向招生计划，该计划也特别关注中国、印度、墨西哥、阿根廷、智利和巴西等国家。而表 14.12 显示，2009 年国际学生的学位层次分布依然以硕士研究生和博士研究生为主，其中，提供本科教育的耶鲁学院已有 472 位国际学生。

表 14.12　耶鲁大学国际学生统计（2009 年）

<table>
<tr><th colspan="2">院系</th><th>国际学生数</th><th>招生总数</th><th>国际学生百分比/%</th></tr>
<tr><td colspan="2">耶鲁学院</td><td>472</td><td>5 242</td><td>9</td></tr>
<tr><td colspan="2">特招生（学历&非学历）</td><td>1</td><td>33</td><td>3</td></tr>
<tr><td colspan="2">文理研究生院</td><td>823</td><td>2 655</td><td>31</td></tr>
<tr><td rowspan="2">专业学院</td><td>建筑</td><td>39</td><td>194</td><td>20</td></tr>
<tr><td>艺术</td><td>25</td><td>119</td><td>21</td></tr>
<tr><td rowspan="2">专业学院</td><td>神学</td><td>51</td><td>363</td><td>14</td></tr>
<tr><td>戏剧</td><td>31</td><td>207</td><td>15</td></tr>
</table>

① Yale Facts［EB/OL］. https://www.yale.edu/about－yale/yale－facts.

续表

<table>
<tr><th colspan="2">院系</th><th>国际学生数</th><th>招生总数</th><th>国际学生百分比/%</th></tr>
<tr><td rowspan="9">专业学院</td><td>森林与环境研究</td><td>58</td><td>261</td><td>22</td></tr>
<tr><td>宗教音乐研究</td><td>16</td><td>67</td><td>24</td></tr>
<tr><td>法律</td><td>98</td><td>697</td><td>14</td></tr>
<tr><td>管理</td><td>129</td><td>459</td><td>28</td></tr>
<tr><td>医学博士</td><td>47</td><td>464</td><td>10</td></tr>
<tr><td>流行病学与公共保健</td><td>36</td><td>222</td><td>16</td></tr>
<tr><td>内科医师</td><td>1</td><td>106</td><td>1</td></tr>
<tr><td>音乐</td><td>83</td><td>187</td><td>44</td></tr>
<tr><td>护理</td><td>17</td><td>317</td><td>5</td></tr>
<tr><td colspan="2">全校总计</td><td>1 927</td><td>11 593</td><td>17</td></tr>
</table>

数据来源：Yale University.

到 2010 年，耶鲁大学的国际留学生数量达到 2 049 人，国际学者数量（包括博士后、访问学者等）达到 2 065 人，以国际事务为主题的合作研究项目达到 907 项，教授的外国语言 53 种，有 1 600 门涉及国际事务的课程。①

根据该校的年度报告，2016 年该校国际学生、学者为 4 462 人。国际学生占学生总数的 20%，来自 118 个国家，国际学生在本科院校中占 11%，而在研究生总人数中占 36%。

为了向国际学生和国际学者提供更大的实质性帮助，耶鲁大学于 2006 年成立了第一个国际学生和学者中心，该中心已授权国际学生学者办公室举办了大量活动。例如，2007 年，该中心就举办了包括夜间游戏、足球赛事播报、英语交流小组、学术晚餐交流会和节目表演等在内的 509 项活动。2007 年 11 月，英国高等教育委员会针对 9 个国家 91 所大学的国际学生进行了国际学生满意度调查。在绝大多数分类中，耶鲁大学均取得了较高的分数，并以综合满意度排名第一的成绩而高居榜首。而各项分类中，分数最低的是安全、交通和就业建议三项。

三、把耶鲁建设成为全球性大学

第一，集中力量发展各学院具有决定性作用的项目和对全校国际化具有重大意义的项目。包括与中国生物医药领域最好的大学（北京大学、清华大学、复旦大学、浙江大学和华中科技大学）共同成立“耶鲁—中国生物医药科学领域世界

① 薛珊. 美国大学国际化的战略策略与机会策略——以耶鲁大学和哈佛大学为例［J］. 世界教育信息，2011（专刊）.

级学者学术委员会”。该委员会旨在促进学者间的紧密合作和学生交流，并为来自中国的留学生提供奖学基金；在北京大学开设了中国北京法律中心，并建立用以支持中国法律中心更多发展项目的基金。2008 年，在阿拉伯联合酋长国设立耶鲁艺术学院；2008 年 12 月，护理学院宣布将与印度金奈防治艾滋病护理研究院建立学术伙伴关系，并已申请到克林顿基金会防治艾滋病基金的启动基金。目前，凭借耶鲁大学作为全球性研究型大学的丰富资源和其历来与中国的紧密联系，在北京建立了耶鲁研究中心。该中心旨在促进决策者和思想领袖们就各种紧迫问题开展建设性对话及坦率交流。该中心坐落在北京市朝阳区，拥有 1 530 平方米的办公区域。它可以帮助学校与中国的机构和组织加强合作关系，支持学校各个学院和部门的研究和教学活动，并成为整个亚洲地区校友的聚集地。耶鲁北京中心由耶鲁大学管理学院代表耶鲁大学进行管理。

第二，请进来与走出去，加强耶鲁大学的国际网络建设。作为成立于 2006 年的研究型大学国际联盟（International Alliance of Research Universities）的十大发起高校之一，耶鲁大学密切关注所有成员高校的发展并努力敦促各项合作关系的建立。2006—2007 年，在这十所大学中，已经有六所决定在耶鲁大学开设办公室；同时，创立于 2005 年的暑期交流学校项目也收到了良好的效果，已有六个学校派学生参加耶鲁学院的暑期交流，仅 2008 年就有来自这六所大学的 100 多名学生参与该项目。2018 年，耶鲁大学提出了 Y－RISE initiative，该倡议在社会捐赠的支持下，提供专业知识，帮助发展中国家解决贫困问题。该计划是以耶鲁大学政治经济学的专家教授为核心，组织相关领域的专家学者，建立全球合作网络，并与非洲国家如卢旺达等政府合作，探索解决贫困问题的实验和干预措施。

总之，通过上述分析可以看出，耶鲁大学有目的地发展国际化仅仅是“二战”后的事。“二战”后，美国联邦政府通过立法和经费投入两个策略将大学推向国际化的进程中。耶鲁大学成立 300 年来，从保守到开放，其国际化道路与时代的变化、社会的发展以及国家政治、经济、文化的需求密切相关。尤其是“二战”之后，耶鲁大学能够在美国联邦政府决策的关键时刻顺应历史发展和社会需求，有效利用各种资源，使其国际化由弱到强，其国际化完成从外部驱动到满足自身发展需求的转型。这一转型包括三个方面，第一，国际化与国家发展战略紧密结合；第二，扩大国际学生的区域分布，提高学校的国际知名度；第三，进行课程改革以适应国际化发展的需要，实现 21 世纪的全球性大学的战略目标。

第十五章　知识生产新模式中的院校国际化

引　言

2015 年 11 月 5 日，国务院印发了《统筹推进世界一流大学和一流学科建设总体方案》以下简称《方案》。《方案》提出，国家将鼓励和支持不同类型的高水平大学和学科差别化发展，分级支持，每五年一个周期，2016 年开始新一轮建设。根据《方案》要求，到 2020 年，我国若干所大学进入世界一流大学行列，若干学科进入世界一流学科前列；到 2030 年，更多的大学进入世界一流行列，更多的学科进入世界一流学科前列，使得高等教育整体实力显著提升；到 21 世纪中叶，一流大学和一流学科的数量和实力整体进入世界前列，基本建成高等教育强国。《方案》针对当前我国“双一流”建设存在的问题和时代发展的需要，从指导思想、基本原则、总体目标、建设与改革任务、支持措施和组织落实等方面提出了明确意见，为推进世界一流大学和一流学科建设描绘了清晰的路线图。《方案》明确提出，要破除制约大学快速发展的体制机制障碍，加快创建充满活力、富有效率、更为开放、有利于科学发展的体制机制，这必将为积极探索中国特色的世界一流大学和一流学科建设注入强大的动力。①

“双一流”建设是国家全面崛起的迫切要求，是尖端科学研究、技术发展的主要力量，是国家软实力建设的重要组成部分。对此，中科院院士徐宗本教授认为，在国际竞争日趋激烈的今天，国与国之间的竞争归根结底就是软实力的竞争，是创新能力和科研水平的竞争。而大学的责任就是为国家富强和经济发展，为社会进步和人类文明，培养出符合需要的创新者、劳动者和推动者。②

目前，我国的一流大学和一流学科尚不能满足经济社会发展和国家长远发展的需要。创建世界一流大学对于提升我国教育发展水平，增强国家核心竞争力，建立民族自信心和自豪感，为经济社会持续快速发展奠定长远基础都具有十分重

① 国务院．统筹推进世界一流大学和一流学科建设总体方案［EB/OL］．［2015－11－05］．http://www.gov.cn/xinwen/2015－11/05/content_2960898.htm．

② 赵纪宁．浅谈对“双一流”建设的认识［J］．北京教育，2017（01）．

要的意义。但是，在关于世界一流大学建设的研究中，人们更多地把目光集中在政府的科技政策、经费投入、科研成果转化等方面。这些因素对世界一流大学的发展固然都是非常重要的，但更值得关注的是大学知识生产模式的变化、专业应用学科的生成和学术研究的多元化发展机制。研究型大学之所以能够长盛不衰、为世界所瞩目，与其知识生产和学科发展模式的转变有着非常密切的关系。世界一流的研究型大学总是能在不断变化的社会中捕捉到新的知识增长点，从而把握学术发展前沿，引领社会发展。本章试图从知识生产模式转变和学术发展机制上探讨研究型大学中学术发展的特点，分析该类大学知识生产模式与国际化的关系。

第一节 研究型大学中知识生产模式的变革

在对美国高等教育的研究中人们看到，研究型大学总能以教书育人和科技研发为根本，拥有较高的人才和学术产出质量。在人才培养方面，研究型大学担负着培养国家经济社会发展急需的高素质优秀专业技术人才和推动社会经济发展的高层次领导型人才的双重任务。在科学研究方面，美国研究型大学在美国国家科技创新中扮演着动力源、知识创新和技术创新的引领者的角色。这对美国在日趋激烈的全球和区域经济、科技和文化竞争中占据有利地位具有举足轻重的影响。美国高水平研究型大学的发展形成，在美国演变为世界最发达国家和唯一的霸权国家过程中所起的作用不可估量。为什么美国的研究型大学能够在美国称霸全球中起到如此重大的作用？首先，我们看看美国的研究型大学中知识生产发生的变化。

一般概念的知识生产，是指人们在物质生产的过程中发明、发现、创造各种为物质的转化提供条件与能量的思想、观点、方法、技巧等的过程。其目的与物质生产相同，都是为了认识自然、改造自然；两者同是人类分工合作的社会活动，而且同是在一定的社会关系中进行的生产活动，都要借助于一定的物质条件和资料，遵循生产过程中的自然规律和社会规律。但知识生产与物质生产相比是更高层次的生产力。它具有信息性、探索性、创造性与非重复性、低可比性和继承性等特点。它的产品具有扩散性、延续性和累积性。①但是大学中的知识生产与一般意义上的知识生产非常不同，因为大学里的知识组织形式是通过学科进行分类的。在通常情况下，学科是指一定的科学领域或一门知识专业，如自然科学中的物理学、生物学和数学，人文社会科学中的史学、文学和教育学等。在知识分类的基础上，高等学校和科研单位设置自己的教学和科研机构，如大学中的数学系、法律系和中文系等，从而对人才培养、教师教学、科学研究的范围进行界定和管理。

但是，近几十年来研究型大学中知识生产的模式已经发生了非常大的变化。尤其是在一些世界一流研究型大学中，人们发现这样一个现象：虽然一些大学并

① 王绍平，陈兆山，陈钟鸣，等. 图书情报词典［M］. 上海：汉语大词典出版社，1990：556.

非大而全，就是说，这些大学的学科设置并不齐全，却能在教学科研方面独领风骚。例如加州理工学院和普林斯顿大学，规模不大，是两个性质和风格非常不同的学校，但无论在教学上还是科学研究上，都在各自的领域长期处于领先地位。创立于 1891 年、位于美国加利福尼亚州洛杉矶东北郊帕萨迪纳市的加州理工学院是世界著名的私立研究型大学。加州理工学院在世界科技界久负盛名，其优势学科包括基础理科的物理学、化学、天文学和空间科学等。在 2016—2017 年世界大学学术排名（ARWU）中，其物理学排名世界第五，化学排名世界第四，基础理科综合排名世界第六。2016 年，笔者有幸到访加州理工学院。从外表上看，该校校园很不起眼，校园规模很小，全校学生总数仅 2 000 人左右。正如该校网页上所写："学校并没有多么亮眼的建筑，少了一点文科学院的浪漫与优雅，但是在科学领域要的是严肃和实事求是的精神，只是游走在校园内，无法真正体会到这所学校的价值，外科系的学生也体会不到那些设备的先进。"但是，加州理工学院建校以来逐渐形成的良好校风和特色文化是其成为世界一流大学的根本保证。这所大学能够长盛不衰的关键因素是保持优势学科的发展，并使优势学科的发展与国家战略和社会需求相结合。例如，对加州理工学院来说，协助管理美国航空航天局（National Aeronautics and Space Administration，NASA）喷气推进实验室（Jet Propulsion Laboratory，JPL）是将科学研究与国家科学战略相结合的最好诠释。在该实验室，科学家们成功地通过实验设计了人类最早的现代火箭，设计组装了美国阿波罗登月计划的太空飞船。借助于美国航空航天局喷气推进实验室，教授们参与设计和发射了许多有重大意义的太空飞船，例如探索者计划、水手计划、伽利略计划、火星全球勘测者、卡西·尼惠更斯计划，并设计制造了斯皮策太空望远镜。这些与美国国家航天战略相关的项目和活动无疑将大学中的科学研究基础理论与太空应用相结合。因此，在该校的中文网页上这样评价："加州理工学院建校以来，逐渐形成了良好校风和特色文化，其中包括学生刻苦学习、互相扶持、充满学术自由的学风；科学研究上讲究多学科交叉、研讨和充分自由交流的研究风气；追求质量、精益求精的管理文化；整个校园充满追求科学真理、献身科学的学术风气等。"

在美国的研究型大学中，加州理工学院在科学研究上的多学科交叉并不是个案。在美国高等教育中，用科学研究解决社会发展的现实问题已经经历了一个多世纪的发展历程。因此，美国大学中的科学研究早就打破了基于牛顿模式的科学研究模式。所谓牛顿模式，指的是以单一学科研究为主，采用纯理性分析的思维方法，知识的生产很少考虑其社会应用价值。美国的研究型大学将知识生产制度化、专门化和实用化的做法促进了知识生产模式的转型。比特·斯格特认为，现代知识生产模式已经由传统的社会价值、古典分析、纯理性或思辨知识转变为对知识的改良和创造。他指出，大学中从事的基础科学研究受好奇心驱使，已经历了一个根本性的变革，这一变革使大学中的知识生产由传统的基础科学研究向基础和应用科学相结合的方向转型。①

在研究型大学中，知识生产模式的转型受到众多因素的影响，例如，政府对大学科学研究的介入所产生的引导作用，商业行为对大学科学研究的渗透，大学办学经费短缺等迫使大学不得不兼顾社会需求，等等。对此，亨瑞·埃茨科威兹（Henry Etzkowitz）等学者在《知识的资本化：工业与学术的新界面》一书中用了创新科学（Entrepreneurial Science）的概念来描述大学中知识生产模式的变化。②英文中的 entrepreneurial 既有创新也有商业经营的含义，用在高等教育中是指大学中的知识生产应该有所创新，并能够为企业所用。埃茨科威兹在他的论文《美国的学术科学：创新科学家和创新大学》中指出③，私营部门在对大学渗透时发现，分子生物领域在以前还不是一个能够企业化的领域，而现在研究人员们开始用他们在大学里的发现申请生物技术方面的专利了。例如，哥伦比亚大学已经改变了该大学的专利申请政策，并卖了该校在基因技术方面的股票，试图将实验室里的研究成果卖个好价钱。与此同时，哈佛大学也改变了先前的政策。该校一位生物科学的教授一方面积极地把其研究成果商业化，一方面仍然从事着该领域的基础学术研究。当埃茨科威兹采访该教授时，他说：每天都有人找我，昨天就有人提出用上千万美元直接将我的研究成果卖到西海岸，但是他更想自己成立公司。无论是在哈佛还是其他大学，学术科学家们不断地寻求他们工资和科研以外的经费，因为大学中个体科学家从事的研究仅靠大学提供的经费是远远不够的。尤其是“二战”以后，从外部获得经费的能力成了科学家们职业发展的预先要求。因此，科学家们不愿依赖政府、私营基金和个人捐赠，而更愿意选择通过商业行为获得资源。因为通过将自己的科学研究商业化，不仅可以获得研究经费，还可以获得工资之外的个人财富。

为了获得更多的资源，大学管理者甚至与私营企业合作。例如，圣路易斯—华盛顿大学和哈佛大学都与孟山都公司（Monsanto Company）、马林克罗制药公司（Mallinckrodt Inc.）和赫斯特集团（Hoechst Corporation）签约。孟山都和马林克罗制药公司分别为华盛顿大学和哈佛大学提供数千万美元的经费。同时，赫斯特医药公司向哈佛大学的马萨诸塞总医院提供五千万美元从事细胞研究。大学与企业联合的做法使得研究型大学内部出现了两个阵营：一个是能够将自己的研究商业化的学术职业，例如在分子基因科学领域，几乎各大学中所有的研究都与美国的生物技术企业有关系；另一种学术职业就是从事人文社科研究的人，他们没

① Scott P. Changing Players in a Knowledge Society ［A］. Breton，G，Lambert，M. Universities and Globalization：Private Linkages，Public Trust ［M］. Paris：UNESCO，2003：211－222.

② Etzkowitz H. Capitalizing Knowledge：New Intersections of Industry and Academia ［M］. New York：State of New York Press：1998.

③ Etzkowitz H. Entrepreneurial Scientists and Entrepreneurial Universities in American Academic Science ［J］. Minerva，1983（21）2/3.

有办法使自己的研究商业化，还有在科学领域从事“纯”理论研究的人。出于对资源的渴望，一些学者尽力使自己的研究顺应社会需求。

在过去的一个世纪，科学研究的扩张为科学家们带来了巨大利益，同时也模糊了应用科学与纯科学的传统分界。这一界限的模糊性尤其表现在“二战”期间。曼哈顿计划将理论科学家与应用科学家组合到一起，开展大杀伤力武器的研究时，人们发现在知识的生产中将理论科学与应用科学研究相结合的必要性。“二战”之后，大学很快成为经济发展的基地，尽管在大学中，创新科学还存在巨大的争议。商业机会使得基础科学研究被边缘化。

改变大学知识生产模式的另一个因素是，目前无论在北美还是亚洲，区域经济与国家经济的发展都主要依赖科技创新。经济发展对创新知识的追求和大学办学经费的短缺也促使大学主动向社会转移其学术发明与技术创新。在这一情况下，大学中的知识生产就变得与社会经济、政治和文化紧密相连，迫使传统的科学研究概念让位于现代科学研究中以解决问题为主的知识生产。例如，医学研究中的癌症治疗、生物学研究中的遗传疾病分析、通过何种途径控制遗传疾病等，成了大学研究者关注的问题。再比如，在生物学研究中，大学研究者不仅要关注生物学本身的理论基础，还要关注通过何种技术使其进入市场。这一市场包括国际和国内。为此，伯纳德·鲍（Bernard Pau）制定了一个现代生物学研究流程：

生物学	生物技术	技术创新
描述	控制	治疗
知识	调整	市场[①]

根据他的解释，上述九个因素中，生物学是基础研究，与学科理论建设有关。传统大学中的研究重点关注的是知识本身，就是生物学学科理论建设；而目前的研究不仅关注生物学本身的知识积累，而且要关注生物技术与生物技术创新，还要关注生物治疗、市场的需求和社会的需要等问题，就是如何使生物学知识技术化，形成技术创新，通过技术创新形成产品，并能够通过其他几个流程使创新产品流向市场。这一知识生产过程仅靠传统的学科知识、学者的个人奋斗、理性思辨和抽象思维是无法实现的，只有通过团队合作、跨学科的研究甚至国际合作才能够实现。就国际合作而言，要能利用上述现代生物学的知识流程，生产出防止疾病的疫苗，例如禽流感疫苗。禽流感病毒在不同区域可能会出现变异，这就迫使科学家进行跨地区和跨国家的合作，探讨不同区域禽流感病毒的特征，使疫苗治疗的方法有效。这说明，科学研究不仅要寻找知识，而且要使这些知识与人们的生活和生存息息相关。对于知识生产的这一新特点，有学者用了双重整合的概

---

① Pau B．From Knowledge to Innovation：Remodeling Creative and Knowledge Diffusion Process ［A］．In Breton，G and Lambert，M．（Eds.）Universities and Globalization：Private Linkages，Public Trust ［M］．Paris：UNESCO，2003：119－125．

念来阐述。通过知识生产的双重整合，在传统学科中，新的应用型专业应运而生。例如，生命科学中包括了生物科学和生物技术两个专业方向。在这两个方向中，核心课程就有动物生物学、植物生物学、微生物学、生物化学、遗传学、细胞生物学、分子生物学、普通生态学等，必修课程则包括无机及分析化学、有机化学、大学数学、大学物理学、生物统计学、发育生物学、生物技术概论、进化生物学、生物化学、微积分，等等。人们不难发现，在过去的一个世纪中，大学中基础理论学科的数量没有太大变化，而专业应用学科则层出不穷，而且对应用学科的研究往往是通过国际合作实现的。

第二节　学科类别与应用学科的发展

知识生产模式的变化促进了学科知识的分化与整合，促成了专业应用学科的发展。在研究型大学的学科建设中，除传统的基础理论学科外，人们会发现大量的专业应用学科。在第六届图书馆和信息科学概念的国际研讨会上，马沙·贝塔思（Marcia Betas）系统地分析了现代学科知识的组合关系：传统学科和专业应用学科两大范畴以及它们之间的关系。[①]她认为在这两大范畴中，专业应用学科是建立在传统学科的基础理论之上的，而专业应用学科在许多方面代表了学科知识与社会之间的关系，同时也借助于传统学科的理论基础不断进行自身的发展与完善。贝塔思的学科类别的基本内容见表 15.1、表 15.2。

表 15.1　A 类传统学术研究学科的范畴

艺术	人文学科	社会与行为科学			自然科学与数学		
绘画	文学	历史	经济	心理学	生物学	地质学	数学
雕塑	语言	考古	政治科学	人类学	化学	物理	逻辑学
音乐	语言学	社会学	地理学		生物化学	天文学	计算机科学
舞蹈	哲学					海洋学	
戏剧	宗教						

资料来源：Betas.

① Betas M. Defining the Information Disciplines in Encyclopedia Development [J]. Information Research, 1968 (12): 4.

表 15.2　与研究学科相对应的 B 类专业应用学科的范畴

消费艺术	写作	法律	商业	临床心理学	医学	农业	地质工程学	会计
音乐表演	翻译	宗谱学	公共管理	社会福利	牙医	园艺	航空工程	金融
舞蹈	牧师	犯罪学	公共卫生	药学	林学	民用工程	计算机	
表演		工业工程	家庭科学	护理		野生动物迁移		
建筑设计						应用化学		

注：B 类 9 个纵向应用专业学科与 A 类 8 个纵向研究学科相互对应。

贝塔思的分类在许多方面还值得商榷，例如，为什么将工业工程放在法律的纵向类别中而非民用工程类别中？而且，目前的专业应用学科也远非上述这些，生物工程、基因工程和环境保护目前也是许多大学的研究领域和专业学科。但是在她的分析中，最起码通过这两个范畴表明 A 类学科知识的基础性特征、B 类学科知识的专业应用性以及它们之间的相互关联。

通过上述分析不难发现，知识实际上是以群的形式而非单一学科的形式出现的。上文提及的生物学就是一个很好的案例，这些学科的发展与成熟得益于研究型大学。在研究型大学中，除了向学生传授学科知识外，研究者和教授们通过出版大量的书籍和文章，从理论上展开广泛的研究。在一般情况下，基础理论学科的诞生和建立要经历一个很长的历史发展过程。正如托马斯·库恩（Thomas Kuhn）在《科学的革命》一书中强调的，科学研究的发展建立在新的观察或经验的基础之上。[①]当科学研究积累了足够的经验时，就会对先前的理论进行重新建构，从而产生新的范式变革。

但是专业应用学科的发展历程与基础学科知识有所不同。例如，信息科学最初是一个非常边缘化的学科，没有人认为它有什么学术价值。其中的图书馆学就是一个典型例子。人们对它的理解就是根据目录学，选书、编目、制订借阅规则和对不同版本的书籍进行分类和保管等。然而 20 世纪后期，计算机技术的广泛应用使信息科学迅速发展，信息本身变成了巨大的商业资源——从网上资料查询到网上借阅与订购，从本校图书查询到国际信息的交流，等等。与此同时，促使这一学科成为商业卖点的风险投资、股票市场和政府的研发投入，使信息科学由边缘学科变成了许多大学中的学术研究中心。这时的图书馆学已经被信息科学所包容，它本身的内容也发生了巨大的变化，网络信息交流和控制成为图书馆学的一个重要组成部分。信息技术赋予了图书馆学新的途径和学科知识特点。从这一意

① Kuhn T．The Structure of Scientific Revolution ［M］. Chicago：University of Chicago，1964.

① Betas M. Defining the Information Disciplines in Encyclopedia Development ［J］. Information Research，1968（12），4.

义上来讲，专业应用学科建设与基础理论学科建设的特点有很大的区别，其中的制度环境也非常不同。

在学科建设中，专业应用学科在基础学科研究理论的基础上，建立自己的研究方法和学术标准。例如，澳大利亚塔斯马尼亚大学的盖尔 • 瑞德利（Gail Ridley）教授提出了未来信息科学学科建设的发展特点。他把学科构成分成三个发展水平，第一水平的学科构成是核心知识、基础理论与定义和概念等；第二水平是研究方法和标准的制定；第三水平是学科变革中的管理、宣传（包括出版物）、制度化建设、团队的形成和社会联系，等等，见表 15.3。

表 15.3　学科构成的三个发展水平

水平 1 构成成分	水平 2 构成成分	水平 3 构成成分（变革案例/信息学科）
控制机制		介绍新的出版物、信息学科的管理和在澳大利亚大学中信息科学学生的入学情况
核心知识（基础学科的理论知识）		
	研究与教学的方法和标准	信息学科新研究方法的介绍等
	独特的符号系统	在学科领域中获得认可
	关键的教学与研究问题	为学科注入新的教学和研究问题等
	法则、规则和指导思想	新理论的形成与出版
学科终端构成的影响		终端构成对专业主义的影响，例如信息学科人员面临的由于前大学裁减专业人员导致合作团队减少的困境
专业化程度		与广泛的社会关系相联系

资料来源：http://express.ann.edu.au/info_systems – aus/mobile – devices.

瑞德利对未来信息学科生成框架与美国俄克拉荷马大学商学院鲍勃 • 兹穆德（Bob Zmud）[①]对美国信息学科生成研究的观点基本吻合。在 20 世纪 70 年代，美国的大学没有多少教授从事信息技术方面的研究，仅有两三个与信息技术相关的博士培养项目；而现在，信息技术已经在研究型大学中成了一支主要力量。众所周知，信息技术是一个变化很快的学科，它的生长和发展随着技术的改良和社会需求而发生变化。它的发展速度要比基础理论科学快得多，因为该学科建设与知识生产的方式及其社会服务功能紧密相连。随着专业应用学科的发展，在人才培养方面，大学中也出现了各种专业学位教育。例如，在教育学中，传统上仅有教

① Zmud B. Transforming the IS Organization：the Mission，the Framework ［M］. Washington D. C.：the Transition ICIT Press，1988.

育学硕士和哲学博士，到目前又衍生出教育学专业硕士和教育学管理博士。

第三节　研究型大学中专业应用学科的发展模式

在新学科的生成机制研究中，罗伯特·玫思勒（Robert Messier）认为，一个时期以来，专业应用学科，尤其是商业、化工技术和信息技术等学科相对于其他学科发展较快。[①]但是，它们发展到一定程度就会变得饱和，甚至出现停滞以至于消亡的现象。以收音机和电视为例，在没有电视之前，收音机是大众获得信息和收听娱乐节目的最好工具，但是有了黑白电视以后，收音机的作用就大大降低了；自从有了彩色电视，黑白电视也很快退出历史舞台，目前又出现了纯平和等离子电视等；而随着手机功能的提高，人们可以通过手机观看电视节目，纯平电视也在一定程度上受到了挑战。这说明一个学科要长盛不衰，就要不断进行知识更新。下面的案例非常适用于解释目前许多专业应用学科的生长变化过程。因此，玫思勒提出了学科发展的 S 型模式，见图 15.1。

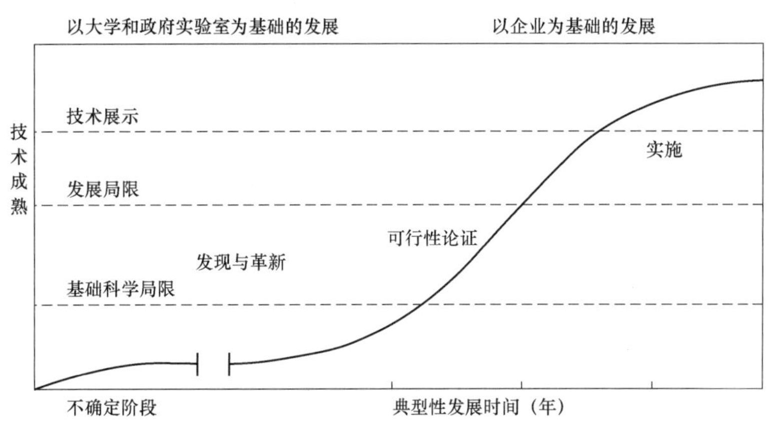

图 15.1　学科发展的 S 型模式

在玫思勒的 S 型模式中，新学科生成的最初阶段可能需要很长时间才能被人们所认识和接受，但是一旦被人们认识和接受，由于特殊事件促进，它会以加速度的形式发展，迅速达到成熟。当资源耗尽和市场需求得到满足时，它们的发展就会变得扁平，甚至走向消亡。同样，玫思勒以生物化学为例，解释他的 S 型学科生长机制。作为一个学科，化学工程的发展还不到百年的历史。在 20 世纪 20 年代，美国的食品和饮料工业、农业和其他种植业、医药卫生等行业都需要化工原料和化学技术支撑其发展，而当时的化学家们虽然具有相关知识，但是没有使知识技术化的经验，因此当时的理论知识不能满足大规模的行业需求，更谈不上工程设

① Messier R. Growth of a New Discipline［J］. Materials Todays，2004（3）.

计了。因此，许多相关边缘学科如民用工程、机械工程和电气工程的科学家加入进来。这样，由基础化学领衔，动力、热力、传导等领域组成的一个新的学科——化学工程就诞生了。在随后的20多年中，随着食品工业和医药工业的发展，对该学科的需求不断发展和扩大。但是到了20世纪80年代，受各方面因素的影响，该学科处于饱和或下降状态。最重要的因素是美国联邦政府对医药业和食品加工业的监管越来越严格；同时国际贸易扩大，由于价格因素的影响，许多从事食品加工业或医药业的企业从效益出发，从国外进口相关化工原料和产品，因而大学从企业获得的相关研发经费越来越少。这些外部因素使化学工程学科的发展处于饱和状态。玫思勒认为，要解决该学科目前的停滞状况就需要进行学科调整，与其他学科结合。例如，与目前看好的生物化学和生物催化等领域结合，形成生物化学工程等新的领域。

上述分析表明，外部环境的变化对专业应用学科的发展非常重要。要适应外部变化，就要不断为学科发展注入新的内容。学科可持续发展的动力机制是从其他学科注入新的内容，即学科整合，通过整合实现学科知识更新。实现大学学科整合要求学科管理制度更新，建立健全学科发展评估制度。例如2002年，加州大学伯克利分校对该校物理学科进行的自评结果使该校的管理者大为震惊：人们认为它已经失去了曾经引领前沿的学科地位。该校的管理者们当然清楚，学科研究中的新突破和新发现是重新赢得前沿地位的关键。但是面对美国联邦政府研究经费的导向性变化和人才的流失（该学科在自评之前，有几位年轻教师被挖走），重振该学科的前沿地位并非易事。因此，该校校长决定募集三亿美元，对该学科进行重组。大学的学科建设实际上需要多个平台的支撑，例如基础学科的理论基础、技术的成熟程度、学科发展的制度环境和经费支持等。

第四节　学术研究的多元发展机制与国际合作

随着大学知识生产模式的变化和不同专业应用学科的涌现，研究型大学中出现了学术发展的多元机制。首先是大型综合性实验室的出现，尤其是政府直接投资的大型综合性实验室，直接影响专业应用学科的发展和知识整合。这些实验室一方面服务于科研人员的学术研究，一方面以目标任务为动力从事国家需要的重大科学研究。从20世纪30年代末加州大学劳伦斯国家实验室和MIT辐射实验室的建立到目前大学中许多大型综合性实验室的出现，经历了半个多世纪的历史，它们已经成为大学不可缺少的重要知识生产工具。例如，加州理工学院的喷气动力实验室在航天、宇宙观测、引力恢复、气候变化和太阳粒子分析等方面的科学研究集中了不同学科的科学家和研究团队。在2003年，加州大学伯克利分校以首期三亿美元的投入兴建综合性生物研究中心，经过五年的建设，该中心已经部分投入使用，其目的就是通过硬件建设进行学科知识整合。

除了这些大型综合性实验室以外，大学中跨学科或交叉学科研究中心和研究所的建立也值得关注。这些研究中心和研究所的建立不仅解决了单一学科研究无法解决的科学问题，也打破了传统学术研究的学科界限。当不同学科的教授、科学家和研究者进行合作研究和共同培养学生时，学科界限变得模糊了，学生看问题的方式也发生了变化，他们从不同学科的教师中获得了多视角的研究方法和分析问题的能力。也就是说，这些不同学术机构的出现使大学的学术研究不再受学科知识的限制：多学科合作为大学的科学研究增加了活力，同时也引起了大学用人机制的变革。因为无论学科如何发展，研究中心、研究所和大型综合性实验室中的工作都是随着所研究问题的变化而变化的。为了适应所研究问题的变化，在大型综合性实验室、研究中心和研究所工作的科研人员大多数是合同制或兼职的。例如，在加州大学伯克利分校的高等教育研究中心，包括核心研究人员在内，所有的人员都是合同制的。他们的研究却是全方位的——从加州高等教育的改革到高等教育的全球化问题，无所不包。其学术活动包括专家讲座、出版书籍、合作研究和召开国际会议等。这些合同制的专业研究人员为该中心带来活力的关键因素是他们的跨学科性和人员的流动性，尤其是来自世界各地的访问学者和博士后研究人员的流动性对保持研究的活力起到非常积极的作用。

增加大学学术活力的另一个要素就是不同专业应用学院的建立打破了传统的学位教育体系。传统的学位教育中，哲学博士学位的垄断地位在美国从 20 世纪 50 年代就开始被打破。各种专业学位，例如法学博士学位和工程博士学位等的出现展示了高层次人才培养的多样性。学位教育的多样性为高度发达的后工业社会提供了不同的专业领导人才。同时，在专业应用学科的知识生产和教学过程中，案例教学模式的引入和教学实践机制的建立使学科教学更加贴近现实生活，关注人类社会面临的关键问题。研究型大学中的学术发展和学科建设呈现出多元化和多样性特征，随着知识生产模式的变化而变化。

第五节 院校国际化促进了知识生产模式的转型

在院校国际化中，人员的流动、资源的流动、信息的流动，无疑推动了知识生产模式的变革。首先是人才的流动。在国际化进程中，不同国家的学生在流动中，对知识的要求不同。院校为了满足国际学生的需求，建立了各种跨学科的项目和研究领域。在美国的许多大学都设立跨学科项目，这些跨学科项目高度综合不同的学科知识。比如在康奈尔大学的亚洲研究项目（Asia Study Program），作为一个区域性研究项目，它包括亚洲各国的政治、经济、文化与宗教、语言文学、历史和法律，也包括水文地理、天气与气候和民俗风情。同时，在该项目中，来自不同国家的学者从不同的学科领域研究亚洲问题，很可能会产生新的认识和新视角。当不同学科背景的学者们在一起讨论问题时，就会产生新的跨学科知识结构，从而打破传统知识生产的范式。在科学研究领域也是如此，当不同学科领域的科学家们坐在一起，探索人类面临的共同问题时，传统的学科界限就变得模糊不清了。

国际化也促进了信息和知识的流动。信息技术的发展推动了信息的交流和知识的跨境流动。在一个信息化的社会，国际合作的范围、合作方式和合作约束机制也都发生了变化，这些变化无疑是知识生产转型的动力。

院校国际化中的资源流动也是促进知识向应用型转型的重要因素。在全球经济一体化的过程中，政府、企业包括跨国企业和社会需求促进了院校中的知识生产转型。比如，从 20 世纪 60 年代，美国联邦政府从政策和经费两个层面上推动院校的国际参与，以提高国家的“软实力”或国际影响力。美国的研究型大学为了获得急需的办学经费，往往会主动采取一些措施，比如耶鲁大学进行课程改革以适应大学国际化发展。同样，社会与企业也通过经费引导大学的科学研究从理论到理论与应用的结合。

第六节　从知识生产模式转变看“双一流建设”

现代科学知识的发展使得学科之间的边界正变得越来越模糊。科研工作者正努力挖掘新的研究领域。例如，生物学中出现的生物技术、分子生物学和生物工程囊括了生物学、化学和技术三个学科。根据迈克尔·吉本斯（Michael Gibbons）的观察[①]，人类基因组计划需要分子基因学和软件工程学的专家协同合作。目前，研究型大学中的科学研究基本上依靠跨专业协作。例如，在微观生物学领域，微生物学研究并不是因循传统的学科模式发展的，因为构建问题时，就包括了免疫学、遗传学和细胞生物学等领域。如果将其研究发现应用于实践，还要包括诸如风险评估、技术评估等其他新领域。在生物学研究中，还可以以媒介生物学为例。媒介生物学是指以媒介生物为对象，研究这些生物传播相关疾病的机理、条件和相应的控制措施，主要内容包括媒介生物的分类鉴定、生态习性、传播机理和防制原理及方法等。重点关注四大领域的研究，包括重要媒介生物的致病机理，重要媒传疾病的监测与流行病学研究；重要媒介生物传播疾病的防控，如疫苗、诊断与治疗产品开发；重要媒介生物（如蚊媒）的监测与防控；生态环境、气候变化对媒介生物的影响，进而影响媒介生物传播疾病的发生与传播。[②] 这些需要多学科的专家合作进行研究，涉及气候变化的知识、微生物研究、流行病学、食品

① Gibbons M and Limoges C.（Eds.）. The New Production of Knowledge：The Dynamics of Science and Research in Contemporary Societies［M］. London：SAGA Publications Inc，1994：147.

② 中国科协生命科学学会. 媒介生物学领域国际研究前沿与技术热点［EB/OL］.［2017－12－01］. http://www.sohu.com/a/207786879_468720.

健康与微生物等众多的领域。根据专家判断，在未来，媒介生物学将与流行病学、寄生虫学、昆虫学、行为学与生态学等相关学科进一步加强合作，融合发展，以便更好地控制媒介和媒传疾病。用吉本斯自己的话说："这些在应用背景下形成的杂合的、暂时稳定的知识模式表明：具体的研究工作需要在非常复杂的社会、政治过程中才能进行。"[①]

这一知识生产模式的变革无论在自然科学还是社会科学领域都可以观察到，吉本斯称之为知识生产的模式。在社会科学中，关于真实世界的问题，单靠某一个学科的知识是不可能解决的，这样的例子层出不穷，例如教育学科中的教育经济与管理、教育心理学、教育财政、大学生发展与就业、评估与测量，等等。当然，许多学者并不认为教育是一门学科，这恰恰说明了教育学作为一门学问的学科交叉性和整合能力。因此，在政策制定和理论研究中，要从多学科视角出发，尤其是对社会科学来说，富有创造性的挑战总是与所谓真实世界中的现象、问题和背景紧密地联系在一起，不同的研究视角与研究计划会给出不同的解释。

当然在大学里，从教学的角度出发，学科边界仍然很强，而且比在科研领域的作用更大。因为在大学里，对学生的培养和知识的传授总是以学科表现出来的。目前，许多大学内传统的学科分野已经被大学外更灵活多变、贴近现实的研究活动所淡化，但这并不意味着随着研究转向新的机构、中心和群体，会出现更加跨专业的研究模式。学科边界的确定还受资源和制度的影响。

总之，从对研究型大学学术发展轨迹的分析中可见，值得我国世界一流大学建设借鉴的经验可能包括下列几个方面。

首先，大学中的知识生产既应该强调理论建设，也应该关注我国经济建设和社会发展面临的实际问题。知识是无国界的，但知识是有价值的，谁先将知识变成生产力，谁就会为国家和人民带来巨大的经济利益。这可能是一个常识性的话题，但在目前的学术研究导向中，人们往往只追求数量，例如论文发表了多少篇、发表在什么层次的杂志上、获得多少奖项、拿了多少科研经费等。如何使这些论文和经费转化成解决国家和社会关心的重大问题的能力，是值得思考的问题。

其次，目前我国大学的学术组织仍然以学科划界，呈现出明显的学科封闭性特征，受学科知识局限，大学中知识整合能力较弱。学术组织的单一性使学术研究缺乏活力，因此在学科建设过程中，尤其是在"双一流"建设中应该加强基础学科和专业应用学科的联系，使理论研究与实际应用结合起来。在过去的20年中，我国的大学合并使许多单学科大学变成了综合性大学，但学科生长和发展并不是只靠合并就能解决问题的，而是要根据目前的知识生长点进一步地整合。

① Gibbons M and Limoges C.（eds.）. The New Production of Knowledge：The Dynamics of Science and Research in Contemporary Societies［M］. London：SAGA Publications Inc，1994：147.

再次，目前在我国的大学中缺乏大型综合性的实验室。这一类实验室的缺位，使大学对重大问题进行综合研究的能力不足。要改变这一现状，需要进行制度创新，对目前大学中的学科实验室进行综合科研能力提升，并采取联合的形式，与校外的相关实验室建立合作伙伴关系。

第十六章　国际大学联盟在国际人才培养中的作用

引　言

在高等教育中，大学组成联盟应该不是新鲜事。最早的研究型大学联盟是1900年建立的美国大学联盟（American Association of Universities，AAU）。当时，该联盟由14所具备博士教育资质的大学组成。目前会员包括61所公私立研究型大学，其中59所位于美国，2所位于加拿大，会员中的59所美国大学所授予的博士学位占全美一半左右，而其中55%在科学及工程领域。随后是成立于1920年的美国初级学院协会（American Association of Junior Colleges，AAJC），1992年更名为American Association Community Colleges，AACC。美国社区学院协会会员包括近1 200所两年制、授予副学士学位（Associate Degree）的社区学院机构。这两个大学联盟代表了美国高等教育发展的两端，即高度研究型和高度普及教育型。当然，在美国还有其他的大学协会，例如，美国公立及赠地大学协会和1976年成立的全美独立学院及大学协会(National Association of Independent Colleges and Universities，NAICU)，等等。

进入21世纪，随着经济的全球化，国际高等教育见证了一个新的现象，就是跨越国界的全球性的大学联盟。目前最为活跃的国际大学联盟有几十个，它们有的是根据地缘关系建立起来的，有的是根据各自的学科特征组织起来的，有的是以学术声誉为办学特征而建立的，其目的是更好地面对21世纪的挑战。例如，2006年1月13—14日的首次联盟大学校长会议上宣布成立的国际研究型大学联盟（International Alliance of Research Universities，IARU）就是由一些具有相同的国际视野和相似价值取向的大学组成的一个高校联盟，致力于为未来世界培养领导人才。该联盟仅由国际领先的10所研究密集型大学组成，分别是澳大利亚国立大学、北京大学、东京大学、新加坡国立大学、牛津大学、剑桥大学、哥本哈根大学、瑞士联邦理工学院、加州大学伯克利分校和耶鲁大学。成立该联盟的目的是通过成员间的相互学习，推动校际协调及开展更深入的合作。除了加强组织成员间的学术合作外，该联盟还在2009年于丹麦哥本哈根成功举办了气候变化国际科学大会（International Scientific Congress on Climate Change），约两千名世界各国科学家与会，引发国际媒体关注。成立于 2000 年的世界大学联盟（Worldwide Universities Network，WUN）是一个由六大洲、14 个国家、23 所知名研究型大学组成的全球性教学科研联盟，旨在共同促进国际研究合作，解决全球性重大问题。世界大学联盟的研究项目和协同合作聚焦于四大全球性挑战，分别是应对气候变化、公共卫生（非传染病领域）、全球高等教育和研究，以及文化认知的挑战。该联盟是全球最活跃的教学科研联盟，携手两千多位科研人员和高校学生，开展了近 90 个涵盖各种课题的项目研究。根据该联盟的网站信息，我们发现该联盟的许多项目都得到了联合国基金会、世界银行、经合组织、世界卫生组织等众多机构的支持。[①]

与上述两个联盟形成对比的是成立于 2000 年的欧亚—太平洋大学联盟。该联盟旨在使欧洲、亚洲的综合性大学、技术性大学、其他研究机构以及东亚、中亚、南亚和太平洋地区的成员机构之间建立学术联系和科学的合作关系，现有成员 140 个。该联盟以促进多边科学合作、连接研究项目、举办院系和学生的交流活动为宗旨，同时得到了奥地利联邦科研部（the Austrian Federal Ministry for Science and Research）和奥地利教育和研究国际合作机构（OeAD－GmbH）的大力支持。

本章主要探讨的国际大学联盟是环太平洋大学联盟（The Association of Pacific Rim Universities，APRU）。该联盟成立于 1997 年，目前由 48 所地处太平洋周边的国家和地区的高水平研究型大学组成，包括斯坦福大学、加州理工学院、澳大利亚国立大学、东京大学、新加坡国立大学等。环太平洋大学联盟的中国成员大学有北京大学、清华大学、复旦大学、中国科学技术大学和浙江大学等。环太平洋大学联盟是一个以地缘为基础建立起来的大学联盟，最初由美国加州理工学院、加州大学伯克利分校、加州大学洛杉矶分校和南加州大学这四所大学的校长共同发起。目前，其组织委员会和秘书处均设于新加坡国立大学，主要活动包括治理论坛、战略提议、网络合作和国际项目等。该联盟内部设立了校长论坛，每年举办一次年会，目的是为太平洋地区的综合研究型大学的校长们建立一个相互交流思想以便协同发展的平台，大力推动环太平洋地区经济体在科学、教育和文化方面的合作。环太平洋大学联盟对其成员大学的要求包括：学术优异、重视研究、全球视野和创新动力。联盟成员必须为本国居于领先地位的大学，教育质量优异，以发展研究为学校宗旨，具有强烈的国际化和创新的取向。

大学教育国际化虽然不是一个新的话题，但是在经济全球化背景中，却出现了一些新的现象。这些现象表明，目前的大学教育国际化与传统的大学教育国际化非常不同。例如，目前大学教育的跨国性已经超出了传统大学教育国际化的范畴。传统大学教育国际化是以学生和教师的流动为主，而目前的大学教育国际化

---

① WUN．关于我们［EB/OL］ https://wun.ac.uk/chinese.html．

体现为大学与大学之间的交流与合作。环太平洋大学联盟成员大学如何看待国际化问题，如何实施国际化，国际化的新趋势是什么，都是本章论述的焦点。

第一节　环太平洋大学联盟成员学校基本情况

在过去 30 多年中，随着国际间有关商品、服务、人员、知识、金融资本和直接投资等流动壁垒的大幅削减，环太平洋地区的经济一体化逐步形成。信息技术的飞速发展使过去由于距离而造成的区域性彼此隔绝的局面得以缓解。环太平洋地区不断增长的文化交流，如留学、旅行、商务往来、合作研究、政府及民间交往不断扩大。该地区各国政府所签署的开放经济和自由贸易协定已经成为各国实现合作的基本原则。实际上，在亚太经济合作组织（Asia－Pacific Economic Cooperation，APEC）与世界贸易组织（World Trade Organization，WTO）的积极参与和有力推动下，环太平洋国家文化和经济方面的合作更为广泛。在这样的背景下，环太平洋地区高等教育国际化问题备受关注。在 2002—2004 年，笔者与南加州大学商学院的 Kumar 教授合作，对 APRU 成员大学的国际化问题进行了深入研究。在该研究的基础上，笔者对环太平洋大学联盟国际化问题与人才培养新趋势进行了概括性的分析和总结。

环太平洋地区大学联盟在 1997 年成立，当时有 36 所成员学校。它们来自环太平洋地区的 16 个经济体。成员学校包括北美洲的不列颠哥伦比亚大学、华盛顿大学、加州大学等，拉丁美洲的墨西哥大学、智利大学和布宜诺斯艾利斯大学等，也包括大洋洲的悉尼大学、奥克兰大学，还包括东亚的东京大学、早稻田大学、汉城大学等。中国有 12 所大学是该联盟的成员，包括北京大学、清华大学、浙江大学、中国科技大学和复旦大学等高校。建立该大学联盟的目的是增强环太平洋地区大学之间的交流与合作，以增进地区之间在科学研究、教育和文化方面的相互了解；通过大学之间的合作，促进环太平洋地区的社会发展和经济繁荣。从该大学联盟成员的构成上看，成员大学在各自国家的高等教育体系中都处于顶尖地位，在国际上也都享有很高的声誉。因此，对于该大学联盟的成员大学进行国际化问题研究具有显著的区域代表性。

可以说通过国际化，这些大学都以各自的方式为环太平洋地区经济的快速发展做出了直接和间接的贡献。例如，许多远程信息技术在高等教育中的应用通过环太平洋地区大学联盟成员学校得以发展和普及。同时，该地区大学联盟成员学校之间大量招收并交换地区内其他国家的学生，广泛开展不同形式的学术交流，加强了彼此之间的合作。这些大学间的相互合作与交流有助于加速亚太经济合作组织和世界贸易组织所推行的经济一体化进程，也有助于大学更好地服务于各自的国家与社会。目前我国已经加入 WTO，北京大学和清华大学作为中国高等教育的龙头，在创建世界一流大学和高等教育的国际化方面始终站在前沿。再比如，在高等教育国际化的进程中，北京大学与遍及世界49个国家和地区的200余所大学和研究机构建立了校际交流关系。而北京大学与世界各国各大学的合作方式和内容有很大的不同。同样，美国的加州大学系统有10所分校，它们与环太洋各国高等教育机构的合作关系和合作内容也各有千秋。例如，加州大学圣地亚哥分校在生物工程方面享有很高的国际声誉，而加州大学戴维斯分校则以农业经济与技术著称。在与其他大学的合作与交流中发挥各自的优势是高等教育国际化的必然选择。

但是，如何借鉴APRU成员学校之间国际合作的经验，如何在参与国际交往中更好地为我国创建世界一流大学提供国际视角是本研究的最初设想。从这一角度出发，北京大学许智宏校长和美国南加州大学校长在2002年环太平洋大学联盟校长年会上共同发起了《环太平洋大学联盟国际化：最好的实践与未来发展》的课题研究。课题研究的目的是让该大学联盟的成员学校更好地了解彼此之间国际化采用的策略和措施以及大学内部——大学和学院之间如何对待国际化问题、管理机制、实现国际化的手段等具体问题，让该大学联盟的成员更好地了解彼此之间在教学、科学研究和社会服务等方面展开国际合作的状况，进一步加强彼此之间的合作。

第二节　环太平洋大学联盟成员学校国际化问题研究的设计

一个时期以来，人们对高等教育国际化在理论上进行了广泛的研究。例如，陈学飞教授在《关于高等教育国际化的若干基本问题》一文中[①]，对高等教育国际化的动力、内涵、历史渊源，国际化的要素和特征等进行了全面分析。但是，院校国际化与一般意义上的国际化概念还有一些不同，主要体现在战略、动因、活动和优先选择等方面。因此，进行环太平洋大学联盟国际化的研究时，我们首先对国际化概念下一个可操作性的定义：大学国际化是指在大学和学院水平上，教师、学生和校友等参与国际化教学、科研、社会服务、教育拓展（Outreach）等教学相关活动的状况。教育拓展在这里主要是指为教师、学生或工作人员与本国和国外的受教育者提供相关的非学历教育，例如短期培训或夏季项目等。本研究主要是发现环太平洋大学国际化最好的实践，所谓最好的国际化实践（best practices）主要针对大学或学院在学生、教师、科研经费和学术声望方面在国家、地区和社区层次上进行竞争的成功案例。其中包括大学如何通过学生、教师和科研经费等资源实现院校国际化。总体来说，研究主要包括下列三个方面的内容。

---

① 陈学飞. 关于高等教育国际化的若干基本问题［A］. 北京高校引进国外智力工作文集（第一辑）［C］. 北京：北京市高等教育学会引进国外智力研究会，2004：9－25.

一、国际化最好的实践

国际化教学活动：包括目前正在进行的教学活动、一直在进行的教学活动和未来要开展的教学活动；国际化的研究活动：包括目前正在进行的和计划未来进行的研究活动；教育拓展活动：包括目前正在进行的和将来要进行的拓展活动。

二、大学国际化的任务、目标和优先选择

探索大学国际化的优先选择；分析影响国际化的重要因素；分析大学国际化活动产生的效果和实现的目标。

三、国际化的本质

国际化的本质主要包括：教师、学生和校友的双向交流问题。其中，教师是指接收与派出教师的数量；学生指接收与派出学生的数量；校友是指国际校友的百分比及其与学校的关系。

根据这三个方面的内容，该研究设计了两套问卷。一套是对大学范围内国际化状况的调查，另一套是对大学内部各学院国际化情况的调查。经过两年的努力，包括问卷设计、发放和回收等研究过程，本研究共获得 21 所环太平洋大学联盟成员学校的参与和支持。其中，回收问卷的大学有 19 所，这 19 所大学中不同学院的问卷共计 113 份。如果按亚洲和北美与太平洋大学进行分类，参与研究的亚洲大学为 9 所，北美与太平洋大学也为 9 所，拉美国家的大学为 1 所，有 2 所大学没有提供大学问卷，而提供了学院的问卷。以同样的形式分类，参与问卷调查的学院，亚洲和北美与太平洋大学分别为 47 所，其他为拉美国家的大学和学院。考虑到可比性和代表性问题，本次问卷分析没有把拉美国家的大学包括在内。从大学的性质来看，大多数参与本课题研究的大学是公立大学。因为参与研究的私立大学数量太少（这可能与该大学联盟本身的成员特色有关），问卷分析没有对大学的性质进行分类。学科差异对大学的国际化会有一定影响，但是由于问卷设计中没有涉及学科问题，所以在问卷分析中也没有将学科差异列为分析的维度。但是从回收的问卷中，发现大量的国际化案例集中在交叉学科中，例如多学科组成的研究中心、商学院、公共卫生和工程等。其中，有许多在教学和科研上的多学科国际合作的成功案例值得借鉴。

第三节　问卷调查数据分析结果

本课题研究的两套问卷分别包括统计数据调查和案例调查。对统计数据调查部分，我们采取描述性统计法（Descriptive Statistics）。对于案例调查部分采取了比较分析方法（Comparative Analysis）。在比较分析方法中，主要在大学与学院之

间（University vs. Schools）和区域与区域之间（Regions vs. Regions）进行比较。对于数据分析和最好国际化案例的选择标准方面：在确定标准的过程中，专家组认为最好的国际化实践不仅要有独创性，同时要有一定规模和时间范围，还有参与的广泛性。本研究首先组织了四人专家组，包括南加州大学一位从事大学教育国际化的负责人，一位具有丰富国际教育经验的教授，一位在北京大学从事高等教育国际化教育的专业研究人员和一位参与国际化教育的博士后。他们共同制定了评估数据的标准并选择了统计数据分析的工具。具体内容包括下面四步。

第一步：最好的国际化实践的评估标准。改革性、创造性和独特性；国际化的规模和可移植性；影响和参与度；项目可以预见的时间范围。

第二步：最好的国际化案例的选择方法。对于每一个国际化案例的评价，采取四位专家分别打分的形式。对 400 多个案例分别进行全面分析，通过讨论达成一致意见。

第三步：最好的国际化案例评分标准。评分标准是从 1～7 分开始评，得分最高的为最好案例。

第四步：根据最好的国际化案例的内容特征，本研究将其分为六个方面，分别是：教学（Teaching）；学生研究项目（Student Research Projects）；科研（Research），包括本科生参与国际合作方面的科学研究；教育的拓展（Outreach），包括国际学生在社区中进行的多元文化教育；信息技术（IT Enabled Education and Outreach）；教学、科研和教育拓展的整合（Integration of Teaching，Research and Outreach）。

对于本课题的研究，我们试图回答五个方面的问题，分别是：在大学和学院之间，影响国际化的因素是什么？国际化在大学与学院之间是否是优先选择？在大学与学院之间，国际化概念从哪里表现出来？在大学和学院层次上促进国际化方面，是否有专人负责？大学国际化在大学与学院之间是否存在区域性差异？

在统计数据中，大学与学院之间在国际化的优先选择上存在一定的差异。例如，在大学水平上，国际化始终是大学办学目标的优先选择，统计数据非常一致；而在学院水平上，情况就非常不同，其中数据呈现出不均衡的分布状态。这意味着对于国际化的优先选择问题，在大学层面上表现得比较积极，而在学院层面上存在差异。从区域比较来看，在亚洲，大学和学院之间对国际化问题的优先选择是一致的，而在北美和大洋洲大学与学院之间表现出来的差异则比较明显。这可能有多方面的原因。在北美和大洋洲的大学中，在学院水平上，没有专人负责国际合作；而在亚洲的大学中，学院有自己的国际合作与协调人员，例如，北京大学的不同学院都设有外事副院长和外事秘书等。对于影响国际化的重要因素方面，大学与学院之间都认为学校行政的支持、教师对国际化的兴趣、内部经费支持、雇用国际专家和学校的国际化发展计划等是重要因素。但是统计数据也暴露出，在国际化问题上，大学内部、学校层面与学院层面上缺乏协调与支持。这一发现既表现在亚洲的大学中，也表现在北美洲和大洋洲的大学中。

例如，北京大学正在越来越活跃地参与大学多边合作的交流网络及大学国际组织。目前，北京大学主要参与的大学国际组织为国际研究型大学联盟、环太平洋大学联盟、东亚研究型大学协会（Association of East Asian Research Universities，AEARU）以及东亚四国大学校长论坛（BESETOHA）。在这些联盟的框架之下，成员学校之间进行学生交换与交流活动，举办暑期学校、联合科研、管理人员交流，每年定期举行学校最高领导人及相关领域负责人的研讨会，对高等教育热点问题进行探讨。这些大学组织有一个共同的特点，即联盟内部的成员学校都因为有共同的属性而联合在一起，如 IARU 中 11 所学校均为所在国家最知名的研究型大学。共同类型的大学在发展中有许多共同面临的问题，同时也具有各自学校的特殊性，因此可以取长补短，互相借鉴。北京大学在参与这些国际组织的过程中，从起初的跟随学习、借鉴到主动引领和积极参与，在国际组织中的地位和话语权也逐渐提升。在学习借鉴大学国际组织的运行模式之后，2014 年，北京大学也发起成立了生态文明国际大学联盟（Global Alliance of Universities for a Sustainable Future，GAUSF），联合国内外共 11 所大学，倡导绿色校园建设。活动形式包括课程体系建设、顶尖学者讲学计划、学生交流、暑期学校、公众教育及社会服务，并为政府和国际社会提供绿色与可持续发展方面的政策咨询和技术支持[①]。这些活动都是在学校层面展开的，教授和学者的参与度不高。

第四节　国际化成功案例中的教学、教育拓展项目的特征

在该研究的问卷调查中，共收集到 400 多个成功案例，专家组按教学、科研和拓展项目的六个纬度选出 26 个最好的案例。从这些案例的分析中，笔者发现，在教学的国际化案例中，国际化教育已经从传统的研究生教育延伸到本科教学上，而且出现了新的教育模式。例如，新加坡国立大学建立了大学学生交流分配项目（University-wide Allocation Exercise for Student Exchange），该项目的目标是从 2005 年起，该大学 20%的本科生要有出国学习的经历。为了实现这一目标，该大学要求每一位教师都要根据自己的专长和学生的兴趣制订一个帮助学生出国的计划，在数量和质量上对学生出国学习加以指导。新西兰的奥克兰大学成立了国际合作网络（International Collaborative Networks）项目。该项目的主要内容是：奥克兰大学与马来西亚的四所大学合作，每一所大学每年选出 25 位学生，共 125 位学生在奥克兰大学学习。学生们在一起，不仅学习专业知识，也学习彼此的文化和生活习惯。同样，北京大学建立了北京大学—加州大学联合国际教学中心。

① 北京大学国际合作部［EB/OL］. http://www.oir.pku.edu.cn/index.php?g=portal&m=page&a=index&id=101.

在该中心，北京大学选出 30 位三年级本科学生，与加州大学 10 个分校选出的 30 位三年级本科生在北京大学进行为期一个学期的学习。该项目的课程由加州大学和北京大学联合开发，他们除了参与国际教学项目外，也参与国际研究项目。例如，加州大学戴维斯分校组织了本科生教育与海外研究项目（Undergraduate Education and Research Abroad），该项目是该学校海外教育计划的一部分。在学生完成了 4～6 周的项目后，可以获得 8 个学分。2004 年共有 125 位学生参与了该项目。该项目对应的国家为西班牙、中国、英国和意大利等国，为学生提供了国际田野调查经验。

同样，韩国首尔大学组织的国际夏令营（International Summer Camp）是由东京大学、北京大学、河内大学和首尔大学联合举办的项目。该项目采取轮流做东的方式，每年都有一所大学作为东道主。这是一个为期 3 周的夏令营项目，每年每一所大学选取 10 名学生，每一位学生都要设计一个研究项目，每一期项目结束时学生都要做一个报告，东道主大学要为学生发结业证书。还有南加州大学的环太平洋教育项目（Pacific Rim Education），是一个以商学院研究生为主的研究项目。该研究项目的长处是，南加州大学商学院直接与环太平洋国家的企业合作。在大多数情况下，企业提出需要研究的问题，学生到企业针对企业存在的问题展开研究。每一期学生在企业中研究 3～6 个月，根据企业的需要而定。这样做使学生和企业都受益。学生通过对他国或跨国企业管理的研究，增强了对于企业的内部管理、多元文化和企业运行等方面的了解；对企业来讲，能够有人上门，不要多少费用，帮助公司对存在的问题展开研究，何乐而不为？目前，该项目已经实施了 4 年，已经与亚洲的北京、上海、东京、首尔、曼谷等国的跨国公司建立起合作关系，项目运行效果不错，值得借鉴。

第五节　科学研究的跨境合作

传统国际化中的科学研究往往是教授们以一对一的形式进行的。在教育国际化进程中，大学中的科学研究呈现出明显的多国性和多元机制。例如，日本京都大学与韩国首尔大学联合举办了能源科学和工程联合项目（Japan－Korea Core University Program on Energy Science and Engineering）。该项目除了日本京都大学有 72 位教授参与外，还有日本其他大学的 160 位教授参与，在首尔大学有 256 位研究人员参与。同时，该项目还有京都大学和首尔大学的学生参与。从参与该项目的人员规模上看，这样的研究队伍真是前所未有。从研究的经费资助形式上看，也呈现出多元机制，该项目由日本科学促进会、韩国科学和工程基金会及两所大学共同资助。

目前的科学研究除了国际间的广泛合作外，也呈现出学科融合性。例如，新加坡国立大学空运系统项目（Temasek Professorship Program）的主要内容是分析亚洲与太平洋空运系统和它在整个供应管理链中的角色。该项目覆盖了多个领域，包括机场、货运设备、运行效率、飞机、航班、网络和计划等管理的软硬件系统，还包括客机的运行、货机的航线和栈桥的分配，等等。来自美国、瑞典、新西兰等国的六个工业企业参与该研究项目。同时，新西兰的奥克兰大学和美国的麻省理工学院（MIT）也是项目研究的合作伙伴。

同样，在国际化的进程中，大学的学术拓展活动出现了新的形式和内容。在传统的学术拓展活动中，基本上是大学把实用技术，如技术教育和科普知识等送到农村和边远地区。在这里，学术拓展概念类似于中国的技术推广和文化下乡活动。但是反映在目前的国际化背景中，学术拓展在利用资源和目的上都发生了变化。例如，美国的俄勒冈大学和加州大学伯克利分校为了有效地利用现有资源，通过教育拓展把国际化概念和多元文化渗透到基层与社区。加州大学伯克利分校在 2004 年建立了社区多元文化项目（ORIAS Program for K-12 Communities）。该项目投入 34 000 美元，利用加州大学伯克利分校的各种不同的国际项目，为加州湾区学前教育和中小学教学的国际化项目提供优质服务，例如为学前教师和中小学教师提供课程与教材以外的国际化视野方面的培训。同样，俄勒冈大学采用为本校国际学生提供助教的方式，从 1983 年就开始在全州范围内，让来自不同国家的研究生深入社区和学校，向本地学生宣传不同的文化。学校还要求该项目每年有 3 000 学时从事社区文化教育。从项目发起到 2004 年，已经有 450 位国际学生参与，目前参与人数更多。

信息技术在大学国际化中起到了推动促进的作用。这一作用不仅表现在跨国教学中，也表现在跨国研究中。例如，加拿大不列颠哥伦比亚大学通过信息技术建立了远程健康诊断项目（Telehealth Initiative）。该项目利用加拿大不列颠哥伦比亚大学的医学教育专长，与澳大利亚、新西兰、瑞典等国的大学合作，进行网络医学合作研究，包括疾病的诊断、病人的病历与信息共享以及培训等相关活动。它是一个以大学为基础，通过有效利用信息技术进行健康教育的案例。在利用信息技术进行国际合作方面，京都大学建立了泛太平洋远程教育项目（Trans – Pacific Interactive Distance Learning）。该项目由加州大学洛杉矶分校、日本电报电话公司和京都大学联合发起，日本电报电话公司提供技术支持。而新加坡国立大学与英国和菲律宾等国的许多所大学合作，提供免费的网上教学技术。还有，加州大学洛杉矶分校建立的艾滋病教育与科学研究项目，就是利用网络技术与泰国、菲律宾、印度尼西亚等国的主要大学合作，对艾滋病防治展开研究。其方法是，来自上述国家的学生在加州大学洛杉矶分校培训，但是他们必须在自己国家从事半年的田野调查，研究的问题要与本国的艾滋病防治有关，毕业后必须回国工作。目前已经有 94 人完成该项目。

总结 APRU 国际化问卷调查的内容，可以发现它们在教学、科研和拓展项目等方面的特征。首先，大学与大学之间的相互依赖性不断增强，尤其是同一类型的大学之间的国际依赖性增强，这一依赖性已经打破了国家和区域的界线；其次，大学与大学之间的合作与竞争呈现出多元机制，尤其表现在跨国合作研究项目中，来自多国企业和政府的支持已经成为大学合作研究不可缺少的一部分；第三，由于资源短缺，环太平洋大学联盟的成员学校都不同程度地改变了国际化的策略和措施，现代技术应用于大学国际化过程就是一个典型的例子；第四，大学国际化不断打破传统的交流模式，人才培养逐渐呈现出跨境趋势，这一跨境教育形式实际上反映出来的是全球化特征。

第十七章 “一带一路”倡议与院校国际化转型

引　言

“一带一路”是丝绸之路经济带和21世纪海上丝绸之路的简称。该倡议旨在借用古代丝绸之路的历史符号，积极发展与沿线国家的经济合作，并与沿线国家共同打造政治互信、经济融合、文化包容的利益共同体、命运共同体和责任共同体。自2013年提出共建丝绸之路经济带和21世纪海上丝绸之路的倡议以来，已经得到了国际社会的高度关注和有关国家的积极响应。在贸易领域，相关数据显示，在2015年3月28日，国家发改委、外交部、商务部联合发布了《推动共建丝绸之路经济带和 21 世纪海上丝绸之路的愿景与行动》。此时，我国对沿线国家承包工程项目就已经突破3 000个。2015年，我国企业共对“一带一路”相关的49个国家进行了直接投资，投资额同比增长18.2%。同年，我国承接“一带一路”相关国家服务外包合同金额为178.3亿美元，执行金额为121.5亿美元，同比分别增长42.6%和23.45%。到2016年6月底，中欧班列累计开行1 881列，其中回程502列，实现进出口贸易总额170亿美元。自2016年6月起，中欧班列穿上了统一的“制服”，深蓝色的集装箱格外醒目，品牌标志以红、黑为主色调，以奔驰的列车和飘扬的丝绸为造型，成为丝绸之路经济带蓬勃发展的最好代言与象征。[①]2017年4月20日，中国、白俄罗斯、德国、哈萨克斯坦、蒙古、波兰与俄罗斯七国铁路部门正式签署《关于深化中欧班列合作协议》。这是中国铁路第一次与“一带一路”沿线主要国家铁路签署有关中欧班列开行方面的合作协议。在政治经济领域，2017年5月，“一带一路”国际合作高峰论坛召开，这是“一带一路”框架下最高规格的国际活动，也是中华人民共和国成立以来由中国首倡、中国主办的层级最高、规模最大的多边外交活动。来自29个国家的国家元首、政府首脑与会，来自130多个国家和70多个国际组织的1 500多名代表参会，形成了76大项、270多项具体成果。中国政府与蒙古国、巴基斯坦、尼

① 新华网. 舞动的双翼，丰硕的成果：“一带一路”建设回眸与愿景［EB/OL］.［2017-01-03］. http://www.xinhuanet.com//politics/2017-01/03/c_1120233965.htm.

泊尔、克罗地亚、黑山、波黑、阿尔巴尼亚、东帝汶、新加坡、缅甸和马来西亚签署了政府间“一带一路”合作谅解备忘录。还有，全长约 472 千米、合同总额达 38 亿美元的蒙内铁路被称为肯尼亚的“世纪工程”。它西起东非第一大港蒙巴萨，东至肯尼亚首都内罗毕，是肯尼亚百年以来最大的民生工程。它是一条完全采用中国技术、中国标准、中国装备、中国运营管理的国际干线铁路，是中国铁路建设全产业落地的标志性项目。除此之外，中俄亚马尔项目首条液化天然气（Liquefied Natural Gas，LNG）生产线投产。亚马尔 LNG 项目是我国提出“一带一路”倡议后实施的首个海外特大型项目，也是全球最大的北极 LNG 项目。建成之后，我国每年可以从这个项目获得 400 万吨液化气。亚马尔项目的建设不仅新增了北部海上运来的天然气，同时开辟了北极航道，成功实现北冰洋运输，为“冰上丝绸之路”战略的实施提供了重要的支点。毫无疑问，“一带一路”倡议经过五年的发展取得了丰硕成果，表明我国对外开放的经济发展模式已经实现了战略转移：从利用西方的先进技术发展经济到利用自主知识产权参与国际合作。对于这一转移的战略意义，2015 年 4 月 2 日《经济日报》[①]发文，从国内和国外两个视角进行了阐释。在国内，通过“一带一路”倡议缓解国内经济发展的不平衡现象，通过“一带一路”实现国内区域经济结构调整。从 1978 年改革开放以来，我国中西部经济发展严重滞后于沿海地区。通过“一带一路”倡议，经过西部通向西亚和欧洲，使得我国对外开放的地理格局发生了重大变化。针对国外，可调整我国经济发展对欧美日等发达国家的路径依赖。在改革开放初期，我国经济发展水平低下，亟需资本、技术和管理模式，对外开放主要是以引进外资、先进技术和管理模式为主。目前，“一带一路”倡议为我国教育的扩大开放提供了机遇。

第一节　“一带一路”倡议与教育对外开放

改革开放初期，在教育领域向西方学习先进的科学技术和成功的管理经验是当时的基本方针。经过 40 年的改革开放，目前我国在基础设施建设、制造业、钢铁和电力等行业已经处于国际领先地位，具有了独立自主走出去的能力。“一带一路”倡议不仅为我国的产业创新带来了机遇，也为金融创新和区域创新带来了机遇，更为教育开放提供了更大的平台。对此，王义桅[②]认为，“一带一路”倡议是我国全方位对外开放的必然逻辑，也是文明复兴的必然趋势，还是包容性和全球化的必然要求。“一带一路”倡议标志着我国从参与全球化到塑造全球化的转变。

① 剧锦文．“一带一路”战略的意义、机遇与挑战［N］．经济日报，2015－04－02（13）．

② 王义桅．“一带一路”机遇与挑战［M］．北京：人民出版社，2015：1．

针对“一带一路”倡议的路线图，《推动共建丝绸之路经济带和21世纪海上丝绸之路的愿景与行动》中强调，“一带一路”贯穿亚欧非大陆，陆上依托国际大通道，以沿线中心城市为支撑，以重点经贸产业园区为合作平台，共同打造新亚欧大陆桥；海上以重点港口为节点，共同建设通畅、安全、高效的运输大通道。伴随着“一带一路”倡议的实施，我国与世界的人文交流将更为广泛和深入，尤其表现在教育领域的人文交流方面。过去几十年，在向西方学习先进技术与管理经验的思想指导下，人文交流主要集中在美英日澳几个发达国家。

为了进一步推动人文交流，2015年4月，中共中央办公厅、国务院办公厅印发《关于做好新时期教育对外开放工作的若干意见》(以下简称《意见》)。《意见》提出，到2020年，我国出国留学服务体系基本健全，来华留学质量显著提高，涉外办学效益明显提升，双边多边教育合作广度和深度得到有效拓展，参与教育领域国际规则制定能力大幅提升，教育对外开放规范化，会更好地满足人民群众多样化、高质量的教育需求，更好地服务经济社会发展全局。《意见》还对做好新时期教育对外开放工作进行了重点部署，包括六个方面的主要内容：第一，加快留学事业发展，提高留学教育质量。第二，加快培养拔尖创新人才、非通用语种人才、国际组织人才、国别和区域研究人才、来华杰出人才等五类人才。第三，引进国外优质资源，全面提升合作办学质量。第四，鼓励高等学校和职业院校配合企业走出去，鼓励社会力量参与境外办学。第五，丰富中外人文交流，促进民心相通。第六，积极开展国际理解教育等多方面的内容。同时要求在实施“一带一路”教育行动计划中促进沿线国家教育合作。加强教育互联互通，扩大中国政府奖学金资助规模，并设立丝绸之路中国政府奖学金，每年资助1万名沿线国家新生来华学习或研修，[①]并充分发挥教育在“一带一路”建设中的作用。更为重要的是，要动员社会力量，为“一带一路”助力。“一带一路”沿线国家有40多亿人口，让他们更多地了解中国，接受中国的发展理念，愿意和中国合作，实现合作共赢。对教育来说，任务非常艰巨。

第二节 “一带一路”上的文化与教育合作

2016年7月，教育部发布《推进共建“一带一路”教育行动》。该文件提出建立“一带一路”教育共同体，推进政策、渠道、语言、民心与学历的相通与互认，为“一带一路”建设提供人才支持、智力服务和文化理解。[②]建设“一带一路”教

---

① 中共中央办公厅，国务院办公厅. 关于做好新时期教育对外开放工作的若干意见［EB/OL］.［2016-04-29］. http://www.gov.cn/home/2016-04/29/content_5069311.htm.

② 教育部. 推进共建“一带一路”教育行动［EB/OL］.［2016-07-13］. http://www.moe.gov.cn/srcsite/A20/s7068/201608/t20160811_274679.html.

育共同体是我国教育对外开放的新方向和新要求，亟需我国高等教育开放策略寻求主动转变，推动教育国际化的转型。但在“一带一路”上，人口众多，国家众多。相关研究显示，已有64个国家参与到“一带一路”倡议中，覆盖五湖四海：亚洲43国，中东欧16国，独联体4国，非洲1国。①2018年9月，中非合作论坛北京峰会在京召开，非洲大陆的53个国家将参与“一带一路”进程，以深化中非全面战略合作伙伴关系。在此基础上，未来还将有更多的国家和实体参与到“一带一路”进程中来。②这些国家有着古老的文明和灿烂的文化，并与我国建立了高级别的人文交流机制。例如，我国已经建立起中俄、中美、中欧、中英、中法、中印尼、中南非、中德等八大高级别人文交流机制，进一步推动了我国教育对外开放。我国各级各类学校和教育机构也已经与150多个国家和地区的数千个教育机构建立了友好关系。同时，截至2018年，国家汉办在140多个国家建立了548所孔子学院、1 000多个中小学孔子课堂。在此基础上，已经有67个国家通过颁布法令、政令等方式将汉语教学纳入国民教育体系。170多个国家开设汉语课程或汉语专业，全球学习使用汉语的人数达到1亿。③除此之外，“一带一路”倡议实施以来，巴基斯坦、哈萨克斯坦、埃及、葡萄牙等10多个国家向我国发出境外办学邀请。这表明，我国的教育质量日益获得国际社会的认可。但是，“一带一路”倡议涉及的60多个国家中，很多是信奉伊斯兰教、佛教、基督教等不同宗教的国家。宗教文化在“一带一路”沿线国家中不仅仅事关信仰问题，还涉及这些国家政治、经济和社会文化生活的核心。因此，“一带一路”可以视为一个宗教之路带④。在分析“一带一路”沿线国家和地区的宗教现状时，一定要意识到这些国家大都有着悠久的宗教文化传统和浓厚的宗教信仰氛围。其中，东南亚各国以信仰佛教和伊斯兰教为主，中亚各国则基本上保持着伊斯兰教信仰传统。受西方文化的影响，有些国家也保持着一定程度的基督教信仰。

因此，卓新平强调，如果不了解这些国家及地区的宗教国情及其宗教信仰传统、风俗习惯，想要深入开展“一带一路”的建设，几乎是不可能的。因为政教冲突、不同宗教之间的冲突，以及同一宗教内部不同教派之间的冲突都会影响到这些国家的稳定发展与国际合作。如果不深入了解其错综复杂的宗教现象而贸然投入，可能会使我们的努力付诸东流。要使“一带一路”倡议得到顺利、平和、富有成效的健康发展，就必须加强不同宗教文化间的对话，通过宗教文化之间的交流合作和良性互动，促进“一带一路”沿线各国之间的友好往来，增进相互理

① 黄浩明．社会组织在“一带一路”建设中面临的挑战与对策［J］．中国社会组织，2017（11）．

② 新华社．关于构建更加紧密的中非命运共同体的北京宣言［EB/OL］．［2018－09－05］．http://www.focac2018.com/606.shtml．

③ 涂端午．新时代教育对外开放和中外人文交流的中国担当［N］．中国教育报，2018－01－11（06）．

④ 马志丽，丁耀全．发挥好宗教文化在“一带一路”战略中的作用［N］．中国民族报，2017－04－25（06）．

解与信任。因此，在教育领域要注意开展面向学生的多样性文化知识普及，增强尊重与互信，加强跨文化和国际理解，这样才能增进学生对不同国家和不同文化的理解，提高学生在不同文化的冲突中解决问题的能力。

第三节 文化多样性与多语种教育

面对60多个国家及其文化多样性，“一带一路”倡议的实施需要以语言为基础。语言相通才可能谈及经贸往来、文化交流、文明互鉴、民心相通。因此，实施“一带一路”倡议必须语言先行。这一点充分体现在2017年10月的“一带一路”国际合作高峰论坛上。在会议现场的同传耳机里，中国青年报、中青在线记者发现，同声传译使用了18种工作语言，分别是：中文、英语、法语、俄语、西班牙语、柬埔寨语、捷克语、匈牙利语、印度尼西亚语、哈萨克语、老挝语、蒙古语、波兰语、塞尔维亚语、土耳其语、越南语、日语和韩语。对于参会人员来说，当他们坐在北京的会场里，听到的不是中文或英文，而是本国语言，他们会感到非常自豪和受到了尊重。

根据李宇明的粗略统计，“一带一路”倡议涉及国家通用语有近50种，如果再算上这一区域民族或部族语言，其语种不下200种。[①]对此，江苏师范大学语言能力协同创新中心主任杨亦鸣表示，目前我国高校教学尚未完全覆盖这些官方语种，有18种语言没有开设相关课程，仅有1所学校开设的语言有20种，相关人才储备状况堪忧。[②]对于“一带一路”倡议中面临的语言问题，王辉和王亚蓝根据沿线国家语言种类多和语言复杂这一现状，对相关语言进行了系统的整理，并对沿线国家官方语言谱系进行了分类[③]。表17.1是王辉与王亚蓝的分类。

随着“一带一路”倡议的快速推进，沿线国家的语言教学和研究引起了广泛的关注。人们认识到，“一带一路”沿线的国家众多，语言文化复杂，为了在文化、民心上加强沟通，迫切需要各种全球通行的语言。

当然，在“一带一路”沿线的64个国家中，除波黑未在宪法中明确规定其官方语言外，其余63个国家都有明确的官方语言。现代标准阿拉伯语使用最为广泛。其中，阿拉伯语是阿联酋、阿曼、科威特、沙特阿拉伯、叙利亚、也门、约旦、埃及、巴林、卡塔尔、巴勒斯坦、黎巴嫩、伊拉克和以色列14个国家的官方语言。英语是巴基斯坦、菲律宾、孟加拉国、印度和新加坡5个国家的官方语言。再次为俄语，是俄罗斯、白俄罗斯、哈萨克斯坦和吉尔吉斯斯坦的官方语言。

---

① 李宇明.“一带一路”需要语言铺路［N］. 人民日报，2015-09-22（07）.

② 杨亦鸣.“一带一路”建设面临语言服务能力不足问题［N］. 人民日报，2015-11-24（07）.

③ 王辉，王亚蓝.“一带一路”沿线国家的语言状况［J］. 语言战略研究，2016（02）.

表 17.1 “一带一路”沿线区域国家官方语言统计表

区域	国家数量	国家名称	官方语言	区域	国家数量	国家名称	官方语言
东南亚	11	东帝汶	德顿语、葡萄牙语	西亚	20	黎巴嫩	阿拉伯语
		菲律宾	菲律宾语、英语			塞浦路斯	希腊语、土耳其语
		柬埔寨	高棉语			沙特阿拉伯	阿拉伯语
		老挝	老挝语			土耳其	土耳其语
		马来西亚	马来语			叙利亚	阿拉伯语
		缅甸	缅甸语			亚美尼亚	亚美尼亚语
		泰国	泰语			也门	阿拉伯语
		文莱	马来语			伊拉克	阿拉伯语
		新加坡	马来语、华语、泰米尔语、英语			伊朗	波斯语
		印度尼西亚	印尼语			以色列	希伯来语、阿拉伯语
		越南	越南语			约旦	阿拉伯语
东亚	1	蒙古	蒙古语			阿富汗	波斯语、普什图语
南亚	7	巴基斯坦	乌尔都语			阿拉伯联合酋长国	阿拉伯语
		不丹	宗卡语、英语			阿曼	阿拉伯语
		马尔代夫	迪维希语			阿塞拜疆	阿塞拜疆语
		孟加拉国	孟加拉语			巴勒斯坦	阿拉伯语
		尼泊尔	尼泊尔语			巴林	阿拉伯语
		斯里兰卡	僧伽罗语、泰米尔语			格鲁吉亚	格鲁吉亚语
		印度	印地语、英语			卡塔尔	阿拉伯语
中亚	5	哈萨克斯坦	哈萨克语、俄语			科威特	阿拉伯语
		吉尔吉斯斯坦	俄语	中东欧	16	阿尔巴尼亚	阿尔巴尼亚语
		塔吉克斯坦	塔吉克语			爱沙尼亚	爱沙尼亚语
		土库曼斯坦	土库曼语			保加利亚	保加利亚语
		乌兹别克斯坦	乌兹别克语			波兰	波兰语

续表

区域	国家数量	国家名称	官方语言	区域	国家数量	国家名称	官方语言
中东欧	16	波斯尼亚和黑塞哥维那	波斯尼亚语、克罗地亚语、塞尔维亚语	中东欧	16	斯洛伐克	斯洛伐克语
		黑山	黑山语			斯洛文尼亚	斯洛文尼亚语
		捷克	捷克语			匈牙利	匈牙利语
		克罗地亚	克罗地亚语	东欧	4	白俄罗斯	白俄罗斯语、俄语
		拉脱维亚	拉脱维亚语			俄罗斯	俄语
		立陶宛	立陶宛语			摩尔多瓦	罗马尼亚语
		罗马尼亚	罗马尼亚语			乌克兰	乌克兰语
		马其顿	马其顿语	北非	1	埃及	阿拉伯语
		塞尔维亚	塞尔维亚语				
总计		65 个国家			53 种官方语言（除去重复语言）		

在李宇明[①]看来，实现“五通”，前提是语言互通。因为，政策要用语言表述；协商制订区域合作规划与措施，并使相关政策、法律、规划、措施，为民所知所用，都需要语言进行交流；设施联通更需语言联通。如果语言之路不通畅，其他方面就难以通畅。李宇明认为，“一带一路”建设可以用英语等作为通用语，但这种通用语只能达意，难以表情；只能通事，难以通心。欲表情、通心，需用本区域各国各族人民最乐意使用的语言。

因此，目前最紧迫的是培养语言人才。改革开放以来，我国外语学习不断升温，公民外语水平大有提高。但学习的语种较为单一，主要集中在英语、日语、法语和德语等几个语种上，能使用“一带一路”建设中“表情、通心”语言的人才十分缺乏，需要加大培养力度。李宇明认为，语言政策是公共政策的重要组成部分，语言使用习惯是重要的文化习惯。目前，一提到多语言教育，人们往往会想到师资问题和经费投入问题。实际上，多语种教育涉及的面非常广，首先是编写相关教材，出版相关语言的书刊。还可以充分利用语言技术，例如网络建设、智能手机、短信微信、电子邮件、PPT、翻译软件等。

目前，教育部国际司与北京外国语大学签署合作协议，支持该校通过引进国外师资、公派留学、与国外高校开展合作等多种方式，使其开设的外国语言专业在 2018 年达到 94 种，实现外语专业设置全覆盖。2016 年，我国共选拔 226 名国

① 李宇明．“一带一路”需要语言铺路［N］．人民日报，2015－09－22（07）．

别区域研究人才赴 34 个国家，选派 908 名涉及 37 门非通用语种的人才出国培训进修。但是，面对“一带一路”上众多的国家和不断增长的经济合作，需要开发不同的途径，需要成千上万的人才。其中，北京第二外国语大学建立的中东欧学院，意在培养相关的区域专业人才，但是这些可能还不够。

第四节 “一带一路”倡议与汉语推广

中华文化源远流长，汉字是最具有代表性的民族符号之一。作为记录汉语的工具，它有几千年的历史，不仅承载着中华文化的历史和发展，自身也是中华文化的重要组成部分。汉字是促进和维系中华文化的纽带，是具有中国特色的文化符号。中文泛指汉语语族及其书写系统。现代汉语（普通话）是世界上使用人数最多的语言。有关数据显示，全世界约有 17 亿人会讲汉语。虽然会讲的人多，但使用范围很窄。目前，中文在中国是官方语言。中文是联合国和上海合作组织名义上的正式语言。但只是用汉语发言，起草文件极少用中文。联合国文件起草用语里，中文、俄文、阿拉伯文合起来才占 1%。汉语的国际地位需要大大提升。[①]随着“一带一路”倡议的实施，中文的国际化问题已经引起广泛重视。

随着“一带一路”倡议的实施，人们已经认识到汉语在经济往来和人文交往中的重要性。2018 年 1 月 4 日，王尧与巩尚鑫在《人民日报》发文强调，华文教育是中华文化在海外的“希望工程”、中华民族在海外的“留根工程”，是华侨华人社会最重要的“民生工程”。如今，在世界各国已经形成拥有几十万华文教师、几百万在校生的 2 万所华文学校，构建起从幼儿园到高中颇具规模的海外华文教育格局。[②]但是，中文教师短缺，汉语教育的标准化、专业化和正规化等问题也都跟着浮出水面。

除了海外华人希望通过学习汉语保留与母国的关系外，外国人学习汉语也成了一种时尚。国家汉办的数据显示，进入 21 世纪以来，许多国家的汉语学习需求呈井喷式增长。2016 年，法国约有 5.2 万名中小学生在学汉语，是 2004 年的 500 多倍。目前，除中国之外，全球学习使用汉语的人数已逾 1 亿人。[③]还有专家预测到 2020 年年底，全球学习中文的人数将达到 2 亿。如此巨大的汉语教育市场，不仅需要合格的教师，也亟需开发相关的教材和有语言针对性的工具书等。近几年的中文热受益于中国国力的增强和“一带一路”倡议，这表明中国的“走出去”战略引起了人们的广泛关注。但是人们关注中文、学习中文，不等于人人都热爱中国。因此，在加强汉语对外推广的同时，还要通过汉语教学，讲好中国故事，

---

① 马庆株．汉语汉字国际化的思考——中华文化走出去的支撑研究［J］．汉字文化，2013（03）．

② 王尧，巩尚鑫．海外华文教育如何转型升级［N］．人民日报，2018－01－04（20）．

③ 赵晓霞．汉语加速成为“国际性语言”［N］．人民日报海外版，2017－09－23（06）．

传播好中国声音，主动宣传中国发展成就，积极传播中国理念，聚集广大海外“知华、友华”能量的同时，促进“中国学”在海外的发展。

根据王辉和王亚蓝的统计，“一带一路”沿线的65个国家已建立孔子学院和孔子课堂共172个，其中孔子学院114所、孔子课堂58个。近年来，随着中国—东盟自由贸易区建设及大湄公河次区域经济合作的深化，汉语在东南亚国家的地位不断提高，传播迅速。东南亚11国中已建立孔子学院26所、孔子课堂19个。其中泰国最多，已建立12所孔子学院和11个孔子课堂，约占东南亚国家孔子学院和孔子课堂总数的一半。但是，如何教汉字和汉语，确实是一个值得认真对待的问题。因为汉字本身是世界上唯一正在使用的表意文字，其形体是根据意义构造完成的，与世界上正在使用的其他文字非常不同，在教材建设上应该注意学习者文化背景的不同。同时，由于文化和历史因素，即使在东南亚，其语言政策也各异，对待汉语的态度也有差别。例如，泰国、菲律宾和印尼是已经将汉语教育纳入国民教育的国家，而柬埔寨、越南和老挝就没有将汉语纳入国民教育体系。因此，对外汉语教育可能还应考量其文化差异性和国家特殊性，使汉语教育策略的选择有针对性。

此外，国务院侨办数据显示，截至2015年3月，“一带一路”沿线国家有4 000万华人华侨，尤其是东南亚国家，华人华侨数量最多，成为所在国与中国交流合作的重要桥梁。①华人华侨也成为推动“一带一路”倡议不可或缺的力量，尤其是在汉语和中国文化的海外推广上，因此要对他们予以特别关注。

第五节 “一带一路”倡议与院校国际化的国家布局

国际教育、人文和学术交流是国家公共外交的重要手段，是我国面向全球传播中国声音、汇聚中国精神、宣传中国道路、凝聚中国力量的重要战略举措。②开展国际教育与学术交流，促进沿线国家公民之间的相互认识、相互理解、相互信任和共同合作，已经成为今后破解人类共同面对的资源、环境、生态等全球性问题的重要机制。③

在国家层面上，2017年4月19日教育部召开的新闻通气会上宣布，截至目前，教育部已与46个国家和地区签订了学历学位互认协议，其中包括24个“一带一路”沿线国家：波兰、立陶宛、爱沙尼亚、拉脱维亚、匈牙利、罗马尼亚、保加利亚、捷克、泰国、越南、菲律宾、马来西亚、印度尼西亚、哈萨克斯坦、

---

① 大数据发展部.“一带一路”沿线成来华留学生主要来源：人才交流呈宽领域多层次特点[EB/OL].[2018-04-18].http://www.sic.gov.cn/News/576/9018.htm.

② 任友群.“双一流”战略下高等教育国际化的未来发展［J］.中国高等教育，2016（05）.

③ 王焰新.“一带一路”战略引领高等教育国际化［N］.光明日报，2015-05-26（13）.

土库曼斯坦、吉尔吉斯斯坦、乌兹别克斯坦、亚美尼亚、俄罗斯、乌克兰、白俄罗斯、斯里兰卡、蒙古、埃及。通过学历学位互认，“推进沿线国家民心相通，促进沿线国家语言互通，是教育的职责所在”。①

同时，教育部还组织开展国别和区域研究，全面加强对沿线国家经济、政治、教育、文化等方面的了解和理解，为推进民心相通提供智力支持。截至 2017 年，一共设立了 141 项研究课题，其中 70 项涉及“一带一路”沿线的 46 个国家。形成系列智库报告，设立“一带一路”沿线国家研究智库报告课题。系列报告覆盖 66 个沿线国家，一国一本，共计 66 本。②

教育合作与交流，人才流动畅通是前提。2016 年 5 月 11 日，中共中央办公厅、国务院办公厅联合发布了《关于加强和改进教学科研人员因公临时出国管理工作的指导意见》（以下简称《意见》）。《意见》指出，对教学科研人员出国开展学术交流合作要区别管理，单位与个人的出国批次数、团组人数、在外停留天数根据实际需要安排，不列入国家工作人员因公临时出国批次限量管理范围。教育部国际合作与交流司司长许涛表示:“此举为广大教学科研人员扩大和深化国际学术交流提供了政策支持，得到了广泛欢迎和肯定。”

在“一带一路”倡议推进过程中，愈加注重来华留学高端人才培养，设立卓越奖学金项目，培养发展中国家青年精英和未来领导者；设立丝绸之路中国政府奖学金项目，每年向沿线国家额外提供总数不少于 3 000 个奖学金新生名额；优化来华留学政策法规环境，构建完整的来华留学政策链条，将政府奖学金学历生比例提升至 90%；加强来华留学质量建设，建立质量标准体制和质量保障机制，推动品牌专业和品牌课程建设不断升级。目前，“留学中国”品牌正在逐步形成。

截至目前，经审批的各类中外合作办学项目和机构共有 2 539 个。其中，本科以上层次项目和机构 1 248 个，高职高专层次项目和机构 928 个，并产生了一批示范性高水平中外合作办学项目，包括深圳北理莫斯科大学、浙江大学爱丁堡联合学院等 15 个中外合作办学机构以及 57 个合作办学项目。

同时，境外办学也在稳步推进之中。截至 2016 年，我国高校已在境外举办了 4 个机构和 98 个办学项目，分布在 14 个国家和地区，大部分在“一带一路”沿线地区。4 个机构分别是老挝苏州大学、厦门大学马来西亚分校、云南财经大学曼谷商学院、北京语言大学东京学院。开设专业包括中国语言文学、中医药、中医针灸、中国传统武术、体育教育学、工商管理、法律、教育学、烹饪工艺与营养等。③

在地方层面，相关省市也积极配合教育部推进“一带一路”教育行动网的建

①② 教育部国际合作与交流司. 推进共建“一带一路”教育行动有关情况［EB/OL］.［2017-04-19］. http://www.moe.gov.cn/jyb_xwfb/xw_fbh/moe_2069/xwfbh_2017n/xwfb_170419/170419_sfcl/201704/t20170419_302850.html.

③ 晋浩天. 建设“一带一路”中国教育做了啥［N］. 光明日报，2017-04-20（06）.

设。许涛认为，“一带一路”教育行动国际合作省部签约共建是“一带一路”教育行动形成突破的重要抓手。“2016 年，教育部已完成 8 省（区）的签约。今年，教育部进一步与 5 省 1 市完成签约，使签约总量达 14 个省（区）、市，基本实现了与主要节点省份签约的全覆盖，基本形成省部推进‘一带一路’教育行动网络。”立足本省特点和定位，是推进“一带一路”教育行动的主要亮点。[①]2016 年 9—11 月，教育部先后与甘肃、宁夏、福建、广西、海南、贵州、云南、新疆 8 个省区签署了“一带一路”教育行动国际合作备忘录。截至 2016 年 11 月，浙江、海南、河北等 10 个省区市出台了推动共建“一带一路”的教育行动计划及具有本地特色的“一带一路”人才培养计划和方案。[③]

例如，宁夏重点加强与阿拉伯国家及“丝绸之路”沿线国家在教育领域的交流与合作，建立一批中阿联合研究机构和智库。贵州将依托“中国—东盟教育交流周”永久举办地的机遇，广泛开展与东盟等“一带一路”沿线国家的教育交流与合作。

云南地处中国西南边陲，与越南、老挝、缅甸三国接壤，为中国面向东南亚、南亚的重要门户。因此，将进一步推动滇西边境山区英语教师出国研修项目以及云南民族大学的“云南省中国—东盟语言文化人才培养基地”的建设与发展。

海南将重点加强与海上丝绸之路国家及中东欧国家、中亚国家在人文、双向合作办学、双向留学等方面的教育合作与交流，例如面向“一带一路”沿线国家开展汉语、热带农业、热带医学、海水养殖、旅游管理等方面的培训。

新疆则与俄罗斯、哈萨克斯坦、吉尔吉斯斯坦、塔吉克斯坦等国家接壤，在教育对外开放，尤其是汉语国际教育与推广方面，有着独特的区位优势。因此，将推进多领域、深层次的教育国际交流与合作平台建设、汉语国际推广和孔子学院建设以及对外汉语教材建设等。[④]

这些布局无疑为院校国际化搭建了平台，为院校国际化带来前所未有的机遇。2015 年 5 月 26 日，王焰新[⑤]在《光明日报》撰文，讨论“一带一路”倡议对高等教育国际化的影响。他认为，“一带一路”倡议引领高等教育国际化，深化高等教育领域综合改革，为提高教育质量提供了重大战略机遇。高校要坚持学术导向和国家目标，加强“一带一路”倡议中与国家目标高度契合的学科专业基础建设，努力使学校处于国际学术和区域经济社会发展的前沿阵地，积极为破解国家面临的科学技术创新瓶颈做出应有贡献。例如，设立国别或区域研究机构，使之成为

①②④ 晋浩天．建设“一带一路”中国教育做了啥［N］．光明日报，2017－04－20（06）．

③ 大数据发展部．“一带一路”沿线成来华留学生主要来源：人才交流呈宽领域多层次特点［EB/OL］．［2018－04－18］．http://www.sic.gov.cn/News/576/9018.htm．

⑤ 王焰新．“一带一路”战略引领高等教育国际化［N］．光明日报，2015－05－26（13）．

“一带一路”科教合作的学术研究交流平台、产业技术研发平台和信息共享平台；出版“一带一路”专报，为政府决策提供支持。还可以组建丝绸之路大学联盟，以促进中国与沿线各国教育合作和科技协同创新，成为中国高校与沿线各国高校之间深度合作的桥梁和纽带。

针对“一带一路”的实践，2016 年 7 月，教育部发布了《推进共建“一带一路”教育行动》。该文件提出建立“一带一路”教育共同体，推进政策、渠道、语言、民心与学历的相通与互认，为“一带一路”倡议提供人才支持、智力服务和文化理解。建设“一带一路”教育共同体，是我国教育对外开放的新方向和新要求，亟需我国高等教育开放策略寻求主动转变。[①]据此，李盛冰提出我国教育国际化需要多方面的转变。

首先，院校国际化要实现从“引进来”战略到“走出去”战略的转变。长期以来，以学习借鉴提高为主的“引进来”高等教育国际化战略，使我国与“一带一路”沿线国家高等教育交流合作方向一直是“引进来”多于“走出去”。具体表现为交流的不平衡性，我们到“一带一路”沿线国家的出国学生数明显小于这些国家的来华学生数。例如，2014 年“一带一路”沿线国家来华留学生共 171 580 人，而我国赴“一带一路”沿线国家留学人数约为 50 000 人。我国与“一带一路”沿线国家高等教育交流与合作以俄罗斯、印度、新加坡、泰国、以色列、伊朗和印度尼西亚等国为主，还需要增加其广泛性和覆盖性。

我国与“一带一路”沿线国家在学生交流与合作办学方面进展迅速，也逐渐由单边交流向双边和多边交流发展。但是在教师交流、课程合作与研发诸方面还不尽如人意，因为在国内没有多少教师真正了解“一带一路”沿线国家的汉语教育政策和课程体系。因此，汉语走出国门时，容易产生“一刀切”的现象，缺乏应对策略。

同时，“一带一路”沿线国家在发展程度上差异很大。它们中的绝大部分是发展中国家；有小部分发达国家，如俄罗斯、以色列、新加坡和希腊等；还有一部分是欠发达国家，如尼泊尔、缅甸等。由于发展阶段不同，在与“一带一路”沿线国家进行教育交流与合作中同样呈现出多样性的特征。例如，在与俄罗斯高等教育合作办学项目上，俄罗斯高校来华办学项目达 133 个，而我国高校到俄罗斯合作办学的项目寥寥无几。在来华留学生方面，发展中国家和欠发达国家（如巴基斯坦、印度、印度尼西亚、越南、老挝、马来西亚等国）的留学生数排在前 15 名。[②]

因此，李盛兵建议，我国在与沿线不同国家高等教育的合作交往中不能采取“一刀切”的办法，而是要主动根据不同发展阶段的国家特点，选择相应的合作模

---

① 教育部．推进共建“一带一路”教育行动［EB/OL］．［2016－07－13］．http://www.moe.gov.cn/srcsite/A20/s7068/201608/t20160811_274679.html．

② 李盛兵．我国与“一带一路”国家高等教育合作的六大转变［J］．北京教育（高教），2017（05）．

式。譬如，俄罗斯、新加坡、以色列和希腊等国家发展水平较高，我国与其进行高等教育合作要采取双向平衡合作模式；对尼泊尔、缅甸、柬埔寨等欠发达国家，要以援助模式，帮助建设学校设施，对教师进行培训。同时，要有效利用不同的社会力量。

第六节 “一带一路”倡议：教育在行动

据不完全统计，从“一带一路”倡议提出至 2016 年 12 月，国内共有 24 所高校根据自身专长和特点成立了专门的“一带一路”研究机构或学院，设立相关专业，加强“一带一路”倡议的学术研究和人才培养。[①]例如，北京大学南南合作与发展学院于 2016 年 4 月 29 日在北京大学朗润园挂牌成立。南南学院由商务部主管，商务部为南南学院国家发展硕士和博士项目提供资助，并为录取的学员提供必要的教育和生活经费。南南学院首年将招收 30 位研究生，攻读公共管理相关课程（学制 1 年），还将招收 10 名博士，攻读理论经济学相关课程（学制 3 年），学员分别来自发展中国家政府的初级与中高级官员。[②]2017 年，北京外国语大学新增 11 个小语种专业。2020 年，北京外国语大学开设了 100 多种外国语课程，覆盖所有与中国建交国家的官方语言。[③]

中国地质大学（武汉）在人才培养方面，注重国别分布和所属学校均衡发展，调整留学生结构，优化类别层次，提高人才培养质量。针对“一带一路”沿线国家地质、资源、能源、环境、生态等支柱型产业发展需要，依托学校学科资源和人才智力优势，组建了丝绸之路学院，担负来华留学生教育、国际化人才培养、“一带一路”国际科技协同创新、举办丝绸之路国际资源环境论坛、推进丝绸之路大学联盟等职能。今后还将重点为沿线国家培养地质、土木工程、道路和桥梁等基础建设工程技术的领军人才，培养地质资源、环境科学、水科学、资源经济、生态保护、公共管理等方面的拔尖创新人才，如成立地球科学与矿产资源领域国际学生教育中心，启动“全球地质矿产专业人才留学中国计划”。

目前，该校与沿线国家 15 所高校签署了校际合作协议，成立了俄罗斯中亚地质资源环境研究中心、东南亚地质资源研究基地，开展了一批有影响力的地质资源环境科技问题研究项目；牵头成立了地球科学国际大学联盟；召开了丝绸之路高等教育与地学研究合作论坛，成立了丝绸之路沿线地质资源国际研究中心等。[④]

---

① 国家信息中心“一带一路”大数据中心.“一带一路”大数据报告（2017）[M]. 北京：商务印书馆，2017.

② 王辉. 北大南南合作与发展学院挂牌成立 [EB/OL]. [2016－04－29]. http://news.sina.com.cn/c/2016－04－29/doc－ifxrtzte9814981.shtml.

③ 魏梦佳. 助力“一带一路”北外今年新增 11 个小语种专业[EB/OL]. [2017－03－29]. http://www.xinhuanet.com/local/2017－03/29/c_1120718184.htm.

④ 王焰新. “一带一路”战略引领高等教育国际化 [N]. 光明日报，2015－05－26（13）.

西安交通大学于2015年5月22日发起新丝绸之路大学联盟，来自22个国家和地区的近百所大学先后加入。新丝绸之路大学联盟是海内外大学结成的非政府、非营利性的开放型、国际化高等教育合作平台，以“共建教育合作平台，推进区域开放发展”为主题，推动新丝绸之路经济带沿线国家和地区大学之间在校际交流、人才培养、科研合作、文化沟通、政策研究、医疗服务等方面的交流与合作，增进青少年之间的了解和友谊，培养具有国际视野的高素质、复合型人才，服务于新丝绸之路经济带沿线及欧亚地区的发展建设。

截至2016年4月9日，已有哈尔滨工业大学、香港理工大学、香港大学、香港中文大学、香港城市大学景德镇陶瓷学院、莫斯科鲍曼国立技术大学、莫斯科动力工程学院、哈萨克斯坦那扎尔巴耶夫大学、哈萨克斯坦国立大学、吉尔吉斯国立师范大学、吉尔吉斯国立建设交通与建筑大学、法国中央高等电力学院、科英布拉大学、意大利米兰理工大学、英国利物浦大学、巴基斯坦科技大学、新加坡国立大学、韩国釜山大学、泰国清迈大学、芬兰坦佩雷理工大学、河南科技大学、西安交通大学、西北大学、陕西师范大学、西安电子科技大学、长安大学、延安大学、西安理工大学、北华大学等来自31个国家和地区的128所大学先后加入新丝绸之路大学联盟。①②2015年10月17日，丝绸之路（敦煌）国际文化博览会筹委会文化传承创新高端学术研讨会在甘肃敦煌举行，来自复旦大学、北京师范大学、兰州大学和俄罗斯乌拉尔国立经济大学、韩国釜庆大学等46所中外高校在敦煌成立了“一带一路”高校战略联盟，以探索跨国培养与跨境流动的人才培养新机制，培养具有国际视野的高素质人才；46所高校当日达成《敦煌共识》，联合建设“一带一路”高校国际联盟智库。联盟将共同打造“一带一路”高等教育共同体，推动“一带一路”沿线国家和地区大学之间在教育、科技、文化等领域的全面交流与合作，服务“一带一路”沿线国家和地区的经济社会发展。③

近年来，上海中医药大学先后在捷克、马耳他、摩洛哥等国建立海外中医中心，设立美国第一家中医孔子学院，2017年又试运行美国中医中心，启动毛里求斯中医中心。特别是该大学与马耳他大学合作成立了马耳他中医中心，举办的中医针灸与文化硕士项目首届学生也已经毕业。5年来，该校累计派出逾860名学生赴海外交流学习，旨在推进全球化视野的中医药人才培养。我国黑龙江中医药大学与匈牙利塞梅尔维斯大学共同建立了中东欧中医中心。④

① 交大新闻网．西安交通大学发起成立“新丝绸之路大学联盟”［EB/OL］．［2015-05-22］．http://news.xjtu.edu.cn/info/1033/54475.htm．

② 交大新闻网．丝绸之路大学联盟发布《西安共识》［EB/OL］．［2016-04-09］．http://news.xjtu.edu.cn/info/1033/63740.htm．

③ 冯志军．中外46所高校成立“一带一路”高校联盟［EB/OL］．［2015-10-18］．https://www.sohu.com/a/36258354_114812．

④ 李佳霖．中医药国际化之路越走越稳［N］．2017-12-21（11）．

面对目前我国外语教育中非通用语人才还较为匮乏的现象，北京外国语大学新增了茨瓦纳语、恩德贝莱语、科摩罗语、克里奥尔语、绍纳语、提格雷尼亚语、白俄罗斯语等 11 个非通用语言。截至 2017 年，北京外国语大学外国语专业总数已达 84 种，其中非通用语种 77 个，成为我国开设外语语种最多的高等学府以及国家重点支持的非通用语种高端人才培养基地。到 2020 年，该校开设的外国语课程已突破 100 种，覆盖所有与中国建交国家的官方语言，其中“一带一路”沿线国家语种是开设重点。同时，该校还将对沿线各国政治、经济、文化、社会等加大研究，以期为“一带一路”倡议提供急需的多语种人才及智力支持。①

为了推动“一带一路”倡议与教育国际化的共识，2017 年 8 月 15 日上午，由江苏开放大学与北京大学教育学院合作举办的“一带一路”倡议与终身教育发展研讨会在连云港拉开序幕。本次论坛是高等教育积极响应国家“一带一路”倡议、主动落实教育部出台的《推进共建“一带一路”教育行动》的有力支持和积极行动，也是江苏作为“一带一路”倡议地理交汇点，主动参与“一带一路”倡议，提升江苏高等教育和终身教育开放合作水平的积极探索。

江苏开放大学校长崔新有在开幕式致辞中表示，“一带一路”倡议加快了我国经济、文化等领域国际交流合作的步伐，也为教育的改革和发展提供了崭新的机遇和广阔的舞台。他期待论坛能在“和平合作、开放包容、互学互鉴、互利共赢”的丝路精神引领下，凝聚和形成更多的发展共识，构建多元多样的合作模式与发展平台，在推进共建“一带一路”沿线国家终身教育事业方面形成更多的思路，尤其能在江苏高等教育、江苏开放大学深度参与“一带一路”共建行动方面提出更多、更具创新价值的举措与建议。

北京大学国际高等教育研究中心主任、博士生导师马万华教授在致辞中说，本次会议是高等教育系统的一次盛会，既聚集了一流的研究型大学，也集中了以开放大学为代表的应用型普通高校；参会人员既有来自社科院的研究人员，也有政府研究人员和各高校的专家学者。不同学科背景人员的充分研讨，必将给本次会议带来新的思想。本次研讨会为期 2 天，来自中国社科院、江苏省社科院、南京大学、山东大学等高等院校和研究机构的百名专家学者，围绕“一带一路”倡议下终身教育的机遇与挑战、路径选择和国际化发展等议题进行了深入交流。②

2017 年 11 月 24 日，清华大学首届“一带一路”合作论坛在昆明召开，在当日下午召开的“一带一路”教育合作圆桌会上，围绕“合作、创新、共赢——‘一带一路’倡议下的中国与南亚东南亚国家高等教育合作”主题，来自南亚、东南

① 魏梦佳. 助力“一带一路”北外今年新增 11 个小语种专业[EB/OL].[2017-03-29]. http://www.xinhuanet.com/local/2017-03/29/c_1120718184.htm.

② 中国江苏网. “一带一路”倡议与终身教育发展研讨会在连云港举行 [EB/OL]. [2017-08-17]. http://jsnews.jschina.com.cn/lyg/a/201708/t20170817_942753.shtml.

亚国家及国内知名高校的专家就加强教育深度合作、提高人才培养层次、加强各国人文交流等议题展开探讨。

清华大学“一带一路”倡议研究院执行院长史志钦在发言中介绍了清华大学开展国际交流的实践，并提出了平衡国际化的观点。他指出，国际化是所有大学必走的道路，进入全球化时代，各个国家、各个大学要相互合作、相互依存。“早期，我们和欧美的大学合作比较多，与第三世界国家的合作相对比较少。”史志钦表示，平衡国际化就是从原来更注重与欧美国家交流合作向更关注与“一带一路”沿线国家的教育合作转变。

云南大学副校长张力重点介绍了云南大学与多家南亚、东南亚大学开展交流合作的情况。他表示，云南大学正以服务国家“一带一路”倡议为目标，大力推进与南亚、东南亚大学在人才培养、学科建设、师资培训、科学研究等领域的合作，将中国与南亚、东南亚高等教育合作提升到更高水平，并为实现民心相通、共建人类命运共同体做出应有贡献。

启迪控股荣誉董事长、国家大学科技园研究会会长梅萌在会上分享了两点：一是大学通过创办大学科技园、学生创新中心，能够更好地服务国家经济社会发展；二是大学如何开展创新课程的教育。梅萌认为：“一带一路”倡议不仅仅是输出技术、项目和资本，其实也应该把中国积累的先进理念和模式向国外输出。“兴办大学科技园，鼓励、支持更多的学生创新，为他们这批人创造创新创业的条件，国家将会从中受益匪浅。”梅萌阐述了一个观点：“创业没法教，创业课要开。”他认为这两点并不冲突，因为创业课程是把别人的创业模式、路程，特别是失败的教训跟大家分享，让学生在上学期间就能够积极参与到创新创业之中。他希望中国大学成功走出去，也希望南亚、东南亚将来有条件创办大学科技园，开设创业课程，为学生做好创新创业服务。“促进大学之间的交流非常重要。”孟加拉国库什提亚伊斯兰大学校长 H. Rashid Askari 表示，全球化为不同国家高等教育更好地交流合作创造了良机，应建立综合的学位体系，推动高等教育在亚洲的合作发展。老挝苏发努冯大学副校长 Dr. Anolac Vira 表示，老挝将继续同中国、韩国及东盟其他国家展开高等教育合作，中国提出的“一带一路”倡议是加强合作的重要途径。柬埔寨金边皇家大学自然资源管理与发展研究院院长 Dr. Seak Sophat 认为，通过“一带一路”合作网络，他所在的大学将有更多机会加强与各国在教学、教育服务等方面的合作。泰国皇太后大学人文学院院长 Dr. Jiraporn 表达了该大学在人文社会科学、医学、农业科技、人员交流等方面与中国开展合作的愿望，并相信，只要有决心，大家相互帮助理解，双方之间的合作就一定能够取得更大成绩。

当天，来自海内外的政要、专家学者及企业家代表等 600 余人齐聚昆明，参加清华大学首届“一带一路”合作论坛暨第九届启迪创新论坛（昆明），围绕“创新引领、合作共赢”主题，就科技创新与发展等相关议题，共商深化“一带一路”创新合作新举措，共同就未来发展方向和愿景凝聚共识与智慧。

总之，“一带一路”倡议对教育国际化的推动作用已经凸显。从上面的分析中不难看到，我国的高等教育已经行动起来，采取多种渠道开展国际合作，并为“一带一路”倡议培养人才，尤其是国内中西部的大学已经积极参与到区域教育的合作中。但是，我们已经习惯了与发达国家高等教育合作，打破已经形成的国际合作中的路径依赖还需要更多的策略。因此，在执行继续扩大教育对外开放战略的过程中，针对“一带一路”沿线国家的复杂性，其合作的理念、内容和形式都要有所变化。

在“一带一路”倡议实施方面，中西部的大学已经成为“一带一路”沿线国家来华留学生的主要目的地。教育部统计数据显示，2016 年沿线国家来华留学生共 20.77 万人，同比增长 13.6%。但是这些来华留学生的文化背景多元，来华的目的也非常不同，有的希望回国后进入中资企业，有的希望留在中国。毫无疑问，他们会带来多彩的文化。但是还需要设立“一带一路”留学基金，鼓励我国与沿线国家间的留学生互换，培养更多了解彼此语言和文化的人才。

目前，中国经济走出去的步伐加快。无论是对外汉语教育、中国文化的国际传播，还是中国教育走出去，仅靠国家的经费投入远远满足不了我国教育国际化的需要。尤其是面对不同发展阶段的国家，中国的大学与“一带一路”沿线国家合作面临着合作经费短缺的困境，这也是目前的一些合作项目仅仅停留在协议层面的原因。因此，应该动员社会力量，广开财源，将教育扩大开放理念尽快落到实处。

参 考 文 献

中文部分：

［1］陈昌贵，等．中国研究型大学国际化调查及评估指标构建［J］．北京大学教育评论，2009（3）．

［2］陈德云．全面国际化：美国高等教育国际化发展的新动向［J］．全球教育展望，2014（12）．

［3］房东波，程显英．我国大学国际化战略制定与执行研究——以 10 所国内大学为例［J］．中国高教研究，2013（1）．

［4］高等学校国际交流与合作管理标准和质量体系建设课题组．中国特色高校国际交流与合作质量标准框架及实施——一线管理者的视角［R］．未发行，2010．

［5］韩双淼，钟周．一流大学的国际化战略：一项战略地图分析［J］．复旦教育论坛，2014（2）．

［6］［加］简·奈特．激流中的高等教育——国际化变革与发展［M］．刘东风，陈巧云，译．北京：北京大学出版社，2011．

［7］李梅．高等教育国际市场——中国学生的全球流动［M］．上海：上海教育出版社，2008．

［8］李岩松．高等教育国际合作的新趋势——大学国际联盟的产生及其影响［J］．北京大学学报（哲学社会科学版），2009（3）．

［9］马万华．大学教育国际化与人才培养新趋势——环太平洋大学联盟国际化问题研究［J］．大学教育科学，2006（2）．

［10］马万华．全球化时代的研究型大学——美英日德四国的政策与实践［M］．北京：教育科学出版社，2014．

［11］马万华，李岩松．首都高等教育国际化发展现状研究［M］．北京：北京大学出版社，2014．

［12］蒋凯，马万华，陈学飞．应对国际化的挑战：大学战略规划与战略管理［J］．北京大学教育评论，2007（1）．

［13］王硕旺，洪成文．德国 CHE 大学国际性与国际化排名指标体系述评［J］．中国高教研究，2010，（4）．

［14］吴朝晖．推进国际化战略，建设世界一流大学［N］．浙江大学学报，2016-04-08（2）．

[15] 吴玟. 大学国际化水平评价体系的比较研究 [J]. 高教探索，2011，(5).
[16] 杨开忠. 向上的精神——北京大学规划文选（1914—2013）[M]. 北京：北京大学出版社，2014.
[17] 曾满超，于展. 中日高等教育国际化问题研究——基于文献的分析 [J]. 教育发展研究，2008（21）.
[18] 张优良. 院校国际化视角下的大学组织变革研究 [D]. 北京大学，2017.
[19] 周密，丁仕潮. 高校国际化战略：框架和路径研究 [J]. 中国高教研究，2011（9）.
[20] 罗学科，谢升. “一带一路” 背景下高等教育国际化的思考和探索 [J]，中国高教研究，2017（12）.
[21] 黄乐. 高等院校院系国际化举措探索与思考，科教文汇，2018（6）.
[22] 陈学飞. 谈谈美国高等教育国际化的若干基本要素[J]. 比较教育研究，1997（2）.
[23] 陈学飞. 试论新世纪我国公派留学的指导方针及政策选择 [J]. 北京大学教育评论，2003（1）.
[24] 陈学飞. 改革开放以来大陆公派留学教育政策的演变及成效 [J]. 复旦教育论坛，2004（3）.
[25] 李秀珍，马万华. 韩国高等教育国际化指标体系评述 [J]. 外国教育研究，2013（2）.
[26] 沈红，殷朝晖，沈曦，高军，廖湘阳，荆磊. 学位与研究生教育研究新进展 [A] 谢桂华. 教育部学位与研究生教育发展中心 “十五” 课题研究成果汇编 [M]. 北京：高等教育出版社，2006.
[27] 操太圣，卢乃桂. 论学校组织变革中的教师认同 [J]. 华东师范大学学报（教育科学版），2005（3）.
[28] 蒋玉梅，刘勤. 高等教育国际化视野下教师出国访学效益研究 [J]. 开放教育研究，2015（2）.
[29] 李碧虹，涂阳军. 论高等教育国际化中大学教师的有限参与 [J]. 复旦教育论坛，2012（6）.
[30] 娄玉英. 高校教师公派出国的管理与收益探析 [J]. 产业经济，2014（26）.
[31] 吕研. 高等院校教师留学管理研究 [D]. 西安：第四军医大学，2013.
[32] 王杨. 浅析高校教师公派出国留学及交流工作管理[J]. 价值工程，2010（10）.
[33] 汪霞. 大学课程国际化中教师的参与 [J]. 高等教育研究，2010（3）.
[34] 张柳. 高等学校教师公派出国留学的现状及对策研究 [D]. 上海：上海交通大学，2012.
[35] 张青根，沈红. 出国进修如何影响高校教师收入？——基于 “2014 中国大学教师调查” 分析 [J]. 教育与经济，2016（4）.

［36］朱剑．学术评价、学术期刊与学术国际化［J］．清华大学学报（哲学社会科学版），2009（5）．
［37］朱玲．地方高校国家公派出国留学师资培养研究［J］．广东外语外贸大学学报，2010（03）．
［38］董芸．长珠三角洲经济发展优势分析［J］．商场现代化，2007（13）．
［39］黄国华，吕开颜．珠江三角洲经济增长因素分析［J］．南方经济，2006（3）．
［40］杨京英，王强，等．长江三角洲与珠江三角洲经济发展的比较［J］，中国国情国力，2004（4）．
［41］［美］罗斯托，W．经济增长的阶段［M］．北京：中国社会科学出版社，2001．
［42］卢远萍，杨湛．珠三角税收和 GDP 增速差异因素研究［J］．经济师，2009（12）．
［43］王益澄．长江三角洲与珠江三角洲经济发展特征比较［J］．长江流域资源与环境，2001（2）．
［44］张进清．国际跨境高等教育：现状、问题与发展趋势［J］．黑龙江高教研究，2013（8）．
［45］王光荣，骆洪福．世界高等学校发展境外分校的现状分析：基于 C-BERT 的数据分析［J］．宁波大学学报（教育科学版），2017（6）．
［46］张邦雄．珠江三角洲区域经济分析［J］．管理科学文摘，2006（11）．
［47］陈启杰，田圣炳．成熟市场条件下的高等教育国际营销战略［J］．山西财经大学学报（高等教育版），2004（3）．
［48］教育部国际合作与交流司．2009 来华留学生简明统计［M]］．北京：教育部国际合作与交流司，2009．
［49］教育部国际合作与交流司．2010 来华留学生简明统计［M］．北京：教育部国际合作与交流司，2010．
［50］刘杨．我国高等教育境外消费服务出口贸易发展现状与走势［J］．成都大学学报（教育科学版），2012（10）．
［51］王辉耀，苗绿．中国留学发展报告（2017）［M］．北京：社会科学文献出版社，2017．
［52］王相宝，张务一．来华留学生教育的回顾与前瞻［J］．高等教育研究，1997（4）．
［53］于富增．改革开放 30 年的来华留学生教育［M］．北京：北京语言大学出版社，2009．
［54］金晓达．外国留学生教育概论［M］．北京：华语教学出版社，1998．
［55］白燕，韩笑．北大：奏响创新引智最强音［J］．国际人才交流，2006（11）．
［56］李向光．开窗放入大江来——党的十八大以来国家“千人计划”成就斐然

[J]. 中国人才，2017（10）.
[57] 王希. 海外学者与中国“软实力”的构建［J］. 对外传播，2010（10）.
[58] 白燕，等. 从“海外学者讲学计划”之绩效审视北大智力引进发展研究报告［R］. 北京大学国际合作部，2009.
[59] 陈化北. 创新引智服务项目，加速高校国际化进程［J］. 国际人才交流，2006（11）.
[60] 胡婧. 研究型大学中外国学者的学术业绩及影响因素分析［D］. 北京：北京大学，2010.
[61] 罗旭. 我国已引进 313 位“外专千人计划”专家［N］. 光明日报，2016-01-21（4）.
[62] 孙杰平. 金融海啸难阻中国留学潮［N］. 人民日报（海外版），2008-10-24（6）.
[63] 陶涛. 21 世纪全球人才争夺及其思考［J］. 求是，2001（8）.
[64] 张建国. 改革开放以来引进外国智力的重要因素［J］. 国际人才交流，2009（1）.
[65] 丁群. 提高公派出国留学效益［J］. 人才开发，1997（5）.
[66] ［美］阿特巴赫，萨尔米. 世界一流大学：发展中国家和转型国家的大学案例研究［M］. 王庆辉，王琪，周小颖，校译. 上海：上海交通大学出版社，2011.
[67] 戈芝卉. 高校留学归国人员服务政策分析［J］. 杭州电子科技大学学报（社会科学版），2008（3）.
[68] 黄明福. 以教育国际化为牵引，加大公派留学博士生培养，提高博士生培养质量［J］. 吉林教育，2008（34）.
[69] 黄新宪. 中国留学教育问题［M］. 长沙：湖南教育出版社，1995.
[70] 刘宁. 我校加强国家公派留学管理的几点做法［J］. 北京教育（高教版），2006（5）.
[71] 龙思敏，张韦韦. 公派留学收益几何？［J］. 留学生，2009（6）.
[72] 马万华. 跨国教育：不仅是高等教育国际化的新趋势［J］. 中国高等教育，2005（21）.
[73] 苗丹国. 出国留学教育的政策目标：我国吸引在外留学人员的基本状况及对策研究［J］. 清华大学教育研究，2003（4）.
[74] 邵巍. 中国留学溯源与分期［J］. 神州学人，2001（7）.
[75] 王霞玲. 高校公派留学浅议［J］. 南通师专学报（社会科学版），1998（4）.
[76] 杨诚. 吸引海外留学人才的政策与法律探讨［J］. 太平洋学报，2009（1）.
[77] 张勤，黄启才. 吸引海外留学人才回归对策研究［J］. 技术与创新管理，2003（6）.

[78] 胥传孝，林晓棠. 基于人力资本投资理论的出国留学成本与收益［J］. 工业工程与管理，2005（6）.
[79] 张友福，陈雪芳，杨文海. 改进公派留学工作之我见［J］. 高等工程教育研究，2001（3）.
[80] 贺光辉. 美日对外援助之比较［D］. 复旦大学，2003.
[81] 黄梅波，施莹莹. 新世纪美国的对外援助及其管理［J］. 国际经济合作，2011（3）.
[82] 黄梅波，王璐，李菲瑜. 当前国际援助体系的特点及发展趋势［J］. 国际经济合作，2007（4）.
[83] 郎建燕. 援助有效性、发展有效性与国际发展援助管理体系的发展方向［D］. 厦门大学，2013.
[84] 潘锐，娄亚萍. 影响美国对外援助政策决策的三个要素［J］. 和平与发展，2008（3）.
[85] 熊淳. 减贫战略框架下日本对非洲的基础教育援助研究［D］. 华东师范大学，2010.
[86] 姚帅. 国际发展援助的特点变化及未来趋势［J］. 国际经济合作，2017（1）.
[87] 周弘. 对外援助与国际关系［M］. 北京：中国社会科学出版社，2002.
[88] 周琪. 新世纪以来的美国对外援助［J］. 世界经济与政治，2013（9）.
[89] 陈宏薇. 耶鲁大学［M］. 长沙：湖南教育出版社，1990.
[90] 陈学飞. 美国高等教育发展史［M］. 成都：四川大学出版社，1989.
[91] 理查德 • 莱文. 大学工作［M］. 王芳，等译. 北京：外文出版社，2004.
[92] 李联明，朱庆葆. 耶鲁大学建设全球性大学的理想与策略［J］. 中国高教研究，2007（8）.
[93] 王廷芳. 美国高等教育史［M］. 福建：福建教育出版社，1995.
[94] 薛珊. 美国大学国际化的战略策略与机会策略——以耶鲁大学和哈佛大学为例［J］. 世界教育信息，2011（专刊）.
[95] 张金辉. 耶鲁大学办学史研究［M］. 北京：中央编译出版社，2009.
[96] 王绍平，陈兆山，陈钟鸣，等. 图书情报词典［M］. 上海：汉语大词典出版社，1990.
[97] 赵纪宁. 浅谈对“双一流”建设的认识［J］. 北京教育，2017（1）.
[98] 北京高校引进国外智力工作文集（第一辑）［C］. 北京：北京市高等教育学会引进国外智力研究会，2004.
[99] 马庆株. 汉语汉字国际化的思考——中华文化走出去的支撑研究［J］. 汉字文化，2013（03）.
[100] 任友群.“双一流”战略下高等教育国际化的未来发展［J］. 中国高等教育，2016（5）.

［101］王辉，王亚蓝．“一带一路”沿线国家的语言状况［J］．语言战略研究，2016（2）．
［102］首都高校国际化建设指标体系研究课题组．首都高校国际化建设指标体系研究课题报告［R］．未发行，2012．
［103］国家信息中心“一带一路”大数据中心．“一带一路”大数据报告（2017）［M］．北京：商务印书馆，2017．
［104］黄浩明．社会组织在“一带一路”建设中面临的挑战与对策［J］．中国社会组织，2017（11）．
［105］李盛兵．我国与“一带一路”国家高等教育合作的六大转变［J］．北京教育，2017（5）．

英文部分：

［1］De Wit H. Internationalization of Higher Education in the United States of America and Europe a Historical：Comparative and Conceptual Analysis．Connecticut：Greenwood Press．2000．
［2］Dijk V．The Internationalization Cube：A Tentative Model for the Study of Organizational Designs and the Results of Internationalization in Higher Education［J］．Higher Education Management，1996，9（4）．
［3］Emoke-Szidonia F．Approaches to Measuring Internationalization in Romanian Higher Education Institutions［J］．Quality Assurance Review，2011（3）．
［4］Giddens A．The Consequences of Modernity［M］．London：London Polity Press，1990．
［5］Shaydorova G．Rationales for the Internationalization of Higher Education：The Case of Russia［D］．University of Tampere．2014．
［6］Knight J．Internationalization：Elements and Checkpoints［M］．Canadian Bureau for International Education（CBIE）．1994．
［7］Knight J．Internationalization Remodeled：Definition，Approaches，and Rationales［J］．Journal of Studies in International Education．2004（8）．
［8］Olson J．From Student Mobility to Market Success：The Changing Logic of Internationalization in German University［D］．University of Georgia．2012．
［9］Davis J. University Strategies for Internationalization in Different Institutional and Cultural Settings：A Conceptual Framework. In Blok，P.（eds）. Policy and Policy implementation in Internationalization of Higher Education［M］．EAIE：Amsterdam．1995．
［10］Green M and Schoenberg R．Where Faculty Lives：Internationalizing the Disciplines［M］．Washington DC：American Council of Education，2006．

［11］Mestenhauser J. Portraits of an International Curriculum：An Uncommon Multidimensional Perspective in Mestenhauser J and Ellingboe B（Eds.). Reforming the Higher Education Curriculum：Internationalization the Campus［M］. Phoenix：Oryx Press. 1998.

［12］Green M and Olson C. Internationalizing the Campus—A User's Guide［R］. ACE Center for Institutional and International Initiatives. 2008.

［13］Lennart S，Monne W. Internationalizing the Content of Higher Education：the Need for a Curriculum Perspective［J］Higher Education，2010（60).

［14］Rudzki R. The Application of a Strategic Management Model to the Internationalization of Higher Education Institutions［J］. Higher Education，1995（29).

［15］Deardorff D. The SAGE Handbook of International Higher Education［M］. SAGE Publication，2012.

［16］Biraimah K and Jotia A. The longitudinal Effects of Study Abroad Programs on Teachers' Content Knowledge and Perspectives；Fulbright-Hays Group Projects Abroad in Botswana and Southeast Asia［J］. Journal of Studies in International Education，2013（17）40.

［17］Van der Wende D. Internationalizing the Curriculum in Dutch Higher Education：An International Comparative Perspective［J］. Journal of Studies in International Education，1997（1）2.

［18］Carter M. Implementation of International Competence Strategies：Faculty［A］. In Klasek C. B.（eds.）Bridges to the Future：Strategies for Internationalizing Higher Education［C］. Carbondale，IL：Association of International Education Administrators，1992.

［19］Else H. Asian Postgraduates Outnumber UK Students in Four Subject Areas［J］. Times Higher Education，2015（2195).

［20］Magagula C. The Benefits of challenges of the Cross-Border Higher Education in Developing Countries［J］. Higher Education in Africa［J］，2005（3).

［21］Altbach P. Academic Freedom：International Realities and Challenges［J］. Higher Education，2001（41).

［22］The Chronicle of Higher Education［R］. Almanac Issue，2004.

［23］Bates M. Defining the Information Disciplines in Encyclopedia Development［J］. Information Research，2007（12）4.

［24］Breton G and Lambert M. Universities and Globalization：Private Linkages，Public Trust［M］. Paris：UNESCO，2003.

[25] Etzkowitz H. Entrepreneurial Scientists and Entrepreneurial Universities in American Academic Science [J]. Minerva, 1983 (21) 2/3.

[26] Etzkowitz H. Capitalizing Knowledge: New Intersections of Industry and Academia [M]. New York: State of New York Press: 1998.

[27] Gibbons M, Limoges C. (eds.). The New Production of Knowledge: The Dynamics of Science and Research in Contemporary Societies [M] . London: SAGA Publications Inc, 1994.

[28] Kuhn T. The Structure of Scientific Revolution [M]. Chicago: University of Chicago, 1964.

[29] Messier R. Growth of a New Discipline [J]. Materials Todays, 2004 (3).

[30] Zmud B. Transforming the IS Organization: The Mission, the Framework [M]. Washington D.C.: The Transition ICIT Press, 1988.

[31] Alesina A, Dollar D. Who Gives Foreign Aid to Whom and Why? [J]. Journal of Economic Growth, 2000 (5) 1.

[32] Matsuda R. Educational Assistance and Endogenous Development: Internationalization of A Midwestern Land-grant University[D]. Indiana University, 2000.

[33] Tarnoff C, Lawson L. Foreign Aid: An Introduction to U.S. Programs and Policy [C]. Congressional Research Service Reports. Library of Congress. Congressional Research Service, 2010.

[34] Waters B. A Yale Book of Numbers, 1976-2000 [R]. Yale University, 2001.

[35] Pierson G. A Yale Book of Numbers: Historical Statistics of the College and University 1701-1976 [R]. Yale University, 1983.

[36] Levin R. The Internationalization of Yale: 2005–2008 The Emerging Framework [R]. Yale University, 2005.

[37] The Internationalization of Yale, Progress Report 2005–2008 [R]. Yale University, 2009.

[38] Else H. Asian Postgraduates Outnumber UK Students in Four Subject Areas [J]. Times Higher Education. 2015 (2195).

[39] Altbach P. Comparative Higher Education: Knowledge, The University and Development [M]. Comparative Education Research Centre, The University of Hong Kong, 1998.

[40] Biraimah L, Jotia J. The longitudinal Effects of Study Abroad Programs on Teachers' Content Knowledge and Perspectives: Fulbright—Hays Group Projects Abroad in Botswana and Southeast Asia [J]. Journal of Studies in International Education, 2013 (17) 4.

［41］Klasek B.（Eds.）. Bridges to the Future：Strategies for Internationalizing Higher Education［C］. Carbondale，IL：Association of International Education Administrators，1992.

［42］Jeffrey B，Woods P. Feeling De-professionalized：The Social Construction of Emotions During an OFSTED Inspection［J］. Cambridge Journal of Education，1996（3）.

［43］Knight J. Internationalization Remodeled：Definition，Approaches and Rationales［J］. Journal of Studies in International Education，2004（8）1.

［44］Lennart S，Monne W. Internationalizing the Content of Higher Education：the Need for a Curriculum Perspective［J］. High Education，2010（60）.

［45］Maidstone P. International Literacy：A Paradigm for Change：A Manual for Internationalizing the Curriculum［M］. Victoria，British Columbia：Centre for Curriculum，Transfer and Technology，1996.

［46］P Crowther M.（Eds.）. Internationalization at Home：A Position Paper［M］. Amsterdam：European Association for International Education. 2000.

［47］Mestenhauser B，Ellingboe J.（Eds.）. Reforming the Higher Education Curriculum：Internationalizing the Campus［M］. Phoenix：Oryx Press，1998.

［48］Mapping internationalization on U.S. Campus：2012 Edition［R］. American Council on Education，2012.

［49］Altbach P and Reisberg L，Rumbley L. Trends in Global Higher Educaiton，Tracking an Academic Revolution［M］. Paris：UNESCO，2009.

［50］De Wit H. Internationaionalization of Higher Education in Europe and its Assessment，Trends and Issues［M］. Parkstraat：Netherland：NVAO，2010.

［51］Emoke-Szidonia F. Approaches to Measuring Internationalization in Romanian Higher Education Institutions［J］. Quality Assurance Review，2011（3）.

［52］Giddens M. The Consequences of Modernity［M］. London：London Polity Press，1990.

Gibbons M and Limoges C.（Eds.）The New Production of Knowledge：The Dynamics of Science and Research in Contemporary Societies［M］. London：SAGA Publications，Inc.，1994.

［53］Knight J and De Wit H. Internationalization of Higher Education in Asia Pacific Countires［M］. Amsterdam：European Association for International Education，1997.

［54］Green M. and Schoenberg R. Where Faculty Live：Internationalizing the Disciplines［M］. Washington. D. C.：American Council of Education，2006.

［55］Kelm B and De Wit H.（Eds.）. Internationalization in Higher Education：

European Responses to the Global Perspective [M]. Amsterdam: European Association for International Education and the European Higher Education Society, 2005.

[56] Knight J. Internationalization: Elements and Checkpoints[M]. Ottawa: Canadian Bureau for International Education, 1994.

[57] Knight J. Updated Internationalization Definition [J]. International Higher Education, 2003 (33).

[58] Lester. Mccabe. Globalization and Internationalization: The Impact on Education Abroad Programs [J]. Journal of Studies in International Education, 2001 (5).

[59] Maringe F and Foskett N. Globalization and Internationalization in Higher Education [M]. London: Continuum International Publishing Group, 2010.

[60] Maringe F. Globalization and Internationalization in HE: A Survey of UK Universities [C]. ICHEM Conference, Portugal, 2008.

[61] Scott P. Globalization and Higher Education: Challenges for the 21st Century [J]. Journal of Studies in International Education, 2000 (4) 3.

[62] Zmud B. Transforming the IS Organization, the Mission, the Framework [M]. Washington D.C.: The Transition ICIT Press, 1988.

[63] Messier R. Growth of a New Discipline [J]. Materials Todays, 2004 (3).

[64] Yonezawa A. Japanese University Leader's Perceptions of Internationalization: the Role of Government in Review and Support [J]. Journal of Studies in International Education, 2009 (13).

后　　记

本书是笔者主持的多个课题的部分研究成果，以院校国际化为主题出版，希望通过此书对这几年的研究工作做个总结。2008 年北京大学国际高等教育研究中心（以下简称中心）成立以来，得到教育部相关机构和北京市教育委员会的大力支持。2012 年，受北京市教委的委托，中心对首都高校国际化进行跟踪研究和案例研究。2014 年开始，中心参与教育部国际司“国别与区域研究”国际教育研究基地建设，在其经费的支持下开展了研究型大学建设、出国留学和来华留学调查以及中外合作办学发展现状等多个课题研究。前后也有十多位硕士和博士研究生以不同的形式参与了这些课题。他们在资料收集和数据分析方面做了大量工作，笔者与他们还共同发表了相关的课题论文。

在这里笔者首先感谢北京市教委和教育部国际司的大力支持。其次还要感谢笔者的学生们，他们是温剑波、岳云、张优良、崔景颐、周曼丽、匡建江、张颀、高树唐、张琳娜、胡婧、麻雪妮和耿月等同学，还要特别感谢崔景颐同学和张颀同学。崔景颐同学负责了本书初稿的参考文献整理；张颀同学承担了与出版社联系的任务，几次书稿校对都是他到出版社取送稿件。现在这些同学都已经毕业，他们在各自的岗位上努力工作。

笔者还要感谢中心秘书须珺老师，她做了多方面的协调工作。最后，要特别感谢为本书做了大量审校工作的北京理工大学出版社的编辑老师们，正是他们的努力保证了本书的质量。

总之，这本书是集体努力的结果。由于本书涉及面较广，内容来自不同的课题，笔者深感研究不够深入，希望读者批评指正。